기독교문서선교회 (Christian Literature Center: 약칭 CLC)는 1941년 영국 콜체스터에서 켄 아담스에 의해 시작되었으며 국제 본부는 미국 필라델피아에 있습니다.
국제 CLC는 약 650여 명의 선교사들이 59개 나라에서 180개의 서점을 운영하며 이동 도서 차량 40대를 이용하여 문서 보급에 힘쓰고 있으며 이메일 주문을 통해 130여 국으로 책을 공급하고 있는 국제적 문서선교 기관입니다.

격려사

호 병 기 목사
배위량순례단연합 회장, 봉화현교회 원로목사

우리나라를 사랑하신 하나님의 대변자. 베어드 선교사

구한말 조선은 암울했습니다. 세계 정세에 둔감하고, 경제력도 군사력도 없는 무력한 나라였습니다. 주위 강국의 속국이 될 수밖에 없는 사정이었습니다. 그런데 이런 조선에 대해 하나님께서는 놀라운 계획을 세우고 계셨습니다. 조선을 하나님의 나라로 만드는 것이었습니다.

이 계획이 있었기에, 하나님께서 작정하신 때가 되어 젊은 선교사님들이 어둡고 추운 조선 땅에 들어오게 되었습니다. 이 중 한 분이 배위량 선교사님이십니다. 배위량 선교사님은 한없이 어둡고 추웠던 그 시절, 미지의 조선 땅에 들어오셔서, 순회전도에 주력하시며, 사랑방 사역, 학교, 의료, 문서, 성경 번역 등에 헌신하셨습니다.

이런 선교사님의 행적을 찾고, 알려, 그를 통한 하나님의 역사를 보는 일은 오늘을 살아가는 성도들과 기독 청년들, 그뿐만 아니라 일반 시민들에게도 본보기로 삼게 하는 매우 가치 있는 일이라 봅니다. 배위량 선교사님이 한국인들을 전도하기 위해 몸소 걸으셨던 '배위량 순례길'을 오늘 한국 교회 신자들이 함께 걷는다면 얼마나 가치 있을까 생각합니다. 그 고단한 길을 걸으면서 미명의 시기에 문화적 충격 속에서 어려운 모든 상황을 극복하고 하나님께 충성하신 배위량 선교사님의 열정을 배울 수 있기를 기대합니다.

배재욱 교수님은 성경을 연구하는 성서학 교수이지만 우연한 기회에 배위량 선교사님을 알게 된 후 배위량 선교사님께서 어려움을 감내하면서 걷고 전도하신 길을 찾아야 하고, 그 길을 한국 교회 개신교 순례길로 한국인들과 세계 교회에 선물해야 한다는 일념으로 무진 고생을 감내하십니다. 이번에 출판되는 배재욱 교수님의 책 『배위량 순례길: 한국의 순례길』은 배재욱 교수님이 직접 걷고 경험하신 배위량 순례길 안내서입니다.

한겨울의 한파와 한여름의 뙤약볕 속에도 굴하지 않고 배위량 순례길을 찾기 위해 직접 걸으며 무진 고생을 감내하셔서서 이런 결과물을 한국 교회에 선물하시는 배재욱 교수님께 격려와 감사를 표합니다. 그리고 이 책이 배위량 선교사님이 이 땅에서 이루신 하나님을 향한 헌신과 배위량 선교사님의 충성 흔적을 찾는 일에 올바른 길잡이가 될 것을 알기에 한국 교회 앞에 적극적으로 추천합니다.

축사 1

김 태 수 목사
승복교회 원로목사

한국 교회의 처음 믿음과 사랑을 회복하려고 귀한 사역에 열정을 쏟고 계신 배재욱 교수님의 복음에 대한 열정과 헌신을 봅니다.

저는 청년 때 거듭남에 대한 궁금증을 가지고 당시 극동방송에서 방송하던 이름이 잘 알려진 어떤 강사를 찾아가 거듭남에 대해 질문하고 그로부터 대답을 듣는 시간을 한 시간 이상 가진 적이 있습니다. 그는 대화를 이어 가지 못하고 이렇게 대답했습니다.

"청년은 참 어렵습니다. 다음에 오십시오."

그 후에 또 그를 찾아가서 전과 같이 대화를 주고받았지만 그는 지난번과 같이 대답했습니다.

"참 어렵습니다. 다음에 오세요."

얼마 후 세 번째 찾아갔지만 저는 첫 번과 똑같은 말만 듣고 나왔습니다.

그 후 삼각산 제일기도원에서 홍대위 목사님께서 인도하시는 부흥사경회에 참석하여 거듭남의 복음 진리를 듣고 신앙을 가지게 되었습니다. 그 후 저는 신학교 시절 거듭남에 관한 관심으로 중생에 대한 논문이나 연구 서적을 찾았지만 찾을 수가 없었습니다. 그래서 늘 누군가 요한복음 3장을 중심으로 거듭남에 관해 박사학위 논문을 쓰면 좋겠다고 생각했습니다.

그러던 중 어떤 지인으로부터 "*Wiedergeburt im Johannesevangelium*"(요한복음의 중생)이라는 제목으로 독일 튀빙겐대학교에서 박사학위 논문을 쓴 배재욱 박사가 장로회신학대학교에서 "요한복음의 중생"에 대한 연구논문 발표를 한다는 소식을 듣게 되었습니다. 저는 그 지인과 함께 그 학술대회에 참석했습니다. 그날 저는 그 연구논문 발표를 통해 제 일생에 가장 귀한 중생에 관한 신학 지식을 쌓을 수 있었습니다.

얼마 후 배재욱 교수님은 자신의 박사학위 논문인 "요한복음의 중생"의 전반부를 번역하여 대한기독교서회에서 『초기 유대교와 신약성경의 중생』이란 제목으로 책을 출판하셨습니다. 저는 그 책을 구매하여 정독한 후 평택대학교 대학원에서 4년 반 동안 '목회실천' 수업 시간에 강의와 토론을 통하여 배재욱 교수님의 책『초기 유대교와 신약성경의 중생』을 학생들과 함께 깊이 공부하는 기회를 가졌습니다.

그때 강의를 진지하게 듣고 열심히 토론에 참석했던 학생 가운데 여러 명이 목사가 되어 지금은 목회를 아주 잘하고 있습니다. 저는 그 중요한 요인 가운데 한 가지가 배재욱 박사님이 그 책에서 거듭남에 대해 바르게 이해하고 논리적으로 잘 정리해 준 영향이 크다고 생각합니다. 저는 기독교 복음의 첫사랑과 믿음의 출발이 거듭남의 진리라고 생각합니다.

이토록 귀한 논문으로 독일 튀빙겐대학교에서 박사학위를 취득한 배재욱 박사님이 지금은 강의실이나 연구실을 떠나 한국 교회에 순례길을 선물하고자 고군분투하십니다. 한국 교회에 처음 믿음과 하나님의 큰 사랑으로 한국 땅에서 전도하기 위해 고생과 힘든 수고를 아끼지 않았던 배위량(William M. Baird) 선교사님께서 한국 교회를 위해 헌신하신 그 전도 실천의 길을 따라 배재욱 박사님은 지금도 묵묵히 걷고 있습니다.

저는 한국 교회의 잃어버린 처음 믿음과 사랑을 회복하는 길은 다른 데 있지 않고, 낮은 곳으로 오신 예수 그리스도를 따르며 주님의 말씀에 순종하는 데 있다고 생각합니다. 즉, 오늘날 한국 교회의 절박한 과제는 예수님의 첫사랑을 회복하는 데 있습니다.

어떻게 해야 할까요?

우리 앞에 놓인 이 질문 앞에서 무모한 일일 수도 있겠지만, 저는 이 시대 한국 교회가 작은 몸부림이라도 쳐야 한다고 생각합니다. 그것은 첫사랑을 회복하는 운동입니다.

배위량 선교사님의 선교 사역 실천의 현장을 찾고자 애쓰시는 배재욱 교수님의 순례는 어쩌면 너무 보잘것없기에 사람들 눈에 잘 띄지 않을 수 있습니다. 하지만 그런 작은 몸부림 속에 복음의 순전한 씨앗이 자라 갑니다. 작은 몸부림을 통해 좁은 길을 찾고 꿈을 키워 가는 작은 실천 속에 한국 교회를 새롭게 하는 길이 있다고 여깁니다.

배위량 선교사님께서 고단함 속에서 한국 사회에 전하신 복음의 가치와 위대함을 찾기 위해 배위량 선교사님의 순회전도 여행 현장을 직접 찾아가 그 길을 따라 순례하시는 배재욱 교수님의 작은 몸부림을 하나님께서 긍휼히 보실 것이라 믿습니다.

한국 교회가 더 무너지기 전에 배위량 순례길을 통해 부흥의 불씨가 전해지고 확산하여 한국 교회가 새로워지고, 남북통일이 앞당겨져 평양까지 한국 교회 신자들이 순례하는 교회 부흥이 일어나기를 축복하며 기도합니다.

축사 2

김 한 식 목사
전 배위량순례단연합 대표부회장, 예천기독교연합회장, 예천풍성한교회 담임

먼저 『배위량 순례길: 한국의 순례길』 출판을 가능하게 하신 하나님께 찬송과 영광을 올려 드립니다. 이 일을 위해 사명감으로 여기까지 이끌어 오신 배재욱 교수님의 노고에 깊이 감사드립니다. 이 일은 정말 힘들고 어려운 과정이었다는 것을 누구보다 잘 아는 저로서는 이번에 배재욱 교수님의 책 『배위량 순례길: 한국의 순례길』 출판에 대한 기쁨을 참으로 금할 길이 없습니다. 배재욱 교수님은 원래 성서신학자로서 우연한 기회에 배위량 선교사의 선교 기록을 접하게 되어 선교신학자들이나 역사신학자들이 감히 엄두도 내지 못한 배위량 선교사님의 선교 루트를 찾고 발굴하는 일에 전력투구하셨습니다.

오늘이 있기까지는 배재욱 교수님의 눈물겨운 일이 한두 번이 아니었던 것을 곁에서 지켜보았던 저로서는 이 책의 출판이 정말 감개무량합니다. 배위량 순례길을 걸으시며 여러 번 발에 물집이 생기고, 물집이 터져서 진물이 나고, 발바닥이 너덜너덜한 상태인데도 포기하지 않고, 다음 날 아침이면 다시 그 순례길을 나서시던 교수님의 모습을 직접 곁에서 지켜보았습니다. 배재욱 교수님께서 구미시(龜尾市)에서 상주시를 거쳐 안동시 방향으로 순례하던 어느 해 겨울 1월에 혹독한 한파가 닥쳤습니다. 용궁에서 예천을 거쳐 안동을 향해 걷던 어느 날엔 살을 에는 듯이 정말 추웠습니다.

한번은 한겨울 한밤중에 길을 잃어 버려 문경시 영순면을 거쳐 산양면까지 가셨다가 길을 잘못 들어 산골에서 길을 잃고 저체온증으로 생명의

위협까지 당하신 적도 있었습니다. 기진맥진한 몸으로 간신히 파출소를 찾아 도움을 받아 목숨을 지켜 내신 것을 알기에 참으로 감개무량합니다.

배위량순례단연합 창립 초기부터 지금까지 함께 협력하며 곁에서 지켜본 저로서는 누구보다 『배위량 순례길: 한국의 순례길』 출판이 정말 감격스럽습니다. 이 책이 다음 세대에게 좋은 지침이 될 것을 확신하며 그동안 교수님의 노고에 깊이 감사합니다. 특히, 이 책은 영남 지역 교회사에서 사라질 뻔했던 배위량 선교사님의 흔적을 찾는 작업이었는데 교수님께서 혼자 사명감으로, '배위량 순례길'을 찾고 복원해 주심에 모든 회원과 더불어 진심으로 감사를 드립니다. 교수님의 집념과 끈기와 학자적 역사관이 한국 교회에 큰 발자국을 남기셨습니다.

또한, 이 책은 모든 성도와 특히 다음 세대 성도들에게 선교에 대한 새로운 개념과 중요성을 제공하여 선교에 대한 사명감을 불러일으킬 뿐만 아니라 선교를 위해 기도하고, 후원하며, 헌신하게 하는 선교 안내서가 되리라 확신합니다. 벌써 다른 교단의 청년들까지 이 순례에 참여하며, 이 책을 기다리는 상황이므로 아주 좋은 결과를 가져오리라 믿습니다.

배재욱 교수님 파이팅입니다!

축사 3

강 홍 배 목사
청도진라교회 담임

대부분 학자의 글은 이론으로 그치는 경우가 많습니다. 하지만 배재욱 교수님은 직접 행동으로 순례길을 순례단원들과 함께 걸으시고, 몸으로 직접 체험하셨습니다. 배 교수님은 머나먼 길을 몸소 걸으시면서 땀도 많이 흘리시고, 8월의 뜨거운 태양 빛 아래에서, 1월의 한겨울 한파 속에서, 눈 덮인 산야를 걸으셨고, 소낙비를 자주 맞기도 하셨습니다. 넉넉지 못한 순례단 형편 때문에, 하룻밤 그리고 또 하룻밤 묵을 숙소를 직접 찾아다니며, 한 끼 또 한 끼 식사를 구하며 걸으셨습니다.

경상북도 청도군의 한 농촌교회인 저희 진라교회에도 밤이 이슥한 시간에 들리셔서 교육관 모퉁이에서 '영남신대 배위량 순례길 평화 순례 동아리' 학생들과 하룻밤을 유숙하시고, 이튿날 아침에 다시 순례길을 떠나는 모습을 자주 지켜보았습니다. 저도 동료 목회자들과 함께 예수님을 믿는 믿음에 대해 깊이 묵상하며 교수님과 영남신대 순례 동아리 학생들과 순례 시간을 함께 가진 적도 있습니다.

배재욱 교수님은 배위량 선교사님이 복음을 전하셨던 발자취를 따라 직접 걸으면서 걷는 지역마다 '길 위의 배위량학술대회'를 개최하셨는데, 그 지역에서 지역의 향토역사가나 교회사 연구자들과 함께 연구하시고, 배위량 선교사에 관한 연구논문을 발표하기도 하셨습니다. 요즘은 배위량 선교사 시절처럼 각 지역을 순회하면서 복음을 전하는 전도자들이 우리 한국 교회에서는 좀체 보기 드뭅니다. 하지만 그런 열정이 사라지고 잊혀지기 전에 그런 열정이 다시 회복되고 계속 이어지기를 소망하며 축하합니다.

배재욱 교수님의 『배위량 순례길: 한국의 순례길』이라는 책을 읽고 한국 교회 신자들이 도전을 받아 각 나라와 족속과 열방으로 나가 국경을 초월하여 하나님의 복음을 전하는 많은 성도가 일어서기를 희망하며 축복으로 이 책을 추천합니다. 나아가 "복음 전하는 자들의 발이 아름답다"(참조. 사 52:7; 롬 10:15)라고 하신 말씀처럼, 한국 교회 속에 많은 아름다운 복음 전도자들이 많이 일어나기를 소망합니다.

추천사 1

김 춘 근 목사
전 파라과이 선교사 & 아르헨티나 선교사

 지난 10여 년 동안 배위량(William M. Baird)의 발자취를 더듬어 온 배재욱 교수님께 경의를 표합니다. 배위량 선교사님이 걸었던 그 길 위에서 새로운 복음의 발자취를 찾으려고 애쓰셨던 배재욱 교수님의 헌신과 애씀이 절대 헛되지 않으리라 확신합니다.

 배위량 선교사님의 복음에 대한 헌신과 열정이 열매가 되어 오늘날 우리가 된 것에 대한 고마움과 그분이 외롭게 걸으셨던 길을 다시 찾아 순례길로 만들어 보겠다는 품위 있는 열정으로 일관되게 생각하고 실행하기 위해 배재욱 교수님은 '영남신대 배위량 순례길 평화 순례 동아리'를 창립하셨습니다. 그 순례길을 찾고 가꾸어 온 지 어느덧 십여 성상이 지나 새로운 복음의 터를 닦기 위해 혼연의 힘을 다하신 배재욱 교수님의 열정에 재삼 감사를 드립니다.

 배재욱 교수님의 순례길 찾는 작업을 곁에서 지켜보면서 아이를 막 낳아 기르던 초임(初任) 부모 시절을 생각했습니다. 외지에서 선교사로 직접 일했던 저 자신을 돌아보며 배 교수님 하셨던 일에 너무 방관자로 살았던 것을 회개합니다.

 이념 갈등으로 어려움을 겪고 있는 대한민국의 신자들에게는 '올바른 십자가의 길'을, 좁은 길을 걷고 있는 청년들과 청소년들에게는 그 복된 길을 가도록 안내하는 배재욱 교수님의 책 『배위량 순례길: 한국의 순례길』을 적극적으로 추천합니다.

 손을 들어 "여기를 보라" 혹은 "저기를 보라"고 할 때 그 손끝을 보는 사람은 아마 아무도 없을 것입니다. 그 손이 가리키는 방향을 보게 하고, 저 멀리 날아가는 비행기를 보는 것과 같은 원대한 꿈과 희망을 제공하는 책인 『배위량 순례길: 한국의 순례길』의 출판을 크게 축하드립니다.

  행동하는 한국 교회 신자들이 부디 이 책을 읽어 보시고 말(言)만 하는 신앙이 아닌 실행하는 신앙의 길을 걸어가길, 날마다 새로워지길 희망합니다. 주님께서 가신 길을 따라 걷는 길이 힘들고 고단하지만 실망하지 않고 묵묵히 순종하면서 걷다 보면 살아계신 하나님을 찾게 될 것입니다. 주님께서 능력을 주시고 길을 열어 주시는 경험을 이 책 안에서 발견할 수 있을 것이기에 부족한 저는 기도하며 한국 교회의 모든 신자에게 배재욱 교수님이 직접 발로 힘들게 어렵게 쓴 『배위량 순례길: 한국의 순례길』을 기쁘게 추천합니다.

추천사 2

이 상 훈 박사
한국학중앙연구원 이사, 명예교수

　인생은 순례입니다. 순례의 최종 목표가 분명한 이들에겐 굴곡진 한 걸음 한 걸음이 모두 의미가 있습니다. 따가운 한여름의 태양도, 삭풍의 찬바람도 그래서 순례자에겐 시련은 될지언정 좌절은 아닙니다. 고단한 순례길에서 좋은 동행자가 있다면 더 바랄 것이 없습니다. 이들 벗은 서로에게 더 큰 힘과 용기의 원천이 됩니다.

> 이제부터는 너희를 종이라 하지 아니하리니 종은 주인이 하는 것을 알지 못함이라 너희를 친구라 하였노니 내가 내 아버지께 들은 것을 다 너희에게 알게 하였음이라(요 15:15).

　벗 됨의 이 비밀을 자신의 삶을 통해 보여 준 앞서간 증인들, 그 증인 중에 베어드 선교사님 부부의 발자취를 함께 기억하고 그분들의 흔적을 닮기 원하는 배위량순례단연합 회원들의 눈물과 땀이 배어 있는 배위량 순례길에 대한 모습을 배위량순례단연합의 기초를 놓으신 배재욱 교수님께서 몸소 발로 쓴 보고서『배위량 순례길: 한국의 순례길』이 한 권의 책으로 세상에 나오게 되었습니다.
　모쪼록 이 책에 담긴 소중한 뜻이 혼탁한 이곳, 어두움 속에 방향을 잃어 타는 목마름으로 시들어 가는 이웃들에게 한 줄기 소망의 빛이 되기를 응원하며 두 손을 모아 함께 일독하시기를 권합니다.

추천사 3

이 교 남 목사
경안신학원 교수, 예천전원교회 담임

하나님의 주권적 섭리(롬 11:36)로 배위량(William M. Baird) 선교사님은 미국북장로교 선교사로 1891년 1월 29일 한국에 내한하여 영남 지역 선교에 지대한 영향을 끼친 선교사입니다. 1893년 4월 21일, 한국의 관문인 부산에 도착해 선교 사역을 시작하셨습니다. 그분은 영남 지역 선교의 첫 사역자였습니다. 그분의 사역 발자취는 한국 교회 선교 역사의 위대한 개척 길에 영원히 새겨져 있을 것입니다.

배위량 선교사님이 한국 교회에서 큰일을 감당했고, 영남 지역의 선교를 주도하셨지만, 선교길 위에 새겨진 그분의 족적(足跡)에 대해 아는 사람들이 매우 드물었습니다. 그래서 그분의 발자국을 찾고 알리기 위한 사역에 헌신한 분이 한 분 나타났습니다. 그 사역의 중심에 배재욱 교수님이 있습니다.

배재욱 교수님은 원래 성서신학을 전공한 교수로 후학을 양성하다가 배위량 선교사님의 헌신에 압도되어 이 사역을 감당하게 되었습니다. 배위량 선교사가 전도하기 위해 수고하신 그 역사적 현장을 찾아 그분의 선교 이정표를 구축하고자 배재욱 교수님은 그 길 위로 직접 걸으며 역사 흔적을 찾고 발굴하기 위해 노력하셨습니다.

배위량 선교사님의 순회전도 영향으로 영남 지역에 교회가 세워지고 학교와 병원이 세워졌습니다. 이러한 배위량의 헌신과 선교 정신을 기리기 위해 배재욱 교수님은 배위량아카데미(+한국배위량학회)와 배위량순례단 연합을 창립하셨고, 배위량 순례길을 찾기 위해 노력하셨습니다. 배 교수님은 순례길 위에서 '길 위의 배위량학술대회'를 개최하면서 배위량 연구 사역을 주도하고 계십니다. 약 10년 정도 기간 배위량아카데미 원장, 한국배위량학회 회장과 배위량순례단연합 회장으로 수고하신 배재욱 교수님의 충성된 섬김을 통해 이제 '배위량 순례길'의 실체가 밝혀지게 되었습니다.

배재욱 교수님은 직접 배위량아카데미, 한국배위량학회와 배위량순례단연합을 창립하고 운영하며 해마다 회원들을 인솔하여 배위량의 선교 현장을 직접 걸으며 그분의 선교 사역을 체험하게 합니다. 배위량 순례길을 개척하고 선교 이정표의 표지석을 세우는 꿈을 가지고 영남 지역의 새로운 비전을 통해 한국 교회가 새로워지는 원대한 꿈을 꾸고 계십니다. 교수님은 지금까지 배위량 선교사를 연구하며 배위량 선교사의 열정을 알리기 위해 '길 위의 배위량학술대회'를 개최하고 학술연구논문들을 여러 편을 전문학술지에 게재(揭載)하셨습니다. 그리고 배위량 순례길을 찾고 보존하기 위해 최선을 다하고 계십니다.

기존 교회들이 누구 하나 관심을 가지지 않았을 때, 배재욱 교수님은 성서학자로서 이 일을 지금까지 이끌어 오셨습니다. 배위량아카데미(한국배위량학회)를 이끌면서 재정적으로 고단한 시절도 있었습니다. 차비가 없어서 마음대로 다니지도 못하시고, '길 위의 배위량학술대회' 장소를 찾다가 여러 번 거절당하기도 하셨습니다. 참석 회원들을 대접할 재정이 없어서 식사 시간을 피해 학술대회를 주도하느라 사역에 동력이 떨어질 때도 많았습니다.

이처럼 아픔과 어려움이 많아 남몰래 하나님께 눈물 흘리며 기도할 때도 많았던 것을 곁에서 지켜보았습니다. 그런데도 배재욱 교수님은 실망하지도, 포기하지도 않으셨습니다. 지금까지 '길 위의 배위량학술대회'를 단 한 번도 중단하거나 멈춘 적 없이 꿋꿋이 이어 가고 계십니다. 그 이유는 알아주는 이 없어도 하나님을 향한 뜨거운 마음이 교수님께 있기 때문입니다.

저는 『배위량 순례길: 한국의 순례길』의 추천사를 쓰기에 많이 부족합니다. 저는 단지 배위량아카데미(한국배위량학회)와 배위량순례단연합을 먼발치에서 지켜보았던 사람입니다. 배위량순례단연합이 한국을 넘어 세계 복음화를 꿈꾸고 있음을 저는 잘 알고 있습니다. 배재욱 교수님과 배위량아카데미, 한국배위량학회와 배위량순례단연합이 함께하는 배위량 순례길 위의 발자국마다 하나님의 은혜가 항상 함께하며 꿈꾸는 선교 사역이 한층 더 성장하기를 기도합니다. 후회가 없는 선택이 될 배재욱 교수님의 저서 『배위량 순례길: 한국의 순례길』의 정독을 적극적으로 추천합니다.

추천사 4

김 승 학 목사
경안대학원대학교 교수, 안동교회 담임

베어드(William Martyn Baird) 선교사님의 한국 이름은 배위량(裵偉良)입니다. 그분은 1893년 4월 17일 그리스도의 복음을 들고 부산에서 출발해 대구, 경북 지방에 처음으로 복음의 씨를 뿌린 후, 5월 20일 부산 동래로 내려가신 복음 전도자이십니다.

언제부턴가 배위량 선교사님이 걸으셨던 '복음의 길'(The route of the gospel)을 따라 걷는 이가 있었습니다. 그의 이름은 배재욱 교수님입니다. 그분은 배위량 선교사님이 걸으셨던 길을 따라 누구보다 자주, 누구보다 인내하면서, 누구보다 많은 땀을 흘리며, 누구보다 열심히 걸으며 묵상하는 분입니다. 그저 놀라울 뿐입니다.

130여 년 전에 시작된 영남 지역 선교 루트를 발굴하여 지금도 걷고 또 걸으면서 묵상하시고, 그뿐만 아니라 묻혀 있는 초기 선교 자료들을 모아 분석하고 연구한 배재욱 교수님의 책 『배위량 순례길: 한국의 순례길』은 성령의 능력과 복음의 열정이 냉랭하게 식어가는 한국 교회에 초대 교회의 뜨거운 영성, 선교적 비전과 구원의 감격을 다시 회복하는 촉매제가 될 것을 확신합니다. 이에 『배위량 순례길: 한국의 순례길』을 주저함 없이 한국 교회 앞에 추천합니다.

추천사 5

정 성 혁 집사
대구수산교회 안수집사
기독청장년면려회 대구중노회연합회 명예회장

　배위량 선교사님은 1891년 부산에 도착해 미국북장로교의 한국 선교 기틀을 마련함과 동시에 한국 사회와 기독교 발전에 지대한 영향을 끼치셨습니다. 평양 숭실학교와 숭실여자중학교를 설립하셨고, 성경 번역 및 출판과 한글로 된 성경을 보급하셨습니다. 교회를 개척하시고 의료 활동에 힘써 한국인들의 건강과 복지에도 이바지하셨습니다. 배위량 선교사님은 한국 기독교의 역사·문화·교육·출판·선교 분야에서 여러 사역을 감당하셨습니다.
　배재욱 교수님은 2015년에 한 달여간 스페인 '산티아고 순례길'을 걷는 중에 한국에도 산티아고 순례길과 같은 의미 있는 순례길이 필요하다고 생각하며 묵상하는 중에 영남 지역 선교의 개척자 배위량 선교사님을 회상하게 되었고, 그분의 순회전도 여행길을 한국 개신교 순례길로 만들겠다고 생각하셨습니다. 그 후 한국으로 돌아와 배위량 순례길을 학문적으로 고증하고자 '영남신대 배위량 순례길 평화 순례 동아리'를 조직하셨습니다. 영남신대 교수직 정년 은퇴 후 제2의 인생을 가슴 뜨거운 삶으로 이어 가고 계십니다.
　배재욱 교수님은 2015년에 한달여간 스페인 '산티아고 순례길'을 걷는 중에 한국에도 산티아고 순례길과 같은 의미 있는 순례길이 필요하다고 생각하며 묵상하는 중에 영남 지역 선교의 개척자 배위량 선교사님을 회상하게 되었고, 그분의 순회전도 여행길을 한국 개신교 순례길로 만들겠다고 생각하셨습니다. 그 후 한국으로 돌아와 배위량 순례길을 학문적으로 고증하고자 '영남신대 배위량 순례길 평화 순례 동아리'를 조직하셨습니다. 영남신대 교수직 정년 은퇴 후 제2의 인생을 가슴 뜨거운 삶으로 이어 가고 계십니다.

　배위량 선교사님은 부산 동래를 출발해 밀양, 청도를 지나 가창을 경유해서 대구 남문에 도착하셨습니다. 이러한 역사적 사실에 바탕을 두고 저희 청년들이 2024년 9월 28일 오후 1시 30분 대구 달성군 가창 제일교회 주변에서 '영남 지역 선교 개척자 배위량 선교사 131주년 기념 걷기 대회'를 기독청장년면려회 대구중노회연합회(대구중CE)에서 주최하여 '배위량 순례길'을 걸어 보았습니다. 창조주 하나님이 지으신 아름다운 세계를 찬양하며 직접 선교사께서 가신 길을 걷는 순간은 감격과 감사로 가득했습니다.

　100년 전 우리나라에 오신 선교사님들의 숭고한 섬김을 통해 지금의 대한민국이 성장할 수 있었습니다. 위대한 선교 유산을 남기기 위해 많은 아픔과 희생 속에서 복음을 전하며 생명을 살리고 사람을 세우는 귀한 사역은 본이 되신 예수님의 사랑과 온전한 헌신의 결과물입니다.

　믿음의 확신과 삶의 목적을 잃어버린 분들이 『배위량 순례길: 한국의 순례길』을 통해 다시 회복되어 새로운 도전 속에서 담대히 나아가시기를 바라고, 배위량 순례길을 함께 걸으며 넉넉히 승리하시길 바랍니다.

배위량순례학교 이야기 1

한국의 순례길
배위량 순례길

Camino de Baeweryang: Camino de Corea
Written by Jae Woog Bae
All rights reserved.
Korean Edition Copyright ⓒ 2025 by Christian Literature Center, Seoul, Korea

배위량 순례길: 한국의 순례길
배위량순례학교 이야기 1

2025년 7월 22일 초판 발행

지은이　　|　배재욱

편집　　　|　전희정
디자인　　|　소신애
펴낸곳　　|　(사)기독교문서선교회
등록　　　|　제16-25호(1980.1.18.)
주소　　　|　서울특별시 동대문구 천호대로71길 39
전화　　　|　02-586-8761~3(본사) 031-942-8761(영업부)
팩스　　　|　02-523-0131(본사) 031-942-8763(영업부)
이메일　　|　clckor@gmail.com
홈페이지　|　www.clcbook.com
송금계좌　|　기업은행 073-000308-04-020 (사)기독교문서선교회
일련번호　|　2025-58

ISBN 978-89-341-2835-9(03230)

이 한국어판 출판권은 (사)기독교문서선교회가 소유합니다.
신저작권법에 의하여 한국 내에서 보호를 받는 저작물이므로 무단 전재와 무단 복제를 금합니다.

배위량 순례의 길

배위량순례학교 이야기 1

한국의 순례길

배재욱 지음

CLC

목차

격려사	호병기 목사	배위량순례단연합 회장	1
축사 1	김태수 목사	승복교회 원로목사	3
축사 2	김한식 목사	전 배위량순례단연합 대표부회장	6
축사 3	강홍배 목사	청도진라교회 담임	8
추천사 1	김춘근 목사	전 파라과이 선교사 & 아르헨티나 선교사	10
추천사 2	이상훈 박사	한국학중앙연구원 이사	12
추천사 3	이교남 목사	경안신학원 교수	13
추천사 4	김승학 목사	경안대학원대학교 교수	16
추천사 5	정성혁 집사	대구수산교회 안수집사	17
머리말	배위량 순례길: 한국의 순례길(한국 산티아고 순례길)		26

● 제1부 길, 나그네 그리고 행복   34

- 제1장 순례가 무엇인가?   35
- 제2장 길을 물으면서   38
- 제3장 우리는 누구이고, 왜 그리고 무엇을 위해 사는가?   40
- 제4장 인간, 길 위에 서 있는 방랑자   42
- 제5장 인간의 행복에 대한 기독교적인 이해   44
- 제6장 행복의 사회적 조건에 대한 사회복지학적인 이해   69

● 제2부 삶에 대한 희망, 용기 그리고 묵상의 순례길   102

- 제1장 하이델베르그(Heidelberg) 베네딕토 수도원   104
- 제2장 뮌스터슈바르차흐 수도원(Abtei Münsterschwarzach)   115
- 제3장 독일 안덱스(Andechs) 베네딕토 수도원   125

● 제3부 생각의 나래를 펼치며 걷는 순례길   137

- 제1장 개신교회에서의 성경과 그림   138

- **제4부** 초기 교회사 146
  - 제1장 대구·경북 지역 초기 교회사 147

- **제5부** 삼일절 100주년 맞이 대구·경북 지역 3·1운동 발상지 탐방과 배위량 순례길 순례 159
  - 제1장 삼일절 100주년 맞이 대구·경북 지역 3·1운동 발상지 탐방과 배위량 순례길 순례 초청장 165
  - 제2장 배위량 순례길과 3·1운동 발상지 탐방 보고서 1 167
  - 제3장 배위량 순례길과 3·1운동 발상지 탐방 보고서 2 172
  - 제4장 배위량 순례길과 3·1운동 발상지 탐방 보고서 3 178
  - 제5장 배위량 순례길과 3·1운동 발상지 탐방 보고서 4 191

- **제6부** 배위량 순례길과 대구·경북 지방의 3·1운동 및 독립 운동과 의병 운동 유적지 역사 기행 198
  - 제1장 배재욱의 대구·경북 역사 기행 1: 대구 199
  - 제2장 배재욱의 대구·경북 역사 기행 2: 고령 212
  - 제3장 배재욱의 대구·경북 역사 기행 3: 의성 223
  - 제4장 배재욱의 대구·경북 역사 기행 4: 안동 231
  - 제5장 배재욱의 대구·경북 역사 기행 5: 성주 242

- **제7부** 산티아고 순례길에서 만난 배위량 선교사 250
  - 제1장 산티아고 순례길을 걸으면서 배위량 순례길을 생각하다 251
  - 제2장 배위량(William Martyen Daird)이 누구인가? 259

제8부 한국의 순례길로서 배위량 순례길 — 265

- 제1장 배위량(윌리엄 M. 베어드) 순례길에 대한 제안서 — 266
- 제2장 '영남신학대학교 배위량 순례길 평화 순례 동아리' 창립총회 초청장 — 272
- 제3장 '배위량 순례길'에 대하여 — 275
- 제4장 좋은 길 — 291
- 제5장 배위량 순례길 도보 순례(구미~안동) — 295

제9부 배위량 신학 — 318

- 제1장 '생명의 사람' 배위량을 통해 본 생명 — 319

제10부 배위량 순례길의 과거, 현재 그리고 미래 — 324

- 제1장 '영남신학대학교 배위량 순례길 평화 동아리' 창립총회 초청장 — 325
- 제2장 '영남신학대학교 배위량 순례길 평화 순례 동아리' 창립총회 결과 보고서 — 329
- 제3장 배위량 순례길 첫 순례(밀양에서 청도 구간)에 대한 초청장 — 334
- 제4장 한국의 기독 청년들을 '배위량 순례길'로 초대합니다 — 337

제11부 배위량아카데미와 배위량순례단연합 창립에 대한 회고 — 339

- 제1장 배위량(裵偉良, William M. Baird) 순례단 창립과 배위량 순례길 건설에 대한 제안서 — 340
- 제2장 청도기독교총연합회 임원회에 제안한 '배위량 순례길' 찾고 만들기 제안과 순례 계획 — 346
- 제3장 '영남신대 배위량 순례길 평화 순례 동아리' 창립 — 355
- 제4장 2024년 2학기 배위량순례단연합 전체 순례 일정에 관한 여론 조사 — 362
- 제5장 어느 날의 순례 일기(2024년 9월 16일[월]에 친지들에게 쓴 편지글) — 365
- 제6장 은혜의 강물: '배위량 순례길'에 세워진 이정표 — 387
- 제7장 『배위량 순례길』(Camino de Corea)을 탈고하면서 떠오르는 생각들 — 392

존경하는
배위량순례단연합 제4대 회장 호병기 목사님께
감사함으로 헌증합니다.

머리말

배위량 순례길: 한국의 순례길(한국 산티아고 순례길)

배위량(裵偉良. 윌리엄 마틴 베어드, William Martyn Baird, 1862년 6월 16일~1931년 11월 29일) 선교사님[1]은 하나님에 대한 충성과 한국 민족에 대한 사랑이 애틋하고 원대했다. 그분의 신앙과 삶을 되돌아보고 생각하고 함께 찾고 연구하고 그분의 정신을 계승하고 실천하는 삶은 얼마나 멋있을까 생각한다.

함께 배위량을 연구하고 '배위량 순례길'을 걷고 함께 일할 연구자, 학자, 목회자, 신학생, 평신도 대표 등 각계각층의 다양한 이들을 찾아다녔다. 배위량 선교사가 1893년 4월 14일(금)-5월 20일(토)까지 걸었던 제2차 순회전도 여행길을 중심으로 순례길을 찾고 개발하려는 의도로 2015년 2학기에 '영남신대 배위량 순례길 평화 순례 동아리'를 조직하고, 그들과 함께 걸으면 순례를 시작함으로 '배위량 순례길'을 찾으며 걸으며 '길 위의 배위량학술대회'를 행한 지 벌써 햇수로 10년째가 된다.

배위량이 영남 지역을 순회전도 하기 위해 1893년 4월 14일부터 5월 20일까지 여행하면서 걸었던 길을 찾아 순례길로 개발하기 위해 그동안 무수한 시간을 보냈다. 그것은 필자가 2015년에 산티아고길을 걸으며 부딪쳐 왔던 질문들과 관련된다.

---

1 이후부터는 배위량으로 통칭함.

"우리에겐 스페인의 '산티아고 순례길'('카미노 데 산티아고', 'Camino de Santiago')과 같은 의미를 지닌 길이 왜 없을까?"

이 생각으로 산티아고길을 걸으면서 만났던 분이 배위량 선교사다. 그런 문제들을 안고 걸으면서 깊은 묵상 중에 하나님의 복음에 대한 열정으로 영남 땅, 호남 땅, 충청 땅, 경기 땅, 서울 땅뿐만 아니라, 평양으로 간 뒤에 북한지역에서 더 많이 순회전도를 감행했던 초기 선교사 배위량 선교사가 불현듯 생각났다.

그래서 "배위량 선교사가 순회전도 여행을 감행했던 '그 길'을 다시 찾아 그 길을 한국의 순례길로 개발하자"라는 생각이 불현듯 머리에 떠올랐고, 그 생각이 머리를 떠나지 않았다. '배위량 순례길'을 찾는다면 살아가는 목적을 깨닫지 못하고 방황하는 젊은이들과 한국 사회와 교회를 위한 멋진 선물이 될 것이라는 생각을 가지고 배위량 순례길을 위해 노력했다. 그동안 그 길 위로 실제로 걸으면서 함께 할 동지를 찾았고 그들과 함께 이 일을 위해 노력하고 있다. 이제 '배위량 순례길' 위에서 걸으면서 한국 교회를 생각하고 자신을 돌아보고 세계 교회를 향한 사명감과 책임감으로 순례할 순례자들이 많이 나타나길 희망한다.

작은 출발이 가져올 멋진 미래를 상상하면서 이런 작은 시작들이 한국 교회와 사회를 새롭게 하는 좋은 시발점이 될 것이라는 희망으로 뗀 발걸음이 아주 미약하지만, 이제 '배위량 순례길' 위로 하는 순례가 시작되었다. 이에 '배위량 순례길'을 한국 교회와 사회와 민족 앞에 소개하고자 한다.

원래 이 책은 배위량순례학교의 훈련 교재로 만들 계획으로 시작했다. 그런데 책을 집필하는 과정에서 배위량순례학교에 참석하는 회원들만을 대상으로 하는 책이 아니라, 한국 사회와 교회에 "배위량이 어떤 분인지"를, 그리고 그분이 조선 시대 말기에 이 땅에서 살아가는 사람들을 어떻게 구원할지, 외세의 침입 앞에 절망에 빠진 백성들을 바라보며 안타까운 마음으로 걸으며 전도했던 순회전도를 감행한 여행길을 '배위량 순례길: 한국의 순례길'로 개발하고자 노력하는 우리의 노력을 이제 한국 사회와 교회 앞에 떳떳하게 나타내어야 한다는 배위량 순례학교 담당 책임자들과 배위량순례단연합 회원들의 뜻에 따라 이미 작성해 두었던 원고를 대폭 수정하고 방향을 많이 바꾸어 수정하기도 하고 새롭게 작성하기도 하면서 일반독자들이 볼 만한 책으로 집필했다.

필자는 '배위량 순례길' 위에서 무수한 사람들을 만났다. 그들은 한결같이 "왜 이렇게 오뉴월 땡볕에 걷는가", "이렇게 추운 한겨울에 왜 이렇게 고생을 사서 하는가", "그런데 도대체 배위량이 누구인가", "순례가 무엇인가"라고 질문했다. 그래서 "순례가 무엇인가"란 대전제 속에서 이 책을 다양한 관점으로 꾸미고자 노력했다. 너무 많은 질문을 받고 그것을 조금이라도 언급하다보니, 너무 자잘한 것들도 많이 포함되었다. 그래서 좀 덜 영글은 것 같고 미완성인 것들도 다수 포함되어 있다.

그런데 인생은 어짜피 미완성인체 끝나는 것이 인생이다. 미완성인체 끝나는 인생길에서 완벽하게 보여 주기 위해서 아무것도 못하고 그냥 마치는 것이 아니라, 완벽하지 않아도 "우리가 가진 모습 그대로 보여 주는 데서 의미를 찾자"는 생각을 가지게 되었다.

전문적으로 글을 쓰는 저작자들이 추구하는 그런 완벽한 것은 아니지만 이런 우리의 자잘한 것들이 모여 나중에는 '배위량 순례길의 역사'가 될 것이니, 좀 부끄럽지만, 자질구레한 우리의 이야기들을 그냥 그대로 보여주자는 생각을 가지게 되었다. 그래서 배위량 아카데미, 한국배위량학회 그리고 배위량 순례단연합이 처음 시작할 당시의 보잘것없고, 보잘한 역사지만 그것들을 찾기 위하여, 자질구레한 보고서와 급히 써두었던 메모들을 찾았고, 그것들에서 역사를 찾아 그것들을 중심으로 우리의 이야기들을 구성하고 기록했다. 그래서 좀 덜 세련되고, 좀 덜 완성된 것 같아 많이 부끄럽고 미안한 생각이 들기도 한다.

하지만 그것이 우리의 모습이니, 우리가 가지고 있는 우리의 모습을 그대로 독자들에게 보여드리자. 측은지심(惻隱之心)을 가진 독자분들이 혹

"이렇게 좀 덜 된 사람들이 주님을 위해 이런 일도 하는구나, 불쌍하니 내가 가서 좀 도와야 되겠다."는 생각을 가지고 와서 우리와 함께 하시도록 자리를 마련해 드리자는 그런 크고도 원대한 계획이 이 책에서 필자가 추구하는 기본틀이다.

내용이 완벽하면 독자들이 느끼는 배움이 크겠고, 얻는 것이 많겠지만, 무언가 엉성하고 덜 완성되어 보이고 보잘것없어 보이지만, 이런 부족한 우리의 모습을 보신 독자 제위께 오히려 주님의 은혜가 더 크게 다가 다가갈 수 있기를 기대한다. 이 책을 본 독자 제위께서 "무언가 엉성하고 덜 된 이 사람들을 내가 좀 도와주어야겠다."란 생각을 가질 수 있기를 기대하는 큰 희망으로 이 글을 쓴다. 독자분들께서 그런 측은지심으로 '배위량 순례길'에 나선다면, 더 나아가 우리와 함께 할 생각을 가진다면 무엇보다 좋겠다.

그래서 필자가 구성하는 이 책의 내용은 자잘하고 다양하다. 어떤 한 방향의 내용만 있는 것이 아니라, 필자가 생각하는 "순례란 무엇인가"란 대전제 속에서 책의 내용 전체를 착상(着想)하면서, '배위량 순례길'을 구상(構想)하고, 그것을 기록하고 영남신학대학교에서 만났던 제자들과 순례길에서 만난 여러 동료들과 순례자들, 그리고 그분들과 함께 했던 시간들 속에서, 일어난 많은 이야기들이, 우리 역사의 전체 줄거리에서 뼈대를 이루고 있다. 그래서 그런 자잘한 것들을 찾기 위하여 옛날 기록을 뒤졌고, 어렵게 어렵게 그런 자질 구레한 것들을 찾았고 그것들을 모아 기록했다. 이런 이야기들 속에서 순례는 한 가지 면이 아니라 다양하게 전개된다는 것을 보여 주고자 노력했다.

먼저 배위량의 제2차 전도 여행길의 노정을 살펴보자. 영남 땅에서 제2차 순회전도를 위하여 배위량은 1893년 4월 14일부터 5월 20일까지 부산-경남-경북-대구-경북-울산-부산 지역을 순회전도 여행을 감행했다.[2]

---

[2] 배위량이 제2차 순회전도 여행을 감행한 노정에 대해서는 Richard H. Baird, *William M.*

『배위량 순례길: 한국의 순례길』을 출판하면서 참 감사한 일이 많았음을 고백한다. 어둑한 산속에서 길을 잃고 방황할 때 천사를 보내 주셔서 안전한 곳으로 피하게 하신 하나님, 그때 만났던 친절한 이웃들에게 감사한다.

하나님께서는 인생의 고비마다 천사를 보내 주셨다. 하나님께서는 순례의 고비마다 도움의 손길을 미리 준비해 주셨다.

어느 추운 한겨울 날이었다. 영하 20도 이하로 떨어진 한 겨울 산을 넘어 동명에서 구미로 향하는 길이었다. 그날 따라 바람도 얼마나 세찬지, 점심 도시락을 먹기 위하여 바람을 피하여 골짜기 아래로 들어가 덜덜 떨면서 점심을 먹고 다시 길을 나섰다. 해가 떨어지기 전에 골짜기의 길을 벗어나 신작로를 찾아야 된다는 생각을 하니 마음이 급해졌다.

해가 긴 오후가 되었지만, 영하 20도나 되는 추위 때문인지 길에 사람들도 보이지 않았다. 길을 잃고 헤매던 중에 민가를 발견하고 길을 묻기 위해 문들 두드렸다. 문밖에서 웅크린 자세로 엉거주춤하게 서서 길을 물었다. 젊은 부부가 필자의 나그네 행장을 살펴본 후 "이 추운 날 고생이 많으십니다"라고 인사를 하고 "어르신, 추운데 들어오셔서 몸을 좀 녹인 후 길을 가시지요"라고 하면서 집안으로 초대했다. 그리고 따뜻한 커피와 차를 내주었다. 그들은 목적지까지 차로 데려다주겠다고 했지만, '내가 가야 할 길'은 '내가 걸어야 할 길'이었기에 "감사하지만, 이 길은 제가 걸어가야 할 길이기에 제가 걷겠습니다"라고 말한 후 그 집에서 나와 다시 '한대'로 나섰다.[3]

어느 뜨거운 여름날 의성에서 군위를 거쳐 신녕으로 가는 길에 섭씨 40

Baird of Korea: A Profile (Oakland: Richard H. Baird, 1968), 31과 William M. Baird/ 이상규 옮김, 『숭실설립자 윌리엄 베어드의 선교 일기』 (서울: 숭실대학교 한국 기독교박물관, 2013), 195가 다르게 나타난다. 아래에 소개하는 배위량이 제2차 순회전도 여행 노정은 Richard H. Baird, *William M. Baird of Korea: A Profile* (Oakland: Richard H. Baird, 1968), 31에 나타나는 노정이다.

[3] '한대'는 '밖'이란 말의 의미로 사용되는 경상도와 제주도 지방의 방언이다.

도 가까이 되는 햇빛을 피하여 군위군 산성면 화본리에서 길가의 어느 가겟집 처마 밑 그늘에 힘없이 앉아 있는 나를 본 가게 주인이 가게 안으로 나를 맞아들이고 내어준 냉커피 한 잔이 어찌 그리 시원하고 맛이 있었는지!

> 찬물 한 잔이라도 대접하고자 하는
> 가난하지만 선한 이웃들,
> 대접하는 따뜻한 마음을 가진 멋진 지역 주민들,
> 힘들 때나 어려울 때나 함께한 동료 순례자들,
> 그 모든 분께 평생 감사한다 해도, 다하지 못할 것이다.

그중에서 몸이 아픈데도 힘든 상황에서 어떻든 함께하면서 도우려고 하신 초창기부터의 동역자 김한식 배위량순례단연합 전 대표부회장님, 이상훈 목사님(배위량순례단연합 전 경북단장, 전 의성제일교회 담임), '영남신대 배위량 순례길 평화 순례 동아리'의 전임 회장님들(최지훈, 박사무엘, 현재호, 장동남, 신선미, 우성화, 권영순)과 동아리 임원들과 배위량순례단연합의 처음 총무로 수고하신 이석형 교수님, 임원들인 김석기 목사님, 이기한 집사님, 서동욱 목사님, 배위량아카데미를 처음 조직할 때부터 함께하신 청도의 조삼수 목사님, 박영규 목사님, 이판수 목사님, 최재성 목사님, 강홍배 목사님, 상주의 곽희주 목사님, 안동의 김승학 목사님, 논문 발표로 늘 함께 수고하신 이상규 교수님, 이교남 교수님, 등 배위량 연구에 함께 동역한 여러 교수님들, 그리고 이 책의 출판비용을 담당하신 배위량순례단연합 호병기 회장님 등 모든 분의 격려 덕분에 이 책이 나올 수 있었다.

이 책의 출발점은 배위량순례학교의 순례지도자들을 위한 훈련 교재로 만들고자 했던 의도 때문이었다. 순례지도자들을 위한 훈련 교재 이야기를 들은 배위량순례단연합 임원들이 이 책을 좋은 출판사를 통해 출판하여 독자들도 '배위량 순례길'을 알도록 하자는 제안을 했다. 그 제안을 들고, 처음에는 필자에게 시간적으로 부담이 너무 컸다. 결국, 임원들의 건의와 간청에 따라 책으로 출판하기로 결심하고 거의 2년 정도 원고 정리를 새롭게 하느라, 시간을 소비했다. 하지만 순례단 회원들의 작은 회비로 운영되는 배위량순례단연합의 재정적인 여건으로는 출판비 마련을 엄두를 못내고, 그저 꿈만 꾸고 있었다.

그런데 배위량순례단연합 제4대 호병기 회장님이 출판비의 큰 분량을 담당하겠다고 자청하심으로 독자들과 만날 수 있도록 '중요 출판사'를 통하여 책을 출판하기로 했다. 처음에는 배위량 순례학교의 순례훈련 교재로 사용하기 위하여 써 두었던 「배위량 순례학교 이야기 1」의 제목을 어떻게 할지에 관하여 고심하며 회원들과 이것에 관하여 토론도 많이 하면서 처음부터 우리가 함께 걸으면서 이름을 붙인 '배위량 순례길'이란 이름이 들어간 『배위량 순례길: 한국의 순례길』로 책 제목을 바꾸어 출판하게 되었다.

지금까지 이끌어 주신, 우리 주님, 예수 그리스도께 깊이 감사합니다. 이 책을 출판하면서 격려사로 격려해 주신 호병기 목사님(배위량순례단연합 회장, 봉화현교회 원로목사), 축사를 해 주신 김태수 목사님(승복교회 원로목사), 김한식 목사님(전 배위량순례단연합 대표부회장, 예천기독교연합회장, 예천풍성한교회 담임), 강홍배 목사님(청도진라교회 담임), 책의 추천사를 써 주신 김춘근 목사님(전 파라과이 선교사 및 아르헨티나 선교사), 이교남 박사님(예천전원교회 담임목사), 이상훈 박사님(한국학중앙연구원 이사, 명예교수), 김승학 목사님(안동교회 담임목사), 정성혁 집사님(대구수산교회 안수집사, 기독청장년면려회 대구중노회연합회 명예회장)께 깊이 감사합니다. 그리고 이 책의 출판을 담당하시는 기독교문서선교회(CLC) 박영호 대표님과 직원 모든 분께 감사합니다.

『배위량 순례길: 한국의 순례길』을 존경하는 배위량순례단연합 제4대 회장 호병기 목사님께 감사함으로 헌증합니다.

처음부터 지금까지 늘 도와주시고 함께하셨던 주님 감사합니다!

모든 '배위량 순례길' 위에서 함께 걷는 과거, 현재 그리고 미래의 모든 순례자분들께 감사 인사를 전합니다!

2025년 1월 1일 이른 새벽
대한민국 영남지역 선교부의 옛터인 대구동산에서, 배재욱

참고 문헌

Baird, Richard H. William M./이상규 옮김. 『숭실 설립자 윌리엄 베어드의 선교 일기』. 서울: 숭실대학교 한국 기독교박물관, 2013.
_____. *Baird of Korea: A Profile*. Oakland: Richard H. Baird, 1968.

제1부 길, 나그네 그리고 행복

제1장 순례가 무엇인가?

제2장 길을 물으면서

제3장 우리는 누구이고, 왜 그리고 무엇을 위해 사는가?

제4장 인간, 길 위에 서 있는 방랑자

제5장 인간의 행복에 대한 기독교적인 이해

제6장 행복의 사회적 조건에 대한 사회복지학적인 이해

제1장

순례가 무엇인가?

이 질문에 대한 각자의 대답은 다양하리라고 본다. "순례가 무엇인가?"라고 묻는다면 매우 복합적인 개념이라고 답할 수밖에 없을 것이다. 박목월은 〈나그네〉란 시에서 "구름에 달 가듯이 가는 나그네"란 구절을 통해 인생의 덧없음과 체념 속에서 고향을 떠나 낯선 땅을 떠도는 '나그네'의 모습을 통하여 자신의 인생의 흔적을 뒤돌아본다.

> 강나루 건너서 밀밭길을
> 구름에 달 가듯이 가는 나그네
> 길은 외줄기 남도 삼 백리
> 술 익는 마을마다 타는 저녁놀
> 구름에 달 가듯이 가는 나그네[1]

어떤 이에게는 **순례는 그냥 걷는 것이다.** 가볍게 산보하듯이 걷는 것이 순례이기도 하다. 순례자들은 열심히 걷고 그것을 자신의 순례의 목적으로 삼을 것이다. 사실 순례는 실제로 자신의 발로 걷는 것이다.

---

1 https://yeilkorea.tistory.com/99(2025.1.1. 접속); https://100.daum.net/encyclopedia/view/14XXE0011303; 박목월(朴木月), "나그네", 「한국민족대백과사전」. (2025.1.3. 접속).

그런데 길을 멀다. 끝이 없이 이어진다. 가도 가도 끝이 없다. 그래서 순례는 피곤하고 어렵고 힘들다. 때때로 순례는 순례자에게 희생을 요구하는 일도 있다. 그래서 순례는 어렵다.

어떤 이에게는 **순례는 고행이다**. 그렇게 생각하는 순례자들은 예수 그리스도의 고난을 생각하면서 순례를 통하여 고행을 경험하고 주님께 더 가까이 가고자 한다. 그들은 맨발로 걸으면서 고행을 하거나 한 끼씩 금식하기도 하고, 노숙(露宿)하면서 고행을 체험한다. '한대에서' 잠을 잔다는 것은 여러 가지 위험에 노출되지만, 그런 경험을 통하여 주님의 고난에 더 가까이 가고자 한다2.

어떤 이에게는 **순례가 기독교 문화 탐방이다**. 그런 생각으로 순례길에 나온 이들은 순례길을 그런 관점으로 나와 여러 기독교 유적지와 문화 유적을 찾아가 자신의 순례 목적을 달성할 것이다.

어떤 이에게는 **순례가 순례길에서 만나는 무수한 이들에게 주님의 복음을 전달할 수 있는 멋진 기회가 될 수 있다**. 그런 생각으로 참가하는 순례자들은 순례를 그렇게 복음을 전하는 기회로 만들 수 있을 것이다.

어떤 이들은 순례길에서 여러 자연 환경과 생태를 배우고 경험하는 순례를 생각하고 참여한다. 순례는 실재(實在)하는 자연 속에서 실제(實際)로 부딪치는 자연현상을 관심있게 관찰해야 순례에 참가한 순례자들이 의미 있는 순례를 시행 할 수 있다. 그만큼 순례 길은 다양성을 가지고 있다.

어떤 이들은 문학적인 구상을 착상하기 위해 순례에 참가한다. 순례를 하면서 경험하는 많은 사람, 많은 자연 대상과 환경은 문학 구성의 중요한 구상(構想)을 이룰 수 있다.

어떤 이들은 예술 작품을 구상하고 자신의 작품의 완성을 위해 마지막 **화룡점정(畵龍點睛)** 찍기 위한 생각으로 순례에 나온다. 그리고 자신이 생각하는 화룡점점을 찾아 간다. 산티아고 순례 길에서도 보면 많은 사진 작

---

2 '한대'는 '밖'이란 말의 방언이다.

가들이 자신의 작품을 찍기 위해 위해 순례에 참가한다.

　어떤 이들은 순례는 기도라고 생각한다. 실제로 순례를 하다보면, 주위에 아무도 없고, 수시로 위험에 처할 수도 있다. 가도 가도 길이 끝 없이 펼쳐진다. 그럴 경우 기도할 수 밖에 없다. 그런 점에서 보면 순례는 묵상이고 기도이다.

　어떤 이들에게는 순례가 자신의 인생고비를 다듬고 새로운 길을 찾고자 하는 기회가 된다. 순례하면서 자신의 주위를 거쳐 가는 무수한 사람을 보면서 자신의 내면의 세계를 성찰하는 기회를 만들게 된다.

　이 책에서 모든 것을 다 다룰 수는 없기에 필자 나름대로 순례가 무엇인지를 찾고 말하고자 했다. 그래서 수도원 탐방과 종교개혁지 방문 기사와 함께 그곳에서 열린 학술대회에 관한 기록, 순례길을 걸으면서 느낀 소감과 경험 등 다양한 관점에서 느끼고 보고 경험한 소소한 것들과 그것이 있기까지의 보잘것없고 자잘한 역사를 찾았고 정리하면서 나름대로 순례가 무엇인지를 말하고자 노력했다. 책을 쓰다 보니 주제가 너무 다양하여 초점이 흩어진 듯하다. 앞으로 여기서 머물지 말고 진일보한 학자적인 견해를 담은 좋은 순례신학의 멋진 기록들이 나타나길 기대한다.

참고 문헌

https://yeilkorea.tistory.com/99.(2025.1.1. 접속).
https://100.daum.net/encyclopedia/view/14XXE0011303, 박목월(朴木月). "나그네". 「한국민족대백과사전」. (2025.1.3. 접속).

제2장

길을 물으면서[1]

　이른 아침 아직은 조금 어둑한 시간에, 어느 목사님을 만날 일이 있어 집을 나서서 그 교회로 향했다. 버스 노선을 몰라 운전 기사에게 물어 대구 중앙로 근처 한일극장에서 버스를 갈아타고 대구의료원 인근으로 향했다. 그 지역은 필자가 중학교 다녔던 시절 보리 수확철에 농촌 일손 돕기를 나갔던 지역 같기도 했다. 하지만 까마득한 옛날 일이라 자세한 장소는 기억에 없었다. 버스를 타고 끝없이 펼쳐지는 시가지 사이를 달리면서, 옛날 시절에 경험한 한적한 농촌 마을이 오버랩(overlap)되었다. 버스에서 내려 길 가는 행인들에게 길을 물었다.

　지나가는 어떤 분에게 찾고자 했던 교회의 위치를 물어보니 친절하게 가르쳐 주었다. 그분이 가르쳐 주신 대로 방향을 잡고 가다가 또 다른 사람을 만나 목적지를 확인하기 위해 다시 물어보고 그 길을 따라 갔다. 그런데 그곳은 엉뚱하게도 다른 교회였다. 그래서 만나기로 한 그 목사님께 전화를 걸었더니 완전히 반대 방향으로 한참이나 와 있었다. 왔던 길을 거슬러 가는 길은 더욱 고되고 힘들어 거의 녹초가 될 지경이었다.

　아직 교회에 다니지 않는 분들이라 '이 교회'와 '저 교회'를 잘 구분하

---

[1] 배재욱, "길을 물으면서," 「목회자신문」(2010년 10월 11일); http://www.mokhoeja.co.kr; (2010. 10. 15 접속)을 수정 보완했다.

지 못하고 교회는 다 같은 교회인 줄로 알았던 것 같다. 그분들은 필자에게 아주 친절하게 길을 가르쳐 주었다. 하지만 반대 방향에 있는 교회를 가르쳐 주었다. 그것도 두 사람이나 똑같이 엉뚱한 곳으로 안내했다. 갔던 길을 다시 돌이켜 가는 길은 매우 힘들다. 그래도 아직은 거슬러 올라갈 여력이 있었고 또 그렇게 할 수 있는 시간도 있다면 시간을 들여서 가면 되지만, 적고 큰 희생이 따를 수 있다.

　인도자가 배우는 사람들을 잘못된 길로 안내하고 가르친다면, 그들은 잘못된 길을 가게 될 것이다. 그들이 잘못된 방향임을 깨닫고 다시 돌이킬 수 있게 된다면 그래도 다행이지만, 다시 돌이키지도 못할 지경에 처한다면 지도자의 실수가 너무 엄청난 결과를 초래할 수 있다. 아찔한 생각이 든다. 지도자의 잘못된 안내로 심각한 결과를 초래하게 되어 그것이 상처가 되어 크게 그 흔적이 드러나게 됨을 역사에서도 자주 볼 수 있다. 지도자들은 다음과 같은 예수 그리스도의 말씀을 겸허히 들어야 할 것이다.

　　　화 있을진저 눈먼 인도자여(마 23:16).

　　　맹인 된 인도자여(마 23:24).

참고 문헌

배재욱. "길을 물으면서."「목회자신문」(2010년 10월 11일); http://www.mokhoeja.co.kr;
　　(2010. 10.15 접속).

제3장

우리는 누구이고,
왜 그리고 무엇을 위해 사는가?

"우리는 누구이고, 왜 그리고 무엇을 위해 사는가?"

인류는 원초적 문제 앞에서 답을 찾고 있지만, 이 질문은 어쩌면 인간이 끝까지 해답을 찾지 못하는 미제(謎題)가 아닐까?

그렇다고 마냥 포기하고 살 수는 없다. 인류는 창세 이래로 이 문제에 대한 답을 꾸준히 찾고 있다.

그렇다면 인간이 이 땅에서 살아가는 동안 바라는 사회적 조건이 무엇일까?

행복일까, 희망일까?

아니면 평안한 마음일까?

행복하길 바라는 것은 모든 인간의 희망 사항이다. 모든 인간의 공통점은 궁극적으로 행복을 추구한다는 것이다. 그런데 인간에게 행복은 다분히 주관적이면서 동시에 객관적으로 규정된다. 게다가 행복은 단순하면서도 때로는 아주 복잡하게 규정되고 이해된다. 인간은 자신의 욕구와 욕망이 충족될 때 만족하게 되고 즐거움을 느낀다. 모든 인간은 만족하고 즐거울 때 행복한(Happy) 마음을 가진다.

이 글에서 필자는 인간의 행복이 무엇인가에 대한 정의와 행복의 사회적인 조건을 기독교 사회복지학적 이해를 통해 찾고자 한다.

　행복(幸福)은 단순히 좋다는 느낌과 달리 큰 행복을 느끼는 상태이다. 행복은 주관적 가치로 평가할 수도 있다. 하지만 인간은 미래에 대한 희망을 품을 때 삶의 의욕을 가지게 된다. 인간의 행복은 단순히 자신이 좋아하는 것을 마음에 그려 보는 것으로도 얻을 수 있다. 그러나 인간이 느끼는 행복은 상황에 따라 변하고 시대에 따라 적용되는 것이 달라지기 때문에 행복을 이루는 다양한 조건을 생각해야 할 것이다.

　물질적 영역도 인간에게 행복의 한 축일 수 있겠지만, 그것으로 완벽한 행복을 찾을 수는 없을 것이다. 이 땅에서 권력의 극치, 부의 극치에 이르렀던 인간들도 진정한 행복을 찾지 못하고, 종교에 귀의함을 통해 마음의 안정과 행복을 얻는 것을 볼 수 있다. 이러한 형상들은 종교가 차지하는 영역의 비중을 나타내는 단적인 예일 것이다.

　앞만 보고 달리면, 그것이 인간을 행복하게 할 것 같지만 그렇지도 않다는 것을 발견하는 데는 오랜 시간이 걸리지 않는다. 모든 인간에게는 가끔 쉼이 필요하고, 때로는 멈추거나 뒤돌아보지 않으면 놓치게 되는 무언가가 분명히 있다. 그래서 타인에게 친절하고 관대하게 대하는 것이 내 마음의 평화를 유지하는 길이다. 이웃을 돌아보는 마음의 여유는 자신에게 진정한 행복을 가져올 것이다. 이런 점에서 보면 행복은 가치 있는 삶을 살고자 하는 인간이 지향하고 추구하는 중요한 목표이다.

　어떻든 사람은 이 땅 위에서 살아간다. 이 땅에서 살아간다는 것은 '무엇을 위해 사는가?'에 대한 문제와 연결된다. 그것이 어떤 사람에게는 이 땅에서 살아가는 삶의 무게를 더하거나 덜 하거나 하는 것에 영향을 끼치게 된다. 사람은 모두 자신의 인생살이에서 목표를 가지고 살아간다. **인간이 추구하는 가장 기본적인 삶의 목표인 행복에 대해 탐구하는 것은 멋진 인생을 살아가는 과정이 될 것이다.**

제4장

인간, 길 위에 서 있는 방랑자

시작과 끝이 있는 피조물인 인간에게 무엇이 행복인가?

길 위에 서 있는 방랑자인 인간이 '자신은 어떤 한 방랑자'란 사실을 깨닫는 것이 자신의 인생살이에서 어떤 의미가 있을까?

행복을 추구하는 것은 인간의 기본적인 삶의 욕구이다. 모든 사람이 행복을 추구하는데, 행복은 단순한 것 같지만 때로는 복잡하고 아주 다의적(多義的)이다. 다른 한편, 인간에게 행복은 주관적이면서도 객관적으로 규정된다. 인간에게 물질적 영역은 필연적 요소이기 때문에 부(富)가 필요하다. 그렇지만 인간에게 물질적, 사회적 요소가 필요하지만, 그것들과 함께 정신적인 면에서도 필요불가결(必要不可缺)한 것들이 존재한다.

인간은 시간의 한계 안에서 살아가는 존재이다. 인간은 역사(歷史)라는 제한된 공간과 시간 안에 살고 있지만, 영원을 사모하는 존재이다. 다른 한편, 인간은 신의 영역을 염원(念願)하고 살아가는 존재이지만, 역사 속에서 살아가야 하고, 어둠 속에서 헤매며 방황하는 존재이기도 하다. 그렇기에 인간은 누구나 매 순간 현명한 선택을 해야 할 숙명을 가지고 있다. 이러한 관점에서 인간은 피조물의 한계 속에서 살아가지만, 동시에 역동적 존재이다. 이렇게 인간은 이중적 사고 구조 속에서 숙명적으로 한계를 가진 존재이기에, 그 한계 안에서 살아가면서도 행복을 꿈꾸고 누리기를 희망한다.

'행복한 삶의 조건'은 다음 전제들과 깊이 관련되어 있다.

첫째, 분노로부터의 자유
둘째, 절망으로부터의 탈출

인간이 행복한 마음을 가지게 되고 그것을 누리는 것은 행복의 내적, 외적 조건이지만, 어떤 마음으로 행복한 조건을 받아들이는가가 중요한 관건이 된다.

모든 인간은 역사라는 한계 속에서 살아가는 존재이다. 그런데 하나님은 '희망의 하나님'(참조. 롬 15:13)이시다. 그래서 하나님의 영역을 전제하고 살아가는 사람은 제한된 공간 속에 살지만, 희망을 품게 되고, 희망을 품을 때 사람은 인내할 수 있고 참된 행복의 길을 찾을 수 있다.

인간이 자신의 한계를 인식하고, '신의 영역'을 전제하는 데서, 인간은 신을 찾게 된다. 즉, 제한된 시공(時空) 속에서 살아가는 인간이 신을 찾고 신의 뜻에 따라 호응하고자 할 때, 신과의 관련 속에 살게 된다. 인간은 신을 알기 전에는 신을 오해하고 신을 제한하고 판단하는 오류를 범하는 어리석은 존재이다. 그래서 성경은 인간이 신과 올바른 관계를 맺을 때라야 비로소 행복을 찾을 수 있다고 말한다(참조. 잠 8:30; 사 43:15; 전 12:1).

제5장

인간의 행복에 대한 기독교적인 이해[1]

1. 들어가는 말

"행복이란 말은 다의적"[2]이다. 많은 사람이 행복을 갈망하고 그것을 인생의 궁극적 목적으로 알고 있지만, 그것을 다 파악하는 것이 쉽지 않고 그것을 다 누리는 것은 더 어렵다. 행복이 가지는 다의적(多義的)인 의미가 무엇인지 알기 위해 각 분야의 학문을 통해 각 분야에서 행복을 파악하고 찾는 작업이 필요하다. '행복한부자학회'는 다양한 계층과 학문 분야의 학자들과 기독 실업인들이 함께하는 학회이다. 이렇게 다양한 분야의 구성원들이 모이므로 행복에 대한 견해도 다양하리라고 본다. 그렇지만 그리스도인이란 공통적인 인식 아래서 행복을 이해하고자 하는 것에는 일치점이 있을 것이다.

이러한 이유로 이 논문을 쓰면서 행복의 '기독교적 의미'가 무엇인가에 대한 질문이 있게 되었고, 이에 대한 문제 제기를 통해 나타나는 문제를 해결하고자 한다. 이를 위해 필자는 "인간의 행복에 대한 기독교적인 이해"란 제목으로 행복이 가지는 '기독교적 의미'에 대한 과제를 해결하고자 한다.

---

[1] 배재욱, "인간의 행복에 대한 기독교적인 이해," 「행복한 부자연구」 5권 2호(2016.12), 53-69를 수정, 보완했다.
[2] 신득렬, "행복과 교육", 「교육철학」(2000), 191.

이러한 연구에 대한 당위성 아래 필자는 이 논문에서 먼저 '행복이 무엇인가'에 대한 사전적 의미와 일반적 행복의 의미에 관해 연구하고자 한다. 그 후 필자는 '행복한 삶의 조건'을 '분노로부터의 자유', '절망으로부터의 탈출'이란 두 가지 관점에서 탐구(探究)하고자 한다. 이 논문의 중요 부분은 '인간의 행복과 종교'에 대해 탐구하는 부분인데, "인간 역사와 하나님의 영역", "하나님의 뜻 이해" 그리고 "신의 뜻을 찾고자 하는 인간 행동"으로 나누어 살피고자 한다.

위와 같은 구조 속에서 인간의 행복에 대한 기독교적 이해를 찾기 위해 먼저 일반학에서 말하는 행복에 대한 정의를 찾고, 그 후 기독교적 행복을 이해하기 위해 신학 분야에서 행복의 관점을 찾아 진술할 것이다.

2. 행복이란 무엇인가?

인류 역사 이래로 늘 되풀이되어 온 질문인 '행복이란 무엇인가'에 대한 질문은 행복에 대한 정의(定義)를 요구하는 질문이다. 이 때문에 이 질문에 대한 답은 다양하게 나타날 수 있다.[3] 행복을 '누가 어떻게 이해하는가'에 따라 그 답이 아주 다양하기 때문이다. 행복을 이해하는 데는 주관성과 객관성이 필요하다는 점에서 행복의 의미에 대한 다양성을 전제하지 않을 수 없다.

모든 사람은 행복을 추구하는 존재[4]란 관점에서 공통점을 가진다. 그런데 인간에게 행복은 다분히 주관적이면서도 동시에 객관적으로 규정되기 때문에 행복을 정의하기가 간단하지 않다. 행복이 인간에게 어떤 의미가 있는지 묻는다면, 먼저 '물질적 행복' 또는 '정신적 행복'을 나누어 생각

---

[3] 행복의 의미는 신득렬, "행복과 교육", 192를 보라.
[4] 이지선·김민영·서은국, "한국인의 행복과 복: 유사점과 차이점", 「한국심리학회지 사회 및 성격」 18/3(2004), 115를 보라.

할 수 있다.

인간이 살아가는 데 물질적 영역은 필연적이다. 인간에게 부(富)는 인간이 살아가는 데 없어서 안 되는 필연적(必然的) 요소이기에 물질적 부는 인간을 행복하게 하는 중요한 요소이다. 그렇지만 물질이 인간 행복의 모든 것을 근본적으로 채워 줄 수 없기에 물질로 행복을 완벽하게 찾을 수도, 이룰 수도 없다. 그것은 모든 인간이 추구하는 행복이 외면적 풍요와 외적 미(美)에 그치는 것은 아니기 때문이다. 때때로 지치고 영육적(靈肉的)으로 고갈을 느끼는 피조물의 한계 안에서 살아가는 존재라는 데서 모든 인간은 공통점을 가진다.

피조물의 한계 속에서 살아가는 인간은 영혼과 육체에 대한 휴식을 갈망하며 쉼에 대한 희망을 품는다. 앞만 바라보고 달리는 사람이 늘 잘될 것 같지만, 인간은 자주 쉼이 필요한 존재이다. 그런데 쉼은 창조자를 인정하고 타자(他者)에게 관대한 마음을 가지고 여유로운 마음속에 생성되는 평화를 누릴 때 비로소 찾아온다. 예수님은 형제가 죄를 범할 때 일곱 번을 일흔 번까지라도 용서하라고 말씀하셨다(참조. 마 18:21-22).

예수님이 말씀하신 용서는 타자를 위한 용서이지만, 그것보다도 더 중요한 것은 용서가 인간 각자를 위해 꼭 필요한 것이기도 하다는 것이다. 이렇게 타자(他者)의 사정을 살펴보고 서로에게 지워진 짐을 해결하고 이웃을 돌아볼 때 마음에 진정한 행복이 찾아온다. 세상을 살아가는 모든 사람에게 행복은 중요한 목표이기 때문에, 누구나 행복을 갈망하며 살아간다. 이런 행복에 대한 갈망과 추구는 인간에게 행복이 어떤 위치에 서 있는지를 가늠할 수 있는 중요한 요소가 된다. 필자는 "행복의 사회적 조건에 대한 사회복지학적인 이해"[5]란 논문에서 행복의 사회적 조건을 다음 아홉 가지로 분석했다.[6]

---

[5] 배재욱, "행복의 사회적 조건에 대한 사회복지학적인 이해," 「교회와 사회복지」 제5호 (2012), 1-28.

[6] 배재욱, "행복의 사회적 조건에 대한 사회복지학적인 이해," 4-20.

1. 경제적인 안정

2. 사회성 함양

3. 교육과 지성

4. 건강

5. 자유

6. 정의로운 사회적 환경

7. 신뢰 사회, 정직

8. 인내와 희망

9. 종교

필자가 제시한 이러한 분석처럼 사람이 살아가는 데, 행복은 여러 가지 조건이 필요하다.[7] 행복하기 위한 요소 중에서 미래적 기대치가 중요하지만, 현재 어떤 마음으로 살아가는가도 중요한 요소가 된다. 이러한 요소 중에서 무엇에 더 가치를 두고 살아가는가 하는 문제는 각자가 지향하는 행복이 어떤 것인가에 따라 차이가 있고 각자가 누리는 행복의 분량과 색깔과 나타나는 빛도 사람에 따라 차이가 있을 것이다.

인간은 타자(他者)와 함께 어울려 살아야 하는 사회적 동물이므로 희노애락(喜怒哀樂)을 겪게 된다. 인간에게 희로애락은 행복을 갈구하는 마음자리에서 아주 중요한 역할을 한다. 행복은 단순하면서도 때로는 아주 복잡하게 규정되고 이해된다. 그런데 자신이 행복하다는 것은 어떤 무엇을 단순히 좋게 느끼는 것으로 그치는 것이 아니라, 어떤 마음으로 사는가와 깊은 관계를 맺는다. 인간 각자는 "자신의 욕구와 욕망이 충족될 때 만족하게 되고 즐거움을 느끼고 만족하고" 그것을 누릴 때 "행복(幸福, Hap-

---

[7] 사람이 살아가는 데는 "삶의 여유" 등의 많은 요소가 필요하다. 이러한 요소에 대해서는 배재욱, "행복의 사회적 조건에 대한 사회복지학적인 이해," 「교회와 사회복지」 제5호(2012), 4-20을 보라.

piness)한 마음"을 가진다.[8] 이 점에서 이지선 등 3인이 연구한 논문 "한국인의 행복과 복: 유사점과 차이점"은 시사하는 바가 크다.

그들은 "모든 사람이 궁극적으로 행복을 추구한다"는 데 주목한다.[9] 인간은 누구나 그 마음에 행복을 추구하는 존재이다. 이러한 인간의 마음을 이해하고 그것에 따라 각자에게 주어진 일에 충실하게 살아갈 때, 이 땅에서 추구하는 일을 성취하게 되고, 그때 인간의 삶에 대한 의미를 찾게 되며 행복을 누리게 될 것이다. 이런 관점으로 보면 행복을 추구하는 것은 인간에게 있는 근본적 이상(理想)이다. 아울러 행복은 삶의 목표(目標)를 실현하는 길이기도 하다.

인간은 살아가는 환경에 따라 각자가 느끼고 표현하는 행복이 다르기 때문에 행복을 간단한 수치로 표현하기가 쉽지 않다. 하지만 인간 각자가 마음에 두려움이나 근심 없이 평정심을 유지한다면, 그런 상황을 일반적으로 행복한 상태로 볼 수 있다.

이런 점에서 **행복은 인간의 좋은 감정을 담고 있는 마음자리의 상태**라고 판단된다[10].

3. 행복한 삶의 조건

예수님은 마태복음 11장 28절에서 다음과 같이 말씀하셨다.

> 수고하고 무거운 짐 진 자들아 다 내게로 오라
> 내가 너희를 쉬게 하리라(마 11:28).

---

8   배재욱, "행복의 사회적 조건에 대한 사회복지학적인 이해," 2.
9   이지선·김민영·서은국, "한국인의 행복과 복: 유사점과 차이점," 「한국심리학회지 사회 및 성격」 18/3(2004), 115.
10 이 문장에서 '한컴돋움' 체는 필자의 강조이다.

예수님은 이 땅에서 수고하고 무거운 짐 진 자들이 지고 가는 모든 수고와 무거운 짐을 다 져 주신다고 말씀하셨다. "짐 진 자"란 세상살이에 찢기고 고통과 어려움으로 몸도 마음도 지친 사람을 의미한다. 예수님은 그런 사람들에게 평화(平和)와 평안(平安)을 약속하셨다.

행복한 삶을 살기 위한 조건이 여러 가지 있다. 이 시대를 나타내는 사조(思潮) 중에서 분노하고 절망하는 현상이 특이하게 두드러진다. 행복하기 위한 삶의 조건이 많지만, 이 글이 모든 것을 묘사하기에는 한계가 있는 소논문이기에 필자는 논문의 한계를 정하고자 한다. 그래서 이제 행복한 삶에 대한 여러 가지 조건 중 다음 두 가지와 관련된 행복에 집중하고자 한다.

첫째, 분노로부터의 자유
둘째, 절망으로부터의 탈출

1) 분노로부터의 자유

시편 37편에 다음과 같은 진술이 나온다.

> 분을 그치고 노를 버리며 불평하지 말라
> 오히려 악을 만들 뿐이라 (시 37:8).

인간의 분노는 자신과 타인을 파괴하는 도구이다. 그래서 바울은 에베소서에서 다음과 같이 말했다,

> 분을 내어도 죄를 짓지 말며 해가 지도록 분을 품지 말고 마귀에게 틈을 주지 말라 (엡 4:26-27).

분노가 인간에게 부정적인 면으로만 작용하는 것은 아니다. 인간이 분노한다는 것은, 그가 살아 있고 감정을 느끼고 그것을 드러낸다는 측면에서 보면 긍정적이다. 반면, 분노는 많은 면에서 부정적 측면도 아울러 가지고 있다. 그래서 분노로부터 자유하는 것은 모든 인간에게 대단히 중요한 과제이다. 분노를 해결하지 못할 때 인간은 불행하다는 생각에서 벗어나기 쉽지 않다. 그것은 분노가 그의 마음을 지배하고 타자(他者)와의 관계에서 부정적 모습을 드러내기 때문이기도 하다.

바울은 에베소서 4장 22-24절에서 "유혹의 욕심을 따라 썩어져 가는 구습을 따르는 옛사람"을 벗어 버릴 것을 교훈하면서 "심령이 새롭게" 될 것에 대해 언급한 뒤 "하나님을 따라 의와 진리의 거룩함으로 지으심을 받은 새 사람"을 입을 것을 촉구했다.[11] 바울은 에베소서 4장 25-32절에서 교회 공동체적 덕목을 내세울 때, 분노로부터 자유할 수 있는 공동체적 교훈을 말했다. 그닐카(Joachim Gnilka)는 에베소서 4장 25-32절을 주석하면서 이 단락에 나타나는 악덕 목록을 골로새서 3장 8절에서 그 전거(典據)를 찾는다.[12]

필자는 에베소서 4장 25-32절에서 "소극적으로 분노를 피함으로써 분노로부터 자유하는 길과 적극적, 능동적으로 무엇을 행함으로써 분노로부터 자유하는 길"을 바울이 제시하고 있다고 보았다.[13] 자신의 분노를 극복하지 못할 때, 옛사람을 아직 벗어 버리지 못하고 옛사람의 지배 아래서 자유로울 수 없다. 여전히 옛사람에 머물러 있는 사람은 참된 행복을 얻지 못하고 육체에 따라 분노하고 절망하는 삶을 되풀이하게 된다.

---

11 배재욱, "에베소서 4장 25-32절에 나타나는 영성 이해", 「신학과 목회」 33집(2010년 5월), 15를 참조하라.
12 Joachim Gnilka, *Der Epheserbrief*, 요아힘 그닐카/권연경 역, 『에페소서』. 국제성서주석 38, (서울: 한국신학연구소, 1989), 358을 보라.
13 배재욱, "에베소서 4장 25-32절에 나타난 분노로부터의 자유," 「신학 논단」 61집 (2010.09), 38.

바울은 에베소서 4장 25-32절에서 분노를 극복하고 분노로부터 자유로울 수 있는 적극적인 삶의 방식을 제시한다. 그것은 그를 둘러싸고 있는 주위 환경에서 벗어나는 것이다. 바울은 에베소서 4장 32절에서 다음과 같이 말한다.

> 서로 친절하게 하며 불쌍히 여기며 서로 용서하기를
> 하나님이 그리스도 안에서 너희를 용서하심과 같이하라 (엡 4:32).

서로를 불쌍히 여기고 용서할 때 인간은 자유로울 수 있다. 타자를 배려할 때 분노로부터 자유할 수 있고, 그때 평화로운 마음을 가질 수 있고 행복을 누릴 수 있다.

더욱 적극적으로 분노에서 자유하는 길은 감사를 실천하는 것이다. 분노가 치밀어 오를 때 감사하기가 쉽지 않다. 그래서 감사하는 마음을 가지는 것은 인간에게 가장 고귀한 일이다. 시편 50편에서 다음과 같이 말한다.

> 감사로 제사를 지내는 자가 나를 영화롭게 하나니
> 그의 행위를 옳게 하는 자에게 내가 하나님의 구원을 보이리라 (시 50:23).

사람이 감사를 실천함으로 하나님께 영광을 드리게 되고, 이때 그를 얽매고 있는 모든 억압으로부터 자유를 찾게 되며, 하나님은 그에게 해방을 선물하신다. 분노로부터의 자유는 기쁨과 함께하는 행복을 찾아가는 길이다.

2) 절망으로부터의 탈출

사람이 살아가는 현장에는 낙심할 일과 불평할 일들이 늘 존재한다. 그래서 전도서 저자는 아래와 같이 인생의 덧없음을 묘사한다.

이러므로 내가 해 아래에서 한 모든 수고에 대해 내가 내 마음에 실망하였도다. 어떤 사람은 그 지혜와 지식과 재주를 다하여 수고하였어도, 그가 얻은 것을 수고하지 아니한 자에게 그의 몫으로 넘겨주리니 이것도 헛된 것이며 큰 악이로다. 사람이 해 아래에서 행하는 모든 수고와 마음에 애쓰는 것이 무슨 소득이 있으랴? 일평생에 근심하며 수고하는 것이 슬픔뿐이라. 그의 마음이 밤에도 쉬지 못하나니 이것도 헛되도다(전 2:20-23).

시편 42편 시인은 불안 속에 살아가는 인간을 살리는 희망이 하나님께 있음을 말한다.

내 영혼아 네가 어찌하여 낙심하며 어찌하여 내 속에서 불안해 하는가 너는 하나님께 희망을 두라 그가 나타나 도우심으로 말미암아 내가 여전히 찬송하리로다(시 42:5).

이 시에서 불안하고 낙심할 수밖에 없는 환경에 처한다고 해도 하나님께 희망을 두고 살 것에 대한 시인의 희망 진술을 볼 수 있다. "너는 하나님께 희망을 두라"라는 말은 하나님을 희망의 원천으로 생각하는 시인의 인식을 나타낸다(참조. 시 43:5; 146:5).

우리가 세상에 아무것도 가지고 온 것이 없으매 또한 아무것도 가지고 가지 못하리니 우리가 먹을 것과 입을 것이 있은즉 족한 줄로 알 것이니라(딤전 6:7-8).

바울의 말에서 인간 삶의 길이 그렇게 간단한 것이 아님을 볼 수 있다. 바울은 로마서에서 이러한 인식을 더욱 분명하게 하면서 인간 삶을 둘러싸고 있는 여러 가지 절망의 현실에서 평화를 누리는 길을 기원한다.

희망의 하나님이 모든 기쁨과 평강을 믿음 안에서 너희에게 충만하게 하사 성령의 능력으로 희망이 넘치게 하시기를 원하노라(롬 15:13).

바울은 하나님을 '희망의 하나님'으로 표현하면서 구약성경에서 말하는 '희망의 원천'이 하나님이신 것(렘 29:11)을 더욱 분명히 한다.[14] 모든 인간은 물질적 궁핍과 고독 때문에 절망할 수 있고, 절망은 인간에게서 행복한 마음을 빼앗아 간다. 그런데 용서는 이웃을 관용하고 긍휼히 여기는 마음에서 나온다. 자신에게 실수하고 잘못한 대상자들을 용서하는 마음으로 살지 않으면, 진정한 행복에 이를 수 없다는 데서 인간은 절망을 느끼게 된다.

그러면 어디까지 용서해야 하는가?
의도적으로 속이고 빼앗을 때 계속 용서하고 당하면서 살아야 하는가?
그러면 이 땅에서 정의와 공의는 필요 없는 덕목인가?[15]

이 세상에 존재하는 모든 인간은 피조물이기에 피조물의 한계 속에 처해 있다. 예수님은 마태복음에서 화해와 용서에 대해 다음과 같이 말씀하셨다.

---

[14] "여호와의 말씀이니라 너희를 향한 나의 생각을 내가 아나니 평안이요 재앙이 아니라 너희에게 미래와 희망을 주는 것이니라"(렘 29:11).

[15] 이 논문은 행복이란 주제로 쓰는 논문이라, 정의와 공의의 측면으로 확대하지는 않는다. 정의와 공의에 대해서는 배재욱, "정의에 대한 그리스도론적인 고찰",「신학과 목회」41집(2014년 5월), 39-59; 배재욱, "신약성경에 나타난 정의(正義)와 평화," 「제42차 한국 기독교학회 공동학술대회자료집」(2013년 10월), 45-70; Jae Woog Bae(ed.). Korean Church and Peaceful Unification. The Theology of Jung-Ryu(靜流) Sang Kun Lee 4 (Daegu: Jung-Ryu Academy, October 3 2022)(배재욱[편집],『한국 교회와 평화 통일. 정류[靜流] 이상근 신학 4』(대구: 정류 아카데미, 2022); http://www.christiantoday.co.kr/view.htm?id=272858; 기사: 김진영 기자(jykim@chtoday.co.kr), "예수는 '로마의 평화' 위한 혁명가가 되진 않았다; 배재욱, '로마의 평화와 그리스도의 평화에 대한 관계 고찰'",「크리스천투데이」(2014.06.14).(2014.12.30 접속)를 참조하라.

> 나는 너희에게 이르노니 악한 자를 대적하지 말라. 누구든지 네 오른편 뺨을 치거든 왼편도 돌려 대며 또 너를 고발하여 속옷을 가지고자 하는 자에게 겉옷까지도 가지게 하며 또 누구든지 너로 억지로 오 리를 가게 하거든 그 사람과 십 리를 동행하고 네게 구하는 자에게 주며 네게 꾸고자 하는 자에게 거절하지 말라(마 5:39-40).

화해와 용서는 타자(他者)를 받아들이고 관용하는 마음이 있어야 비로소 이룰 수 있는 덕목(德目)이다.

바울은 에베소서에서 다음과 같이 권면했다.

> 서로 친절하게 하며 불쌍히 여기며 서로 용서하기를 하나님이 그리스도 안에서 너희를 용서하심과 같이하라(엡 4:32).

골로새서에서도 권면했다.

> 누가 누구에게 불만이 있거든 서로 용납하여 피차 용서하되 주께서 너희를 용서하신 것 같이 너희도 그리하라(골 3:13).

감사는 모든 것에 대해 적극적으로 대처할 수 있는 최선의 방법이다. 에베소서에서 다음과 같이 말한다.

> 범사에 우리 주 예수 그리스도의 이름으로 항상 아버지 하나님께 감사하라 (엡 5:20).

이런 점에서 보면 기독교적 행복은 다른 데 있는 것이 아니라, 어려움 속에서 살아간다고 하더라도, 감사를 잃지 않는 데 있으며, 절망 가운데 처해 있더라도, 희망을 찾는 데 있다. 참된 희망의 원천은 하나님이시다.

그러므로 하나님을 인정하고 하나님께 자기 생애를 의탁하는 것이 참된 행복에 이르는 길이다.

4. 인간 행복과 종교

1) 인간 역사와 하나님의 영역

불트만(R. Bultmann)은 자신의 저서 『신약신학』(Theologie des Neuen Testament)에서 인간을 역사 발전의 중심적 위치에서 늘 능동적으로 대처한 존재로 묘사한다.[16] 불트만의 신학에서 인간은 중요한 위치에 있다. 불트만의 인간 이해는 그의 신학을 이해하는 중요한 실마리를 제공한다. 불트만의 이러한 신학 이해는 인간이 역사 속에서 섭리하시는 하나님의 뜻을 헤아려야 하고, 하나님의 뜻을 이해하고 그 뜻을 따를 때 비로소 인간 본질에 대한 깊은 성찰에 이를 수 있다는 사실을 간과한 것이다. 즉, 인간이 이 땅에서 찾을 수 있는 진정한 행복은 '하나님의 영역'을 전제하는 데 있고, '그의 뜻'을 찾는 데 있다.

인간은 시공(時空) 안에서 자신의 삶을 영위하는 제한된 존재이다. 인간이 사는 시간의 집합체는 인간의 역사(歷史)를 이루었다. '인간의 역사'는 인간이 살아가는 시간과 공간 그리고 그 환경을 말한다. 동시에 '인간의 역사'는 인간이 살아온 이야기이고, 인간이 살아가는 시간과 공간에서 일어난 일을 기록한 사실이다. 인간은 역사 속에서 살아가면서 행복을 인식하고 그 행복을 누리는 존재이다. 박병호는 플라톤에게 행복은 "선(善)을 나의 것으로 함으로써 얻는 것"이라고 보면서 선의 내용을 영원성에서 찾는다.[17]

---

16   참조. R. Bultmann, *Theologie des Neuen Testament*, (Tübingen: J. C. B. Mohr 1958), 192-226.
17   박병호, "행복과 자유", 「나라사랑」 제44집(1982), 1.

아울러 박병호는 플라톤에게 '물질'이 선을 추구하는 인간에게 필요한 요소로 여전히 중요하지만 '지혜', '과학적 진리', '도덕의 착함', '예술의 아름다움', '종교의 거룩함'과 같은 "정신적 가치"가 중요한 요소임을 지적한 후, 이러한 것을 바르게 행사하는 데서 인간은 진정한 행복을 찾게 된다는 것을 말한다.[18]

이 땅에서 살아가는 존재이기에 인간은 자신의 눈에 보이는 것만 볼 수 있고, 귀에 들리는 것만 들을 수 있다. 인간은 자신의 종국(終局)이 눈앞에 다가와 있지만 어리석은 생각과 우둔한 행동으로 그 종말을 인식하지 못하고 대비하지 못한 채 죽음을 향해 가는 존재이다. 그런 점에서 자신의 한계를 알고 신의 영역을 전제하고 살아가는 사람이 가장 현명한 지혜자이며 행복한 사람이다.

인간의 역사(歷史)는 때때로 부조리하게 나타나는 것도 있고 이해할 수 없는 것도 많다. 그런데 역설적으로 인간은 그 역사의 한계 안에 살면서 영원에 대한 희망으로 살아가는 존재이다. 이 점에서 인간의 역사는 창조적이고 역동적인 면을 가진다. 시간과 공간 안에 제한된 인간이 신을 기억함으로 영원에 대한 통찰력을 가지게 된다. 그 통찰력은 하나님이 태초에 인간을 창조하실 때 선물하신 '하나님의 형상'(*Imago Dei*)에 대한 것이고 그런 통찰력을 다시 회복하는 데서 온전해진다.

그런데 이 일은 오직 예수 그리스도 안에서 가능하다. 이사야 43장 15절, "나는 여호와 너희의 거룩한 이요 이스라엘의 창조자요 너희의 왕이니라"라는 말씀에 의하면 하나님과 인간의 관계를 창조자와 피조물로 엮어진 관계로 본다.

호세아는 다음과 같이 말했다.

---

[18] 박병호, "행복과 자유"(1982), 1을 보라.

> 나는 네 하나님 여호와라 나 밖에 네가 다른 신을 알지 말 것이라 나 외에는 구원자가 없느니라(호 13:4).

다니엘은 다음과 같은 예언의 말씀을 전했다.

> 사람을 구원할 다른 신이 없다(단 3:29).

구약성경의 가르침이 신약성경에도 그대로 이어짐을 누가에게서 볼 수 있다. 누가는 이사야, 호세아 그리고 다니엘을 통해 나타나는 예언을, 바르게 이해했고, 그것을 더욱 선명하게 보여 주면서 동시에 구원의 길이 예수 그리스도 안에 있다는 것을 분명히 한다.

> 다른 이로써는 구원을 받을 수 없나니 천하 사람 중에 구원을 받을 만한 다른 이름을 우리에게 주신 일이 없다(행 4:12).

인간 역사에 제한된 분이 아닌 신은 시간과 공간을 초월한 존재이다. 그러나 역사 속에 살아가는 인간은 주위 환경 변화에 민감하게 반응하며 살아가는 제한된 존재이다. 인간이 신을 찾는 것은 인간의 한계를 인식하는 데서 비로소 가능하다. 이때 인간은 '신의 영역'을 전제할 수 있는 깨달음을 가질 수 있다.

누가도 역사 속에 제한된 존재로 사는 삶을 살았던 인물이었다. 그렇지만 그는 바울이라는 걸출한 사람을 만나게 되어, 하나님을 알게 되었다. 그는 하나님의 사람으로 살아가면서 베드로의 오순절 설교를 들었다. 그는 베드로의 설교에서 "예수 그리스도 이외에 다른 이로써는 구원을 받을 수 없다"(행 4:12)는 하나님의 음성을 들었고 그것을 기록하여 남겼다.

인간은 제한된 사고 속에 살아가고, 제한된 시간과 공간을 벗어날 수 없다. 인간은 역사적인 존재이므로 역사 속에서 먼저 살다간 사람들을 통해 역사 속에서 교훈을 찾아야 한다. 인간은 자신과 함께하는 시간 속에 살아가는 존재이지만, 동시에 영원을 사모하는 존재이기에, 신을 찾게 되고 신을 인식하면서 영원한 생명을 찾는 존재이다. 유진일은 "『인간의 비극』에 나타난 문학적 공간의 구조와 의미"란 논문에서 머다치 임레(Madách Imre)를 따라 인간이 가지는 비극적 현실에서 신의 영역을 확보하고 '신의 섭리'에 순응하는 것을 행복으로 본다.[19]

인간은 눈에 보이는 것에 몰두하고 살아가는 존재로 제한된 공간과 시간 속에 있다. 영원할 수 없는 인간은 역사 안에서 변화를 겪으며 영원을 동경하는 존재로 살아갈 수밖에 없다. 바울은 "보이는 희망은 희망이 아니니 보는 것을 누가 바라리요"(롬 8:24)라고 했다. 눈에 보이는 것은 일시적이다. 그 이유는 그것들이, 지금은 존재하지만 언젠가는 사라지고 되고, 보이지 않게 된다는 점에서, 그것들은 시간의 한계 속에 있는 것들이다.

이런 점에서 인간 역사와 한계를 초월하는 '하나님의 영역'은 인간의 영역(領域)과 사고(思考)에 제한할 수 없고 다르다. '하나님의 영역'에 속한 것은 영원한 것이고 가치가 있는 것이지만, 눈에 보이는 한계 안에 제한된 것이다.

2) 하나님에 대한 인식

욥이란 한 피조물의 '삶의 경로'를 통해 하나님의 뜻을 이해하는 모습을 보게 된다. 욥기에서 욥의 고난의 여정을 통해 고난 속에 살아가는 인간 실존을 볼 수 있다. 주위를 둘러싼 여러 가지 어려운 상황 속에서 욥은 자신에게 당면해 있는 실존적 고난을 적나라하게 인식했다. 그는 많은 고통과 어려움 속에서도 하나님을 신뢰했지만, 그도 인간이기에 고통과 어

---

[19] 유진일, "『인간의 비극』에 나타난 문학적 공간의 구조와 의미", 「외국문학연구」 제39호(2010. 8), (255-279), 276.

려움 속에서 견디지 못하고 하나님을 이해하지 못했다. 욥의 언어가 감사와 찬양에서 불평과 원망과 고통의 언어로 바뀌기도 했다. 그만큼 그가 당했던 고통이 감내하기 어려웠다고 생각된다.

그런데 욥기에서 가장 두드러지게 많이 나타나는 주제 중 하나인 '고난'이 욥기의 중심 주제는 아니다. 하나님과 욥의 대화가 나타나는 38-42장이 욥기에서 중심 부분을 이루고 있는데, 이 부분에 고난에 대한 주제가 한 번도 나타나지 않는다. 하나님과 욥의 대화가 나타나는 38-41장에서는 하나님의 창조와 함께 하나님의 주권이 강조된다. 42장에 하나님의 질문에 대한 욥의 대답이 나타나는데, 욥은 하나님을 아는 것에 대한 '신 인식'(神 認識)을 중심으로 대답한다(욥 42:1-6).

욥은 고난을 통해 하나님을 아는 것에서 근본적 변화를 경험했다. 욥은 누구보다도 하나님을 신뢰하고 그것 때문에 하나님께 인정받은 사람이었다. 하지만 고난을 겪는 가운데 찾아온 상실감은 그의 마음에 인간적 실망감을 안겨 주었고 그것 때문에 욥은 하나님께 불평하는 마음으로 자신의 처지를 처절하게 토로했다(참조. 욥 3장). 욥은 자신이 태어난 생일을 저주하면서 3장 26절에서 "나에게는 평온도 없고 안일도 없고 휴식도 없고 다만 불안만이 있구나"라고 절망했다.

욥기에서 보면 욥이 얼마나 처절하게 무너졌는가를 짐작할 수 있다. 38-41장에서 욥은 하나님으로부터 책망을 들은 후 자신이 당하는 고난이 하나님의 계획 속에 있다는 것을 비로소 깨달았다. 그는 고난을 통해 '신 인식'의 변화를 경험하게 되었다.

이런 점에서 필자는 욥기의 결론이라고 볼 수 있는 42장에 나타나는 신(神) 인식(認識)에 대한 문제가 욥기에 나타난 중심 주제라고 생각한다. 욥기 38-42장에서는 한 번도 고난이 중심 주제로 나타나지 않는다. 이 점에서 욥기의 주제를 고난으로 한정하게 되면 욥기가 지향하는 바를 제한하는 우를 범할 수 있다. 욥기 42장의 중심에 '신 인식' 문제가 있다. 욥기 42장에 나타나는 '신 인식'은 "주께서는 못 하실 일이 없사오며 무슨 계획이든지 못 이루실 것이 없는 줄 아오니"(욥 42:2)의 라는 말에서 분명하게 보인다.

욥이 사용한 '안다'란 말로 사용한 히브리어 '야다'(ידע)란 말은 '경험을 통해 속속들이 잘 안다'라는 의미가 있다. 이런 점에서 보면 '안다'란 말은 경험을 내포한다. 인간의 경험을 통해 인간의 내적 역사(歷史)를 유추할 수 있으므로, 인간의 경험은 그가 어떤 가치를 추구하며 살아가는지를 가늠할 수 있다.

욥기에 나타나는 고난에 대한 경험은 욥에게 '신 인식' 문제에서 새로운 전기가 되었고 그는 그 경험을 통해 다음과 같이 고백한다.

> 주께서는 못 하실 일이 없사오며 무슨 계획이든지 못 이루실 것이 없는 줄 아나이다(욥 42:2).

이 구절에서 욥은 '하나님이 모든 것을 이룰 수 있는 분임을 알았다'라는 사실을 인정한다. 이러한 욥의 고난 인식은 그가 경험한 인생살이와 깊은 관련 속에 있다. 그가 풀무불과 같은 고난의 인생살이를 살아가는 동안 경험한 고초와 어려움을 통해 하나님은 무슨 일이든지 이루실 수 있고, 어떤 계획이라도 선하게 이루실 것을 알게 되었다. 이 경험은 그에게 하나님을 깊이 인식하는 중요한 변화를 가져 왔다.

'신 인식'에 이르게 된 사람은 자신이 당하는 여러 가지 현실에서 신의 뜻을 찾게 된다. 욥이 하나님 앞에서 경건하고 신실했지만, 그도 피조물의 한계 안에 제한된 존재였기에 하나님의 뜻을 바르게 인식하지 못하고 하나님을 원망했다. 욥은 여러 가지 고난을 경험하면서 비로소 하나님을 아는 지식을 가지게 되었다. 그때 그는 진정한 자신을 깨닫게 되었고 비로소 하나님의 뜻을 이해할 수 있었다. 하나님의 뜻을 이해하는 데서 그는 행복의 길을 찾게 된 것이고, 그에 따라 그의 만년(晩年)은 고난 이전의 삶보다 더 행복한 삶이었다.

만약, 하나님께서 어떤 계획으로 자기 삶의 길을 인도하실지에 대한 기대로 하나님의 뜻을 찾고 그것을 알게 된 후 자신의 길을 하나님의 뜻에 맞추기 위해 순종하는 사람은 하나님의 계획에 동참하는 삶을 살 수 있다. 인간과 만나시고 말씀하시는 하나님에 관한 주제는 철학적 주제일 뿐만 아니라, 실제로 인간의 역사에 개입하시고 함께 하시는 분에 관한 주제이며 인간에 관한 주제로 연결된다. 인생 행로 중에 하나님을 만나고 하나님에 관한 올바른 인식을 하게 되고, 하나님을 향한 마음과 자세를 바르게 할 때, 하나님과 함께한다는 믿음을 가질 수 있다. 그럴 때 그는 흔들림 없는 굳건한 삶을 살아가게 되고, 참된 삶의 의미를 깨닫는 인생 행로를 묵묵히 걸어갈 수 있다.

인생의 참된 의미를 깨닫고 살아가는 사람은 물질적 부와 명예의 과다에 따라 자신의 행복을 평가하지 않을 것이다. 그래서 하나님을 아는 지식은 '가장 고상한 지식'(참조. 빌 3:8)이다. 빌립보서 3장 8-9절에서 바울은 그리스도 예수를 아는 지식을 가장 고상한 지식이라고 하면서 "그를 위해 모든 것을 잃어버리고 배설물로" 여긴다는 말과 함께 "그리스도를 얻고 그 안에서 발견되려 한다"라고 했다.

바울은 다음과 같이 기도했다.

> 우리 주 예수 그리스도의 하나님, 영광의 아버지께서 지혜와 계시의 영을 너희에게 주사 하나님을 알게 하시고(엡 1:17).

바울의 이 기도에서 하나님을 아는 분량만큼 사람은 자신을 알아 가게 된다는 것을 알 수 있다. 하나님을 안다는 것은, 죄인 된 인간 본성을 아는 것이고 온전한 자기를 아는 것이다. 하나님을 알 때 인간은 피조물 된 자신을 알 수 있으므로 인간은 하나님을 알 때라야 비로소 자기를 온전히 알 수 있다. 그런 의미에서 보면 '하나님을 아는 것'은 행복한 인생을 살아가기를 바라는 사람들이 찾는 것 중에서 가장 중요한 비결이다.

3) 하나님의 뜻 이해

인간은 자신의 행복을 찾기 위해 사회적 활동을 한다. 원하는 공부를 하고, 건강을 위해 운동하고, 쉼을 찾고자 여행하고, 좋은 친구들과 어울린다. 힘들고 어려울 때 상담을 하거나, 정신과 의사를 찾아가 상담하고 치료를 받음으로 아픔과 어려움을 감소할 수 있고, 이겨 나갈 수 있다. 이런 일들을 통해 인간은 어느 정도 행복을 채울 수 있다. 그런데 그것이 인간에게 남아 있는 불안과 공포와 염려를 해결하는 근본적 치유에 이르는 길은 아니다.

누구든 인간은 절망 앞에서 뼈가 시리도록 무력한 존재이고 연약한 피조물이다. 모든 인간의 한계는 이렇게 분명하게 드러난다. 피조물 된 인간이 스스로 자신의 한계를 인식하고 종교적 접근을 통해 행복을 갈구하고 염원하는 것이 중요한 해결의 길이 된다. 인간은 자신의 필요를 통해 근본적인 인간의 한계를 알게 된다. 자신의 한계를 알 때 인간은 신의 능력을 인식하게 되고 신에게 의탁하게 되고 그렇게 함으로써 인간은 절망을 극복하고 바른 행복을 추구할 수 있다.

그러면 피조물 된 인간은 하나님을 아는 지식에 이르기 위해 욥처럼 모두 고난을 겪고 극복해야 하느냐는 질문 앞에서, 인간이 어떻게 신의 뜻을 찾을 수 있는 데 대한 질문이 또한 나타난다. 인간의 사고 범위에는 '신 인식'에 대한 영역이 있지만, '신 인식'에 대한 질문과 답은 여러 갈래로부터 찾아야 할 것이다. 그중 한 가지 질문은 인간 존재가 어떻게 신의 뜻을 헤아리고 살아갈 수 있는가에 대한 것이다.

누가복음 7장 11-17절에 등장하는 작은 도시 '나인'(Ναῒν)은 '사랑스러운,' '즐거운,' 또는 '평안한'이란 이름을 가졌지만,[20] 그 도시 안에도 여전히 죽음의 그림자가 드리워져 있었고 고통과 죽음이 남아 있었다. 필자는

---

20 Horst Balz · Gerhard Schneider(hg.), ART. Nai⟨n. *EWNT* Ⅱ(1981), 1122를 보라.

누가복음 7장 11-17절에 나타난 죽음의 현실과 인간의 염원을 아래와 같이 정리했다.

> 누가복음 7장 11-17절에 나타난 '나인'이란 도시를 통해 누구나 행복을 추구하는 인간 실존의 모습을 엿볼 수 있다. '행복한' 도시에 살지만, 인간에게 비극이 찾아오고 불행이 찾아오는 것에서 인간이 살아가는 세상의 현실적 모습을 볼 수 있다. 여기에 아무도 예외가 없다. 그러나 시간적인 것에 예속되어 사는 존재는 영원을 향해 열려 있는 행복에 대한 길을 상실한 삶을 영위한다. 그것은 시간 속에 놓인 모든 것이 상대적이고 변하게 마련이기 때문이다.[21]

아무도 원하지 않는데 왜 인간 세상에 죽음과 같은 고통이 떠나지 않는가?

이 질문은 유사이래(有史以來) 모든 사람에게 끊임없이 제기된 질문이다. 욥은 자신이 전혀 예기치 않았던 고난을 겪었을 때 그 고난 문제를 붙들고 씨름했다. 그런데 모든 인간은 자신의 한계치 안에서 몸부림만 칠 따름이지 자신의 한계치에서 한 걸음도 더 나갈 수 없는 존재이다. 더욱이 인간은 타자를 위한 일과 어떤 유익을 끼치는 어떤 일에서 제한될 수밖에 없는 피조물이다.

인간에게 종교는 '영원한 가치'를 추구하게 하는 원동력이다.

그러므로 종교는 인간에게 '궁극적 행복'에 대한 지향점이다.[22] "하나님을 찾는 행위'를 통해 인간은 '하나님의 뜻'을 비로소 받아들이게 되고 절망과 공허에서 희망으로 돌아서게 된다. 그러나 하나님의 뜻을 찾고 이해하는 것이 인간에게 쉬운 일이 아니다. 세상에 속하여 '세상의 말'을 하

21　배재욱, "행복의 사회적 조건에 대한 사회복지학적인 이해," 17-18.
22　이것에 대해 신득렬, "행복과 교육", 191-208을 보라. 아우구스티누스의 『고백록』을 보라. 성아구스띤 참회록 1권 1장; S. Aurelii Augustini, *Confessionum*, 어거스틴, 『고백록: 님기림』(서울: 바오로딸), 1965, 23; 신득렬, "행복과 교육", 191.

는 인간 존재가 '세상의 말'을 하는 '옛사람'을 벗어 버리고 '새사람'을 덧입기 위해 믿음과 지혜를 가져야 한다. 시편의 시인은 이렇게 말했다.

> 여호와를 경외함이 지혜의 근본이라
> 그의 계명을 지키는 자는 다 훌륭한 지각을 가진 자이니
> 여호와를 찬양함이 영원히 계속되리로다(시 111:10).

잠언에서는 다음과 같이 말했다.

> 여호와를 경외하는 것이 지혜의 근본이요
> 거룩하신 자를 아는 것이 명철이니라(잠 9:10).

'여호와 경외'를 최고의 가치로 본다는 점에서 시편 111편 10절과 잠언 9장 10절은 공통점을 가진다. 그런데 여호와를 경외한다는 것은 하나님의 존재를 인정하고 의탁하고 예배하는 것까지 포함된다. 이 점에서 여호와를 경외함은 하나님의 뜻을 이해하고 알고자 하는 인간의 의지를 담고 있다. 그것은 사람이 하나님을 인정하고 그의 섭리에 순응하는 인간의 근본적 변화를 담고 있다는 점에서 쉽지 않은 일이다.

그러나 인간이 행복을 이해하고 느끼는 것이 그냥 주어지는 것은 아니다. 행복한 조건이 갖추어 졌는데도 그것을 누리지 못하면 행복한 사람이 아니다. 행복을 누리는 데는 내적, 외적 많은 조건이 있지만, 어떤 마음으로 행복한 조건을 받아들이는가가 중요한 관건이 된다.

평화를 누리는 마음을 가질 때 행복을 이해하고 받아들일 수 있다. 사람은 모두 세상에서 살아가는 피조물이므로 완전하신 하나님을 알고 그분께 자신을 맡김으로 인간은 진정한 자아를 찾을 수 있다. 그때 그는 행복에 이를 수 있다. 지금 세상은 "물질적인 것"에 가치를 두고 있다. 그런데 그 속에 참된 행복은 없다. 신의 영역에 함께하는 것이 "인간 행복의 가장 중

요한 핵심"이다.[23] 하나님을 인식하고 받아들이고 찾고 자신을 그분에게 의뢰할 때 '참된 행복'으로 들어가게 된다.

4. 맺는말

'인간의 행복에 대한 기독교적인 이해'에 대한 탐구는 희망을 상실한 현시대 사람들을 위해 어떤 유익한 길을 찾고자 하는 지성인들에게 필연적 과제라고 생각한다. 필자는 이 필연적 과제 앞에서 먼저 '행복이 무엇인가'에 대해 연구했다.

사람은 행복을 추구하는 존재이다. 행복에는 '물질적 행복'과 '정신적 행복'이 있다. 인간이 살아가는 데 물질이 필요하지만 물질은 인간을 완전히 행복하게 만들지 못한다. 물질에 가치를 두고 살아가는 인간은 영육적(靈肉的)으로 고갈을 느낀다. 인간이 행복한 마음을 찾는데 많은 것이 필요한 것이 아니라, 자신의 눈앞에 펼쳐지는 현실을 어떻게 이해하고 받아들이고 누리는가가 중요하다. 행복에 대한 내적, 외적 조건이 많겠지만 어떤 마음으로 주어진 현실을 받아들이고, 그 현실에서 행복한 조건을 찾는가가 중요한 관건이 될 수 있다.

앞에서 행복하기 위한 삶의 조건을 필자는 다음 두 가지로 다루었다.

첫째, 분노로부터의 자유
둘째, 절망으로부터의 탈출

인간의 분노가 긍정적인 면도 있지만, 분노에서 벗어나지 못할 때, 분노에 휩쓸려 자신의 주체가 된 삶을 살지 못하고, 분노의 노예로 살아

---

[23] 배재욱, "행복의 사회적 조건에 대한 사회복지학적인 이해," 19.

갈 수밖에 없다. 분노로부터 자유할 때, 자유로운 삶을 살게 되고 행복할 수 있다.

사람은 때때로 낙심할 일과 불평할 일들을 경험한다. 모든 사람은 피조물의 한계 속에 있으므로 허물이 많은 존재이다. 그래서 서로 화해하고 용서하여 타자(他者)를 받아들이고 관용을 베풀어야 진정한 행복에 이르게 된다. 빌립보서 4장 5절은 관용을 재림신앙과 관련하여 말한다.

> 너희 관용을 모든 사람에게 알게 하라 주께서 가까우시니라(빌 4:5).[24]

'인간 행복과 종교'에 대해서는 다음 세 가지 소주제로 나누어 탐구했다.

첫째, 인간 역사와 하나님의 영역
둘째, 하나님에 대한 인식
셋째, 하나님의 뜻 이해

인간이 인간의 영역과는 다른 '하나님의 영역'을 전제할 때 가치 있는 삶을 영위하게 되고, 그때 영원한 것에 가치를 두는 새로운 존재로 살게 된다. 그것은 하나님에 대한 인식을 바르게 하는 데 있다. 신의 자리를 인정할 때, 비로소 온전한 자기를 세울 수 있으므로 하나님을 알 때 행복하게 살 수 있다. 행복하기 위해 하나님의 뜻을 찾아야 한다. 행복하기 위해 사람은 피조물 된 자신의 자리를 바르게 인식하고, 그것을 있는 그대로 받아들여야 한다. 그때 '참된 행복'을 누리게 된다.

인간은 제한된 공간과 시간 속에서 제한된 사고로 판단하는 존재이므로

---

[24] 관용에 대해서는 배재욱, "빌립보서 4장 4-6절에서의 자유 이해: 부정적인 감정들에서 벗어나기," 「신약논단」 제30권 제1호(2023년 봄), 177-212를 보라. 특히, 177, 181, 183, 185-187, 190-193, 195-199, 203-206을 보라.

영원할 수 없다. 하나님이 자신을 계시하실 때라야 인간은 하나님을 비로소 인식할 수 있다. 어떻게 하나님의 뜻을 헤아릴 것인가에 대한 질문 앞에서 종교는 '영원한 가치'를 찾는 도구나 길이 된다. 인간은 하나님을 찾을 때 절망을 이길 수 있고 희망을 찾을 수 있다. 그러므로 하나님의 섭리에 순응하는 인간이라야 행복을 찾게 되고 그것을 누릴 수 있다.

그런데 행복을 이해하고 느끼고 받아들이는 것이 그냥 주어지는 것이 결코 아니다. 행복한 조건이 갖추어져 있는데도 그것을 누리지 못하면, 그것은 행복이 아니다. 행복을 누리는 데는 내적, 외적 많은 조건이 있다. 하지만 어떤 마음으로 행복을 받아들이는가가 매우 중요한 관건이 된다.

평화를 누리는 마음을 가질 때, 행복을 이해하고 받아들일 수 있다.

하나님을 알고 의지할 때 '참된 행복'을 찾을 수 있고, 그것을 차지하게 되고 누리게 된다.

참고 문헌

박병호. "행복과 자유". 「나라 사랑」 제44집(1982), 1.
배재욱. 『에베소서의 교회론: 에베소서에서 바울에게 교회에 관하여 묻다』. 대구: 대한복음과교회학술원, 2012.
_____. "행복의 사회적 조건에 대한 사회복지학적인 이해." 「교회와 사회복지」 제5호(2012), 1-28.
_____. "에베소서 4장 25-32절에 나타나는 영성 이해." 「신학과 목회」 33집(2010년 5월), 5-34.
_____. "에베소서 4장 25-32절에 나타난 분노로부터의 자유." 「신학논단」 61집(2010.09), 31-57.
_____. "빌립보서 4장 4-6절에서의 자유 이해: 부정적인 감정들에서 벗어나기." 「신약논단」 제30권 제1호(2023년 봄), 177-212.
_____. "정의에 대한 그리스도론적인 고찰". 「신학과 목회」 41집(2014년 5월), 39-59.
_____. "신약성경에 나타난 정의(正義)와 평화." 「제42차 한국 기독교학회 공동학술대회 자료집」(2013. 10월), 45-70.

_____. "인간의 행복에 대한 기독교적인 이해." 「행복한 부자연구」 5권 2호(2016.12), 53-69.

_____. "'세상의 평화'와 '그리스도의 평화.'" 「선교와 신학」 43 (2017), 187-221.

신득렬. "행복과 교육". 「교육철학」 18(2000), 191-208.

유진일. "『인간의 비극』에 나타난 문학적 공간의 구조와 의미." 「외국문학연구」 제39호 (2010. 8), 255-279.

이지선·김민영·서은국. "한국인의 행복과 복: 유사점과 차이점". 「한국심리학회지 사회 및 성격」 18/3(2004), 115-125.

Augustini, S. Aurelii. *Confessionum*. 어거스틴/최민순 역. 『고백록: 님기림』. 서울: 바오로 딸, 1965.

Bae, Jae Woog(ed.). *Korean Church and Peaceful Unification. The Theology of Jung-Ryu(靜流) Sang Kun Lee 4*. Daegu: Jung-Ryu Academy, October 3 2022. (배재욱[편집.]. 『한국 교회와 평화 통일. 정류[靜流] 이상근 신학 4』. 대구: 정류 아카데미, 2022.

Balz, Horst · Schneider, Gerhard(hg.). ART. Nai⟨n. *EWNT* II (1981), 1122.

Bultmann, R. *Theologie des Neuen Testament*. Tübingen: J. C. B. Mohr, 1958.

Gnilka, Joachim. *Der Epheserbrief*. 그닐카, 요아힘/권연경 역. 『에페소서』. 국제성서주석 38. 서울: 한국신학연구소, 1989.

http://www.christiantoday.co.kr/view.htm?id=272858; 기사: 김진영 기자(jykim@chtoday.co.kr). "예수는 '로마의 평화' 위한 혁명가가 되진 않았다; 배재욱. '로마의 평화와 그리스도의 평화에 대한 관계 고찰'". 「크리스천투데이」 (2014.06.14). (2014.12.30 접속).

제6장

행복의 사회적 조건에 대한 사회복지학적인 이해[1]

모든 사람의 공통점은 궁극적으로 행복을 추구한다는 것이다. 그런데 인간에게 행복은 다분히 주관적이면서 동시에 객관적으로 규정된다. 게다가 행복은 단순하면서도 때로는 아주 복잡하게 규정되고 이해된다. 인간은 자신의 욕구와 욕망이 충족될 때 만족하게 되고 즐거움을 느끼고 만족하고 즐거울 때 행복(幸福, Happiness)한 마음을 가진다.

이 논문은 인간의 행복이 무엇인가에 대한 정의와 행복의 사회적 조건을 기독교 사회복지학적 이해를 통해 제시한다.

행복은 단순히 좋다는 느낌과는 달리 자신의 존재 가치에 대한 자부심과 함께 의미 있는 삶에 대한 자부심을 누리는 상태이다. 그래서 행복을 주관적 가치로 평가할 수도 있겠지만, 행복을 어떤 수치로 규정할 수는 없다. 사람은 미래에 대한 희망을 품을 때 삶의 의욕을 가지게 된다. 이 점에서 본다면 인간의 행복은 단순히 자신이 좋아하는 것을 마음에 그려 보는 것으로도 어느 정도 자신이 추구하는 행복을 경험할 수 있다. 그러나 인간이 느끼는 행복은 상황에 따라 변하고 시대에 따라 적용되는 것이 달라지기 때문에 행복을 수치로 평가하거나 규정할 수는 없다. 행복에 이르는 길

---

[1] 배재욱, "행복의 사회적 조건에 대한 사회복지학적인 이해," 「교회와 사회복지」 제5호 (2012), 1-28을 수정, 보완했다.

에 대한 인식과 다양한 조건을 생각해야 할 것이다.

물질적 영역도 인간 행복의 한 축일 수 있지만, 그것으로 완벽한 행복을 찾을 수는 없을 것이다. 이 땅에서 권력의 극치, 부의 극치에 이르렀던 사람들도 진정한 행복을 찾지 못하고 종교에 귀의함을 통해 마음의 안정과 행복을 얻는 것은 종교가 차지하는 영역을 반드시 전제해야 함을 보여준다.

인간의 삶에서 늘 앞만 보고 달리면, 행복을 찾게 될 것 같지만, 인간은 신이 아니므로, 쉼이 필요하다. 그것은 인생길에서 뒤돌아보지 않으면 놓치게 되는 무언가가 분명히 있기 때문이다. 남에게 친절하고 관대하게 대하는 것이 내 마음의 평화를 유지하는 길이 된다. 이웃을 돌아보는 마음의 여유가 그 자신에게 진정한 행복을 가져오는 길이 된다. 이러한 행복을 지향할 때 사회복지학이 추구하는 중요한 목표에 도달할 수 있다.

1. 서론

"모든 사람이 궁극적으로 행복을 추구한다."[2] 그런데 인간에게 행복은 다분히 주관적이면서[3] 동시에 객관적[4]으로 규정된다. 게다가 행복은 단순하면서도 때로는 아주 복잡하게 규정되고 이해된다. 인간은 자신의 욕구와 욕망이 충족될 때 만족하게 되고 즐거움을 느낀다. 만족하고 즐거울 때 인간은 행복(幸福, Happiness)을 느끼게 된다. 이런 점에서 행복은 불안을

---

[2] 이지선 · 김민영 · 서은국. "한국인의 행복과 복: 유사점과 차이점". 「한국심리학회지 사회 및 성격」 18/3(2004), (115-125), 115; 신득렬, "행복과 교육", 「교육철학」 18(2000), (191-208), 191을 보라. 행복에 대한 사전적인 의미에 대해서는 신득렬, "행복과 교육", 「교육철학」(2000), 192를 보라.

[3] 주관적인 행복에 대해서는 이지선 외 "한국인의 행복과 복"(2004), 120을 보라. 신득렬, "행복과 교육", 「교육철학」(2000), 197.

[4] 객관적인 행복을 위해서는 행복에 대한 여러 가지 조건이 필요하게 되리라고 본다.

느끼지 않고, 희망을 품은 마음자리이다. 그런 점에서 보면 좋은 마음자리에 있는 사람이 가지는 심리적 상태를 행복이란 말로 이해할 수 있을 것이다.[5]

많은 사람이 행복을 인생의 궁극적 목적으로 알고 행복을 갈망하며 살아가지만, 이 "행복이란 말은 다의적"이므로 이것에 대한 분석이 필요하다.[6] 그런데 사람이 살아가는 삶의 현장에서 사람이 행복하기 위해서는 '만족함', '어떤 것에 대한 보람', '기쁨', '즐거움', '재미', '웃음', '삶의 여유', '가치', '평온', '안정', '인정받음', '의욕', '희망', '미래에 대한 꿈' 등의 여러 요소가 필요하다. 이러한 것들이 행복에 대해 시사하는 바는 그 의미에 미묘한 차이를 내포한다. 이것 중에서 무엇이 더 중요한가란 사실은 사람이 무엇에 더 큰 가치를 두고 있는가와 연관된다.

인간은 사회적 동물이다. 그러므로 함께 어울려 살아야 사람답게 삶을 영위할 수 있다. 사람들은 함께 어울려 살아가는 가운데 희노애락(喜怒哀樂)을 겪으며 산다. 그것이 통상적인 인간의 삶의 양태(樣態)이다. 이와 같은 삶의 양태를 통해 희노애락을 겪으며 사는 인간은 누구나 좀 더 행복하기를 바라는 마음을 가지고 살아간다. 행복을 찾는 인간의 마음은 같지만, 그 행복이 쉽게 사람의 손에 붙들리지 않고, 그것에 대해 갈구할수록 행복은 멀리 달아나는 것처럼 보인다.

모든 사람은 한두 가지 이상의 문제를 가지고 있고, 그 문제가 주는 고통과 절망 속에서 살아간다. 이러한 인간의 문제에 대해 사회복지학은 관심을 가져야 할 것이고 그 행복을 산출하도록 도와야 할 것이다.

필자는 이 논문에서 인간의 행복이 무엇인가에 대한 정의를 내리고 행복의 사회적 조건을 기독교적 이해를 통해 사회복지학이 추구하는 의미를 찾고자 한다. '행복의 사회적 조건에 대한 기독교적 이해'를 다루기 위해

---

[5] 소크라테스는 행복을 "인간이 누릴 수 있는 최상의 상태로, 모든 것이 충족된 상태"라는 의미로 '숨마 보눔'(summum bonum)으로 정의를 한다.
[6] 신득렬, "행복과 교육", 「교육철학」(2000), 191.

먼저 다음과 같은 행복의 사회적 조건을 살펴보자.

첫째, 경제적 안정
둘째, 사회성 함양
셋째, 교육과 지성
넷째, 건강
다섯째, 자유
여섯째, 정의로운 사회적 환경
일곱째, 신뢰 사회, 정직
여덟째, 인내와 희망
아홉째, 종교에 대해 살펴보고자 한다.

그런 후 행복을 통해 나타나는 사회적 현상에 대해 분석하고 사회복지학과 관련하여 이해하고자 한다. 행복의 사회학적 조건이 이것 이외에도 많겠지만, 아홉 개로 제한하여 연구하고자 하는 이유는 지면상의 이유 때문이다. 이러한 행복의 조건은 필자가 생각하기에 인간이 살아가는 데 가장 기본적인 요소이다. 행복을 추구하는 인간의 마음을 이해하고 바른 정책을 펼치는 것이 사회복지학이 추구하는 이상(理想)이요 중요한 목표(目標)이다. 즉, 인간은 행복을 추구하는 존재이다.

그런 점에서 볼 때, 행복에 대한 정의를 찾기 위해 인간의 행복에 대한 사회적 조건이 무엇인지를 알아야 할 것이다. 아울러 행복하지 못한 대중을 바라보면서 인간의 행복을 저해하는 요소가 어떤 것이 있는지를 살펴보고자 한다. 그런 후 인간 행복을 증진하는 길을 모색해야 할 것이다.

2. 행복의 사회적 조건(요소)

1) 경제적 안정

경제적 안정이 행복지수에서 어떤 위치에 있는가는 그 사회가 무엇을 지향하는가에 따라 달라지겠으나 모든 인간에게 일차적으로 먹고 마시는 문제가 가장 기초적인 욕구이다. 그러므로 경제적 안정은 어떤 사회이든지 행복의 가장 기초적인 요소에 속할 것이다. 경제적 안정이 없으면 모든 것에서 추진력(推進力)과 동력(動力)을 잃게 된다. 그런 점에서 경제적 안정이 행복을 위한 중요한 요소가 된다. 굶주린 이들은 정의와 윤리적 판단력이 흐려질 수 있고 어떤 것에 대한 자제력이 약해질 수도 있다. 배고픈 이들에게는 행복이 멀리 있다고 느껴진다.

그들에게 행복은 먹는 것과 직결되어 있다. 그만큼 배고픈 이들에게는 먹는 문제가 가장 시급하다. 공평하게 누릴 수 있는 정책이 펼쳐질 때 가난한 이들도 세상을 살아갈 권리를 확보하게 된다. 이것은 인간이 사는 데 가장 기본적인 요소를 제공한다는 데 의미가 크다. 가난한 이들은 가능하면 싼 생필품을 팔고 있는 시장을 찾고자 하는 것이 자연스러운 현상이다. 일반 대중이 먹고 마시고 입고 거주하는 가장 기본적인 생활에서 자유할 수 있도록 사회를 안정되게 하고, 생활 여건을 바로 잡는 것은 국가가 추구할 중요한 정책의 일환이다.

이러한 기본적 요건이 충족되지 않으면, 국민의 행복지수가 평균적으로 떨어질 수밖에 없고 그러면 사회가 활기를 잃어갈 것이다. 그것은 기본적인 행복의 요소인 먹고 마시고 잠자고 옷을 입는 것과 같은 기본적인 생활 여건이 갖추어지지 않으면 결코 행복하지 못할 것이기 때문이다.

큰 틀에서 사회복지학이 추구할 방향을 모색하기 위해 경제적 안정이 인간 행복의 중요한 요소임을 사회복지학이 헤아려야 할 것이고, 그것에 대한 인식을 바르게 함으로써 경제적 안정을 누리지 못하는 가난하고 소외된 자들에 대한 배려와 정책을 세워야 할 것이다.

2) 사회성 함양

요즘 한국 사회는 불안과 불신이 팽배해져 가는 사회이다. 가정도 그렇고 직장과 학교도 마찬가지다. 서로 믿지 못하고 있다. 이런 것이 어디서 기인하는가에 대한 대답은 여러 갈래에서 찾을 수 있겠지만, 그중에서 하나는 사회적으로 인정을 받지 못한다는 데서 찾을 수 있다. "인생의 목적은 사랑을 실천하는 것이요, 그래서 훌륭한 문화를 창조하는 것"[7]이다. 그런데 지금 세대는 물질 추구에 대한 지나친 경향 때문에 인간의 가치에 대한 의식이 상당히 유동적으로 변해 간다. 올바름에 대한 가치보다 자신에게 유리한가 그렇지 않은가로 판단한다.

그래서 사회는 지나치게 자기애(自己愛)에 기반을 두게 되면, 서로에 대한 이질감을 창조적으로 극복하지 못하고, 군중 속에서 외로움을 느끼게 된다. 이러한 현상의 극단적 탈출구가 집단주의로 나타나게 되는데, 중고등학생들 사이에 나타나는 따돌림 현상과 패거리 문화가 이러한 현상의 한 단면이다. 따돌림과 왕따가 있는 사회에서는 '문화 창조'도 '사랑의 실천'도 이루기 힘들 것이고, 그런 환경에서 자라는 청소년들은 결코 행복해질 수 없다.

그 대상이 언제 누가 될지 모르는 불안감에서 집단성을 보이게 되고, 그 집단에서 떨어지면 따돌림을 당할 수도 있다. 그래서 어떻게든 자신이 속한 집단에서 소외되지 않기 위하여 가장 친한 친구를 따돌리는 사회적인 기이한 현상을 어떻게 받아들여야 하겠는가?

사람이 서로 인정받지 못하고 살아가는 그 이면에는 자신의 존귀함을 스스로가 인정하지 못하는 데서 나타나는 반작용을 볼 수 있다. 인간의 평

---

7 박병호, "행복과 자유", 「나라사랑」 제44집(1982), 1.

가 기준이 단선적일 때는 획일적이고 전체주의적인 사회를 지향(志向)하게 된다.[8] 그런 사회는 창조적 방향으로 발전을 이루기가 어렵다. 다수의 사람이 주인공이 되고 필요한 재목(材木)이 되어야, 그 사회가 건강한 사회가 된다.

그런 사회를 이루기 위해 이 땅에서 살아가는 사람들이 자신의 정체성을 바르게 깨닫고 자신의 존귀함을 인정할 수 있는 정책을 수립하고 교육 행정을 펴나가야 할 것이다. 사회복지학은 이러한 시대의 현상들을 바라보면서 올바른 시대정신을 위한 연구와 정책을 세워야 할 것이다.

그러면 이제 행복을 이루기 위한 교육 정책에 관해 살펴보도록 하자.

3) 교육 정책(교육과 지성)[9]

사람이 살아가는 데는 자신이 누구인가 하는 정체성을 알고 자신의 존재 가치의 존귀함을 생각하는 자존감이 필요하다. 사람을 존중하고 사람들이 자신의 정체성을 깨닫도록 힘쓰고, 자신의 존재 가치를 존귀하게 여기도록 자존감을 증진하는 교육과 정책적 배려를 우선해야 한다. 정체성이 확립되지 않는 상태에서 자존감이 약하면, 완벽한 조건을 갖추고 있다고 해도, 행복하기 어려워질 수 있을 것이다.

송유진은 "교육의 의의"를 "인간의 행복 추구의 가교"로 보면서 "인간은 교육을 통해 행복해지기를 바란다"고 했다.[10] 행복과 교육이 서로 영향

---

[8] 그런 사회적 현상은 너무 표면적인 것에 가치를 두는 데서 기형적 현상이 나타난다. 아무런 비판 없이 단지 눈에 보이는 것으로 사람의 가치를 평가하는 단선적 평가 기준을 벗어나야 할 것이다. 공부 잘하고 멋있는 사람만 우대받고 존경받는 사회여야 하는가에 대해 반성해야 한다. 처칠과 에디슨은 공부를 못했지만, 그들이 살았던 분야에서 최고봉에 올랐다. 한 사람만 일등이 되는 사회가 아니라 다수가, 가능하면 모두가, 일등이 되는 사회여야 굳건한 유대감이 형성될 수 있다.

[9] 교육과 행복에 대해서는 신득렬, "행복과 교육"(2000), 191-208을 보라.

[10] 송유진, "루소의 교육과 아동의 행복:『에밀』: 제2권을 중심으로",「교육철학」36(2008), 93-116.

을 미치는 관계 속에서 볼 때, 교육은 건전한 판단력을 길러 주고 인성을 함양하고 인간답게 살도록 하는 가장 기본적인 요소이다. 나아가 직업 교육과 전문 교육을 통해 한 분야의 전문가가 되도록 인간을 훈련해야 한다.

그런데 교육이 기본을 잃어버리고 직업 교육에만 힘을 쏟는다든지 하여 건강한 인성 교육이 없는 교육 정책에 힘을 쏟다 보면, 교육이 한쪽으로만 발전하게 될 것이다. 교육은 일방통행이 아니라, 상호교류를 통해 이루어져야 한다. 이런 교육을 통해 건전한 판단력을 기를 수 있다. 건전한 판단력은 도덕적 바탕 위에서 가능하다.

지금 시대는 옳고 그름에 대한 기준이 모호하게 된 불확실성이 점차 이 사회를 암흑으로 몰아간다. 윤리적 판단을 바르게 세우기 위해 옳고 그름에 대한 분명한 잣대가 있어야 한다. 전교조와 교총의 평가 기준이 다르고 진보와 보수의 잣대가 서로 다르지만, 교육에서 만큼은 자라나는 청소년들을 위해, 후세를 위해, 분명한 도덕적 기준과 지성과 인성의 기준이 세워져야 한다. 그래야 청소년들이 바른 가치 판단을 내릴 수 있을 것이다.

모든 학생을 한 인격체로서 존귀하게 여기고, 서로 인정하고 인정받을 수 있게 하고, 존중하고, 존중받을 수 있도록 초·중·고등학교의 교육 제도를 개선해야 할 것이다. 단선적으로 인간을 평가하는 우를 범하지 않는 방법으로 교육 제도를 개선해야 할 것이다. 그렇지 않으면 이 사회는 점점 혼란으로 치달아 극한 왕따와 따돌림과 소외감이 더욱 기승을 부릴 것이다.

자신의 정체성에 대한 바른 이해가 인간 행복의 중요한 요소가 됨을 인정하고 교육을 암기 위주에서 탈피하여 자신의 정체성에 대한 이해와 인간성 함양을 배양하도록 만들어야 행복의 요소를 갖출 수 있을 것이다.

지금 상황은 이웃이 사라지고 역사의식도 윤리의식도 모두 허물어져 간다. 올바른 인성 교육이 없는 이런 관계 속에서 사회성 함양은 요원하다. 자신의 정체성을 세우기 위해 자신을 바르게 아는 것이 필요하다. 이웃과의 관계 속에서 자신의 정체성과 가치를 바르게 인식해야, 가장 가까운 이웃인 가족의 중요성을 인식할 수 있고, 친구들 나아가 일상에서 만나는 이웃의 가치를 알게 될 것이다. 공동체를 통해 유기체적 관계 속에서 각 개인이 진정한 자신을 알아 가도록 하는 정책적 배려가 필요하다.

사회복지학은 현장에서 그 대상을 교육적 측면으로 직접 접촉하는 일이 많은 학문 분야 중 하나이다. 그러므로 사회복지학은 특별히 관심을 두는 분야뿐만 아니라, 다른 분야라고 하더라도 사회복지학이 관심을 가져야 하고, 그 대상을 고려하여 바른 관계를 만들어 가도록 정책적 배려가 필요한 분야이다. 행복을 위한 도구로서 교육이 바른 자리를 잡을 때, 교육은 그 가치 체계를 바로 세울 수 있다. 인간에게 "행복은 의미 있는 삶을 살기 위한 가장 중요한 목표이자 전제"이므로, 교육은 이런 전제 아래서 그 존재론적 가치를 가진다.[11] 그래서 사회복지학은 교육이란 방편을 통해 인간의 삶을 좀 더 윤택하게 만들고 행복하도록 교육을 계획하고 지향하도록 해야 할 것이다.[12]

4) 건강

플라톤(Plato)은 정의를 육체의 건강과 관련시킴으로써, 그 결과와 관계없이 정의가 불의보다 인간의 행복을 위해 바람직하다는 것을 보여 주었다.[13] 이러한 논지에서 본다면 행복한 사회를 이루기 위해 정신적으로, 그리고 육체적으로도 건강해야 된다. 모든 인간은 자신이 건강하고, 행복해야 다른 사람의 행복을 위해 일할 수 있다. 다른 사람을 행복하게 할 수 있어야, 자신에게도 행복이 있다는 것을 깨닫고 다수가 함께 행복하게 살 수

---

11 정용교 · 백승대, "사회과 행복 교육의 요청과 실천". 「교과교육학연구」 14/2(2010), (335-356), 335.
12 정용교 · 백승대, "사회과 행복 교육의 요청과 실천", 335.
13 R. Normann, *The Moral Philosophers*. 안상헌 역, 『윤리학 강의』 (서울: 문원, 1994), 45를 보라.

있는 길을 모색해야 한다.

  사람은 모두 완전한 존재가 아니므로 자주 실망하고 고단한 삶을 살게 된다. 그중에서도 육체적으로 영적으로 건강하지 않을 때, 그 사람은 자신의 행복을 지키기 위해 너무 많은 에너지를 소비하게 되고, 건강을 잃는 일이 일어날 수 있다. 건강해야 행복을 유지하고 누릴 수 있다. 그것은 인간이 살아가는데, 건강이 차지하는 비율이 크기 때문이다. 아무리 좋은 교육을 받고 높은 지성을 가졌다 해도 건강을 빼앗기게 되면, 그 사람은 모든 것을 잃게 된다.

  그런데 개인의 건강은 몸과 정신의 건강이 아울러 병행되어야 한다. 육체의 질병이 인간을 파괴하지만, 정신적 질병도 육체의 질병 못지않게 심각하게 인간을 황폐하게 만든다. 어느 국가든지 그 나라 국민의 육체와 정신의 건강 모두에 관심을 두고 정책을 수립하고 시행해야 한다. 어떤 사회든지, 그 구성원들이 건강해야 그 사회도 건강할 수 있다.

  인간의 건강은 환경 문제와도 직결되어 있다. 먼저 건강에 대한 것, 육체적 건강에 대한 것과 관련하여 살펴보면 공해 산업에 대한 바른 정책과 집행이 필요하다. 오존층의 파괴가 가져오는 전 세계적 심각성과 오염폐수를 무단 방류하는 기업체 이야기 같은 국부적(局部的)인 산업공해에 대한 정책 조율의 필요성을 인식해야 한다. 김상환은 "사회의 건강과 행복이 인문적 주체의 병리적 증상이나 불행에 기초한다"[14]고 말한다.

  그런데 비단 그것뿐이겠는가?

  다음으로 정신적 건강이 인간 행복에 미치는 영향을 살펴보자. 인간이 육체적인 면에서 강인해도 정신적, 영적인 면에서 약하면, 허물어질 수 있다는 것을 역사상 많은 현상을 통해 확인할 수 있다.

  아우구스티누스(Aurelius Augustinus)는 『행복한 삶』에서 지혜로운 사람이

---

[14] 김상환, "욕망과 행복. 헤겔의 '불행한 의식'과 인문적 주체의 역설", 「철학사상」 36(2010) 36, 33-84.

누리는 행복에 대해 다음과 같이 말한다.[15]

> 지혜로운 사람은 강인합니다. 그리고 강인한 사람은 두려움을 마음에 담아두지 않습니다. 따라서 지혜로운 사람은 육체의 죽음 혹은 배척과 방해의 고통 또는 궁핍하게 되는 필요한 모든 것이 지체되는 것을 두려워하지 않습니다.[16]

행복은 지혜를 따르고 지혜를 추구하는 가운데 온다. 이 지혜는 인간의 영적 건강의 기초가 되어 인간을 진정한 행복으로 이끌게 된다. 행복에 대한 정의[17]는 인간의 건강에 대해 바른 이해를 바탕으로 정책을 수립하고 그 정책에 기반을 둔 행정에 대한 시행력을 가져야 한다. 그렇게 한다면 건강한 사회를 만들어 가는 기반을 갖출 수 있을 것이다.

인간의 건강을 위해 반드시 필요한 정책은 건강보험에 대한 적정성을 찾고 그것을 항시 점검하고 가장 원활하고 합리적인 방법으로 개정하는 일에 실수가 없어야 할 것이다. 건강보험은 사회 단체에서 할 수도 있으나 국가적 차원에서 또는 사회 단체의 관점에서 한 나라 또는 사회 구성원들이 건강에 관한 혜택을 누릴 수 있도록 시행해야 한다.

독일의 경우에 건강보험이 어떤 한 회사에 집중되어 있지 않고, 국가나 지방 자치 단체에서 주관하는 공공 건강보험과 아울러 그곳에 가입하지 못하는 국민이나 외국인들을 위한 사보험이 존재한다. 공공 건강보험은 그 국가에 유학 온 학생들도 나이에 제한되지 않으면, 그 보험에 가입

---

15 아우구스티누스가 말하는 '행복'에 대해서 경준복, "聖 어거스틴의 '행복'(beata vita)에 대한 연구", (감리교신학대학교, 석사학위 논문. 1998)에서 산섭 인용했나.
16 이도걸, "아우구스티누스 사상에 나타난 '하느님 소유'(Deum habere)와 '행복'의 관계에 대한 연구. '행복한 삶'(De Beata Vita)을 중심으로". 대학원 석사학위 논문(수원: 수원가톨릭대학교, 2009), 88에서 재인용했다.
17 이것에 대해서는 오인탁, "플라톤의 '폴리테이아'의 교육 이념. 정의",「延世論叢」29/1(1993), 52를 보라.

할 수 있다. 그러나 조금 많은 나이대가 되어 유학 온 학생들은 나이 제한 때문에 공적인 보험에 가입하지 못하고 사보험에 가입하게 된다. 사보험에 가입하면 보험료도 비싸고 보험 혜택도 줄어들어 힘들어하기도 한다. 하지만 아이들이 있거나 자동차 운전을 하고자 할 때, 반드시 보험이 필요하므로 사보험에라도 들어야 한다.

이젠 우리 사회도 외국인들이 한 구성원이 되어 가는 시대에 살고 있다. 외국인 유학생이나, 외국인 근로자를 위한 건강보험도 필요하다는 것을 인식하고 시행해야 할 것이다. 그들이 이곳에서 행복하게 살다가 자신의 고국으로 돌아갈 때, 행복한 마음으로 돌아갈 수 있어야, 우리 사회도 더욱 건강한 사회가 될 것이고, 그럴 때라야 개개인도 행복할 수 있다. 다른 사람을 불행하게 만드는 사람은 행복할 수 없고, 설사 그가 행복을 누린다 해도 그런 행복은 제한적이고 일시적일 것이다. 남을 위해 배려하는 만큼 자신도 행복한 인생을 살 수 있을 것이다. 이런 점에서 사회복지학이 추구하는 복지 정책에서 건강에 관한 관심과 연구하는 수고가 필연적이라고 생각된다.

5) 자유

플라톤(Plato)은 지상의 여러 가지 정치체제들이 "계속된 변천, 쇠퇴 과정"을 겪게 된 것을 말하면서 이러한 변천에서 "정의(正義)와 부정의(不正義)"가 "행복과 불행"이 기준이 되었음을 지적한다.[18] 그러면서 플라톤은 정치체제에서 "가장 정의롭고 행복"한 것이 최선이라고 정의하면서 "폭력, 투쟁"의 정치체제를 "가장 부정의하며 불행하다"고 말한다.[19] 플라톤

---

18 플라톤(Plato)의 "정의(正義)와 부정의(不正義)" 그리고 "행복과 불행"의 관계에 관한 정리는 羅禎源, "플라톤의 政治體制理論,"「한국정치학회보」22/1(1988), 16에서 간접 인용했다.
19 羅禎源, "플라톤의 政治體制理論," 16.

은 최선과 최악의 정치체제 사이에 "자유와 관용과 평등"의 정치체제가 자리를 잡고 있다는 말로 "자유와 관용과 평등"을 인간 사회에서 필요한 윤리적 기준으로 평가한다. 비단 정치체제에서뿐만 아니라, 인간 사회에서 이루어지는 모든 관계 속에서 이러한 원리가 적용되어야 할 것이다.

이제 이 단락에서 인간 사회에서 필수적 요소의 하나인 '자유'에 집중하고자 한다. 보편 사회에서 '자유'는 인간의 기본적 삶에 대한 의욕을 발원케 하는 '천원'(泉原)이다. 즉, 자유롭게 행복을 추구하며, 자신을 절제하는 동안 건강을 유지하게 되는 "정신적 부유함, 즉 도덕적 수양, 예술적 수양"은 "마음과 감정의 높은 자유의 근원"[20]이 된다. 이렇게 성취하게 되는 자유는 '행복의 밑그림'이다. 플라톤은 이상 정치를 철학자에 의한 통치로 보면서 그것과 관련하여 최고의 경지로 그리며 행복에 대해 말한다.[21]

"우리는 이제 행복하다고 생각하는 그 나라를 어느 특수층만을 위해서가 아니라 전 국민이 행복해지도록 이끌어 나가야 하네"[22]라는 말로 행복을 위한 정책을 추구할 것을 말한 플라톤에게 나타나는 행복은 다수의 대중을 위한 것이다. 플라톤의 행복에 대한 견해는 지도자들이나 특수층에 있는 소수의 사람만을 위한 정책이 아니라, 모든 국민이 행복을 누릴 수 있도록 하기 위한 정책을 시행할 수 있도록 하기 위한 것임을 말한다.

그런데 인간이 억압당하게 되면 행복은 진정으로 마음에 와닿진 않는다. 행복은 자유를 누릴 때라야 진정한 행복이 된다. 플라톤은 인간이 억

---

20 박병호, "행복과 자유"(1982), 1.
21 플라톤의 이상 정치에 대해서는 http://www.zeitgeist.co; 조 혁, "플라톤의 폴리테이아", 시대정신(1998 11-12월호), 창간호를 참조하라(접속 2011.12.27). kr/bbs/view.php?id=etc&no=10에서 보면 플라톤은 "폴리테이아 9권에서 인생의 행복을 말할 때 독재(참주)체제의 인생이 가장 불행하고 이상국가(철인국가)의 인간이 가장 행복하다고 말하는 것으로 보아 민주정[치]에 대해 플라톤이 가장 적대적이라고 볼 만한 근거는 없다"고 했다.
22 Platon, *Politeia*, 플라톤/최현 역, 『플라톤의 국가론』 (파주: 집문당, 2007), 149.

압당하고 자유가 억제될 때 행복을 이룰 수 없다는 것을 지적했다.[23] 인간의 행복은 구속에서 해방되어 자유로움을 누릴 때 가능하다.

예수님은 요한복음에서 다음과 같이 말씀하셨다.

진리를 알지니 진리가 너희를 자유롭게 하리라 (요 8:32).

각자가 변치 않는 진리를 알게 될 때, 참 자유에 이르게 된다. 인간에게서 자유는 죄악의 속박으로부터의 자유와 세속의 억압으로부터의 자유가 있다. 인간에게서 육체적 얽매임 때문에 기인하는 속박은 인간을 구속하고 자유를 억압한다. 이럴 때, 어떤 인간도 행복할 수 없다. 행복은 멀리 있는 것이 아니다. 자신의 마음을 자유롭게 표현하고 대화와 행동에서도 자유를 누릴 때 행복할 수 있다. 이런 점에서 본다면 자유로운 사회라야 행복한 사회를 이룰 수 있다. 자유로운 사회에서 참된 복지에 이르게 된다.

그러므로 사회복지학은 근시안적 틀을 벗어나 거시적 안목으로 자유로운 사회를 이루기 위한 관심을 가져야 할 것이다. 그 자유가 인간의 외적 자유일 수 있지만, 그 밖에 내적 자유에 관한 관심도 아울러 필요하다. 그러므로 각각의 경우를 가정하여 그 필요와 범위를 연구하고 다듬어야 할 것이다.

---

23 "국민 전체가 행복하도록 농부들에게 비단 두루마기를 입히고 금으로 된 장식품을 걸치게 하며 마음대로 땅을 경작하도록 하고 도공들한테는 녹로(轆轤, 도기를 만들 때 사용하는 물레의 일종)를 두들기며 모닥불을 피워 놓고 주위에서 술을 마음대로 마시게 할 수도 있으며 그들이 얼마든지 도기를 만들 수 있도록 할 수도 있소". 이것에 대해서는 Platon, Politeia, 플라톤/최현 역, 『플라톤의 국가론』, 149를 보라.

6) 정의로운 사회적 환경

플라톤이 정의를 소유한 결과는 행위가 가져오는 외적인 좋은 것들로부터의 독립적이라는 것을 지적하며, 정의와 덕이 불의와 악덕보다 바람직하다.[24]는 것을 밝힌다.[25] 박정은은 "정의론의 인간학적 기초"란 논문에서 "인류의 행복은 여전히 개인의 행복을 지나친다"라고 하면서 "존엄은 개인의 행복과 엇갈릴 때가 잦으며, 개인과 사회 사이의 긴장에서 오는 위험부담이 있다"는 것을 지적한다.[26] 이때 인간 각자가 추구하는 행복이 개인의 행복을 위할 것인가 아니면 전체 대중을 위한 것인가가 중요한 관건이다.

현대 사회는 어떤 한 개인의 기준이 아니라 제각기 기준이 되고자 하는 다수가 존재하는 불확실성 시대에 접어들고 있다. 이렇게 되면 결국 사사기 17장 6절에서 "그때에는 이스라엘에 왕이 없었으므로 사람마다 자기

---

[24] 권선영·이선필, "고대 그리스 윤리학에서 행복 개념 -플라톤을 중심으로", 「초등 도덕교육」31(2009), (265-292), 284에서 재인용했다.

[25] 이정호는 플라톤의 대화편 폴리테이아에 나타나는 정의를 분석하면서 다음과 같이 정의한다.
  ① 정의(dikaiosyne)는 무엇인가 숙지해야 산출시킬 수 있는 전문 기술과 비교되는 모종의 삶의 기술(techne)과 관련되어 있다.
  ② 정의는 기술이 그러하듯 기술의 고유한 탁월성(arete)의 극단치로서 절대적이고 객관적인 척도(metron)를 갖는다.
  ③ 정의가 지혜(sophia)이자 덕(arete)인 정의로운 사람(ho dikaios)이란 인간 고유의 영혼(psyche)의 기능(ergon)을 탁월하게 수행할 수 있는 덕, 즉 배려, 지배, 분별 있는 궁리 등의 고도의 합리적 능력을 갖춘 자이다.
  ④ 정의는 정당한 몫 이상을 추구하는 즉 타자의 능가(pleonexia)에 의한 자기 확장이 아닌 그들과의 조화(harmonia)에 합당한 엄밀한 자기 고유기능의 확인(theoria)이자 실현(praxis)이다.
  ⑤ 정의는 개인 대 개인, 국가와 개인이라는 사회적 단위를 넘어서 영혼의 내부 조화로부터 그 유추가 천계(ouranos)에로까지 확산되어 있는 자연적 내부 질서이다. 이정호의 출처에 대해서는 이정호, "소은 (素隱) 박홍규 교수 정년퇴임 특집호. 플라톤의 대화편 폴리테이아 1의 분석", 「哲學論究」12(1984), (43-58), 58을 참조하라.

[26] 朴恩正, "정의론의 인간학적 기초", 「社會科學論集」3(1983), (45-60), 46.

소견에 옳은 대로 행하였다"라고 말한 것처럼, 법도 없고 기준도 없이 각자가 제각기 자신의 지성과 감성에 따라 옳다고 여기는 대로 행동하는 시대에 들어서지 않으리란 보장도 없다. 존경하는 선생님의 이야기대로 행동했는데, 그것이 법을 어긴 결과가 되어 대학 입시에서 불리하게 되는 일이 일어날 수 있다.[27] 인류 역사에서 제각기 가진 생각이 판단의 기준이 되고 법이 되는 시대도 있었지만, 문명 사회에서는 법과 원칙이 세워지고 그 원칙 안에서 규율이 지켜져야 한다.[28]

---

[27] 지난 2008년 초여름에 일어난 촛불집회 때 정국(政局)이 혼미하고 여론이 갈라졌다. 이때 중고등학교 학생들도 많이 집회에 참석했는데, 출결석 문제에서 그 학생들이 교사의 판단에 따라 불리하게 작용하기도 했고 유리하게 작용하기도 했다. ttp://www.yonhapnews.co.kr/bulletin/2010/10/21/0200000000AKR20101021074800004.HTML?did=1179m (2011.12.27 접속)에서 촛불집회 참가 학생들에게 가산점을 준 교사들을 해임한 것이 정당하다는 판결을 내린 서울고등법원의 판결에 대한 기사를 참조하라.

[28] 취객의 파출소에서 난동을 부리고 기물 파괴에도 순경들이 속수무책으로 당하는 시대에 우리가 살고 있다. 왜 이토록 우리 사회가 무기력해졌는가에 대한 자성(자성1自省)과 회오(悔悟)가 요하다. 정의로운 사회는 바른 질서 의식이 밑바탕에 놓여 있어야 가능하다. 유럽에서 일과 학업을 마치고 오랜만에 한국으로 돌아왔을 때 인도에 자동차들이 무질서하게, 심지어 인도로 자동차가 지나다니는 것을 보고 적응이 되지 않아 애를 먹었다. 아무 생각 없이 인도로 길을 걷고 있는데 뒤에 따라오던 오트바이가 비켜 달라고 빵빵거려 놀란 적도 많다. 오트바이 운전자들은 반대 방향으로 가야 할 경우는 대개 인도로 들어와 인도 위로 달린다. 그리고 도로로 달리다가 차도가 막히면 수시로 인도를 들어와 달린다.
필자는 유럽에서 일과 공부로 만 11년 반 동안 살았다. 필자는 귀국 후 직장 관계로 이사를 자주 다니느라 여러 지역에서 터를 잡고 살았던 경험이 있다. 그런데 유독 대구 시내버스와 경산 시내버스의 기사분들이 운행 중에 혹은 종착지에서 차를 세워 두고 차 안에서 담배를 피워 버스가 내부가 담배 연기로 꽉 차서, 너무 답답하여 버스에서 내려 다른 차를 갈아탄 적이 많다. 하지만 정도가 약해 모르고, 담배 매연을 감지하지 못하여 그냥 끝까지 타고 가서 내렸을 때, 담배 연기 매연으로 인해 하루 온종일 두통을 느끼고 머리가 아픈 적이 더러 있었다. 귀국 초창기에는 이런 일로 대구시청 교통과나 경산시청 교통과로 자주 호소를 하기도 하고 운전기사 분들과도 대화를 많이 했는데, 어떤 분들은 미안하다고 하면서 하루 종일 버스 안에서 일해야 하는 근무 여건상 운행 중에 버스 안에서 담배를 피울 수밖에 없는 형편을 이해해 달라고 한다. 그러면서 어떤 운전기사는 "대구 시내버스 운전기사들이 70-80퍼센트는 버스 안에서 담배를 피우는 것으로 보면 됩니다"라고 대답한다.
대구시 교통과에서는 운행 중에 담배를 피우는 것을 적발하면 사진을 찍어 달라고 하면서 그렇게 해 주지 않으면 운전기사들을 제재(制裁)할 방법이 없다고 한다. 버스 종

법이 있지만, 그 법을 지키지 않는 사회에서는 그 법의 효력은 사라진다. 법을 지킬 때라야 그 법이 법으로서 효력을 발휘하게 된다.[29] 오인탁은 "플라톤의 '폴리테이아'의 교육 이념. 정의"란 논문에서 이런 관계를 아래와 같이 설명한다.

> 의로운 행동은 이론에서 설명되고 실천에서 이론의 법칙에 따라서 수행된다. 의로운 영혼과 의로운 인간은 좋은 삶을 산다.[30]

---

[29] 착지에서 아무도 없는 차 안에서 창문을 열고 담배를 피우면 버스 안에 담배 연기가 비록 남아 있어도, 그 기사를 제재할 법이 없으므로 국회에 가서 법을 개정하도록 요청해 달라고 한다. 요즘은 그래도 덜한 것 같지만, 버스 운전기사들은 정류장에서 정차하면 버스 안에서 여전히 담배를 피우고 있다. 버스 속에는 여전히 담배 연기가 남아 있어 여객들에게 불쾌감을 준다. 시청에 신고해도 오히려 그런 일에 대해 핑계하고 기사들을 두둔하는 인상을 받는다. 기사분들의 근무 여건을 조정하고 바른 질서 유지를 위해 감리 감독을 바르게 함으로써 시민과 기사분들에게까지도 행복감을 줄 수 있는 근무 여건을 만들어야 할 것이다. 그런 때라야 생산성을 높이는 여건이 될 것이다. 그것은 아무리 근로 여건이 좋다 해도 버스에 타는 승객이 아무도 없으면 그 좋은 근무 여건이 무슨 소용이 있겠는가. 근무자의 근로 여건 개선과 아울러 승객이 좋은 환경에서 이용할 수 있는 환경을 함께 고민하고 개선해야 할 것이다.

자전거 도로 위에 무수한 차가 정차해 있고, 자전거 도로로 오토바이와 차들이 다니고, 특히 자전거 도로가 어떤 구간은 오토바이 전용도로처럼 사용되고 있는 것을 흔히 볼 수 있다. 국가에서 자전거 도로를 비용을 많이 들여 만들고도, 그 정작 자전거 운전자들은 위험하여 자전거 도로를 이용하지 못하는 지경이 되었다. 도로에서도 신호 안 지키기, 꼬리 물기 등이 여전히 횡행한다. 그런 것들이 운전자 당사자는 일시적으로 조금 빨리 가기 때문에 일시적 행복을 누리게 될지 모르지만, 그 행복은 타인의 행복을 침해하는 것이다. 그런데 타인의 행복을 빼앗음으로 자신의 행복을 누린다면 그것이 진정한 행복이 될 수는 없다. 그것은 결국 사회 질서를 허물게 되어 운전자 자신과 가족과 친구 등에게 해를 끼치고 또 피해를 주게 되어 사회적 손실이 기하급수적으로 늘어나게 된다. 그 결과로 파생되는 손해와 불쾌감을 되돌려 받게 된다. 이런 데서 공공의 안녕과 질서를 존중하고 지키는 것이 정의롭고 행복한 사회를 이루는 데 꼭 필요하다. 신호등이 없는 거리의 횡단보도에서 사람이 이미 길을 건너고 있는데도 불구하고 운전자들은 쌩쌩 그 곁을 지나간다. 독일이나 오스트리아에서 오래도록 산 경험에 비추어 보면 길을 건너기 위해 횡단보도 입구에 사람이 서 있기만 해도 운전자들이 줄줄이 멈추어서는 것과 너무 대조적이다. 한국 사회는 소수의 가진 자를 중심으로 돌아간다. 다수의 자유를 무시하고 소수만을 위한 자유는 가진 자로서 최대치를 누리고자 하는 소수에게도 결코 행복을 산출하게 하지는 않을 것이다.

[30] 오인탁, "플라톤의 '폴리테이아'의 교육 이념. 정의"(1993), 52.

이러한 이론에 따르면 아무리 좋은 법이라도 그것을 지킬 때라야 인간 세상에 정의를 세우고 행복을 산출하는 것이지, 법이 있다고 정의가 서고 그것이 인간을 행복하게 하는 것이 아니다. 플라톤은 "좋은 삶을 사는 자는 행복"하고 정의는 영혼의 덕을 쌓으나, '악한 인간'은 "나쁜 삶을 살 수밖에 없으므로" 좋을 것이 없는 인생을 살게 된다[31]고 했다.

그리고 정해진 어떤 원칙이 맞지 않으면 시대정신을 반영한 원칙을 개정해서라도 기준점을 지켜야 한다. 그렇지 않으면 사회는 점점 혼란이 가중되고 원칙과 질서가 무너지면 그 당사자뿐만 아니라, 다른 사람들의 행복도 아울러 빼앗아 가게 될 것이다. 이런 사회적 현상이 여러모로 조절되고 다듬어져야 할 것이다. 이러한 현실을 절실하게 인식하는 데 많은 시간이 필요하지 않을 것이다.

치안을 담당해야 할 경찰력이 취객을 상대하느라 시간과 힘을 다 소진한다면, 그 순간에 경찰의 도움이 절실하게 필요한 무수하게 많은 사람은 경찰의 도움을 받지 못하여, 사회에 큰 혼란을 가중할 수 있고, 그런 사회적 현상은 인간의 행복을 빼앗아 갈 것이 자명하다. 정의로운 사회가 되지 않으면, 행복할 수가 없다. 이 땅에서 기준이 되는 원칙을 세우고 흔들림 없이 그 원칙을 지키지 않으면 혼란이 가중될 것이다. 혼란 가운데서도 잠깐의 행복은 있을 수 있지만, 진정한 행복은 주어지지 않는다.

그러므로 이 땅에서 각 개인이 행복을 누리도록 바른 원칙을 세우고 그 원칙이 지켜질 수 있도록 정의로운 사회를 이루어 가야 할 것이다. 그런 점에서 보면 사회복지학은 정의로운 사회적 환경을 만들어 가는데, 사회복지학적 측면에서 그 책임을 바르게 감당해야 할 것이다. 그것은 어느 개인이나 어느 한 분야의 학문이 전체를 다 아우를 수 없기 때문이다. 사회복지학은 나름대로, 그리고 다른 학문 분야는 또 그 분야에서 나름대로 각각의 관심으로, 정의로운 사회적 환경을 이루도록 힘쓰고, 각각의 분야에

---

31   오인탁, "플라톤의 '폴리테이아'의 교육 이념. 정의"(1993), 52에서 재인용했다.

서 자신의 책임을 감당할 때 전체적으로 균형 잡힌 틀을 만들어 갈 수 있을 것이다.

7) 정직과 신뢰 사회

정직에 대한 지수는 인간 사회에서 인간의 행복을 위해 차지하는 비중에서 가볍게 여길 수 없다. 서로 불신하는 분위기 속에서 사람은 불안한 마음으로 살 수밖에 없고, 그런 가운데서는 행복할 수 없다. 서로 신뢰하는 사회라야 사람다운 마음으로 이웃을 바라볼 수 있다.

각 개인이 자신이 맡은 자리에서 사회적 책임을 바르게 이해하고 바르게 감당하기 위해서는 정책적 뒷받침이 있어야 할 것이다. 그 정책적 고려와 아울러 이 사회가 정직한 사회가 되고 서로 신뢰하는 사회가 되어야 한다. 건전한 기업 문화도 정의로운 사회를 이루는 중요한 요소가 된다. 신지숙은 기업이 성공하는 데에는 기업이 사회적 책임을 수행하는 일이 중요하다고 지적한다.[32] 아무리 문화가 뛰어나고 부와 명성을 쌓는다고 해도 신뢰가 무너지면 그 사회가 허물어지는 것은 시간 문제이다.[33]

이러한 신뢰 사회는 정직이라는 높은 윤리적 덕목이 뒷받침되어야 가능하다. 정직은 기독교적인 덕목이다. 정직이 바탕이 되어야 인간관계에서 신뢰 관계가 형성된다. 서로 신뢰하게 될 때 "편안함과 든든함 등 긍정적 정서 경험을, 반면에 상대를 불신하는 경우에는 분노와 슬픔, 불쾌함, 의심 등 [자신이 믿지 못하는] 사람에 대한 부정적 정서 경험"[34]을 가지게 된다. 서로 신뢰할 때 인간은 가까워질 수 있고, 그때 비로소 기업 활동도

---

[32] 신지숙, "사회공헌활동을 통한 삼성의 사회적 책임 활동에 대한 사적 고찰", 「경영 사학」 50(2009), 9.
[33] 이것에 대해서는 최상진·김기범·강오순·김지영·김양하, "한국문화에서 대인관계 신뢰-불신의 기반과 심리적 기능에 대한 문화심리학적 분석", 「사회문제」 11(2005년), (1-20), 특히 2-6을 참조하라.
[34] 이것에 대해서는 최상진 외, 「사회문제」(2005년), 14를 참조하라.

원활하게 되고 서로 협력할 수 있다. 긴장 관계 속에서 서로 대립할 때, 신뢰 관계는 이루어지지 않는다. 끝없는 대립과 반목으로 피곤한 관계를 형성하게 된다. 이런 관계 속에서는 좀처럼 행복에 이를 수가 없다.

예술 세계에서도 정직한 신뢰가 있을 때라야 독자들에게 깊은 감동을 선물한다. 「미술 세계」는 박영동 화가의 작품 세계를 다음과 같이 묘사한다.

> 박영동은 그의 작품에서 너무나 깊은 신뢰를 주었다. 있는 그대로의 표현, 그것은 정직성이 잉태시킨 또 하나의 용기 같은 것이다.[35]

더욱이 법치 사회에서 사회적 신뢰 관계가 무너지면, 정직이 유지될 수 없고, 그때 사회가 올바르게 유지될 수 없다. 그러므로 신뢰가 유지될 수 있는 "사회적 환경"[36]을 만드는 일에 사회복지학도 관심을 가져야 할 것이다.

8) 인내, 희망과 도전

우리 사회가 너무 출세 지향적인 구조가 되지 않도록 하기 위한 사회 여건 조성이 필요하다. 플라톤은 다음과 같이 말했다.

> 지혜, 용기, 전체가 조화될 때 정의가 실현되고 만인의 행복을 보장하는 이상 국가가 이루어질 수 있다.[37]

---

[35] 미술 세계 편집부, "전시 하일라이트/박영동 개인전(예지 화랑 11.28~12.5). '정직한 변화가 주는 신뢰성 外'", 「미술 세계」 통권 28호(1987.1), 131.
[36] 박종민, 김왕식, "한국에서 사회 신뢰의 생성 - 시민사회와 국가 제도의 역할", 「한국정치학회보」 40/2(2006.6), 166.
[37] http://k.daum.net/qna/openknowledge/view.html?category_id=QJ&qid=2eld-L&q=(2012. 3.17 접속).

플라톤의 말에 따르면 행복은 개체의 것에서 시작되는 것일 뿐만 아니라, 국가적이고 사회적인 집합체 속에서 연합되고 조화되는 데서 이루어지는 것으로 볼 수 있다. 플라톤이 지향하는 이상국가는 철학자가 통치자로 일하는 국가이다. 플라톤은 철학자를 이상적 통치자로 묘사하면서 이러한 통치자 아래서 이루어지는 조화를 통해 행복이 보장되는 것으로 본다.[38]

히말라야 14좌를 완등한 엄홍길 대장은 자신의 히말라야 14좌 완등 도전기를 이야기하며 다음과 같은 말로 위기 앞에 주저앉지 말고 도전할 것을 역설한다.

> 히말라야를 잊을 수 없고 떠날 수도 없다. 고난을 통과해야만 위대해진다. 위기보다 더 좋은 기회는 없다. 힘찬 도전을 하시길 바란다.[39]

위기와 고난 속에서 도전을 통해 인간은 분명한 인생살이의 목표를 가지게 되고 자신의 신념을 강하게 할 수 있다. 위기는 인간을 주저앉힐 수도 있지만, 위기를 일생일대의 도전 기회로 삼을 때, 그 위기를 극복할 수 있고 도리어 그것을 도약의 기회로 삼을 수 있다.

위기 앞에서 도전하지 않으면 어떤 것도 이룰 수 없다. 그러므로 도전은 인간을 새로운 단계로 나아가도록 하는 또 다른 하나의 기회이다. 도전의 가치를 인식하고 그것을 기회로 선용하기 위한 용기가 요구된다. 위기 앞에서 도전은 좌절과 절망에서 탈출하는 절체절명(絶體絶命)의 기회로 삼아야 앞으로 나아갈 수 있다. 이런 점에서 도전은 행복을 산출하는 기회이기도 하다. 도전은 고난과 위기 속에서 인내하고 희망을 품은 사람이 취할

---

[38] 플라톤이 의미하는 철학자와 그를 통한 이상정치에 대해서는 Platon, *Politeia*. 플라톤/최현 역, 『플라톤의 국가론』(2007), 256을 보라.

[39] http://kr.news.yahoo.com/sports/golf/view?aid=2010090820531261001&from=rank; - [연합뉴스] 2010년 09월 08일(2012. 3. 17 접속).

수 있는 위대한 행동이다.

"인내는 쓰나 그 열매는 달다"라는 속담이나, "인내는 연단을, 연단은 소망을 이루는 줄 앎이로다"(롬 5:4)라고 한 바울의 인내에 대한 가르침은 희망을 향해 부단히 나아가는 사람에게는 위기에서 탈출하는 해결의 길이 열리게 된다는 희망을 품게 한다. 꿈꾸지 않는 자는 결코 아무것도 이룰 수 없다. 마찬가지로 행복도 희망처럼 가꾸고 기대해야 한다. 인내로 참고 열심히 일하면서 찾고 구해야 행복도 온다. 세상에서 누리는 대부분의 행복은 그저 주어진 행복을 누리는 것이 아니라, 힘써 일하고 구하고 찾는 행복이다. 예수님은 제자들에게 구하고 찾고 두드리는 기도에 대해 교훈하셨다(참조. 마 7:7-8). 예수님의 이 교훈은 위기 앞에서 자신을 독려하고 도전할 것을 가르치는 교훈이다.

> 그러므로 하나님의 뜻대로 고난을 받는 자들은 또한 선을 행하는 가운데에 그 영혼을 미쁘신 창조주께 의탁할지어다(벧전 4:19).

베드로의 이 교훈도 위기 앞에서 주저앉지 말고 도전할 것을 가르친다. 도전은 창조자를 찾고 의탁하는 가운데, 선을 행하는 것으로 나타난다. 인간이 살아가는 삶의 현장에는 아무도 원하지 않지만, 무수한 위기와 고난이 찾아온다. 이러한 고난과 위기 앞에서 포기하고 절망할 수도 있지만 길을 찾고 인내하고 희망을 품고 도전하는 가운데 피할 길을 찾게 된다. 이런 점에서 인간의 삶은 인내하는 가운데 희망을 찾고 도전하는 여정이다.

그러므로 포기할 수밖에 없는 절망적 환경 속에 처한 삶 속에서라도 희망을 찾아야 한다. 그것은 희망을 찾을 수 없고, 희망이 사라진 곳에는 행복도 없기 때문이다. 이런 의미에서 본다면 인간의 행복을 위한 한 분야를 담당하는 사회복지학은 사회적 약자를 위한 방편을 생각하고, 어떤 난관 앞에서 좌절하고 낙심하는 것이 아니라, 새로운 희망으로 인내하고 도전하는 길로 안내하는 역할을 다해야 할 것이다.

9) 종교

플라톤은 다음과 같이 행복에 대해 말한다.

> 행복은 선(善)을 나의 것으로 함으로써 얻는 것이며, 선의 내용은 영원성에 있다. 사람이 사람답게 살기 위해서는 '물질에서만이 아니고, 지혜의 눈을 멀리 떠서 과학적 진리, 도덕의 착함, 예술의 아름다움, 종교의 거룩함 같은 정신적 가치를 이해하여 이것을 가지고 진정한 행복을 느끼는 것이다.'[40] 그러므로 우리가 영원히 지닐 수 없는 것에 마음이 이끌려서는 안 된다.[41]

눈에 보이는 일시적인 것에 마음을 쏟다 보면 눈앞에 전개되는 것에 온통 마음을 빼앗겨 버리게 된다. 그런데 눈에 보이는 것은 일시적인 것으로 언젠가 사라진다. 그러나 영원한 것은 변치 않는 것으로 영원한 가치를 가진다. 영원한 존재가 될 수 없는 인간은 눈에 보이는 것에만 몰두하게 될 때, 참된 것에 관심을 둘 수 없다. 사람은 자신이 마음을 쏟는 것에 가치를 두고 사는 존재이기 때문에 무엇을 생각하고 무엇에 가치를 두고 사는가 하는 것은 인간의 가치를 결정하는 중요한 요소이다.

『인간의 비극』에 대해 작가 머다치 임레(Madách Imre)는 "인간의 삶은 신이 만들어 놓은 제한된 공간 속에서 영위될 때 진정한 행복이 있으며, 그 공간을 넘어서는 순간 인간의 삶은 불행하고 실망으로 가득 차게 됨"을 말하면서 "복잡한 인간 삶의 공간들을 단순화하기 위해서는 신의 섭리에 순응하라"고 주장한다.[42]

---

[40] 박병호, "행복과 자유"(1982), 1.
[41] http://k.daum.net/qna/openknowledge/view.html?category_id=QJ&qid=2eld-L&q=(2012. 3. 17 접속).
[42] 유진일, 『『인간의 비극』에 나타난 문학적 공간의 구조와 의미", 외국문학연구 제39호 (2010. 8), (255-279), 276에서 재인용했다.

시간적 존재인 인간은 원래부터 제한되고 세상의 것에 얽매여 살 수밖에 없는 존재이기 때문에, 그렇게 사는 것이 습관이 되어 있고 그것이 자연스럽다. 그런데 시간 속에 있는 존재는 변하는 본질을 가진 존재이다. 시간 속에는 불변의 진리가 존재하지 않는다. 시간 속에서 살아가는 존재는 모두 변화되는 속성을 가지고 있다. 누가복음 7장 11-17절에 나오는 갈릴리에 있는 작은 도시 "나인"(Ναΐν)이란 도시 이름은 히브리어 '나임'(נעים)이란 말에서 유래하는데, 이 히브리어 '나임'은 '사랑스러운', '즐거운', 또는 '평안한'이란 뜻이다.[43]

그래서 '나인'성은 '즐거운' 도시 또는 '평안한' 도시 '행복한' 도시를 의미하게 된다. 누가복음 7장 11-17절에 나타나는 '나인'이란 도시를 통해 행복을 추구하는 인간 실존의 모습을 엿볼 수 있다. '행복한' 도시에 살지만, 인간에게 비극이 찾아오고 불행이 찾아오는 것에서 인간이 살아가는 세상의 현실적인 모습을 볼 수 있다. 여기에 아무도 예외가 없다. 그러나 시간적인 것에 예속되어 사는 존재는 영원을 향해 열려 있는 행복에 대한 길을 상실한 삶을 영위한다. 그것은 시간 속에 놓인 모든 존재는 상대적이고 변하게 마련이기 때문이다.

종교는 인간에게 영원한 가치 세계를 깨닫게 하고 참된 진리를 따라 살아가도록 안내한다. 그래서 종교적 귀의를 통해 인간은 행복의 궁극적 지향점을 향해 돌아서게 된다.[44] 종교적 귀의를 통해 세상으로부터 신에게로 돌아설 때라야 인간은 비로소 신을 이해하게 된다. 신에 대한 바른 이해는 인간의 근본적 절망과 공허를 이기도록 하는 무한한 힘을 공급받게 한다. 초기 그리스도교 철학자 아우구스티누스는 신에게 돌아서기까지는 인간에게 참 안식이 없다고 했다.[45]

---

[43] Horst Balz · Gerhard Schneider(hg.), ART. Naἰn. *EWNT* II (1981), 1122를 보라.
[44] 신득렬, "행복과 교육"(2000), 191을 보라.
[45] 성아구스띤 참회록 1권 1장; S. Aurelii Augustini, *Confessionum*, 어거스틴, 『고백록: 님 기림』(서울: 바오로 딸), 1965, 23을 참조하라.

행복을 찾기 위해 인간이 추구하는 여러 가지 사회적 접근이 인간에게 어느 정도의 행복을 채워 줄 수도 있다. 그러나 인간은 절망 앞에서 뼈가 시리도록 무력하고 연약한 존재라는 데서 인간의 한계가 드러난다.[46] 종교적인 접근에 대한 필요를 통해 근본적인 인간의 한계를 알게 되고, 인간 자신의 한계를 알 때 신의 능력을 인식하게 되고, 신에게 의탁함으로써 절망을 극복하게 되고 바른 행복을 추구할 수 있다.

신에게 자신을 의탁(依託)함으로 인간은 진정한 자아를 찾게 되고, 자아를 성찰함으로써 행복에 이를 수 있다. 이런 점에서 본다면 인간의 영혼 깊숙한 곳에 신을 향한 내면의 세계가 있다는 것을 인정하지 않을 수 없다. 인간의 행복에서 가장 중요한 핵심은 어떤 물질적인 것보다는 신의 영역에 함께 동참하는 것이다. 그러므로 법을 만드는 사람이나 그 법에 따라 정책을 집행하는 사람이나 모든 사람은 피조된 인간에 대한 이해와 아울러 신적 영역에 대한 이해가 필요하다.

이러한 일에 대한 국가와 사회의 관심과 제도적 장치가 필요하다. 그러나 어떤 종교에 대해 편향된 시각으로 정책을 집행한다면, 그것에 대한 반발로 다종교사회인 한국 사회에서는 소용돌이가 가중되는 분위기가 조성

---

[46] 행복을 전하는 전도사로 유명했던 어느 분은 생전에 '행복'과 '희망을 화두로 17권의 책을 저술하고 활발하게 희망을 잃고 살아가는 사람들에게 행복 메시지를 전달해 왔다. 그런데 평소의 자신의 말과는 반대로 그녀가 남편과 동반 자살을 택했다는 2010년 10월 7일 자 뉴스는 많은 사람에게 혼동을 일으켰다. 그 행복 전도사가 세상에 웃음을 주다가 남편과 함께 자살로 비참하게 생을 마감했다는 "이 사건을 접하고 어느 정신과 의사에게 지인이 전해 준 '너나 할 것 없는 우리 모두의 근원적인 무력함에 뼈가 시린다'란 말에서처럼 근본적으로 어쩔 수 없는 인간의 절망적인 상황을 생각하지 않을 수 없다. 인간은 너나 할 것 없이 행복과 고통 그리고 희망과 절망 사이에 있는 경계 선상에서 그때그때를 살아가는 나약한 존재이다. 이것이 인간 앞에 놓인 현실이다. … '우리가 사방으로 우겨 쌈을 당하여도 싸이지 아니하며 답답한 일을 당하여도 낙심하지 아니하며'(고후 4:8)라고 노래한 바울의 희망 노래를 부르자! 진정한 희망은 하늘로부터 오는 것이지 땅에 있는 것이 아니다." 배재욱, "우리가 가진 희망을 노래하자", 「기독신문」1790호(2010년 10월 13일 자), 24면을 참조하다. 온통 죽은 것 같은 대지 위에 봄이 되니 봄꽃들이 피고 군락을 이루는 것을 볼 수 있다. 희망은 정녕(丁寧) 어김없이 찾아 온다.

될 수 있다.⁴⁷ 인간을 잘못된 방향으로 가도록 하는 종교의 탈을 쓴 왜곡된 종교 사상에 대해서는 국가가 올바른 종교 정책으로 방향을 잡아 주고 선도하고 제한하는 정책적 장치가 필요할 것이다.

좋은 가정(家庭)의 중요한 한 가지 요소는 행복이다. 가족 간에 화목하고 사랑하고 사랑을 받는 가운데 큰 위로와 사회적 힘을 가질 수 있다. 이러한 이유로 종교는 먼저 각 개인을 위한 분명한 정체성과 삶의 목적을 말할 수 있어야 하고, 또 그들이 좋은 가정을 이루도록 지원하고 다양한 경로로 뒷받침해 주어야 한다. 종교는 사회의 가장 작은 단위인 가정을 중요성을 인식하고 배려하며 유익한 프로그램을 개발하여 가정이 건강하도록 이끌어야 할 것이다. 남을 행복하게 해 줄 수 있는 사람은 자신도 또한 행복하게 된다.

그러므로 가정 단위의 작은 공동체에서부터 자신의 존귀함을 인식하도록 서로를 배려하고 서로가 행복하도록 종교가 힘을 쏟아야 할 것이다. 나아가서 종교는 큰 단위인 국가를 위해 바른 조언과 방향을 제시해야 할 것이다. 그러나 국가와 종교는 각자의 위치에서 독립적 관계에서 때로는 긴장 관계로 때로는 협력관계로 일해야 할 것이다.⁴⁸

사회복지학이 종교적 이상을 가진다면 피상적이고 형식적인 틀에서 벗어날 수 있고, 이상(理想)을 더욱 바르게 할 수 있을 것이다. 그것은 종교가 추구하는 목표가 사회복지학의 이상을 더욱 완벽하게 이론적으로 근거

---

[47] 대구 지역의 불교테마공원 등에 대한 기독교계의 반발에 대해서는 http://www.kc-tusa.com/technote7/board.php?board=column&command=body&no=1033을 보고, 또 그것에 반대해 기독교의 운동에 대해 비판하는 것에 대해서는 http://bbs1.agora.media.daum.net/gaia/do/debate/read?bbsId=D109&articleId=385496(2012. 3. 17 접속)를 보라.

[48] 국가와 종교의 관계에 대해서는 Wolf Krötke, "Staat und Kirche in Deutschland Ihr gegenwärtiges Verhältnis auf dem Hintergrund der jüngeren deutschen Geschichte", 볼프 크뢰트케/배재욱 번역, "독일에서의 국가와 교회 - 현대 독일 역사를 배경으로한 오늘날의 관계", in:『서울노회 100주년(1907-2007) 기념 국제학술대회 논문집』(서울: 대한예수교장로회 서울노회 - 국제학술대회 준비위원회, 2007), 45-56을 참조하라.

를 제공하고 또 바른 방향으로 추진할 수 있도록 힘을 제공하기 때문이다. 그것은 이성적 판단도 어떤 일을 추진하는 데 중요한 요인이 되지만, 종교적 열심이 어떤 난관과 어려움도 감내할 힘을 제공하기 때문이다.

3. 인간 행복을 통해 성취하는 국가 경쟁력에 대한 기독교적 이해

다음 신문 보도는 한국인의 행복에 대한 인식의 중요성을 알게 한다.

> 서울대학교 사회발전연구소가 지난 1월 전국 20세 이상 남녀 1천2백 명을 대상으로 한 '2003년 한국 사회 국민의식과 가치관에 관한 조사 연구' 결과를 최근 발표했다. 이에 따르면 한국인은 현재 자신의 행복지수를 1백 점 만점에 66.5점으로 평가했다.[49]
> 행복한 삶의 조건으로 건강(70.2%)을 가장 중요한 것으로 생각하고 있으며, 경제적 풍요(11.1%), 배우자와의 사랑(6.5%), 신앙(5.2%), 직장 안정(2.8%), 자녀의 성공(2.6%) 순으로 여기고 있다.[50]

이 통계에 따르면 "월 소득별로 1백만 원 미만(52.2점)이 가장 행복지수가 낮고, 2백만 원 미만(62.9점), 4백만 원 미만(67.3점), 4백만 원 이상(70.7점) 등 소득이 높을수록 행복지수가 높은 것으로 나타나고 있어, 건강과 물질을 행복의 필수 조건으로 여기고 있다."[51] 우리 사회에서는 그때나 지금이나 이러한 인식은 크게 변하지 않은 듯하다.

그런데 이런 통계치와 다른 방향에서 행복을 보는 통계치도 있다. 1인

---

[49] http://www.pckworld.com/ news/articleView.html?idxno=2085; 고무송, "1분 묵상/ 행복지수", 「기독공보」2416호(2003년 05월 31일자) (2011.12.27 접속).
[50] 고무송, "1분 묵상/ 행복지수"에서 인용하다.
[51] 고무송, "1분 묵상/ 행복지수" 참조.

당 국민소득은 300달러에 불과하면서 인구밀도가 세계 최고인 세계 최빈국 중 한 곳인 방글라데시를 "영국의 런던정치경제대학교(LSE)는 1998년 행복공식을 만들어 나라별 행복지수를 산출해 [...] 행복지수 1위 국가로 꼽았다."[52] 이 나라는 하루에 천 원 남짓 버는 수입으로 살아가는 극빈층이 전체 인구의 약 40퍼센트에 달한다고 한다. 이런 면에서 본다면 인간의 행복이 반드시 빈부(貧富)와 비례하는 것은 아니라는 것을 알 수 있다.[53]

사람에게 행복한 마음이 없으면, 노동 능력이 떨어지고 공부의 능률도 떨어진다. 행복한 마음이 없는 사회는 그만큼 삭막하게 된다. 삭막한 사회 환경 속에서 행복을 꽃피우기가 어렵다. 이러한 의미에서 본다면 우리네 인생살이에서 행복한 마음을 가지고 산다는 것은 대단한 의미가 있다.

미래 사회와 국가의 경쟁력은 사람을 어떻게 키우고 활용하는가에 달렸다. 어떤 사업에서든지 사람이 가장 큰 자산이다.[54] 그러므로 사람을 키우고 그 가치를 개발할 때 능력을 배양할 수 있고, 그때 인류의 미래를 담보하게 된다. 그런데 가장 중요한 자산인 사람이 불행하다면, 그 사회는 경쟁력에서 뒤처지고 만다. 사람이 자기가 처한 자리에서 행복한 마음을 가지고 일하고 자기의 삶 자체에 대해서 만족할 때, 그 사회와 개인은 행복하고 건전하게 된다. 이런 면에서 본다면 행복을 추구하기 위해, 개인적 노력도 필요하지만 국가나 사회가 함께 행복을 추구하고 그것을 이루기 위해 노력해야 한다.

이처럼 행복에 대한 개인적 추구와 국가와 사회의 노력이 합력하여 선

---

52 http://news.donga.com/3/all/20051205/8253716/1 "강금실 여성인권대사의 인권여행 〈上〉, 방글라데시",「동아일보」(2009년 09월 30일) (2012. 3. 17 접속).
53 "강금실 여성인권대사의 인권여행 〈上〉, 방글라데시".
54 신지숙 "사회공헌활동을 통한 삼성의 사회적 책임 활동에 대한 사적 고찰"(2009), 10, 33, 35, 37을 참조하라. 위의 논문 63에서 신지숙은 삼성그룹 이건희 회장이 "'천재 한 사람이 10만 명을 먹여 살린다'라는 전제 아래 핵심 인력을 확보하거나 육성하는 인력 중시 경영을 했다. 책임과 권한을 동시에 부여하고" 투자 결정을 과감히 행하였다는 것을 지적한다. 이런 이해 속에서 본다면 사람에게 어떤 가치를 부여하고 평가하는가 하는 문제는 그가 속한 사회의 가치를 어떻게 보는가에 따라 중요하게 작용한다.

한 방향으로 진행되리라는 희망을 보게 된다. 이러한 논리는 세상의 문화가 인간에 의해 조성되고 발전되어 온 과정을 통해 조망해 볼 수 있다.

토인비(Arnold Joseph Toynbee, 1889-1975)는 자신의 대표작 『역사의 연구』에서 역사를 "도전과 응전의 원리"로 보고 "역사의 발전은 주체에 대한 도전이 들어올 때, 주체가 그에 대한 응전을 보임으로써 이루어진다"라고 말한다.[55] 역사의 발전 과정에서 인간은 늘 그 중심에서 능동적으로 일해 왔던 존재이다.[56] 이러한 사실은 그만큼 역사의 현장에서 인간이 중심적일을 해 왔다는 말이다. 그런데 이러한 인간 중심의 세계관은 한편으로 인간을 강조하는 견해에서는 맞는 개념일지도 모른다.

하지만 어느 인간 사회이든지 간에 인간 역사에서 신이 차지하는 영역을 전제하지 않으면 안 될 것이다. 그 이유는 인간의 힘이 미치지 않는 영역에서 사람들은 신을 찾고 신의 섭리에 호응하는 것을 볼 때, 인간 역사 속에 신의 영역이 분명히 존재한다는 것을 인정하지 않을 수 없기 때문이다.[57] 그래서 신의 뜻을 헤아리고 신의 뜻에 따라 호응하고자 하는 인간 행동이 인간 역사 속에 문화를 이루었다는 것을 전제하지 않으면, 무언가 중요한 부분을 잃고 말 것이다. 이런 면에서 인간의 행복을 위해 신의 영역을 전제하고 신의 뜻을 구하는 가운데 인간의 참본질에 이를 수가 있다는

---

[55] 김동길, "토인비의 역사이해", 「사목」 통권 제36호(1974.11), 95-100; 강기철. "토인비의 역사 사상". 「기독교 사상」 제19권 제11호(통권 제210호, 1975. 12), 82-87을 참조하라. 그리고 http://blog.yes24.com/document/2248164(2012. 3. 17 접속)에서도 참조하다.

[56] 불트만(R. Bultmann)은 인간론을 신학의 실마리로 보고 있다. 이것에 대해서는 R. Bultmann, *Theologie des Neuen Testament*, (Tübingen: J. C. B. Mohr 1958), 192-226을 참조하라.

[57] http://www.munhwa.com/news/view.html?no=20100902010702320710002; 오애리. "호킹 박사 '우주는 神이 창조하지 않았다'. 새 책에서 '무신론'으로 입장 굳혀". ! 문화일보」 (2010년 09월 02) (2012. 3. 17 접속)에서 인용했다. "세계적인 이론 물리학자인 스티븐 호킹 박사가 최근 저서를 통해 '신이 우주를 창조하지 않았다'고 주장한 데 이어 '과학이 신을 불필요하게 할 것'이라는 의견을 내놔 논란을 불러일으켰다." 이러한 호킹의 주장은 자신의 과학적 이성에 따른 것이지만, 자신의 한계 안에서 판단하는 것이 신의 영역에 얼마나 깊이 인식했느냐는 사실과는 별개의 문제란 것을 보여 준다.

전제를 두어야 할 것이다.

인간은 누구나 신을 알기 전에는, 신을 오해하고 신을 제한하는 어리석음을 범할 수밖에 없는 한계 속에 사는 제한적 존재이다. 그래서 창조주를 기억함이 인간에게 가장 참된 행복의 길인 것을 말하는 성경은 인간 행복을 신과의 관련 속에서 찾는다. 잠언은 다음과 같이 말한다.

> 내가 그 곁에 있어서 창조자가 되어 날마다 그의 기뻐하신 바가 되었으며 항상 그 앞에서 즐거워하였다(잠 8:30).

신의 임재 속에서 인간은 지고(至高)의 기쁨을 느끼며 신의 기쁨에 동참하게 된다. 이때 피조물인 인간은 비로소 참된 행복을 누리게 된다. 이사야는 다음과 같이 말한다.

> 나는 여호와 너희의 거룩한 이요 이스라엘의 창조자요 너희의 왕이니라(사 43:15).

이사야는 신과 인간을 창조자와 피조물의 관계로 말한다. 그래서 피조물인 인간은 창조자를 기억해야 할 요구 앞에 서 있다.

> 너는 청년의 때에 너의 창조주를 기억하라 곧 곤고한 날이 이르기 전에, 나는 아무 낙이 없다고 할 해들이 가깝기 전에(전 12:1).

4. 결론

사람이 어려울 때 자신이 가진 희망이 실현되면 행복할 것이다. 오래 기다리던 어떤 희망이 실현될 때, 큰 행복감을 경험할 수 있다. 이 행복감은 단순히 좋다는 느낌과는 달리 큰 행복을 느끼는 상태이다. 행복은 주관적 가치로 평가할 수도 있다.[58] 하지만 사람은 미래에 대한 희망을 품을 때 삶의 의욕을 가지게 된다. 행복감은 자신이 좋아하는 것을 마음에 구체적으로 그려 보고 좋은 느낌이 들 때도 느낄 수 있다. 이런 면에서 행복은 자신의 마음을 바르게 지킬 때, 그리고 삶의 길에서 이웃과 좋은 대화를 나누고, 자신에게 주어진 일상의 삶을 기쁨으로 영위할 때 누리게 된다.

인간의 행복을 위해 국가와 자치 단체나 직장에서 행복한 마음으로 살 수 있도록, 사회복지학은 정책적인 면에서 뒷받침해야 할 것이다. 그리고 각자가 행복한 마음으로 일할 수 있도록 일과 삶에 대한 의미를 부여하고 각자에 대해 서로 존귀한 존재로 인정해 주는 배려가 있어야 할 것이다. 그 행복감은 단순히 자신이 좋아하는 것을 마음에 그려 보는 것으로도 얻을 수 있다. 그러나 인간이 느끼는 행복은 상황에 따라 변하고 시대에 따라 적용되는 것이 달라지기 때문에 행복을 이루는 다양한 조건들을 생각해야 할 것이다.

인간의 삶에 행복을 찾아 앞만 보고 달리면 될 것 같지만 가끔은 삶에도 쉼이 필요하다. 그 이유는 뒤돌아보지 않으면 놓치게 되는 무언가가 분명히 있기 때문이다. 남에게 친절하고 관대한 것은 뒤를 돌아보는 삶의 여유가 없이는 불가능하다. 이러한 삶의 여유를 통해 내 마음의 평화를 유지하는 길을 찾을 수 있다. 이웃을 돌아보는 마음의 여유는 진정한 행복을 우리에게 가져올 것이다. 그러한 여유를 통해 앞만 바라보고 달리면서 스쳐 지나간 것들도 가치가 있다는 것을 인식하게 되고 뒤돌아보는 것의 가치를 추구하게 하는 것이다. 스쳐 지나간 것들마저 때로는 놓치기에는 너무 소중한 가치가 있다.

---

[58] 행복은 주관적이란 논지에서 볼 때, 오늘날 선진국의 국민보다 빈국에 속하는 네팔 사람들의 행복지수가 높다는 보도를 이해할 수 있다. 이런 점에서 볼 때 인간 행복은 무엇을 가졌느냐는 잣대로만 관찰할 것이 아니라, 어떤 사정을 어떻게 받아들이느냐에 따라 다르다는 것을 알 수 있다. 그리고 행복은 물질적인 것에만 국한되는 것이 아니란 사실을 인정해야 할 것이다.

물질도 인간 행복의 한 축일 수 있지만, 그것으로 인간의 완벽한 행복을 찾을 수는 없을 것이다. 이 땅에서 권력의 극치, 부의 극치에 이르렀던 사람들도 진정한 행복을 찾지 못하고 종교에 귀의함을 통해 마음의 안정과 행복을 얻게 된다. 이런 사실은 종교가 차지하는 영역을 반드시 전제해야 함을 보여 준다. 이런 점에서 보면 기독교 사회복지학은 신을 이해하고 나아가 인간을 이해하여, 인간이 신을 받아들이고 신에게 동참하는 인생을 살아가도록 하는 정책을 제공하는 데 중요한 가치를 가지게 될 것이다.

여기에서 사회복지학이 추구하는 본질적 의미를 찾아야 할 것이다. 그리고 사회복지학은 인간 세상의 아픔을 통해 발견하는 인생의 참의미와 행복의 의미를 혼자만 누리는 것이 아니라, 함께 극복하고 함께 누리도록 동기를 부여하고 동력을 제공해야 할 것이다. 이 역할을 감당하는 데서 사회복지학은 자신의 고유한 역할을 바르게 지키게 된다.

참고 문헌

강기철. "토인비의 역사 사상". 「기독교 사상」 제19권 제11호(통권 제210호, 1975. 12), 82-87.
권선영·이선필. "고대 그리스 윤리학에서 행복 개념 - 플라톤을 중심으로". 「초등도덕 교육」 31(2009), 265-292.
김동길. "토인비의 역사이해". 「사목」 통권 제36호(1974.11), 95-100.
김상환. "욕망과 행복, 헤겔의 '불행한 의식'과 인문적 주체의 역설". 「철학사상」 36(2010), 33-84.
김용찬. "아리스토텔레스의 윤리 및 정치철학에 관한 고찰". 「한국정치학회보」 제33집 제2호(1999.10), 9-28.
羅禎源. "플라톤의 政治體制理論". 「한국정치학회보」 22/1(1988), 9-22.
미술 세계 편집부. "전시 하이라이트/박영동 개인전(예지화랑 11.28-12.5). '정직한 변화가 주는 신뢰성 外'". 「미술세계」 통권 28호(1987.1), 131-133.
박병호. "행복과 자유". 「나라사랑」 제44집(1982), 1.
朴恩正. "정의론의 인간학적 기초". 「社會科學論集」 3(1983), 45-60.
박종민·김왕식. "한국에서 사회 신뢰의 생성 - 시민사회와 국가 제도의 역할". 「한국 정치학회보」 40/2(2006.6), 5-273.
배재욱. "2010.08.31 영남신학대학교 개강예배설교. '행복에 대하여'(누가복음 7:11-17)". 「영신학보」 제123호(2010.9.30.[목]), 3.

_____. "우리가 가진 희망을 노래하자". 「기독신문」 1790호(2010년 10월 13일 자), 24.
_____. "행복의 사회적 조건에 대한 사회복지학적인 이해." 「교회와 사회복지」 제5호 (2012), 1-28.
송유진. "루소의 교육과 아동의 행복:『에밀』: 제2권을 중심으로". 「교육 철학」 36(2008), 93-116.
신득렬. "행복과 교육". 「교육 철학」 18(2000), 191-208.
신지숙. "사회공헌활동을 통한 삼성의 사회적 책임 활동에 대한 사적 고찰". 「경영사학」 50(2009), 9-43.
오인탁. "플라톤의 '폴리테이아'의 교육 이념·정의". 「延世論叢」 29/1(1993), 51-75.
유진일. "『인간의 비극』에 나타난 문학적 공간의 구조와 의미". 「외국문학연구」 제39호 (2010. 8), 255-279.
이도걸. "아우구스티누스 사상에 나타난 '하느님 소유'(Deum habere)와 '행복'의 관계에 관한 연구. '행복한 삶'(De Beata Vita)을 중심으로". 수원가톨릭대학교 대학원 석사학위 논문(2009).
이정호. "소은(素隱) 박홍규 교수 정년퇴임 특집호. 플라톤의 대화편 폴리테이아 1의 분석". 「哲學論究」(Philosophical forum) 12(1984), 43-58.
이지선·김민영·서은국. "한국인의 행복과 복: 유사점과 차이점". 「한국심리학회지 사회 및 성격」 18/3(2004), 115-125.
정용교·백승대. "사회과 행복 교육의 요청과 실천". 「교과교육학연구」 14/2(2010), 335-356.
최상진·김기범·강오순·김지영·김양하. "한국문화에서 대인관계 신뢰-불신의 기반과 심리적 기능에 대한 문화심리학적 분석". 「사회문제」 11(2005년), 1-20.
Augustini, S. Aurelii. *Confessionum*, 어거스틴/최민순 역.『고백록: 님기림』. 서울: 바오로 딸, 1965.
Balz, Horst · Schneider, Gerhard(hg.). ART. Nai⟨n. *EWNT* II(1981), 1122.
Bultmann, R. *Theologie des Neuen Testament*. Tübingen: J. C. B. Mohr, 1958
Krötke, Wolf. "Staat und Kirche in Deutschland Ihr gegenwärtiges Verhältnis auf dem Hintergrund der jüngeren deutschen Geschichte". 크로트케, 볼프/배재욱 번역. "독일에서의 국가와 교회 - 현대 독일 역사를 배경으로 한 오늘날의 관계". in:『서울노회 100주년(1907-2007) 기념 국제학술대회 논문집』. 서울: 대한예수교장로회 서울노회 국제학술대회 준비위원회, 2007, 45-56.
Normann, R. *The Moral Philosophers*; 안상헌 역.『윤리학 강의』. 서울: 문원, 1994.
Platon. *Politeia*. 플라톤/ 최현 역.『플라톤의 국가론』. 파주: 집문당, 2007.
http://www.pckworld.com/news/articleView.html?idxno=2085; 고무송. "1분 묵상/행복지수". 「기독공보」 2416호(2003년 5월 31일자). (2011.12.27 접속).
http://www.mokhoeja.co.kr; 배재욱. "길을 물으면서." 「목회자신문」(2010년 10월 11일). (2010. 10.15 접속).
http://kr.news.yahoo.com/sports/golf/view?aid=2010090820531261001&from=rank; 「연합뉴스」(2010년 09월 08). (2011.12.27 접속).
http://news.donga.com/3/all/20051205/8253716/1; 정효진 기자. "강금실 여성인권대사의 인권여행 〈上〉. 방글라데시". 「동아일보」(2009년 09월 30일) (2012. 3. 17 접속).
http://news.msn.co.kr/article/read.html?cate_code=1400&article_id=201009121018051004&pos=internation2. (2011.12.29 접속).
http://www.munhwa.com/news/view.html?no=20100902010702320071002. (2011.12.29 접속).

제2부 | 삶에 대한 희망, 용기 그리고 묵상의 순례길: 수도원 탐방

제1장 하이델베르그(Heidelberg)
베네딕토 수도원

제2장 뮌스터슈바르차흐 수도원
(Abtei Münsterschwarzach)

제3장 독일 안덱스(Andechs)
베네딕토 수도원

제2부 "삶에 대한 희망, 용기 그리고 묵상의 순례길에서", 제1장 "하이델베르그(Heidelberg) 베네딕토 수도원", 제2장 "뮌스터슈바르차흐 수도원(Abtei Münsterschwarzach)" 그리고 제3장 "독일 안덱스(Andechs) 베네딕토 수도원"에 관한 기행문 원고를 작성하였다.

필자가 연구년 동안 살았던 튀빙엔과 멀지 않은 곳에 있었던 가톨릭 수도원 세 곳을 먼저 방문하여 수도원에 관한 기행문을 세 번 작성하여 투고했다. 나중에는 튀빙엔에서 조금 멀리 떨어진 개신교 수도원도 여러 곳 방문하여 사진도 찍고, 수도사들과 인터뷰를 하고, 메모도 남겨 두면서 기행문을 쓸 준비를 하였지만, 「영성을 살다」란 정기간행물의 편집 방침이 변경되어 더 이상 원고 투고를 할 수 없어 당시에 개신교 수도원 방문에 관한 기행문을 쓰지 못하였다.

당시에 기행문을 작성하지 못하는 바람에, 벌써 시간이 10여 년이나 지난 지금에서야 개신교 수도원을 방문한 메모를 찾아 원고 정리를 시도했지만, 외국을 다니며 쓴 10여년전 메모를 찾을 수 없었고, 글 쓸 시기를 놓쳐, 지금은 더 이상 기억도 희미하여 개신교 수도원을 방문한 기행문 원고를 쓰지 못하여 이곳에 함께 싣지 못하는 아쉬움이 크다.

제1장

하이델베르그(Heidelberg) 베네딕토 수도원[1]

  2014년 9월부터 2015년 8월까지 1년간 독일에서 보냈던 연구년 동안 주어진 연구 과제를 시행하면서, 틈틈이 독일 교회와 신학대학 그리고 수도원을 방문하면서 독일이란 나라에서 그리스도교가 어떤 의미가 있는지에 대해 찾아보고, 스스로 만든 질문에 대한 답을 찾고자 노력하고 있던 차에 영성신학연구소 소장 유재경 교수가 국제 전화로 연구년 동안 무엇을 하고 있는지 질문을 했다.

  연구년 동안 『정류 이상근의 생애와 사상』을 집필을 하면서 머리도 식힐 겸, 독일 튀빙엔 주위에 있는 수도원을 찾아간다고 하니 "잘되었습니다. 안 그래도 유럽에 가신 김에 수도원에 대한 기행문을 써서 보내 주시도록 부탁하기 위하여 전화했습니다."라고 하면서 독일 수도원 기행문에 대한 원고 청탁을 했다. 그는 독일 수도원에 대한 기행문을 몇 편 작성하여 보내 주면, 「영성을 살다」란 정기 간행물의 독자들에게 좋은 삶의 길이 될 수 있겠다고 하면서 원고를 청탁했다.

  그동안 몇 가지 이유로 내가 체류하던 남부 독일의 작은 도시 튀빙엔(Tübingen) 근처의 교회와 신학대학 그리고 수도원을 방문했다. 그런데, 쉽

---

1 배재욱, "하이델베르그(Heidelberg) 베네딕토 수도원. 수도원 탐방," 「영성을 살다」 2015년 상반기 통권 3호(2015.06.12), 108-117을 수정, 보완했다.

을 위해 찾아가는 것과 글을 쓰기 위해 방문하고 글을 쓰는 것은 차이가 있다. 글을 쓰기 위해서, 좀 더 넓은 지역으로 발걸음을 옮길 기회를 찾게 되었다. 필자가 연구년 동안 과제로 가져온 『정류 이상근 박사의 생애와 사상』을 집필하면서 그의 신학에 나타나는 핵심 사상과 신학 단초(端初)가 무엇인가를 골몰하고 있었다. 그가 설교할 때 칼빈을 자주 언급하면서 동시에 루터와 독일 경건주의도 자주 언급한 것이 생각났다.

정류의 자서전[2]을 다시 읽으면서 정류가 안식년 동안 독일 하이델베르그(Heidelberg)에 두 달가량 체재(滯在)했던 사실을 알게 되었다[3]. 필자의 여건상 그곳에서 두 달 동안 머물 형편은 되지 않아 한 달 정도라도 그곳에 머무르면서 정류가 그곳에서 지낼 때, 무엇을 보았고, 무엇을 생각했을까 고민하면서 정리하는 중에 유재경 교수의 원고 청탁을 받았다.

필자는 그간 독일에서 산 햇수가 좀 되어 독일 교회와 신학대학이 낯설 지는 않았지만, 그 당시에는 해야 할 공부가 너무 방대해 수도원에 관해서는 관심을 두고 살 여유를 가질 수 없었다. 그래서 수도원에 대하여 별로 아는 것이 없었기에, 그런 낯선 상황에서 글을 쓴다는 사실이 좀 막막하기도 했다. 그런데 수도원은 독일 교회와 사회를 이해하기 위해 넘어가야 할 과제이기에 이 기회에 수도원에 대해 공부해야겠다고 생각했다. 또 수도원에 대하여 아는 것이 독일 교회와 신학을 이해하는 데 도움이 될 것 같아 글을 쓰기로 했다.

수도원에 대한 원고 청탁을 받은 후 슈투트가르트(Stuttgart) 인근에는 지금도 수도원으로 사용되는 개신교 수도원이 있다는 말을 듣고, 찾아갔다. 그런데 그곳은 이미 오래전부터 수도원 용도로는 사용되지 않고, 학교와 지역 교회로 사용되고 있었다. 하이델베르그에서 신학을 공부하는 한국 신학생에게 문의하니, 그 수도원에서 시행하는 수업도 들었다고 하면

---

2 이상근, 『등대가 있는 외딴 섬』(서울: 두란노, 2002).
3 이상근, 『등대가 있는 외딴 섬』, 151.

서 그곳은 개신교 수도원이 맞다고 장담했다. 하긴 하이델베르그는 개신교 도시이고, 하에델베르그에는 개신교 신학대학만 있다. 그런 이유로 그 말이 맞으리라 생각하면서 그곳으로 찾아갔다. 그런데 그 수도원 중앙에 자리 잡은 수도원의 교회에 들어가니 예배당 안에 가톨릭교회용 찬송가가 비치된 것을 보고 그 수도원이 가톨릭 수도원인 것을 알게 되었다.

그래서 원고 제출일도 촉박하여 지금은 수도원 용도로 사용되지 않지만, 옛날에는 수도원 용도로 사용된 것을 「영성을 살다」 편집진에게 보고하면서 어떻게 하면 좋을지 상의하니, 개신교 수도원이든지 가톨릭 수도원이든지, 수도원으로 사용되었던 곳에 대해 집필하길 바란다는 말을 전해 듣고, 개신교 수도원을 먼저 쓰고 싶었던 희망을 접고, 원고 제출일에 글을 보내기 위하여, 방문한, 수도원 중에서 한곳을 「영성을 살다」의 편집 의도에 따라 집필하는 것으로 방향을 잡았다.

1. 수도원 기원과 역사

이 수도원은 1130년에 니벤부르그(Niwenburg)에 로르슈 수도원(Abtei Lorsch)의 분점으로 설립되었다가 나중에 베네딕트파(Benediktinerorden)의 남자 수도원으로 다시 창립되었다. 1195년 팔츠의 백작(Pfalzgrafen)에 의해 베네딕트파 수녀들(Benediktinerinnen)의 수도원으로 전용(轉用, Umwandlung)되다가, 1232년에 로르슈 수도원의 모원이 해체되면서 마인츠 주교 교구에 이 수도원의 관할권이 이양되었다. 나중에는 보름스 주교 교구에 다시 이양되었다. 1460년에 이 수도원은 선제후(選帝侯, Kurfürst) 프리드리히 1세(Friedrich I)의 영향 아래 베네딕트 계율을 지키는 수도원이 되었다.

선제후령(選帝侯領) 팔츠의 주민들은 여섯 차례나 그들의 신앙을 바꾸지 않을 수 없었다. 선제후 루드비히 5세(1508~1544)는 종교 문제에 있어서 어느 쪽에도 속하지 않고 독자적 태도를 견지했던 에라스무스(Desiderius

Erasmus)처럼 중도적 태도를 보여 무리 없이 지냈다. 그를 이은 선제후 프리드리히 2세(1544~1556)는 종교개혁을 허용하고 개신교를 받아들였다.

16세기에 종교개혁의 여파로 수녀(Nonne Klosterfrau, Klosterschwester)들이 수도원 문을 닫았다. 결국, 1562년 수녀원장 브리깃타 폰 팔츠-심머른(Brigitta von Pfalz-Simmern)의 사후 공식적으로 수녀원이 폐지되고 귀족층 미혼 여성들의 기숙사로 전용되었다.

프리드리히 2세의 뒤를 이은 오트하인리히(Ottheinrich, 1556~1559)는 자신의 영지를 개신교 화하여 영지 안에 있는 가톨릭 본당의 모든 신부를 추방하고 모든 교회에 루터교 목사들로 대치(代置)했다. 프리드리히 3세(1359~1576)는 그의 영지에서 칼빈의 교리를 따르고자 루터교 목사를 추방했을 뿐만 아니라, 1563년 칼빈파의 하이델베르크 요리문답을 제정하여 도입했다. 그 뒤 루드비히 6세(1576~1583)는 루터교를 다시 복구하고 칼빈의 교리를 따르는 개혁교회의 목사들을 모두 추방했다. 그러나 프리드리히 4세(1583~1610)는 팔츠에 다시 개혁교회를 받아들여 모든 교회를 개혁교회로 바꾸었다.

독일에서 벌어진 30년 전쟁은 팔츠에도 많은 변화를 가져왔다. 변화가 되풀이된 끝에 팔츠의 노이부르크 출신인 필립 빌헤름(1685~1690) 및 요한 빌헤름(1690~1716)이 통치했던 시대에는 팔츠가 다시 가톨릭 지방이 되었지만, 다른 교파 교회들이 배척되지는 않았다. 선제후 빌헬름(Johann Wilhelm)은 1706년 예수회 수도사(Jesuit)들에게 노이부르크 수도원을 넘겨주었다.

1926년에는 알렉산더 폰 베르누스(Alexander von Bernus)에 의해 노이부르크 수도원이 베네딕트파에게 팔리게 되었다. 제2차 세계대전 후 파괴된 노이부르크 수도원을 재건축했다. 그리고 2011년 7월 11일에 수도원 교회로 재편성되었다.

2. 이 수도원과 관련된 특이한 역사

독일 화가 에른스트 프리스(Ernst Fries)가 1830경 유화로 캔버스에 39 x 28 cm로 네카강과 노이부르그 수도원을 그린 그림이 팔츠선제후박물관에 전시되어 있다.

⟨네카강과 노이부르그 수도원(39 x 28 cm)-1830경 에른스트 프리스(Ernst Fries)⟩

독일 작곡가 카를 마리아 폰 베버(Carl Maria von Weber, 1786~1826)는 1810년 여름 하이델베르크 근처의 노이부르그 수도원에서 독일 전설을 담고 있는 책을 한 권 얻게 되었고, 그것에 기초하여 1817~1821년(정확한 연도는 부정확함) 오페라를 드레스덴에서 처음에 ⟨사냥꾼의 신부⟩(Die Jägerbraut, Im ganzen Vaterland)라는 제목으로 작곡했다.

카를 마리아 폰 베버가 작곡한 ⟨사냥꾼의 신부⟩는 나중에 제목을 ⟨마탄의 사수⟩('魔彈의 射手', 'Der Freischütz' J. 277)로 바꾸었는데, 이 오페라는 독일의 옛 전설을 바탕으로 한 3막짜리 오페라이다. 베버의 이 오페라는 독일에서 최초로 작곡한 낭만주의적 분위기의 오페라로 젊은 바그너에게 많은 영향을 끼쳤다. 이 오페라의 첫 연주는 1821년 6월 18일 베를린의 '콘

체르트하우스 베를린'(구 Schauspielhaus Berlin)에서 베버 자신의 지휘로 연주되었다.

노이부르그(Neuburg) 베네딕토 수도원은 자연 친화적인 여러 가지 프로그램을 개발하여 지속해서 영육의 건강과 회복을 목표로 한다. 하이델베르크 교외에 있는 노이부르그 베네딕토 수도원은 라인강의 지류인 네카어강 변에 자리 잡고 있다. 그런데 네카강 서안에 있는 노이부르그 베네딕토 수도원의 남쪽으로 난 정문 앞에 우물이 하나 있다. 수도원 정문을 들어서면 수도원 본채로 들어가는 문과 수도원 별채로 들어가는 문이 각각 다른 방향에 놓여 있었다.

본채로 들어가는 문을 통해 안으로 들어서면 수도사들이 기거하는 건물과 수도원 교회 건물이 이어져 있지만, 들어가는 입구가 다르다. 수도사들이 기거하는 건물 안으로 방문객이 들어갈 수는 없다. 그렇지만 수도원 예배당 안으로 들어가는 문은 열려 있으므로, 많은 방문자가 노이부르그 베네딕토 수도원 방문한다. 필자가 수도원 예배당으로 들어 갔을 때, 자그마한 규모의 예배당의 분위기가 아담하면서도 경건하고 평안한 느낌이 들었다. 기도하기 위해 자리에 앉아 있는 동안에도 방문자들이 들어와 예배당 안을 둘러 보았다. 개신교 도시에 서 있는 가톨릭 수도원이란 개념이 쉽게 다가오지 않았지만 아무튼 역사는 역사이다.

예배당 안에 앉아 있는 한 시간여 동안, 이 예배당을 드나드는 이들이 어떤 마음으로 드나들고 있을까 하는 생각으로 묵상하는 시간을 가졌다. 하이델베르크 신앙고백서를 완성한 독일 개신교 신자들에게 하이델베르그는 중요한 도시이다. 이 도시에 서 있는 이 수도원이 어떻게 가톨릭 수도원이 되었으며, 개신교 신학대학의 수업을 어떻게 가톨릭 수도원인 이곳에서 시행하는지도 궁금했다.

수도원 게시판에는 개신교 신약학자인 게르트 타이센(Gerd Theissen) 교수의 강연 안내가 붙어 있었다. 독일에서 말틴 루터(Martin Luther, 1483~1546)로부터 시작된 종교개혁의 물결은 그동안 가톨릭교회의 폭력적 처사와 미신적 신앙 가르침에 침묵했던 독일 국민에게 많은 호응을 받아 루터의 가르침을 받아들여 개혁에 동참했다. 하지만 가톨릭교회의 대응도 만만찮았다.

독일에서 종교개혁 후 개신교회와 가톨릭교회 간에 오랜 전쟁이 있었다. 독일 국민들은 종교전쟁의 고통과 아픔을 오랫토록 겪었다. 오랫동안 개신교와 가톨릭이 전쟁하면서 많은 파괴와 죽음을 경험한 후 평화 협정이 체결되어, 오랜 종교전쟁이 표면적으로는 진정되었다. 하지만 오래도록 반복되었던 갈등은 크고 작은 다툼과 전쟁을 일으켰고, 그 상흔(傷痕)이 독일 역사에 얼룩져 있다.

그러는 동안 18세기부터 독일 교회는 서로 간 대화의 문을 열어 두고 서로의 존재를 인정하고 받아들이는 분위기로 바뀌어 갔다. 그런 분위기에서 개신교 신학대학의 수업을 가톨릭 수도원에서도 시행하고 가톨릭 수도원도 개신교 신학대학의 수업을 진행하도록 허락하는 것이 아닌가 하는 생각이 들었다.

그런 점에서 보면 노이부르그 베네딕토 수도원이 추구한 영성적 측면은 자신과 다른 이들을 받아들이고 인정하는 데 있다고 본다. 그렇다고 가톨릭 수도원인 노이부르그 베네딕토 수도원이 자신의 본질적 수도원 규칙을 버렸다고 생각하지는 않는다. 그 수도원 뒤편으로 넓은 정원이 언덕 위로 펼쳐져 있다. 그 정원은 노동을 신성시하는 수도자들이 노동하면서 그것을 통해 자신의 수도 분량을 채우고, 그 정원 사이로 난 작은 연못은 수도하는 이들의 마음을 비치는 거울마냥 조용하면서도 아주 명징(明澄)했다. 골짜기로 난 오솔길을 따라 걸으며 그 오솔길 가에 놓인 작은 연못 위에 맴돌다 저 멀리 하늘 위로 포롱포롱 날아가는 참새들을 따라 하늘 위로 향하던 눈길이 머무는 저 멀리 하늘 가에 놓인 먼 산 위의 구름 한 점이 눈에 들어왔다. 그때 다른 단어가 머리에 떠오르지 않았다. 단지 두 가지뿐!

'고향 같다!'

'정답다!'

오솔길을 돌아서 나오면, 수도원 가장자리에 찻집이 있어 차와 밥을 사 먹을 수 있다. 그 찻집을 운영하는 사람은 수도원의 수도사가 아니었다. 하지만 그 찻집이 수도원 가장자리 도로변에 있기에 어떻든 수도원과 관련되어 있다는 생각이 들었다.

3. 오늘날 우리가 본받아야 할 중세 신앙과 영성

하이델베르그(Heidelberg) 베네딕토 수도원은 하이델베르그 시내에서 조금 떨어진 교외에 있는 노이부르그(Neuburg)란 마을, 네카강(Neckar)변의 높다란 언덕 위에 서 있다. 하이델베르그에서 하일부론(Heibronn) 등지로 오가는 기차나, 시외버스를 타고 가다 보면 그 수도원이 눈에 들어온다.

이 수도원은 심신의 피로를 느끼고 찾아오는 이들을 위해 수도원 인근 산야(山野)와 삼림(森林) 속에서 산책하며 자신을 돌아보는 '숲 학교'(Waldschule) 등을 운영하여 휴가철에 청소년 프로그램, 가족 프로그램을 운영한다. 노이부르그(Neuburg) 베네딕토 수도원은 수도원 구성원들의 수도 생활을 위한 공동체이면서, 동시에 시민들의 회복, 휴식과 안식을 위한 공간을 제공한다는 점에서 독특한 영성을 추구하는 수도원이라고 생각되었다. 그런 점에서 보면 이 수도원의 특색은 생활 속 영성을 추구하는 수도원 공동체를 추구한다.

이런 점에서 이 수도원은 특별한 수도원이다. 중세의 무수한 풍파를 견디며 아픈 역사를 고이 간직하며 꿋꿋하게 그 자리에 아직도 서 있는 이 수도원은 왜 그곳에 서 있는지, 이 땅에 서 있는 자신의 존재 가치가 무엇인지를 말하는 것 같았다.

심신이 피로하고 연약한 모든 이에게 쉼을 제공하고,
'삶의 자리'('Sitz im Leben')를 회복하도록 숙소를 제공하고,

휴식과 여유로움을 경험하도록 하는 이 수도원을
나그네가 찾아가는 이유가
그 수도원이 가지고 있는 아픔의 역사처럼 다양하리라고 본다.

[수도원 전경]

배재욱 사진 〈하이델베르그(Heidelberg) 베네딕토 수도원〉(2015)

제2부 제1장 하이델베르그(Heidelberg) 베네딕토 수도원   113

배재욱 사진 〈하이델베르그(Heidelberg) 베네딕토 수도원 예배당 현관〉(2015)

배재욱 사진 〈하이델베르그(Heidelberg) 베네딕토 수도원 예배당 현관 입구〉(2015)

[수도원 정원]

배재욱 사진 〈하이델베르그(Heidelberg) 베네딕토 수도원 정원〉(2015)

참고 문헌

배재욱. "하이델베르그(Heidelberg) 베네딕토 수도원. 수도원 탐방."「영성을 살다」2015년 상반기 통권 3호(2015.06.12), 108-117.
이상근.『등대가 있는 외딴 섬』. 서울: 두란노, 2002.

제2장

뮌스터슈바르차흐 수도원

(Abtei Münsterschwarzach)[1]

    뮌스터슈바르차흐(Münsterschwarzach)란 독일의 한적한 곳에 있는 베네틱트파 수도원인 뮌스터슈바르차흐 수도원(Abtei Münsterschwarzach)을 방문하고자 2015년 2월 2일 월요일에 길을 떠날 때, 계절은 아직 겨울의 모습을 벗어나지 못한 채 봄을 맞는 듯한 날씨였다.

    뮌스터슈바르차흐 수도원을 뉴른베르그-에어랑엔(Nurnberg-Erlangen)교회에서 목회하는 허승우 목사와 함께 하이델베르그에서 열리는 독일 선교사 수련회에 인사차 방문하러 가는 길에 들리기로 하고 에어랑엔에서 북쪽으로 방향을 정하고 출발했다. 출발할 때부터 비가 오락가락했다. 차가 고속도로에 진입했을 때부터 을씨년스럽게 비가 오다가, 햇빛이 나다가, 다시 눈이 오고, 다시 바람이 불고 날씨가 변덕을 부렸다. 독일에서 자주 경험했던 날씨였지만, 시시때때로 변하는 날씨가 사람의 마음을 움츠려들게 만든다. 그러나 이것이 세상의 모습이다.

    뷔르츠부르그(Würzburg) 인근의 고속도로 휴게소에서 점심을 먹고자 들렀을 때, 부르츠부르그 시내가 언덕 아래로 아름답게 펼쳐졌다. 뷔르츠부르그는 프랑켄 왕국이 개신교 지역이었을 때에도, 여전히 가톨릭 도시로

---

[1] 배재욱, "뮌스터슈바르차흐 수도원(Abtei Münsterschwarzach), 수도원 탐방," 「영성을 살다」 2015년 하반기 통권 4호(2015.11.16), 90-97을 수정 보완했다.

남아 있으면서 가톨릭을 신봉한 가톨릭 도시로 유명하다. 아름답게 펼쳐지는 저 도시에 아름다운 레지덴츠(Residenz)가 있고 가톨릭 신학부가 있다. 점심 식사 후 부지런히 길을 달려 뮌스터슈바르차흐에 도착했을 때 수도원 경내에 있는 김나지움(독일 중학교-고등학교 통합 과정의 학교)의 학생 몇몇이 점심을 먹은 후 휴식하느라 수도원을 빠져나오고 있었다. 오늘은 개신교 지역 안에서 섬처럼 가톨릭 지역으로 남아 있던 지역의 수도원을 개신교도 관점에서 바라보고 그것에서 배움을 찾고자 수도원을 찾았다.

1. 수도원 기원과 역사

독일에서 가장 중요한 수도원 중 하나인 뮌스터슈바르차흐 수도원은 기원후 78년경에 칼 대제(Karl Magnus)의 세 번째 부인인 파스트라다(Fastrada)에 의해 설립되었다. 그런데 이 수도원은 다른 유럽의 수도원처럼 폐쇄와 재건을 거듭하다가, 1803년 프랑스 군대를 이끌고 온 나폴레옹 보나파르트(Napoleon Bonaparte)에 의해 마지막으로 폐쇄되었다가 1913년 베네딕토 수도회에 의해 재건되어 지금까지 존속하며 독일 가톨릭교회의 영적 중심지로 사랑을 받고 있다.

2. 수도원이 추구하는 영성

수도원 운동의 기원은 예수님의 '광야 기도'(마 4:1-11)에서 그 기원을 찾을 수 있을 것이다. 바울도 예수님의 부름을 받은 후 먼저 아라비아 광야로 나가서 그곳에서 생활했다(참조. 갈 1:11-17). 사막의 교부들은 예수의 광야 생활과 바울의 광야 생활을 기억하고 그것에서 가르침을 찾고자 사막에 은둔하여 평생을 살며 그리스도의 가르침을 실행했다. 이러한 모습을 기억하는 그리스도인들은 그리스도의 가르침을 다시 기억하고 그 가르침을 따르고자 자신을 돌아보며 몸과 마음을 낮추었다. 수도원 운동이 가지고 있는 단점도 여럿 있겠지만, 그 단점 때문에 개신교가 수도원 운동을 도외시했던 것이 너무 많은 것을 잃은 것은 아닐까 생각된다.

이런 점에서 보면 현시대에 개신교가 수도원 운동을 우리의 것으로 새롭게 이해하고 우리 한국 교회에 맞게 적용하여 접목한다면 많은 것을 되찾는 계기가 되지 않을까 생각된다. 종교개혁자들이 활동했던 그 시대와 다르게 지금 시대는 세속주의 물결이 걷잡을 수 없을 정도로 교회로 밀려들고, 신자들의 신앙이 위협받는 시대이다. 이 시대 가운데서 그리스도인들이 어떻게 하면 굳건하게 살아갈 수 있을까에 대한 질문 속에서 순수한 신앙자로 살아 가는 것에 대해 강한 도전을 받고 있다.

독일 수도원을 기행하면서 보니, 독일 사람들은 공휴일이나 휴가철에 가족들과 수도원을 방문하거나 또는 그 인근에 방을 잡거나 텐트를 치고 잠깐이라도 수도원과 연결된 삶을 살며 여유를 누리고자 하는 것을 자주 볼 수 있다.

그들은 수도원을 방문하기 위해 오가는 시간 동안과 수도원 방문과 그곳에서의 예배와 기도를 통해 자신을 돌아보는 시간을 가진다. 잠깐의 시간이지만, 자신의 근본과 삶의 자리를 돌아보고자 하는 이러한 시도들이 인간의 마음을 새롭게 하는 변화를 가져오는 것 같다. 그리고 가족과의 동행을 통해 가족의 연대를 더욱 돈독히 하게 된다.

뮌스터슈바르차흐 수도원은 이 수도원 운동의 창시자인 베네딕투스(Benedictus)가 세운 교훈에 따라 수도자들에게 요구되는 독신(獨身, Ehelosigkeit)[2], 청빈(淸貧, Armut), 순명(順命, Gehorsam), 항구적 불변(不變, Beständigkeit)이라는 덕목들을 중시한다.[3]

---

2   독신은 수도원에서 순결(純潔)의 의미로 이해된다.
3   이것에 대해서는 뮌스터슈바르차흐 수도원(Abtei Münsterschwarzach)의 홈페이지인 http://www.abtei-muensterschwarzach.de/kloster/index.html/ehelosigkeit-ar-

수도사들은 평생을 독신으로 순결하게 살고자 하는 서약을 한 후 수도자로 살아가는 공동체의 일원으로 하나님께 드리는 예배 위에, 청빈하게 삶을 살면서 순명(順命)의 도를 지키고 충성을 굳게 지키고자 한다. 청빈에는 예수님이 산상보훈에서 말씀하신 가난(참조. 마 5:3)의 의미를 바르게 이해하고 지키고자 하는 수도원의 정신이 깃들어 있다.

> 광야의 금욕가들은 가난하게 살기는 했지만, 어느 정도 가난해야 하는가의 문제는, 즉 가난의 정도와 범위를 스스로 결정했다.[4]

수도원에서 살아가는 수도자들은 공동생활을 영위하기 때문에 "어떤 재산을 임의로 사용할 권한이 없다는 의미에서, 일상적 삶에 필요한 물건의 사용을 자의적으로 사용할 수 없다는 의미에서 가난하다."[5] 하나님이 "내 백성아 내 말을 들으라 이스라엘아 내 도를 따르라"(시 81:13)라고 말씀하셨고, 예수님도 "너는 나를 따르라"(마 8:22)라고 말씀하시며 제자를 부르셨다. 뒤를 따름이 강압이 아닐 때 그것은 자유이다. 자유가 없이 따라가는 행위는 굴욕이다.

그러나 부름을 듣고 스스로 결정하고 따라가는 행위는 자유이고, 그 자유로움 가운데 따르게 되면 어떤 상황에서든 기쁨을 누린다. 그래서 순명(順命)은 강압적인 어떤 것이 아닌 자신의 자유로운 선택에 의한 따름이다. 순명은 그래서 굴종(屈從)이 아니라, 자유로움 가운데 따르는 것이므로 아름답고 거룩하다. 항구적 불변(Beständigkeit)은 신앙의 중요한 덕목으로 하나님의 증인으로서, 세속적인 물질문화에 항거하며 하나님께 대한 충성으

---

    mut-gehorsam-bestaendigkeit/5513e559-2c42-4a62-b9f0-81e689dba9fd?mode=detail. (2015.11.10 접속)을 보라.

4 Karl Suso Frank, *Geschichte des christlichen Moenchtums*, 칼 수소 프랑크/최형걸 역, 『기독교 수도원의 역사』(서울: 은성, 1997), 51.

5 Karl Suso Frank, *Geschichte des christlichen Moenchtums*, 51.

로 변함없이 끝까지 충성을 다하는 것이다. 이런 수도원 정신에서 참된 영성이 무엇인지를 엿볼 수 있다.

3. 오늘날 우리가 본받아야 할 중세 신앙과 영성

수많은 저술로 많은 사람의 영혼을 위로하는 안셀름 그륀(Anselm Gruen, 1945-)이란 사람이 뮌스터슈바르차흐 수도원에서 수도자로 거주하고 있다. 그는 고등학교를 졸업한 후 베네딕도회에 입회해 철학과 신학을 공부하고 칼 라너(Karl Rahner, 1904-1984)를 연구하여 박사학위를 받았다. 공병설은 네 번째 한국을 방문한 안셀름 그륀을 인터뷰하면서, 5년 전보다 많이 달라진 한국 사회의 모습에 대해 "한국 사회가 물질과 돈을 향해 내달리는 것 같다"고 진단하면서, 그러지 않도록 "영적 삶에 더 큰 관심을 가져야 한다"는 안셀름 그륀의 견해를 전하고 있다.[6]

그륀은 다음과 같이 말한다.

> 많은 사람이 행복을 단번에 움켜쥐려 하는데 그렇게 해선 절대 행복해지지 않아요. 자신의 온 감각을 다해 치열하게 살고 남을 위해 어떤 일을 할 때 행복은 찾아옵니다.[7]

그리스도교 역사에서 어느 종파나 시대를 막론하고 신자들에게 공통

---

6 공병설, "'사제 치유하는 사제' 안셀름 그륀, '물질만 좇는 한국'" http://www.yonhapnews.co.kr/culture/2014/08/28/0901000000AKR20140828001600005.HTML(「연합뉴스」[2015.09.16.]). (2015.11.10 접속).

7 http://www.yonhapnews.co.kr/culture/2014/08/28/0901000000AKR20140828001600005.HTML; 공병설, "'사제 치유하는 사제' 안셀름 그륀, '물질만 좇는 한국'"(「연합뉴스」[2015.09.16.]). (2015.11.10 접속)에서 안셀름 그륀의 교훈을 간접적으로 인용했다.

적으로 요구되는 덕목인 청빈(淸貧), 순결(純潔), 순명(順命)은 베네딕투스(Benedictus)가 산상수훈에 나타난 예수님의 삶과 가르침에 따라 자신을 따르는 수도자들이 바른 수도자로서 삶을 살도록 가르친 교훈이다. 이런 베네딕투스의 교훈을 따르는 뮌스터슈바르차흐 수도원은 독일의 어느 한적한 곳에 있었다. 뮌스터슈바르차흐 수도원을 방문하기 위해 독일 여러 곳에서 그리고 세계의 곳곳에서 많은 사람이 끊임없이 오가고 있었다.

필자가 수도원 입구에 들어선 시각은 고요함이 수도원 건물 안에 가득한 시간이었다. 많은 사람과 함께 고요함이 깃든 수도원에 들어서면서부터 이 수도원이 가지고 있는 의미들을 묵상했다. 작가 공지영은 그곳을 다녀온 후 그곳을 "동화의 나라"[8]라고 묘사했다. 뮌스터슈바르차흐 수도원은 "기도하고 일하라"("오라 에트 라보라", *Ora et Labora*")는 베네딕투스(Benedictus, 750-821)의 교훈을 따라 '수도자답게 살아가는 일'로 함께 공동생활을 하는 수도원이다.

야곱이 가나안 땅 세겜 성읍에 거주하면서, 현실적인 환경에서 부닥치는 여러 가지 시대사조(時代思潮, the trend of the times) 앞에서, 디나 사건을 경험한 후(창 34장), 하나님의 명을 따라 "일어나 벧엘로 올라가자"(창 35:1-3)라고 말했던 것처럼 우리에게 신자(信者)의 원래 자리를 회복하고자 몸부림치는 운동이 필요하다. 이런 의미에서 보면 수도원 운동을 세속화의 위협 속에서 신앙의 근본 자리로 돌아가는 운동으로 새롭게 해석할 수 있다. 그렇다면 그것을 개신교에 새롭게 적용할 수 있을 것이다. 만약 우리가 그런 관점에서 수도원 운동을 새롭게 조명한다면 지금 교회가 직면한 세속주의 위협을 견디고 이길 수 있는 중요한 전기를 마련할 수 있는 한 방편이 되리라고 생각한다.

세속화의 물결이 지금 한국 교회 속에 큰 힘을 떨치고 있어 이 거대한

---

8   공지영, 『공지영의 수도원 기행 2: 진리는 늘 내게 늘 그렇게 왔다. 이해하기 전에 가슴을 치며』 (왜관: 분도출판사, 2014), 130을 보라.

세력 앞에서 예수님의 가르침을 바르게 이해하고 실천하기 위해 교회의 순수성을 지켜야 할 터인데, 무력하다. 그래서 수도원 운동을 가톨릭교회의 일부로 여기고 그것에 관해 관심을 가지지 않는다면, 개신교가 너무 많은 중요한 것을 포기하는 것이 아닐까? 그래서 새롭게 시작되는 한국 개신교 수도원 운동을 주시할 필요가 있다.

온고이지신(溫故而知新)이란 말에서처럼 옛것을 익히고 그것에 더하여 새로운 지식과 도리를 찾아야 할 것이다. 현시대를 살면서도 옛것을 무시하지 않고, 그것을 새롭게 재해석하여 이 시대에 적응한다면, 물질 문화가 지배하는 이 시대 세속주의를 극복하는 중요한 계기를 새롭게 발견하게 되고, 되찾게 되리라고 본다.

〈뮌스터슈바르차흐 수도원의 게시판〉

배재욱 사진 〈뮌스터슈바르차흐 수도원의 예배당〉

배재욱 사진 〈뮌스터슈바르차흐 수도원의 정원〉

제2부 제2장 뮌스터슈바르차흐 수도원(Abtei Münsterschwarzach) 123

배재욱 사진 〈뮌스터슈바르차흐 수도원 학교의 학생들〉

〈뮌스터슈바르차흐 분도회 수도원, 1970〉[9]
Abtei Munsterschwarzach, 1970

---

9 베네틱트파 수도원인 뮌스터슈바르차흐 수도원(Abtei Münsterschwarzach), 1970〉 사진 은 http://mirokli.com/zbxe/427(2015.11.01. 접속)에서 다운로드했다.

참고 문헌

공지영. 『공지영의 수도원 기행 2: 진리는 늘 내게 늘 그렇게 왔다. 이해하기 전에 가슴을 치며』. 왜관: 분도출판사, 2014.
배재욱. "하이델베르그(Heidelberg) 베네딕토 수도원. 수도원 탐방." 「영성을 살다」 2015년 상반기 통권 3호(2015.06.12), 108-117.
_____. "뮌스터슈바르차흐 수도원(Abtei Münsterschwarzach). 수도원 탐방." 「영성을 살다」 2015년 하반기 통권 4호(2015.11.16), 90-97.
Frank, Karl Suso. *Geschichte des christlichen Moenchtums*. 프랑크, 칼 수소/최형걸 역. 『기독교 수도원의 역사』. 서울: 은성, 1997.
http://www.abtei-muensterschwarzach.de/kloster/index.html/ehelosigkeit-armut-gehorsam-bestaendigkeit/5513e559-2c42-4a62-b9f0-81e689dba9fd?mode=detail. (2015.11.10 접속).
http://www.yonhapnews.co.kr/culture/2014/08/28/0901000000AKR20140828001600005.HTML; 공병설. "'사제 치유하는 사제' 안셀름 그륀. '물질만 좇는 한국'". 「연합뉴스」. (2015.09.16) (2015.11.10 접속).

제3장

독일 안덱스(Andechs) 베네딕토 수도원[1]

한국의 개신교 신자인 필자가 독일 수도원에 관심이 있다는 것을 알고, 어느 독일 수도사가 소개해 준 수도원이 독일의 바이에른주에 있는 안덱스(Andechs) 수도원이었다. 안덱스 수도원은 바이에른주의 주도인 뮌헨(München) 근교에 있어 일단 기차를 타고 뮌헨까지 갔다. 뮌헨에서 헤르쉥(Herrsching)역까지 완행열차(S5)로 한 시간 남짓 달렸다. 뮌헨에서 안덱스로 가는 길에 '암머'(Ammer)란 이름을 가진 호수인 '암머재'(Ammersee)를 만나게 된다. 그 호수는 크지는 않지만, 매우 아름다운 호수이다.

안덱스 수도원을 방문하기 위해서 헤르쉥(Herrsching)역에서 열차를 내렸다. 그곳에 안덱스 수도원을 소개하는 시계탑이 서 있었다. 뮌헨에서 완행열차를 타고 헤르쉥역에서 내려 그곳에서 안덱스 수도원까지 걸어갈 수도 있고, 그곳에서 기다렸다가 버스를 타고 갈 수도 있다. 걸어가면서 멋진 독일의 전형적인 농촌을 구경할 수도 있고, 버스를 타고 가면 힘들지 않게 높은 구릉 위에 자리 잡은 수도원까지 쉽게 올라갈 수도 있다. 수도원은 완만한 구릉 위의 산 언덕에 펼쳐져 있는 넓은 분지에 자리 잡고 있다. 걸어서 헤르싱에서 안덱스까지 가는 길은 독일인들이 즐겨 찾는 산책

---

1 배재욱, "독일 안덱스(Andechs)베네딕토 수도원. 수도원 탐방," 「영성을 살다」 2016년 상반기 통권 제5호(2016.06.07), 108-115를 수정 보완했다.

로였다. 그 산책로를 따라서 5킬로미터 정도 되는 산길을 1시간 30분 정도 걸어가면 안덱스 수도원에 도달할 수 있다.

1. 수도원의 기원과 역사

안덱스(Andechs) 수도원은 1455년 베네딕토 수도원으로 창립된 수도원이다.[2] 이 수도원이 지닌 '거룩한 산'(Heiliger Berg)이란 명칭은 이 수도원의 창시자인 알베레히트 III(Albrecht III), 즉 에른스트 공작(Herzog Ernst)의 아버지로부터 기원된다.[3] 아마도 그 수도원이 산 위에 있는 것도 그 이름으로 불리는 데 작용했으리라고 본다. 이 수도원은 주위의 자연경관과 아주 잘 어울리는 아름다운 건축 양식 때문에도 독일 내에서 순례자들이 많이 찾아오는 수도원이다.

안덱스(Andechs) 베네딕토 수도원은 종교개혁의 여파로 1618-1648년 독일에서 일어난 개신교와 가톨릭 간에 벌어진 종교전쟁인 30년 전쟁으로 불탔고 파괴되었다.[4] 종교전쟁의 여파로 많은 전사자를 내었고 두 차례의 세계대전으로 더 많은 전사자를 낸 아픈 역사의 흔적이 안덱스 수도원에 남아 있다. 안덱스(Andechs) 베네딕토 수도원은 전쟁하는 이들의 쉼터 모습을 갖추고 있다. 안덱스 수도원 예배당 입구 벽에 무수하게 많은 사연과 전사자들의 이름이 새겨져 있다. 예배당 입구 앞에 크고 작은 많은 십자가를 세워 두고 있다. 지금도 전통에 따라 군인들을 위한 기도가 지속하고 있다고 한다.

---

[2] Brigitta Klemenz, *Wallfahrtkirche. Andechs*(Regensburg: Verlag Schnell & Steiner GMBH Regensburg, 162014), 2를 보라.
[3] Brigitta Klemenz, *Wallfahrtkirche. Andechs*, 7-8을 보라.
[4] Brigitta Klemenz, *Wallfahrtkirche. Andechs*, 2를 보라.

1674/1675년에 안덱스 수도원은 다시 재건축되었고, 이어서 다른 내부의 부품들도 다시 새롭게 구성되고 갖추어지게 되었다. 1755년의 안덱스 수도원 창립 300주년을 기념하여 수도원 원장 슈츠(Bernhard Schütz)의 지휘 아래 1746-1759년에 대대적인 재건축을 실시하여 수도원이 현재의 모습을 갖추게 되었다.[5]

2. 안덱스 수도원이 추구한 영성

안덱스 수도원은 오랫동안 독일인을 비롯한 유럽 사람들에게 순례 여정을 위한 장소로 사랑을 받았던 곳이다. 그런데 좀 특이하게 안덱스 수도원은 다른 수도원들과는 달리 인근에 큰 농장이 펼쳐져 있고 그 주위로 큰 숲이 둘러싸고 있다. 많은 순례객이 이 수도원을 찾아와서는 그 넓은 들과 산을 산책하거나 자전거를 타면서 여유를 즐긴다. 그 근처에 순례객들이 쉬고 먹을 수 있는 시설이 많아 사람들이 찾아와 쉬면서 자기를 돌아보는 시간을 가지게 된다.

이런 점에서 보면 안덱스 수도원은 격리된 자연 속에서 수련하면서, 종교적 정신을 가다듬는 영성을 추구하면서 동시에 산 아래로 내려다보이는 마을 사람들과 함께 호흡하는 공동체적 영성을 추구하는 그런 구조로 건축되었다. 이 수도원을 찾는 사람들은 수도원을 돌아보면서 먹고 즐기고, 그 수도원 주위에 있는 수려한 자연을 찾아 산책하고 쉬고 하면서 삶의 여유를 찾는다. 가족 단위의 많은 순례객이 안덱스 수도원을 찾아오는 것을 볼 수 있다. 이들이 모두 반드시 깊은 종교적 체험을 경험하고자 수도원을 찾지는 않을 것이다.

---

5   Brigitta Klemenz, *Wallfahrtkirche. Andechs*, 9를 보라.

방문객들은 동행한 자녀들과 함께 자연 속을 거닐면서 대화한다. 이들이 수도원을 찾아 잠깐이라도 자기의 선 자리를 돌아보고, 동행한 이들과 대화하는 그런 모습 속에서 삶의 의미를 찾고자 하는 인간 본연의 마음자리를 추구하는 인간 존재를 생각하게 된다. 즉, 인간이 자기 삶의 본질적인 마음자리에 대한 의미를 찾는 일이 하나님을 떠나서는 가능하지 않다는 것과 하나님을 생각하면서 동시에 이웃을 돌아보는 가운데 자기 삶의 본질을 찾을 수 있을 것이다.

필자는 안덱스(Andechs) 베네딕토 수도원에 잠깐 머물면서 수도원을 둘러싸고 있는 주위의 넓은 들을 한 바퀴 돌아보았다.

수도원 뒤로 펼쳐진 산길을 따라 내려가니 넓은 숲속으로 길이 펼쳐져 있다. 그 길은 수도원의 높은 담장을 따라 펼쳐지다가 수도원 담장이 끝나는 지점에서부터 넓은 들 가장자리를 따라 다시 펼쳐진다. 그 길을 따라 걸으면서 그 길 위로 산책하는 가족 단위의 순례객을 만나 대화하면서, 필자는 우리 한국 사람들이 추구하는 영성이 규모가 너무 큰 단위가 아닐까 생각하게 되었다.

자잘하게 보이는 이런 생활 주변의 영성을 개발하지 못하고, 깊고 오묘하며 의미가 크고 중요하다고 생각하는 영성에 목표를 세우고 그것만 추구한다면, 대부분의 사람들은 함께 따라가지 못하고 포기하는 것 아닐까?

배재욱 사진
〈안덱스(Andechs) 베네딕토 수도원 주위 길가에서 만난 자잘하면서도 아름다운 꽃〉

'바른 영성'이 무엇일까?

모두 다 그만그만하게 보이고
시시하고 자잘하고, 보잘것없어 보이는 것들,
이런 것들이 더 없이, 우리에게, 정말 중요한 것들이 아닐까?

마음을 낮추는 영성,
주님을 향하여 마음을 열고, 함께하는 영성,
그런 것들이 우리 주님께서 정말 우리에게 요구하시는 영성이 아닐까?

3. 오늘날 우리가 본받아야 할 중세 신앙과 영성

다른 베네딕트의 수도원처럼 안덱스 수도원도 노동을 중시하는 모습이 수도원 경내 어디를 가도 나타났다. 그들은 "기도하고 일하라"("*ora et labora*"[라틴어], "*bete und arbeite*"[독일어])란 모토를 몸으로 삶으로 실천한다. 넓은 농장에서 일하여 거둬들인 것으로 양식을 삼고 그것의 부산물로 선교재원을 마련하고 어려운 이웃을 돕고 후원하면서 세계를 섬긴다.

안덱스 수도원은 마을 가까이에 있으면서도 가까운 거리에 '암머재'(Ammersee)란 호수 등의 뛰어난 휴양지가 있다. 많은 방문자가 안덱스 수도원으로 가족과 함께 찾아와 쉬면서 자신의 선 자리를 돌아보고 인생의 의미를 뒤돌아보곤 한다. 그곳을 찾는 사람들이 반드시 종교적 열심을 가지고 오는지는 알 수 없지만, 큰 부담 없이 쉽게 접근할 수 있도록 문이 늘 열려 있다. 문턱을 낮추어 찾아오는 사람들을 받아들이는 것이 안덱스 수도원이 추구하는 영성의 모습이 아닌가 생각된다.

예수님이 누가복음에서 "여러 해 쓸 물건을 많이 쌓아 두었으니 평안히 쉬고 먹고 마시고 즐거워하자"(12:19)라고 말하는 '어리석은 부자의 비유'(12:13-21)를 통해 세상 물질에 지나치게 집착하는 것에 대해 경고하셨다. 이 말씀은 인간의 삶에서 즐거움을 제거하라는 것이 아니다. 삶의 목표를 '쉬고 먹고 마시고 즐거워하는 데' 두는 것에 대한 경고이다. 전도서에서 지혜자는 다음과 같이 말했다.

> 사람마다 먹고 마시는 것과 수고함으로 낙을 누리는 그것이 하나님의 선물인 줄도 또한 알았도다(전 3:13).
>
> 이에 내가 희락을 찬양하노니 이는 사람이 먹고 마시고 즐거워하는 것보다 더 나은 것이 해 아래에는 없음이라(전 8:15).

가장 뛰어난 지혜자의 식견에 따르면 잘 쉬고 먹고 즐기는 일도 하나님의 선물이다. 전도서에서 말하는 교훈은 인간 삶의 여정에서 여유를 즐기고 살아가야 할 이유를 찾을 수 있다. 예수님도 가나 혼인 잔치에 제자들과 함께 참석하셔서서 즐기셨다(참조. 요 2:1-12).

사복음서에 모두 나타나는 오병이어의 기적(마 14:14-21; 막 6:35-44; 눅 9:12-17; 요 6:5-14)은 단순히 허기를 면하도록 베푸신 기적이라기보다는 음식을 함께 나누면서 마음을 나누고 함께 음식이 주는 즐거움을 누리도록 하는 것이기도 하다. 배고파해 본 사람은 음식이 주는 기쁨과 위로가 크다는 것을 절실하게 느낀다.

이런 점에서 본다면 안덱스 수도원은 "기도하고 일하라"라는 모토에서 찾은 바를 혼자 누리는 것으로 그치지 않고, 그 기쁨을 함께 나누는 가운데, 일상적이고 평범한 진리를 이웃들이 터득하고 자연 속에서 살아가는 존재임을 스스로 깨닫게 하고, 자연 속에서 자신의 존재 가치를 깨닫고 가까운 이웃들과 함께 더욱 친밀감을 가지고 살도록, 작지만, 아름다운 것을 함께 나누도록, 그리고 그런 것들을 통해 얻게 되는 기쁨을 함께 누리도록 하는 데서 영성을 찾고 가꾸도록 작지만 너무나 중요하고 아름다운 것을 찾도록 하는 데서 그 존재 가치를 가진다.

필자의 생각이 안덱스 수도원이 추구하는 것에 다 미치지 못할 것이다. 필자는 안덱스 수도원에서 아래로 펼쳐진 구릉 아래로 옹기종기 모여 있는 마음을 물끄러미 바라보면서 '귀중한 것은 멀리 있는 것이 아니라, 어쩌면 너무 자질구레하여 우리의 일상사에서 중요하게 느끼지 못하고 생각지도 않았던 작지만 아름다운 것들, 즉 우리 주위에 있는 자잘한 것들이 아닐까' 하고 생각하게 되었다.

이런 관점에서 출발하여 지금까지의 사고 세계를 바꾸어 보았다. 즉, 안덱스 수도원의 로코코(Rococo)[6] 양식으로 지어진 화려하고 아름답게 꾸며

---

6 로코코 미술 양식과 건축 양식에 대해서는 신상철, "미술 시장과 새로운 취향의 형성 관계: 18세기 로코코 미술에 나타난 쉬느와즈리(Chinoiserie) 양식," 「미술사학」 25(2011.8), 155-179; 윤장섭, 『서양 건축문화의 이해』(서울: 서울대학교출판문화원,

진 예배당 내부를 돌아볼 때보다도 수도원 주위를 돌아보면서 이름 모를 풀 한 포기, 나무 한 그루를 바라보고 스쳐 지나가는 구름을 바라보는 데서 필자는 더 깊은 의미를 찾았다. 그런 사고의 전환을 통해 느낀 바가 더 크게 필자에게 다가왔다.

  시간이 좀 더 허락했다면 수도원을 둘러싼 숲 저 아래로 펼쳐진 아름다운 시내까지 내려 가 보고 싶었지만, 그렇게 하지 못해서 매우 아쉬웠다. 하지만 필자는 머물러 선 그 자리에서 달릴 때는 볼 수 없었던 중요한 무언가를 경험했다. 주위를 감싸고 있는 맑은 공기가 코끝에 와닿아 있고, 눈 가까이에서 피어 있는 들꽃을 마음껏 여유롭게 바라보면서 어린 꼬마들을 데리고 산책 나온 가족들이 도란도란 이야기하는 모습 속에서 우리가 살아가야 할 이유와 삶의 의미를 찾아야 한다고 생각했다. 이런 모습을 가꾸는 것이 우리에게 참된 영성의 길이 아닌가 묵상하는 시간을 가졌다.

  우리 주위에 있는
  작지만,
  아름다운 것들이 있기에
  우리가 행복한 것처럼!

배재욱 사진 〈안덱스(Andechs) 베네딕토 수도원 1〉

2014)를 참조하라.

배재욱 사진 〈안덱스(Andechs) 베네딕토 수도원의 십자가〉

배재욱 사진 〈안덱스(Andechs) 베네딕토 수도원 2〉

배재욱 사진 〈안덱스(Andechs) 베네딕토 수도원 예배당 내부 1〉

배재욱 사진 〈안덱스(Andechs) 베네딕토 수도원 예배당 내부 2〉

배재욱 사진 〈안덱스(Andechs) 베네딕토 수도원 예배당 내부 3〉

배재욱 사진 〈안덱스(Andechs) 베네딕토 수도원 예배당 내부 4〉

로코코식의 건물 양식을 가진 안덱스 수도원 내부가 굉장히 화려하다.[7]

안덱스 수도원 언덕 아래 펼쳐진 넓은 구릉지 위에 '에를링'이라는 아름다운 마을이 펼쳐진다.

배재욱 사진 〈안덱스(Andechs) 베네딕토 수도원에서 내려단 본 '에를링'이라는 마을〉

---

7 안덱스 수도원에 대한 더 많은 정보와 사진을 아래 사이트에서 볼 수 있다. http://cafe.daum.net/patritius/58dc/8712?q=%BE%C8%B5%A6%BD%BA(Andechs)%20%BC%F6%B5%B5%BF%F8%20%BF%B5%BC%BA&re=1. (2017.1.1 접속)

참고 문헌

배재욱. "독일 안덱스(Andechs)베네딕토 수도원. 수도원 탐방." 「영성을 살다」 2016년 상반기 통권 5호(2016.06.07), 108-115.
신상철. "미술 시장과 새로운 취향의 형성 관계: 18세기 로코코 미술에 나타난 쉬느와즈리(Chinoiserie) 양식." 「미술사학」 25(2011.8), 155-179.
윤장섭. 『서양 건축문화의 이해』. 서울: 서울대학교출판문화원, 2014.
Klemenz, Brigitta. *Wallfahrtkirche. Andechs*. Regensburg: Verlag Schnell & Steiner GMBH Regensburg, ^{16}2014.
http://cafe.daum.net/

제3부 | 생각의 나래를 펼치며 걷는 순례길:
기독교 문화와 예술 탐방

제1장 개신교회에서의 성경과 그림: '말틴루터연맹(Martin-Luther-Bund)과 구스타프아돌프재단(Gustav-Adolf-Werk) 2015년 연합 학술대회'를 참석한 뒤에

제1장

개신교회에서의 성경과 그림
'말틴루터연맹(Martin-Luther-Bund)과 구스타프아돌프재단(Gustav-Adolf-Werk) 2015년 연합 학술대회'를 참석한 뒤에[1]

1. 개괄

2015년 1월 19일(월요일)부터 21일(수요일)까지 2박 3일간 말틴루터연맹 (Martin-Luther-Bund)과 구스타프아돌프재단(Gustav-Adolf-Werk)이 연합으로 학술대회(타궁)를 개최했다. 이번 학술대회는 루터가 종교개혁을 일으킨 역사적 도시 독일 비텐베르그(Wittenberg)란 작은 도시에서 "개신교회에서의 성경과 그림"(Bibel und Bild in der reformatorischen Christenheit)이란 주제로 열렸다. 이 학술대회는 성경 해석 주제에 대한 성서적 의미뿐만 아니라, 예배당 안에 있는 그림에 대한 폭넓은 학문적 탐구를 위한 학술대회로 모였다.

이 학술대회의 참가자는 독일 루터교회, 독일개혁교회, 독일연합교회뿐만 아니라, 오스트리아, 스위스, 이탈리아, 프랑스, 헝거리, 라트비아, 리투아니아, 체코, 슬로바키아(Slovakia) 루마니아 그리고 브라질 등지에서 참석한 루터교회와 개혁교회 목회자, 평신도 그리고 교수들이었고, 라이프

---

[1] 배재욱, "[탐방기]개신교회에서의 성경과 그림(上)," 〈마르틴 루터 연맹(Martin-Luther-Bund) 과 구스타프아돌프재단(Gustav-Adolf-Werk) 2015년 연합학술대회를 참석한 뒤에〉, 「한국장로신문」 제1501호(2016년 4월 23일), 7; 배재욱, "[탐방기]개신교회에서의 성경과 그림(下)," 〈마르틴 루터 연맹(Martin-Luther-Bund)과 구스타프아돌프재단(Gustav-Adolf-Werk) 2015년 연합학술대회'를 참석한 뒤에〉, 「한국장로신문」 제1502호(2016년 4월 30일), 7을 수정, 보완했다.

찌히대학교 신학부에서 공부하는 유학생들이 초청되어 참석했다.

여러 나라와 여러 교파에서 다양한 구성원이 참석했고, 대회에서 사용된 언어는 독일어였다. 참석자들은 학술대회에서 진행을 위한 발언 외에는 불평 등의 다른 말이 나오지 않았고, 시간에 맞추어 각자가 알아서 잘 참석했다. 이러한 모습은 학자들끼리 학회로 모이든지 아니면 목회자들이 세미나로 모일 때 계획대로 시간을 맞추기가 쉽지 않았던 것을 경험한 필자의 눈에 경이롭게 보였다. 통상 늦게 오는 사람 기다리느라, 모임이 조금씩 늦어지기도 하고, 발제 시간을 잘 맞추었다 해도 질문이 많고 토의 시간이 길어지기도 한다.

그런데 이번 학술대회는 처음부터 마지막까지 계획보다 5분 이상 차이 나는 일이 거의 일어나지 않았다. 언제나 정시에 시작하고 정시에 마치고 계획된 시간대로 움직였다.

특히, 두 협회의 디아스포라 사무국에서는 독일 밖 지역에서 온 참석자까지도 이 주제에 관심을 두고 긴장 관계에 속에서 믿음에 대해 올바른 결정을 하도록, 그리고 '성경과 그림'으로부터 신실한 믿음을 위한 어떤 새로운 것을 찾아가도록 기획하고 준비했다고 한다.

참가 인원은 전체적으로 양 협회와 파트너 교회로부터 참석한 회원이 약 110명 정도 되었다. 이들 외에 객원으로 참석한 이들도 다수 함께했다. 구스타프아돌프재단 쪽에서는 특히 라이프찌히대학교 신학부에서 신학을 공부하는 이탈리아, 루마니아, 우크라이나, 아르헨티나 그리고 슬로바키아에서 온 외국인 신학생들을 초청했고, 말틴루터연맹 쪽에서는 라트비아, 리투아니아, 폴란드, 헝가리에서 그리고 러시아의 영국 성공회에서 온 목사와 평신도 객원 참가자들이 초청되었다.

2. 학술대회의 영성적 측면

이 모임에서 정한 주제를 위한 영성적 관점이 예배와 기도회에서 드러난다. 라(GAW: Ra, Lützen) 목사와 퓨러(MLB: Führer, Leipzig) 목사가 아침 기도회(08:30)를 인도했고 브라질 교회에서 참가한 달퍼스(Pfarrer Dr. Silfredo Dalferth) 박사는 "성경 해석 주제에 대한 성서적 의미"에 대해 그리고 카이리스(Mindagas Kairys) 목사는 "이탈리아 교회에서의 새로운 교회 창문"에 대해 강연을 했다.

이번 학술대회에서 행한 아침 기도회는 아침 식사 후, 8시 30분에 모였다. 그런데 아침 기도회에 목회자와 평신도들로 이루어진 참가자 대부분이 빠짐없이 참석하는 것이 경이롭게 보였다. 루터는 비텐베르그 성교회(城敎會, Schlosskirche)의 게시판에 95개 조항을 붙임으로 발단된 종교개혁을 일으켰다.

배재욱 사진 〈비텐베르그 성교회(城敎會, Schlosskirche)〉[2]

---

[2] 비텐베르그 성교회(城敎會, Schlosskirche): 루터가 이 교회 게시판에 95개 조항을 붙임으로 종교개혁을 일으켰다. 이 성교회는 2017년 종교개혁 500주년을 준비하며 당시 대대적인 수리를 하고 있었다.

루터는 비텐베르그의 시교회(市敎會, Stadtkirche)에서 주로 설교했고, 그 교회에서 카타리나 폰 보라(Katharina von Bora, 1499-1550)와 결혼식을 올리고, 루터의 자녀들은 이 시교회에서 세례를 받았다.

둘째 날인 화요일 저녁 7:30에 참가자들이 모두 함께 비텐베르그의 시교회에서 성찬 예배를 드렸다. 이 예배는 이번 학술대회의 영성적 측면을 돋보이게 하는 행사였다. 이 예배에서 말틴루터연맹의 회장인 바이쓰(Dr. Hans-Martin Weiss) 박사가 예배를 인도하도록 예정되었지만, 헝가리에서 참가한 가브나이(Dekan Gabnai: Ev.-Luth. Kirche in Ungarn) 목사가 예배 인도와 성찬을 집례했다. 그리고 구스타프아돌프재단의 회장인 휴프마이어(Dr. Wilhelm Hüffmeier) 박사가 설교했다. 헝가리 루터교회의 데칸(Dekan)[3]인 가브나이(Dekan Gabnai: Ev.-Luth. Kirche in Ungarn) 목사가 성찬식을 집례했는데, 그를 도와 다섯 명이 성찬 위원으로 봉사했다.

놀라운 일은 성찬 위원으로 봉사한 이들의 구성에 있었다. 헝가리 교회의 시찰장이 집례하는 성찬식에서 교단 총회장급인 비숍들과 신학대학교 교수와 목사와 박사가 성찬 위원으로 봉사했다. 성찬 위원으로 오스트리아 개신교회의 총회장인 비숍(Bischof)과 헝가리 개신교 총회장인 비숍(Bischof)이 함께 섰겼다.

배재욱 사진 〈비텐베르그 시교회(市敎會, Stadtkirche)〉[4]

---

3 데칸은 한국 교회의 노회장과 비슷한 역할을 하는 독일 교회의 직분이다.
4 비텐베르그 시교회(市敎會, Stadtkirche)는 종교개혁가 루터가 주로 예배설교를 행한 비

독일 교회는 주로 예배 후에 예배당 밖으로 나갈 때 어떤 목적을 두고 헌금을 하는데, 이날은 러시아와 세르비아에 새로 건축하는 루터교회의 건축을 위한 헌금을 했다. 예배 참가자들은 예배당에서 밖으로 나가면서 자유롭게 헌금을 했다. 이때 말틴루터연맹의 사무총장인 쉬탈(Pfarrer Dr. Rainer Stahl) 박사와 구스타프 구스타프아돌프재단의 사무총장인 하악스(Pfarrer Enno Haaks) 목사가 교회 현관 앞에서 헌금 바구니를 들고 서 있고 예배 참석한 사람들은 예배당을 나가면서 자유롭게 헌금을 했다.

3. 학술대회의 학문적 측면

월요일 오후 3시에 예정된 학술대회는 정시에 바로 시작했다. 말틴루터연맹의 사무총장인 쉬탈 박사와 구스타프아돌프재단의 사무총장인 하악스 목사가 간단하게 진행 발언을 먼저 한 후 말틴루터연맹의 회장인 바이쓰 박사와 구스타프아돌프재단의 회장인 휴프마이어 박사의 환영 인사말이 있었다.

이 학술대회의 주제를 이루는 학술 부분의 일과도 계속되었다. 월요일 오후 3시 15분에 "개신교 그리스도인의 토대로서의 성경"이란 주제로 로마대학교의 갈로네 교수(Prof. Daniele Garrone, Waldenserfakultät, Rom)의 강연이 있었다. 그는 그리스도인의 신앙 토대인 성경을 모든 숙고(熟考)의 기초로 삼았다. 다음에 비엔나대학교의 레브(Prof. Dr. Leeb, Evangelische Fakultät in Wien) 교수가 '개혁교회의 영역에서의 예술'이란 주제로 강연했다.

둘째 날인 화요일에는 스트라스부르크대학교의 팔멘티어(Frau Prof. Dr. Parmentier, Straßburg) 교수가 "말씀 속에 있는 그림: 오늘날의 복음적인 설

텐베르그에 있는 교회이다. 독일 교회에서 성찬식을 할 때 재단 위에 신자들이 둥그렇게 서서 성찬에 참여한다. 예배당 안 곳곳에 그림이 걸려 있다.

교"란 제목으로 강연했다. 이분은 젊은 여자 교수였는데, 그는 '설교에서 회화적 선포를 위한 동적인 변론'을 제안했다. 이 강연이 끝나자 바로 이어 발제에 대한 토의가 진행되었는데, 많은 사람이 질문하고 토의에 참석했다.

그리고 마지막 날인 수요일에 비엔나대학교 명예교수이며 오스트리아 루터교와 개혁교회의 비숍인 뷘커(Bischof Dr. Bünker, Evangelische Kirche A.B. und H.B., Wien) 박사가 행한 강연은 "유럽 개신교회에서의 성경과 그림에 대한 흥미와 문제점 설정"이란 주제였다. 그는 유럽에서의 개신교회의 공동 작업을 두 가지 초점으로 파악하면서 감동적이고 알차게 강연을 이끌어 갔다.

이 학술대회에서 헝가리 교회의 비숍인 파비니(Fabiny, Budapest)가 〈말틴 루터〉란 제목의 애니메이션 영화에 대해 상세하게 설명해 주었다. 〈말틴 루터〉란 애니메이션 영화는 헝가리 루터교회에서 이미 상영되었던 영화였는데, 이 영화에서도 교회 안의 그림 때문에 일어난 여러 가지 대립을 보게 되었다. 이 영화를 관람한 후 화요일 오후에는 비텐베르그 시교회(Stadtkirche)를 견학했다. 그때 우리를 안내한 나우만(Naumann) 씨가 그 교회의 재단과 여러 그림을 생생하고 소상하게 설명해 주었다.

그래서 헝가리 교회가 소개한 만화영화를 관람한 후에 시교회를 견학할 때 교회 안에 붙어 있는 그림에 대해 소상하게 설명해 주었다. 예배당 안에 걸려 있는 그림을 보면서 애니메이션 영화를 보면서 대립한 감정들이 누그러지게 되고 중재되었다. 학술대회 진행자들은 이러한 순서를 통해 참가자들이 예배당 안에 걸려 있는 그림들이 교회에서 선포되는 말씀을 돕는 도구의 역할을 감당한다는 것을 느끼도록 만들었다. 어떤 참가자는 필자에게 다가와서 이번 학술대회에서 "독일 교회가 디아스포라 교회들과의 파트너 관계를 중요시하고, 그리고 현대 사회의 여러 가지 도전 속에서 교회가 가야 할 길을 제시하는 아주 생생하고 특별한 집회였다는 것을 느꼈다"라고 회고했다.

4. 참가 후기

　개혁교회의 창문은 민유리로 되어 있고 예배당 안팎에 그림을 걸지 않는다. 예배당 창문이 투명하고 깨끗하여 고풍스러운 예배당 건물과 투명하게 비치는 바깥세상이 예배당 분위기와 더불어 산뜻하다는 느낌이 든다. 그리고 강단 앞에 십자가도 걸려 있지 않다. 개혁교회는 칼빈으로부터 내려온 전통을 고수하면서 새 시대를 이해하여 받아들이고 적응해 간다. 그런데 루터교회의 대부분 창문은 채색되어 있고 예배당 안에 그림이 걸려 있다.

　오랜 역사를 가진 독일 교회는 교회 안에 있는 그림에 대한 많은 고민과 토론을 하고 있다. 루터교회에 참석하여 드린 예배와 개혁교회에 참석하여 드린 예배 분위기는 그런 점에서 많은 차이가 있다. 루터교회는 엄숙함과 함께 현시대 감각에 맞추려는 그런 시도도 있다. 예배당 안에 걸려 있는 그림과 창문에 채색된 그림을 통해 신앙에 대한 교훈을 찾고자 한다.

　개혁교회는 개혁교회 나름대로 시대에 맞추고자 노력하지만 아울러 개혁교회의 전통을 지키고자 하는 노력도 포기하지 않는다. 개혁교회의 예배 분위기는 설교단이 높은 곳에 있는 것이 상징적으로 말하듯이 말씀 선포를 중시하고 경건한 예배를 지향한다. 개혁교회 예배당 안에서 창문을 통해 바라본 바깥세상은 투명하고 맑고 깨끗해 보이고 세상이 아름답다.

　요즈음 한국 교회에서는 신학적인 어떤 고민이나 학술 토론 없이 교회 창문이 채색되고 예배당 안과 밖에 그림이 걸려 있다. 어떤 근거에서 그런 일을 감행하는지, 예배당 안과 밖에 걸려 있는 그림과 창문 채색이 교인들의 신앙에 어떤 영향을 미치는지에 대한 고민과 토론이 선행되면서 한국 교회 안에서 그림에 대한 합의(合意)가 이루어져야, 그것 때문에 나타나는 혼란을 피할 수 있을 것이다. 한국 교회 대부분은 개혁교회의 후예인 장로교회이다. 예배당 안에 채색 유리와 그림을 받아들일 것이냐에 대한 질문은 어찌 보면 자연스럽게 지금 한국 교회 안에 나타난 시대적인 질문인 듯하다.

이런 질문 앞에서 고민하고 토론하면서, "그래도 칼빈의 전통을 지킬 것이다" 아니면 "시대적인 조류를 따를 것이다"에 대한 진지한 고민과 연구와 토론이 선행되지 않은 상태에서, 개교회, 어떤 단체 그리고 어떤 학교별로 행하는 이런 시도들이 한국 교회에 혼란을 가져오지나 않을까 염려된다. 그림이 담고 있는 상징성과 의미가 크다.

　교회당 안에 그림을 걸 것인지?
　교회당의 창문을 채색창으로 할 것인지?
　그림이 가진 많은 특징과 장점을 어떻게 할 것인가?

　전통을 지킬 것인가, 그렇다면 '칼빈은 어떤 의도로 그림을 교회 안에서 치웠는가'에 대한 명확한 이해와 근거를 제시하면서 그것에 따른 장점과 '감각적이고 회화적인 이 현대 사회'를 어떻게 선도해 갈 것인가에 대한 대안 제시가 필요할 것이다. 그리고 시대의 흐름을 따라 그림을 예배당 안으로 가져와야 한다는 주장과 창문을 채색 창문으로 바꾸어야 한다는 주장에 대해서 명확한 신학적 이론을 제시하고, 그것에 대한 근거를 찾기 위한 고민과 교회의 합의가 필요할 것이다. 그리고 그것이 신자들에게 어떤 영향을 미칠 것인가에 대한 신학적 성찰이 전제되고 선결되어야 하리라고 본다. 이런 작은 시도들이 미래 사회를 지향하는 한국 교회의 안정된 미래를 만들어 가는 길이 되리라고 본다.

참고 문헌

배재욱. "[탐방기]개신교회에서의 성경과 그림(上)." 〈마르틴 루터 연맹(Martin-Luther-Bund)과 구스타프아돌프재단(Gustav-Adolf-Werk) 2015년 연합학술대회'를 참석한 뒤에〉. 「한국장로신문」 제1501호(2016년 4월 23일), 7.
＿＿＿. "[탐방기]개신교회에서의 성경과 그림(下)." 〈마르틴 루터 연맹(Martin-Luther-Bund)과 구스타프아돌프재단(Gustav-Adolf-Werk) 2015년 연합학술대회'를 참석한 뒤에〉. 「한국장로신문」 제1502호(2016년 4월 30일), 7.

제4부 | 초기 교회사

제1장 대구·경북 지역 초기 교회사

제1장

대구·경북 지역 초기 교회사[1]

1. 그리스도교회의 한국 전파

1) 성경의 전래

1885년(고종 22년) 언더우드(H. G. Underwood) 목사와 아펜젤러(H.D. Appenzeller) 목사에 의해 공식적으로 선교 사역이 시작되었다. 그런데 성경은 선교사들보다 앞서 한국에 들어와서 그리스도교를 전파하는 수단이 되었다. 그리스도교가 한국에 전파되기 전인 1816년(순조 16년) 영국 함장 홀

---

[1] 이 글은 필자가 「한국장로신문」에 기고한 글; 배재욱, "그리스도교회의 한국 전파," 정류(靜流) 이상근 목사(8),「한국장로신문」제1447호(2015년 2월 14일), 7; 배재욱, "정류가 접한 초기 대구, 경북 지방의 그리스도 교회," 정류(靜流) 이상근 목사(9),「한국장로신문」제1448호(2015년 2월 28일), 7; 배재욱, "베어드 가족의 예배, 대구제일교회의 초석되다," 정류(靜流) 이상근 목사 (10).「한국장로신문」제1449호(2015년 3월 7일), 7; 배재욱, "예배와 선교를 전제한 베어드 목사의 '여행'", 정류(靜流) 이상근 목사(11),「한국장로신문」제1450호(2015년 3월 14일), 7; 배재욱, "대구성경학교 통해 새로운 인생의 '경험'", 정류(靜流) 이상근 목사(12),「한국장로신문」제1451호(2015년 3월 21일), 7; 배재욱, "본분을 잊지 않고 선교에 전력을 다하여…", 정류(靜流) 이상근 목사(13),「한국장로신문」제1452호(2015년 3월 28일), 6을 발췌하고 수정한 것으로 배재욱,『영성과 지성: 정류(靜流) 이상근 목사의 생애와 사상(상)』(서울: 기독교문서선교회, 2018)과 배재욱, "대구·경북 지방 초기 교회사", in: 조삼수 (편집).『청도칠곡교회 110년사(1906-2016)』(청도: 대한예수교장로회청도칠곡교회, 2016), 8-11을 요약 및 수정 보완한 것이다.

(Basil Hall)에 의해 황해도의 백령도(白翎島)와 청도(靑島)에 한문으로 번역된 성경이 전해졌다. 그로부터 50년 뒤인 1866년(고종 3년) 영국 선교사 토마스(Robert Jemain Thomas) 목사가 미국 상선 제너럴셔어맨(General Shermann)호를 타고 평양에 들어와 성경을 전하다가 붙잡혀 순교했다.

1887년(고종 24년) 만주에 와 있던 스코틀랜드 선교사 로스(John Ross) 목사와 맥킨타이어(John MacIntyre) 목사는 조선 사람 백홍준(白鴻俊, 1848-1893), 이응찬(李應贊) 이성하(李成夏), 김진기(金鎭基) 등과 함께 성경을 한국어로 번역하고 출판하여 그 성경을 국내로 가져왔다.

한편으로, 이수정(李樹廷)은 일본에서 한문 성경 문장에 신라 시대의 글자인 이두(吏讀)를 사용하여 이두식 토(吐)를 달아 한국어 어법에 맞추어 읽도록 만든 『懸吐漢韓新約聖書』(현토한한신약성서) 한역본(漢譯本)으로 성경을 번역했다. 이수정은 이렇게 번역한 성경을 1883년에 탈고했다. 그는 이것을 미국성서공회 지원으로 1884년에 일본 요코하마에서 성경을 인쇄하고 제작했다.

이수정이 제작한 이두식 성경은 이후 한국의 국한문혼용 번역 성경에 지대한 영향을 미쳤다. 언더우드와 아펜젤러 등 선교사들은 한국으로 들어올 때 이수정 번역 성경을 구하여 그것을 가지고 한국 땅에 들어왔고 그 성경을 선교하는 데 사용했다. 그리고 이수정 번역본은 나중에 선교사들을 중심으로 조직된 성경번역위원회를 통해 간행된 한글 성경의 기초가 되었다.

2) 최초의 선교사

1885년(고종 22년)에 미국 선교사 언더우드(H. G. Underwood) 목사와 아펜젤러(H.D. Appenzeller) 목사가 미국 교회의 파송으로 한국으로 함께 입국하여 서울에서 선교 사역을 시작했다. 그들의 선교 활동에 의한 결과로 1887년 9월 최초로 장로교의 세문안교회가 창립되고 동년 10월에는 최초로 감리교회인 정동교회(貞洞: 현 정동제일감리교회)가 창립되었다². 나중에 그들은 한국에 후에 온 다른 선교사들과 함께 선교 사역을 부산, 대구, 평양, 의주 등지로 확장하여 그리스도 교회가 전국에 세워졌다.

초기의 한국 선교사들은 복음 전파를 교회 안에서 성경만 가르치고 설교하는 사역으로 그치지 않았다. 그들은 한국 사회를 위해 많은 투자를 하여 교육사업, 의료사업, 사회사업 등을 동시에 병행하는 선교 사역을 감당했다. 나아가 선교사들은 일본 제국주의가 한국을 침략했던 시기에 한국 민족의 자주정신을 고취시켰고³, 여러 분야에서 직접 간접으로 독립 운동에 협조함으로 한국 민족의 아픔에 동참했다⁴.

3) 한국 교회의 조직과 성장

한국에서 교세가 확장됨에 따라 장로교회에 속한 선교사들은 1893년에 장로회선교공의회를 조직했다. 선교사들을 중심으로 구성되어 선교 정책과 방향을 결정했던 장로회선교공의회가 1901년부터는 한국인 장로들이 함께 참여하는 조선예수교장로회 공의회로 재조직됨으로 기구가 정비되었다.

평양 대부흥 운동⁵을 기점으로 한국 교회가 크게 발전되었다. 당시 그리스도교회의 교세는 노회 정도의 규모였다. 1907년 9월 17일에 평양의 장대현교회에서 독노회(獨老會)로 불리는 조선예수교장로회 대한노회가 조직되었다. 그 노회에서 조선예수교장로회신학교(일명 평양신학교)가 배

---

2 박용규, 『한국 기독교회사』(서울: 생명의말씀사 & 한국 교회사연구소, 2004), 516f.를 보라.
3 박용규, 『한국 기독교회사』, 796-800을 보라.
4 박용규, 『한국 기독교회사』, 796-797을 보라.
5 박용규, 『한국 기독교회사』, 6, 60, 452-454, 486; 배재욱, "바울의 갱신 사상(更新 思想)과 1907년 평양 대부흥 운동: 고린도후서 5장11-21절의 '새로운 피조물'을 중심으로," 「신학사상」 139집(2007년 겨울호), 65-105, 특히 66-68을 보라.

출한 일곱 사람(서경조, 방기창, 한석진, 양전백, 송린서, 길선주, 이기풍)을 한국 최초의 목사로 안수하여 임직했다. 이 독노회 체재는 5년 동안 지속하다가 1912년부터는 조선예수교장로회 총회로 조직이 개편되었다.

2. 초기 대구, 경북 지방의 그리스도 교회

언더우드와 아펜젤러의 한국 선교 활동의 영향으로 후에 도착한 선교사들의 활동으로 대구와 경북 지방에 그리스도 교회가 설립되고 복음이 전파되었다. 첫 선교사들이 한국에서 선교할 당시 대구·경북 지역의 상황은 한국의 여타 지역과 크게 다르지 않았다.

1) 대구·경북 지역 지방의 그리스도교 전래와 복음 전파

대구·경북에 그리스도교 복음이 전해진 것은 배위량(베어드, William M. Baird, 1862-1931)이 상도 내륙지방을 전도하기 위해 대구를 처음 찾아온 1893년부터 시작되었다. 배위량은 동래를 거쳐 경상도를 내륙 지역을 둘러보며 선교 구상을 하는 가운데 1893년 4월 22일 대구를 방문했다. 그리고 1년 뒤인 1894년 4월 30일과 5월 12일 사이에 경상도 지역의 선교지부를 물색하기 위한 여행 중에 대구를 다시 방문했다. 선교지부에 대한 여러 가지 방안을 놓고 구상하던 중 그는 대구를 선교지부로 결정했다. 그는 1896년 1월에 대구읍성 남문 안에 땅과 집을 매입하고 그해 4월에 그곳으로 부인인 애니(Annie L. Adams)와 어린 아들 존(John)을 데리고 대구로 이사했다.

갑자기 서울선교지부로 발령받은 배위량의 후임으로 임명된 배위량의 손아래 처남 안의와(아담스 = James E. Adams)는 배위량이 구상했던 계획을 실행해야 할 책임을 이어받았다. 1895년 5월 29일에 부산에 도착하여 한국어를 배우면서 선교를 준비하던 안의와는 1897년 11월 1일 부인 넬리 딕(Nellie Dick)과 아들 에드워드(Edward)와 함께 대구로 이사했다. 같은 해 12월 25일 대구에 도착한 의료선교사 장인차(존슨 = Dr. W. O. Johnson), 1899년 5월 1일에 대구에 들어온 부해리(브루엔 = Hernry Munro Bruen)와 함께 안의와는 대구에 "공식적 선교지부"를 설립했다.

대구에 정착했던 당시 선교사들은 교회를 설립하여 죽어 가는 영혼을 구원하기 위해 복음을 선포하는 것으로 그치지 않았다. 그들은 그 일과 함께 학교와 병원을 설립하여 학생들을 가르쳤고 병들고 불쌍한 사람들을 치료하는 입체적인 복음 선교를 담당하여 영혼 구원과 육체적 평안을 아울러 한국 민족에게 선물했다. 선교사들의 이러한 활동은 당시 풍전등화와 같이 어려움에 부닥친 나라에 대한 애정과 이 땅에 몸 붙여 살아가는 사람들에 대한 애정이 없이는 불가능했던 일이었다. 그들의 활동은 인간 구원에 대한 선교적인 마음과 아울러 한국 민족에 대한 인류애의 발로라고 생각한다. 대구선교지부의 선교사들은 세 가지 선교 전략을 세웠다. 아래의 세 가지 선교 원칙을 통해 자신들의 선교 사역을 감당했다.

첫째, 교회를 중심한 복음 선교
둘째, 학원 선교
셋째, 병원 선교

그들의 열정과 헌신으로 교회가 기틀을 가지고 발전했고 영남 지역의 문맹으로부터의 자유와 학문적인 발전이 이루어졌다. 아울러 선교사들의 활동은 지역민들이 여러 가지 질병으로부터 자유로움을 누리게 되는 계기가 되었다. 선교에 대한 열정과 노력과 애정으로 선교사들은 지역사회에 헌신하여 그들이 끼친 공로는 지대하다고 본다.

(1) 교회를 중심한 복음 선교

배위량은 1896년 1월에 대구에 다시 와서 정완식 씨로부터 대구 남문 안에 있는 420평의 넓은 대지에 있는 초가(草家) 다섯 채와 와가(瓦家) 네 채를 사들여 그해 4월에 대구에 정착했다.[6]

배위량이 선교지부를 대구에 개척하기로 최종 결정을 내렸던 이유 여섯 가지 이유 중에 그 근거를 다음과 같은 여섯 번째 이유에서 확인할 수 있다.

> 이미 우리가 이 도시에 들어와 일을 시작했다.[7]

당시 배위량이 그의 일행과 더불어 할 수 있는 가장 기본적인 일은 예배인 것이 확실하다. 이렇게 생각하는 것이 선교사로 이 땅을 방문하고 대구에 정착한 배위량다운 모습이고 그의 삶의 모습인 것 같다.

배위량은 1893년 4월에 경상도 내륙 지역에 대한 전도 여행에서 밀양, 청도, 대구, 상주, 안동, 의성, 신령, 영천, 경주, 울산 그리고 동래를 거쳐 다시 부산으로 돌아가는 행로를 택했다. 물론, 다른 지역을 거치면서 전도를 하고 했겠지만, 배위량이 다시 이듬해 대구에 목적을 두고 다시 방문한 것을 보면 배위량의 생각 속에는 대구가 가진 지리적 위치를 고려하여 선교지부를 대구에 정하고자 했던 것이라고 판단된다.

배위량의 후임으로 대구선교지부의 책임을 맡게 된 안의와(安義窩, James Edward Adams, 1867-1929) 선교사, 장인차(張仁車, Dr. Woodbridge O. Johnson, 1869-1951) 선교사, 그리고 조금 늦게 대구에 도착한 부해리(傅海利, Henry Munro Bruen, 1874-1959)는 함께 공식적인 대구선교지부를 형성하게 되었

---

[6] 대구제일교회 100년사 편찬위원회 편, 『사진(寫眞)으로 보는 大邱第一敎會 百年史. 1893-1993, 1997』(대구: 대구제일교회, 2000), 21; 임희국, "경상북도 대구 초창기 선교사들의 사역: 열정, 문화충격, 헌신, 소통," 66.

[7] 임희국, "경상북도 대구 초창기 선교사들의 사역: 열정, 문화충격, 헌신, 소통," 65.

다. "1902년에는 대구선교지부에 일곱 명의 선교사"[8]가 함께 일하게 되었고 그때부터 대구선교지부는 영남 지역 일원의 복음 선교 중심지로서 중요한 일을 감당하면서 한국 선교의 터전을 잡게 되었다.

선교사들은 대구에 첫발을 내디딘 이후 문화적 충격이 컸지만[9], 새로운 문화에 호기심을 가진 대구 읍민들을 대상으로 선교적인 많은 성과를 거두게 되었다. 선교사들은 문화적 차이를 오히려 선교에 활용했다.[10]

대구의 선교지부장이었던 안의와는 의료선교사 장인차와 함께 조금 늦게 선교지부에 합류한 부해리와 합력하여 선교지부의 일을 확장해 갔다. 그들의 선교 사역은 선교지부의 중심에 위치한 교회를 중심으로 이루어졌고 그들 선교의 중심은 늘 교회 우선이었다. 선교사의 선교적 열정으로 대구제일교회는 나날이 부흥했고, 교회의 부흥에 따라 분가 형식으로 교회를 분립 개척했다[11]. 1900년 사월교회를 분리하여 개척하는 것을 시작으로 대구 인근 양 사방으로 교회가 분리 개척되는 일이 일어나 "1910년 사이에 6개 교회를, 1916년 사이에 4개 교회"가 분립 및 개척되었다.[12]

(2) 학원 선교

대구제일교회(당시 이름: 남문안교회)가 창립된 얼마 지나지 않았던 1900년 11월 1일에, 안의와는 몇몇 교인과 힘을 합쳐 대구제일교회 구내에서

---

8   임희국, "경상북도 대구 초창기 선교사들의 사역: 열정, 문화충격, 헌신, 소통," 67-68과 각주 12를 보라.
9   임희국, "경상북도 대구 초창기 선교사들의 사역: 열정, 문화충격, 헌신, 소통," 67-69를 보라.
10 Richard H. Baird, *William M. Baird of Korea*. 김인수 역. 『배위량 박사의 한국 선교』 (서울: 쿰란출판사, 2004), 56을 참조하라.
11 임희국, "경상북도 대구 초창기 선교사들의 사역: 열정, 문화충격, 헌신, 소통," 74-75; 대구제일교회 100년사 편찬위원회 편, 『사진(寫眞)으로보는 大邱第一敎會 百年史』, 271-273.
12 임희국, "경상북도 대구 초창기 선교사들의 사역: 열정, 문화충격, 헌신, 소통,"「장신논단」33(2008), 75, 각주 29.

남자학교인 대남소학교를 설립했다[13]. 이 학교가 바로 지금의 종로초등학교의 전신인 대남소학교이다. 이 대남소학교는 대구에 설립된 최초의 신식학교였다. 이 학교는 사립 대남학교(私立 大南學校) 또는 예수교 대남소학교(耶蘇敎 大南小學校)로 불렸다[14]. 그리고 부해리의 아내인 브루엔 부인(Martha Scott Bruen = 부마태)에 의해 대구제일교회 구내에서 1902년 5월 10일 여자부 신명여자소학교가 설립되었다[15]. 브루엔 부인은 1907년 10월 15일 현재의 신명고등학교 자리에 "중등과정 신명여학교를 설립했다."[16]

1900년에 설립된 소학교 학생들이 졸업할 즈음인 1906년에 이르자, "대구 지역의 교회가 운영하는 소학교의 수가 49개였고 학생 수는 433명이나 되었다."[17] 그 졸업생들을 가르칠 상급학교의 필요성이 대두되어 1906년 대구에서 대구선교지부지와 부산선교지부의 선교사들이 회의로 모였고 이 회의를 통해 대구에 남자 중학교를 설립할 것에 대한 계획이 수립되었고, 그 후 안의와는 대남학교 졸업생들을 중심으로 남자 중학교인 계성학교를 개교했다[18].

안의와는 1903년에 남자 조사반(Helpers' Class for men)을 시작했고 1905년 4월에는 부산선교지부와 호주 장로회 선교부가 연합하여 대구에서 조사반을 가르쳤다. 이때 부산선교지부의 사이드 보탐(Richard H. Sidebotham, 1874-1908 = 사보담), 호주선교부의 엥겔(G. Engel 1864-1939 = 왕길지), 그리고

---

[13] 대구제일교회 100년사 편찬위원회 편, 『사진(寫眞)으로 보는 大邱第一敎會百年史. 1893-1993, 1997』(대구: 대구제일교회, 2000), 6.
[14] 임희국, "경상북도 대구 초창기 선교사들의 사역: 열정, 문화충격, 헌신, 소통," 77과 각주 32.
[15] 대구제일교회 100년사 편찬위원회 편, 『사진(寫眞)으로 보는 大邱第一敎會 百年史』, 6, 31; 임희국, "경상북도 대구 초창기 선교사들의 사역: 열정, 문화충격, 헌신, 소통," 77, 각주 32.
[16] 대구제일교회 100년사 편찬위원회 편, 『사진(寫眞)으로 보는 大邱第一敎會 百年史』, 31.
[17] 임희국, "경상북도 대구 초창기 선교사들의 사역: 열정, 문화충격, 헌신, 소통," 78.
[18] 이상근, 『대구제일교회 90년사』(대구: 대구제일교회 90년사출판위원회, 1983), 71; 임희국, "경상북도 대구 초창기 선교사들의 사역: 열정, 문화충격, 헌신, 소통," 78.

대구선교지부의 안의와와 부해리가 강사로 이 조사반을 지도했다. 이 조사반은 나중에 복음 전도자 훈련 과정(Training Class of evangelistic Workers)으로 발전되었고, 이것이 나중에 대구성경학교로 발전되었다.[19] 당시 성경학교는 "1년에 2개월씩 단기로 수업하다가 1940년 5월(당시 교장은 현해련 선교사), 일제의 탄압으로 폐교당했다."[20]

(3) 병원 선교

대구읍성 남문 안에 있는 선교지부에서 일했던 선교사들은 선교지부 안에 세워진 교회를 중심으로 하여 학교와 병원을 세우는 선교적 사역의 확장을 도모했다. 그때 의료선교사 장인차는 대구 제일교회가 위치한 남문 안 선교지부(현재 대구제일교회의 구 예배당과 그 인근 지역) 내에 '미국약방'(美國藥房)을 만들어 서양 약을 팔면서 의료 선교를 시작했다.[21] 나중에 이 '미국약방'은 대구 최초의 서양 의술을 베푸는 병원인 '제중원'(濟衆院)의 전신이 되었다.

대구읍성 남문 안에서 미국약방을 운영하던 장인차는 1899년 12월 24일에 선교지부 내에 있는 초가집에 진찰실(2.7m×1.5m), 약제실, 수술실 그리고 작은 창고가 붙어 있는 큰 병실(9m×3.6m)을 마련하여 '濟衆院'('제중원')이란 간판을 내걸었다. 장인차가 대구 땅에서 병원을 개설하여 일함으로써 대구·경북에서의 의료 선교가 본격적으로 시작되었다. 장인차가 세운 이 병원은 대구·경북 지역 지방에서 서양 의술을 베풀었던 최초의 근대적 의료 기관이었고 장인차는 대구·경북 최초의 근대 의료인이 되었다.[22]

---

19 Harry A. Rhodes, *History of the Korea Mission Presbyterian Church U.S.A. vol. 1 : 1884-1934*, (Seoul, 1934), 해리 로즈/최재건 역, 『미국북장로교 한국 선교회사 1: 1884-1934』(서울: 연세대학교출판부, 2009), 189; 임희국, "경상북도 대구 초창기 선교사들의 사역: 열정, 문화충격, 헌신, 소통," 76.
20 이상근, 『등대가 있는 외딴섬』(서울: 도서출판 두란노, 2002), 235-236.
21 대구제일교회, 『사진(寫眞)으로 보는 大邱第一教會 百年史』, 25.
22 대구제일교회 100년사 편찬위원회 편, 『사진(寫眞)으로 보는 大邱第一教會 百年史』, 6.

1908년과 1909년 사이에 장인차는 미국의 선진 의료기술을 한국에 전해 주기 위해 제중원에서 일하는 청년 일곱 명을 뽑아 그들에게 현대 의학을 가르쳐 전문 의료인을 양성하는 의학 교육을 실시했다.[23] 장인차가 치유를 베푼 현장에는 병 치료를 통해 병원을 확장하고 사업을 키우고자 하는 목적이 아닌 그 치료 행위를 통해 하나님이 일하시도록 늘 연약한 자들을 배려하고 안내하는 복음 전도자로서의 확고한 믿음과 사명이 있었다.

2) 초기 선교사들이 대구·경북에 끼친 영향

초기에 한국에 와서 복음을 전한 선교사들은 교회를 세워 지속적인 복음 선포를 지향했다. 동시에 학교를 세워 인재를 양성하여 그들이 한국을 이끄는 복음의 일꾼이 되도록 했다. 나아가 육체적 질병으로부터 자유로울 수 있도록 병원을 세워 환자들을 돌보고 그들을 고쳤다.

이러한 일련의 선교 사역을 감당한 것을 볼 때 대구에 정착한 선교사들은 서로 매우 긴밀한 관계 속에서 각 개인의 특성을 감안하여 서로를 배려하고 협조하여 가진바 능력을 발휘하도록 한 것 같다. 안의와와 부해리는 교회를 중심으로 복음을 전하기 위해 노력하는 한편 시내의 시장 거리뿐 아니라, 시골 장터와 촌 동네까지 찾아가 복음을 전하기 위해 노력했다. 장인차가 제중원을 중심으로 병원 선교에 힘쓰면서도 다른 선교사와 어울려 함께 시골 마을까지 찾아가는 선교를 지향했다. "이렇게 전도하는 중에도 어려운 환자를 보면 그들을 치료하는 인술을 베풀었다."[24]

대구가 초기 한국 교회에서 "제2의 예루살렘"이란 이름을 얻은 것이 우연히 이루어진 일이 아니었다. 선교사들의 열정적 헌신, 질서에 대한 존중과 자주적 행동, 협력하는 행동 등이 어우러져 나타난 선교적 결과에 따른

---

23 임희국, "경상북도 대구 초창기 선교사들의 사역: 열정, 문화충격, 헌신, 소통," 82.
24 배재욱, 『영성과 지성: 정류(靜流) 이상근의 생애와 사상(상)』 (서울: 기독교문서선교회, 2018), 88.

평가가 "제2의 예루살렘"이란 말로 나타났다고 보인다.

　1894년 청일전쟁 당시부터 일본은 당시 빈곤한 재정난으로 어려움에 부닥친 조선에 두 차례에 걸쳐 각 30만 원과 3백만 원의 차관을 제공하여 조선을 경제적으로 예속시키고, 조선을 일본의 식민지로 만들 계획을 세웠다. 그런 것을 간파한 당시 대구 광문사(廣文社)의 부사장이었던 서상돈(徐相敦)을 중심으로 담배를 끊는 단연(斷煙) 운동을 하여 모여진 돈으로 일본으로부터 제공받은 국채를 갚고 그것을 민족 자산으로 삼아 국가를 다시 일으키자는 국채보상운동(國債報償運動)을 제창하고 전개했다. 대구에서 서상돈에 의해 1907년 2월에 시작되어 빼앗긴 국권을 회복하고자 일어난 국채보상운동은 나중에 전국적 운동으로 번져 각계각층이 참여했다.

　"지금은 남의 땅, 빼앗긴 들에도 봄은 오는가"로 시작되는 대구 출신 이상화(李相和)의 시는 3·1운동이 일어난 지 6년째 되는 1926년, 「開闢」(개벽)에 발표되었다. 일본 제국주의에 저항했던 이상화는 철마다 새로운 얼굴로 바뀌는 달구벌의 넓은 들을 아픈 눈으로 바라보면서 〈빼앗긴 들에도 봄은 오는가〉란 시를 통해 순박한 땅의 사람들이 겪고 있는 아픔과 배고픔을 바라보며 그들에게 부닥친 절망과 서러움 저 너머 있는 기다림을 '새로운 희망'이란 관점으로 깊게 성찰했고 그것을 시로 표현했다.

　대구에서 일어났던 이러한 자유와 정의 그리고 평화에 대한 갈망들은 대구에 정착하여 복음 선교와 민족 계몽과 아울러 민족 자긍심을 불러일으키며 생명 운동을 전개했던 초기 대구·경북 지역 선교사들의 기도와 수고와 땀과 노력이 직간접적으로 크게 영향을 미쳤다는 것을 아무도 부인하지 못할 것이다. 이들 모든 초기 대구선교지부 선교사들의 가장 첫머리에 배위량 선교사가 자리를 잡고 있다.

참고 문헌

대구제일교회 100년사 편찬위원회 편. 『사진(寫眞)으로 보는 大邱第一敎會百年史. 1893-1993, 1997』. 대구: 대구제일교회, 2000.
박용규. 『한국 기독교회사』. 서울: 생명의말씀사 & 한국 교회사연구소, 2004.
배재욱. 『영성과 지성: 정류(靜流) 이상근의 생애와 사상(상)』. 서울: 기독교문서선교회, 2018.
_____. "그리스도교회의 한국 전파." 정류(靜流) 이상근 목사(8). 「한국장로신문」 제1447호(2015년 2월 14일), 7.
_____. "정류가 접한 초기 대구, 경북 지방의 그리스도 교회." 정류(靜流) 이상근 목사(9). 「한국장로신문」 제1448호(2015년 2월 28일), 7.
_____. "베어드 가족의 예배, 대구제일교회의 초석되다." 정류(靜流) 이상근 목사 (10). 「한국장로신문」 제1449호(2015년 3월 7일), 7.
_____. "예배와 선교를 전제한 베어드 목사의 '여행'." 정류(靜流) 이상근 목사(11). 「한국장로신문」 제1450호(2015년 3월 14일), 7.
_____. "대구성경학교 통해 새로운 인생의 '경험'." 정류(靜流) 이상근 목사(12). 「한국장로신문」 제1451호(2015년 3월 21일), 7.
_____. "본분을 잊지 않고 선교에 전력을 다하여…." 정류(靜流) 이상근 목사(13). 「한국장로신문」 제1452호(2015년 3월 28일), 6.
_____. "존중과 배려로 원활한 공동체 유지." 정류(靜流) 이상근 목사(14). 「한국장로신문」 제1454호(2015년 4월 11일), 16.
_____. "초기 선교사들의 수고와 땀 그리고 기도." 정류(靜流) 이상근 목사(15). 「한국장로신문」 제1455호(2015년 4월 18일), 7.
_____. "대구·경북 지방 초기 교회사". in: 조삼수 (편집). 『청도칠곡교회 110년사(1906-2016년)』. 청도: 대한예수교장로회청도칠곡교회, 2016), 8-11.
_____. "바울의 갱신 사상(更新 思想)과 1907년 평양 대부흥 운동: 고린도후서 5장 11-21절의 '새로운 피조물'을 중심으로." 「신학사상」 139집(2007년 겨울호), 65-105.
이상근. 『대구제일교회 90년사』. 대구: 대구제일교회 90년사출판위원회, 1983.
_____. 『등대가 있는 외딴섬』. 서울: 도서출판 두란노, 2002.
임희국. "경상북도 대구 초창기 선교사들의 사역: 열정, 문화충격, 헌신, 소통." 「장신논단」 33(2008), 63-89.
Baird, Richard H. William M. Baird of Korea. 김인수 역. 『배위량 박사의 한국 선교』. 서울: 쿰란출판사, 2004.
Rhodes, Harry A. History of the Korea Mission Presbyterian Church U.S.A. vol. 1 : 1884-1934, (Seoul, 1934). 로즈, 해리/최재건 역. 『미국북장로교 한국 선교회사 1: 1884-1934』. 서울: 연세대학교출판부, 2009.

제5부 | 삼일절 100주년 맞이 대구·경북 지역 3·1운동 발상지 탐방과 배위량 순례길 순례

(2019년 2월 26일[화]-3월 1일[금]까지 3박 4일)

제1장 삼일절 100주년 맞이 대구·경북 지역 3·1운동 발상지 탐방과 배위량 순례길 순례 초청장

제2장 배위량 순례길과 3·1운동 발상지 탐방 보고서 1

제3장 배위량 순례길과 3·1운동 발상지 탐방 보고서 2

제4장 배위량 순례길과 3·1운동 발상지 탐방 보고서 3

제5장 배위량 순례길과 3·1운동 발상지 탐방 보고서 4

제5부

삼일절 100주년 맞이 대구·경북 지역 3·1운동 발상지 탐방과 배위량 순례길 순례
(2019년 2월 26일[화]-3월 1일[금]까지 3박 4일)

1. 영남 지역에서의 3·1운동은 교회가 주도적 역할을 감당했다

당시 아주 미미한 존재였던 배위량아카데미(배위량순례단연합)에서는 무슨 자신감이 있어 이런 엄청난 일(삼일절 100주년 맞이 대구·경북 지역 3·1운동 발상지 탐방과 배위량 순례길 순례(2019년 2월 26일[화]-3월 1일[금]까지 3박 4일)을 저질렀을까 생각하면 지금도 신비로운 생각이 든다. 그 일은 생각할 수 없을 정도로 어렵고 힘들고 해야 할 과제가 복합적이고 어렵고 복잡했다.

당시 배위량아카데미(배위량순례단연합)는 거의 영남신대 동아리 학생들이 주축이었고 함께한 회원도 소수였고 재정도 거의 바닥이 난 상태였다. '삼일절 100주년 맞이 대구·경북 지역 3·1운동 발상지 탐방과 배위량 순례길 순례' 행사를 준비하면서 우리는 그저 꿈을 꾸었고 이 일이 하나님 나라를 위해 반드시 필요한 일인지에 대한 질문에 집중했다.

배위량은 영남 지역의 3·1운동에 직접 참여하지 않았다. 그는 그 당시 평양에 있었다. 하지만 영남 지역에서 일어난 3·1운동은 다른 지역과 달리 3·1운동의 주된 사람들이 거의 기독교인들이었다.[1] 그것은 배위량이

---

[1] 김진호·박이준·박철규 공저, 『국내 3·1운동Ⅱ: 남부』, 한국독립운동의 역사 20(천안: 독립기념관 한국독립운동사연구소, 2009), 248; 배재욱, "대구·경북지역의 3·1만세운동과 그리스도교 역사와 문화: 대구·안동을 중심으로," 「신학과 목회」 51(3.1운동 100

1893년 4년 14일-5월 20일까지 충성, 열정과 모험으로 감당한 제2차 순회전도 여행을 통해 뿌리 복음의 씨앗이 밑거름되어 영남 지역의 3·1운동에 직간접으로 3·1운동에 참여하는 데 영향을 끼친 것이라는 사실에서 배위량과 영남 지역의 3·1운동은 배위량의 복음 전도 활동과 깊은 관련 속에 있고 본다. 영남 지역에서 일어난 3·1운동 초창기에는 3·1운동이 일어난 지역이 거의 초기 영남 지역의 교회 분포도와 밀접히 관련되어 있다.[2]

영남 지역에서 3·1운동은 기독교 신자들이 주도적인 역할을 감당했고 그 진행과 절차도 평화적으로 진행되었다. 하지만 영남 지역에서 일어난 3·1운동이 나중에는 농민들과 노동자층의 사람들이 가담함으로 다른 지역보다도 더 격렬하게 전개되었고 그것이 계기가 되어 독립 무장 투쟁으로 발전했다.

2. '배위량 제2차 순회전도 여행길'을 처음으로 걸었던 사람들[3]

필자가 1893년 4-5월에 배위량이 행한 제2차 순회전도 여행길을 따라 순례하고 있다는 소식을 들은 대구제일교회의 어느 성도님께서 대구제일

주년 기념호, 2019.5), 26-27(9-33); 배재욱, "대구·경북지역의 3·1만세운동과 그리스도교 역사와 문화: 대구·안동을 중심으로," 『신학과 목회』 51(3.1운동 100주년 기념호, 2019.5), 9-33; 배재욱외 7인 공저, 『한국교회와 대구·경북지역 3·1운동』. 배위량아카데미 연구서적 1, 배재욱 엮음(대구: 정류 아카데미, 2019), 66을 보라.

[2] 이런 논지에 대해서는 배재욱, "대구·경북지역의 3·1만세운동과 그리스도교 역사와 문화: 대구·안동을 중심으로," in: 배재욱외 7인 공저, 『한국교회와 대구·경북지역 3·1운동』. 배위량아카데미 연구서적 1, 배재욱 엮음(대구: 정류 아카데미, 2019), 68-72; 이상주, "포항 3·1운동 전개과정과 기독교인의 역할", in: 배재욱 외 7인 공저. 『한국 교회와 대구·경북 지역 3·1운동』. 배위량아카데미 연구서적 1. 배재욱 엮음(대구: 정류 아카데미, 2019), 187-246을 보라.

[3] 1993년 8월 2일 이전에 1893년 4-5월에 배위량이 행한 제2차 순회전도 여행길을 따라 순례한 적이 있는지에 대한 기록을 필자가 아직 찾지 못하여 1993년 8월 2-6일에 행한 대구제일교회의 청년1부 행사에서 배위량의 제2차 순회전도 여행길을 걸었던 청년들을 "'배위량 제2차 순회전도 여행길'을 처음으로 걸었던 사람들"로 표기하고자 한다.

교회의 청년들이 부산에서 대구까지 배위량의 선교 노정을 따라 순례했다는 것을 알려 주어 역사 기록을 찾아 보니 1993년 8월 2-6일(4박 5일)동안 대구제일교회 청년1부학생들이 부산에서 대구까지 도보로 순례를 했다는 것을 알게 되었다. 그 뒤에 역사 자료를 찾아 보니 배위량이 1893년에 행한 제2차 순회전도 여행한 '배위량 순례길'을 탐방한 최초의 기록은 1993년 8월 2-6일(4박 5일)동안 대구제일교회 청년1부학생들이 부산에서 대구까지 도보로 순례했다는 기록이 남아 있었다.[4] 정말 놀라웠다. 이렇게 멋진 일을 대구제일교회의 청년들이 했구나 싶었고 자랑스러웠다. 그런데 이러한 좋은 시도가 계속 이어지지 않았다는 사실이 많이 안타깝다.[5]

---

[4] 대구제일교회 100년사 편찬위원회 편, 『사진(寫眞)으로 보는 大邱第一教會 百年史. 1893-1993, 1997』(대구: 대구제일교회, 2000), 14-17.

[5] 『사진(寫眞)으로 보는 大邱第一教會 百年史. 1893-1993, 1997』, 16은 대구제일교회 청년1부 학생들이 부산에서 대구까지 도보로 순례했다고 말하고 있다.
대구제일교회의 청년1부 순례단이 부산에서 대구까지 전 노정을, 전체 참가자들이 모두 걸었는지에 대해서 필자는 정확하게 알지 못한다. 하지만 팔조령을 올라오면서 찍은 사진에서 보면 행진하는 참가자들의 모습이 매우 활기차다. 부산초량교회에서 대구제일교회까지 버스나 대중교통을 이용하지 않고 전체 학생들이 함께 계속 걸어왔다면 팔조령같은 고갯길을 그렇게 깃발과 프랭카드를 들고 활기차게 걷는 것이 부자연스러워 보인다. 그것은 1993년 8월 2-6일 4박 5일 동안 부산에서 대구까지 전체 노정 도보 순례를 참가하여 도보 순례를 하는 과정에서 팔조령 고갯길을 올라오면서, 사진처럼 고갯길을 올라오고 사진에 나타나는 모습처럼 활기차게 걷는 것이 불가능하기 때문이다.
1993년 8월 2-6일(4박 5일 동안)이란 전체적인 도보 순례일정을 유추해 보면, 사진에 나오듯이, 걷는 것이 어려운 일이다. 그래서 전체 참가자들이 전체 노정을 함께 걸어서 온 것이 아니라, 전체 구간을 부분적으로 나눈 후, 참가자들을 조별로 나누어 일정 구간을 나누어 걷다가, 중요 구간에서는 전체 참가자들이 같이 걷는 방법을 취했을 듯하다. 아니면 전체적으로는 버스 등의 교통 수단을 이용하면서 어떤 중요한 구간의 노정만 전체가 걷고, 어느 지역에 들어가서는 노방전도를 하고, 어떤 장소에서는 수련회를 하면서 숙박하는 그런 방법으로 순례를 시행했을 것 같다.
어느 순례 노정이든지 목적한 노정을 전체 참가자가 함께 하루 이상 걷는 것이 쉽지 않다. 그런데, 큰 무엇을 얻기 위하여 어떤 많은 것을 하고자 하는 모둠과 실제로 도보 순례를 행한 모둠이 서로 간의 의견 조정이 어려워 그 이후에는 도보 순례가 계속되지 않았는지, 아무튼 지금 대구제일교회 청년1부가 도보 순례를 시행하지 않고 있다. 귀중한 경험을 했던 청년들이 한 번의 도보 순례로 그치지 않고 계속 이어지도록 10킬로미터 정도의 짧은 거리라도 전체 청년들이 함께 걷고, 그 경험을 해마다 계속 후배들이 이어가는 순례를 계획했다면, '배위량 순례길' 순례가 지금까지 계속 이어졌을 것인데,

〈대구제일교회의 청년1부 순례단이 청도와 대구 사이의 고갯길인 팔조령을 넘는 모습〉[6]

3. '배위량 순례길'의 시원(始原)과 대구·경북 지역의 3·1만세운동길

1983년에 배위량이 순회전도 여행한 '배위량 순례길'을 필자는 2015년 부터 지금까지 걷고 있다. 2019년도에는 배위량아카데미(배위량순례단연합)가 주관하여 실행한 '삼일절 100주년 맞이 대구·경북 지역 3·1만세운동 발상지 탐방과 배위량 순례길 순례' 행사와 학술대회를 개최하여 영남 지역에서 일어난 3·1만세운동에 배위량이 어떤 영향을 끼쳤는지, 그리고 배위량이 왜 영남 지역에서 중요한 인물이어야 하는지, 그것을 통해 그가

하는 아쉬움이 크다. 부산-대구를 4박 5일 동안 전체 노정을 전체 인원이 함께 도보로 순례한다는 것은 숙달된 순례자들도 힘든 노정이다.
그렇지만, 아무튼 1993년에 대구제일교회 청년1부의 청년들이 '배위량 순례길'을 걸었다는 사실 자체는 불변하는 일이므로 '배위량 순례길'에 대단히 중요한 흔적을 남기게 되었다. 역사적인 '배위량 순례길' 위에서 첫 발자취를 남기는 첫 순례를 행했다는 중요한 일을 대구제일교회 청년1부 청년들이 행했다.

[6] 사진은 대구제일교회 100년사 편찬위원회 편, 『사진(寫眞)으로 보는 大邱第一敎會 百年史. 1893-1993, 1997』(대구: 대구제일교회, 2000), 16에서 인용하다.

고생하며 모험으로 감행한 순회전도 여행길인 '배위량 순례길'을 찾아 '한국 산티아고 순례길'로 개발해야 할 당위성을 찾을 수 있기를 희망한다.

참고 문헌

김진호 · 박이준 · 박철규 공저. 『국내 3·1운동Ⅱ: 남부』. 한국독립운동의 역사 20. 천안: 독립기념관 한국독립운동사연구소, 2009.
대구제일교회 100년사 편찬위원회 편. 『사진(寫眞)으로 보는 大邱第一敎會 百年史. 1893-1993, 1997』. 대구: 대구제일교회, 2000
배재욱외 7인 공저. 『한국교회와 대구·경북지역 3·1운동』. 배위량아카데미 연구서적 1. 배재욱 엮음. 대구: 정류 아카데미, 2019.
배재욱. "대구·경북지역의 3·1만세운동과 그리스도교 역사와 문화: 대구·안동을 중심으로." in: 배재욱외 7인 공저. 『한국교회와 대구·경북지역 3·1운동』. 배위량아카데미 연구서적 1. 배재욱 엮음. 대구: 정류 아카데미, 2019.
배재욱. "대구·경북지역의 3·1만세운동과 그리스도교 역사와 문화: 대구·안동을 중심으로." 「신학과 목회」 51(3.1운동 100주년 기념호, 2019.5), 9-33.
이상준. "포항 3·1운동 전개과정과 기독교인의 역할". in: 배재욱 외 7인 공저. 『한국 교회와 대구·경북 지역 3·1운동』. 배위량아카데미 연구서적 1. 배재욱 엮음. 대구: 정류 아카데미, 2019..

제1장

삼일절 100주년 맞이 대구·경북 지역
3·1운동 발상지 탐방과 배위량 순례길 순례 초청장[1]

초청자: 배재욱 박사(영남신학대학교 신약학 교수, 배위량순례단연합 회장)

삼일절 100주년 맞이 대구·경북 지역 3·1운동 발상지 탐방과 배위량 순례길 순례에 초청합니다.

2019년은 3·1운동 100년이 되는 해입니다. 1919년도에 일어난 3·1운동은 민족사적으로 대단히 중요한 민족 정신 발로의 전기가 되었습니다. 3·1운동이 일어난 지 100년을 맞이한 2019년도에 대구·경북 지역에서 일어난 3·1운동 유적지와 배위량 선교사 유적지 여러 곳을 돌아보면서 잊혀 가는 역사와 기독교적 민족 정신을 바르게 세우는 작업을 세우고자 합니다.

신앙심과 국가관을 중심으로 한 기독교적 가치관을 굳건하게 세우고 신앙심과 개인의 인격 수양과 영성 개발을 목표로 하는 삼일절 100주년 기념행사와 배위량 순례길 순례(자동차로 이동)를 하고자 합니다. 오셔서 함께 한국 교회와 민족을 위해 기도하고 신앙의 선배들이 피로써 지킨 이 강토를 돌아보는 순례행사에 여러분을 초대합니다.

2019.2.21.

배재욱 박사 드림

---

[1] 배재욱, "삼일절 100주년 맞이 대구·경북 지역 3·1운동 발상지 탐방과 배위량 순례길 순례 초청장"(경산: 영남신학대학교,2019[2019.2.21.]).

참고 문헌

배재욱. "삼일절 100주년 맞이 대구·경북 지역 3·1운동 발상지 탐방과 배위량 순례길 순례 초청장". 경산: 영남신학대학교, 2019(2019.2.21).

제2장

배위량 순례길과 3·1운동 발상지 탐방 보고서 1[1]

보고자: 배재욱 박사(영남신학대학교 신약학 교수, 배위량아카데미원장 겸 배위량순례단연합 회장)

'삼일절 100주년 맞이 대구·경북 지역 3·1운동 발상지 탐방과 배위량 순례길 순례행사'를 계획하고 많은 시간을 어떻게 할지 많이 기도하고 고민하고 모여서 회의도 하고 계획도 짜고 5,000번 가까이 전화와 문자로 연락하고 직접 찾아가 계획을 말했지만, 반응이 없었습니다. 그렇지만 배위량순례단연합 회원들과 '영남신대 배위량 순례길 평화 순례 동아리' 회

---

[1] 배재욱, "배위량 순례길과 3·1운동 발상지 탐방 보고서 1"(경산: 영남신학대학교, 2019[2019년 3월 11일])을 수정 보완했다.
배재욱, "믿음으로 한국 땅에 뛰어든 배위량 목사 (1)," 3·1운동 발상지 탐방과 배위량 순례길 순례 (1).「한국장로신문」제1633호(2019년 3월 9일), 7 & 배재욱, "믿음으로 한국 땅에 뛰어든 배위량 목사 (2)," 3·1운동 발상지 탐방과 배위량 순례길 순례 (2),「한국장로신문」제1634호(2019년 3월 16일), 7 & 배재욱, "3·1운동 발상지 탐방과 배위량 순례길 순례 (3)," 믿음으로 한국 땅에 뛰어든 배위량 목사 (3),「한국장로신문」제1635호(2019년 3월 30일), 7 & 배재욱, "믿음으로 한국 땅에 뛰어든 배위량 목사 (4)," 3·1운동 발상지 탐방과 배위량 순례길 순례 (4),「한국장로신문」제1637호(2019년 4월 13일), 7 & 배재욱, "믿음으로 한국 땅에 뛰어든 배위량 목사 (5)," 3·1운동 발상지 탐방과 배위량 순례길 순례 (5). 삼일절 100주년 맞이 대구·경북 지역 3·1운동 발상지 탐방과 배위량 제2차 순회전도 여행126주년 맞이 학술대회 논문 발표 및 강연 (2),「한국장로신문」제1638호(2019년 4월 20일), 11를 참조했다.

원들은 한결같이 부족한 저를 믿어 주었고 지원해 주었기에 용기를 얻었고, 그것이 큰 힘이 되어 지금까지 버틸 수 있었기에 감사합니다.

포항기쁨의교회 박진석 목사님이 많은 조언과 지원을 해 주어 감사합니다. 생면부지의 서울 미암교회 강정훈 장로님은 자신이 경상북도 영주시가 고향이고 안동에서 공부했다고 하면서 고향 영주와 안동을 순례하는데 마음은 함께하길 원하지만 건강상 순례에 참여하지 못하여 아쉽다고 하셨습니다. 어느 날 강정훈 장로님께서 전화로 감사하게도 순례단의 끝자리라도 채울 기회를 달라고 하시면서 후원금을 보내 주셨습니다. 이런 일을 바라보면서 3년 전 처음 배위량 순례길 순례행사를 시작했던 시기에 부산대학교 김재호 교수님이 "주님께서 함께하시고 이 일을 기뻐하십니다"라고 예언 같은 말씀을 하신 것이 생각났습니다.

올해 삼일절은 100주년 맞이 삼일절입니다. 3·1운동은 하나님께서 우리 민족을 사용하시고자 훈련하시고 연단하신 사건입니다. 특히, 대구·경북 지역의 3·1운동은 한국 기독교회와 기독교인이 중심이 된 위대한 운동인데 그것을 대구·경북 지역의 기독교인만 모르고 있었습니다. 우리는 그 잊어버린 역사를 되찾고 새로운 역사 인식으로 교회를 새롭게 해야 할 것입니다.

세상 사람들의 생각에는 이 일이 시간과 물질을 허비하는 바보짓이라고 생각할지도 모르겠습니다. 사실 다들 그런 마음이 들곤 할 것입니다.

혼자 한 주간 배낭을 메고 나가 한겨울 한파를 뚫고 밤 자정이 넘은 시간에도 숙박할 곳을 찾아 낯선 곳에서 헤매는 처량한 나그네의 모습을 상상해 보셨는지요?

그것은 순례를 나서는 자들에게는 상상이 아닌 실제로 있는 현실입니다. 물어물어 가야 하는 길이 고단하고 힘들었습니다. 그런데 배위량 선교사님은 실제로 그렇게 복음을 전하는 전도자의 삶을 사셨습니다. 그분이 뿌린 복음의 씨앗은 알게 모르게 영남 지역에 깊숙이 뿌리를 내렸습니다.

배위량이 복음 전파를 위해 나섰을 때, 처음에는 냉대와 무시 속에서 전도 활동을 했지만, 알게 모르게 영남 지역 사람들의 의식 속에 복음의 씨앗이 심어졌다는 사실을, 저희들은 배위량 순례길을 순례하면서, 알게 되었습니다. 배위량은 낯설고 물선 미지의 조선 땅에서 전도를 나갈 때, 1년의 반 이상을 낯선 곳으로 나가 복음 전도 여행을 했습니다. 그렇게 하나님의 복음 말씀을 전했던 한 위대한 복음 전도자의 삶의 흔적을 찾는 일은 이 시대 사람들에게 맡겨진 사명이라는 생각이 들었습니다. 저의 바보 같은 그런 생각에 함께 머리를 맞대고 말 상대가 되어 주신 배위량순례단연합 동료들과 영남신학대학교의 '영남신대 배위량 순례길 평화 순례 동아리' 회원님들께 먼저 감사의 인사를 전합니다.

배위량아카데미에서 시행했던 '길 위의 배위량학술대회'를 할 때는 생소한 분야의 논문을 작성해야 했기에 1-2년 전부터 준비해야 하는 힘들고 어려운 과정인데도, 좋은 논문을 작성하셔서 저의 우매한 계획에 함께해 동참해서 연구논문을 작성하고, 발표해 주신 이상규 교수님, 김명배 교수님, 이교남 목사님, 박진석 목사님, 이상준 선생님, 김재현 박사님께 감사합니다.

함께 주관단체가 되어 주고 또 지원해 주신 대구동노회장 김병옥 목사님, 경북노회장 강경구 장로님, 대구동남노회장 정기철 목사님, 대구서남노회장 임영태 목사님, 경서노회장 곽희주 목사님, 영주노회장 강성효 목사님, 경안노회장 이위철 목사님, 포항노회장 박진석 목사님 그리고 장신대 신대원 77기 동기회장 최낙규 목사님께 깊이 감사합니다.

물질로 후원해 주시고 오셔서 설교, 사회, 기도와 축도 등의 순서로 수고하신 청도기독교연합회장 손원국 장로님, 대구서남노회 부노회장 김해봉 목사님, 봉화현교회 호병기 목사님, 전 기독공보 사장 고무송 목사님, 대구계성교회 전 담임 박이득 목사님, 상주시찰장 김종순 목사님, 함창교회 윤일국 목사님, 상주시찰 교역자회 회장 이영생 목사님, 상주대회의 부대회장 김재수 장로님, 예천풍성한교회 김한식 목사님, 안동교회 김승학 목사님, 의성제일교회 이상훈 목사님께 깊이 감사합니다.

포항 우창교회 이남재 목사님과 포항 도구제일교회 임광섭 장로님께 감사드리는 것은 시간을 내기 힘든 이 시대에 차량과 물질과 시간을 내어 사전 답사에 기꺼이 동행이 되어 주시는 봉사를 하심으로 이 일을 진행하는 데 큰 도움이 되었습니다.

그리고 우곡제일교회 정규삼 목사님은 도진마을의 3·1 독립 운동 역사에 관한 귀중한 문헌을 구해 주셨고, 사촌교회 이필호 목사님과 서광수 우곡면장님과 저의 막내동생 배재근 집사님은 우곡의 선사 시대 유적과 독립 운동에 관한 유적을 찾는 데 여러모로 도움을 주셔서 감사합니다.

포항에서의 행사를 위해 함께 협력자가 되어 주시고 도와주신 이강덕 포항시장님께도 감사합니다. 대구제일교회 박창운 목사님은 늘 힘이 되는 말씀으로 도와주셨고 대구제일교회 임병규 장로님과 우제오 집사님은 이모저모 힘껏 도와주셔서 감사합니다.

처음에는 아무도 순례에 나서는 사람이 없어 '나 혼자 3·1 유적지를 순례하게 되는 것이 아닌가?' 하고 염려했었는데, 그때 장신대 신대원 동기회에서 기꺼이 발 벗고 나서 함께 참여하도록 지원해 주신 최낙규 회장님과 연락에 도움을 주신 온빛교회 허광오 목사님께 감사합니다.

급하게 요청했지만, 순례단원들에게 도움이 될 자료를 기꺼이 보내 주신 내매교회 윤재현 목사님, 쌍계교회 서보률 목사님께 감사합니다. 부족하지만 저의 뜻을 믿어 주시고 '삼일절 100주년 맞이 대구·경북 지역 3·1운동 발상지 탐방과 배위량 순례길 순례'에 함께 참여해 주신 순례단원 여러분께 깊이 감사합니다. '삼일절 100주년 맞이 대구·경북 지역 3·1운동 발상지 탐방과 배위량 순례길 순례'를 위해 준비위원으로 이름도 없이 빛도 없이 참여하고 도움을 주신 배위량순례단연합 회원 여러분과 '영남신대 배위량 순례길 평화 순례 동아리' 회원들께 다시 한번 감사합니다.

마지막으로 여러 날 동안 모두 쓸모없는 일이라고 치부하여 무모한 일을 제발 그만두라는 언질을 많이 받았지만, 그 계획이 주는 무게감 때문에 다른 일에는 시선도 주지 못하고 주어진 일에 매달려 막바지 며칠 동안은

집 거실문도 열어보지 못할 정도로 여유 없이 일에 골몰해 있었던 부족한 저에게 포기하지 않는 믿음과 건강을 주시고, 힘들었지만, 그 일을 기쁨으로 하고자 하는 마음을 주셔서 잘 감당하게 하신 하나님께 감사합니다.

2019. 3. 11.
배재욱 박사(영남신학대학교 신약학 교수, 배위량순례단연합 회장)

참고문헌

배재욱. "배위량 순례길과 3·1운동 발상지 탐방 보고서 1". 경산: 영남신학대학교, 2019(2019년 3월 11일)
_____. "믿음으로 한국 땅에 뛰어든 배위량 목사 (1)." 3·1운동 발상지 탐방과 배위량 순례길 순례 (1).「한국장로신문」제1633호(2019년 3월 9일), 7.
_____. "믿음으로 한국 땅에 뛰어든 배위량 목사 (2)." 3·1운동 발상지 탐방과 배위량 순례길 순례 (2),「한국장로신문」제1634호(2019년 3월 16일), 7.
_____. "3·1운동 발상지 탐방과 배위량 순례길 순례 (3)." 믿음으로 한국 땅에 뛰어든 배위량 목사 (3).「한국장로신문」제1635호(2019년 3월 30일), 7.
_____. "믿음으로 한국 땅에 뛰어든 배위량 목사 (4)." 3·1운동 발상지 탐방과 배위량 순례길 순례 (4),「한국장로신문」제1637호(2019년 4월 13일), 7.
_____. "믿음으로 한국 땅에 뛰어든 배위량 목사 (5)." 3·1운동 발상지 탐방과 배위량 순례길 순례 (5). 삼일절 100주년 맞이 대구·경북 지역 3·1운동 발상지 탐방과 배위량 제2차 순회전도 여행 126주년 맞이 학술대회 논문 발표 및 강연(2).「한국장로신문」제1638호(2019년 4월 20일), 11.

제3장

배위량 순례길과
3·1운동 발상지 탐방 보고서 2[1]

보고자: 배재욱 박사(영남신학대학교 신약학 교수, 배위량아카데미원장겸 배위량순례단연합 회장)

'삼일절 100주년 맞이 대구·경북 지역 3·1운동 발상지 탐방과 배위량 순례길 순례'가 2019년 2월 26일(화)-3월 1일(금)까지 3박 4일 일정으로 대구, 청도, 현풍, 고령, 성주, 구미, 상주, 예천, 영주, 안동, 의성, 영덕, 포항 등 3·1운동 발상지와 배위량 순례길에서 개최되었다. 이 행사의 주관단체는 경북노회, 대구동노회, 대구동남노회, 대구서남노회, 경서노회

---

[1] 배재욱, "배위량 순례길과 3·1운동 발상지 탐방 보고서 2"(경산: 영남신학대학교, 2019[2019년 3월 11일])를 수정 보완했다.
배재욱, "믿음으로 한국 땅에 뛰어든 배위량 목사 (1)," 3·1운동 발상지 탐방과 배위량 순례길 순례 (1).「한국장로신문」제1633호(2019년 3월 9일), 7 & 배재욱, "믿음으로 한국 땅에 뛰어든 배위량 목사 (2)," 3·1운동 발상지 탐방과 배위량 순례길 순례 (2),「한국장로신문」제1634호(2019년 3월 16일), 7 & 배재욱, "3·1운동 발상지 탐방과 배위량 순례길 순례 (3)," 믿음으로 한국 땅에 뛰어든 배위량 목사 (3),「한국장로신문」제1635호(2019년 3월 30일), 7 & 배재욱, "믿음으로 한국 땅에 뛰어든 배위량 목사 (4)," 3·1운동 발상지 탐방과 배위량 순례길 순례 (4),「한국장로신문」제1637호(2019년 4월 13일), 7 & 배재욱, "믿음으로 한국 땅에 뛰어든 배위량 목사 (5)," 3·1운동 발상지 탐방과 배위량 순례길 순례 (5). 삼일절100주년 맞이 대구·경북 지역3·1운동 발상지 탐방과 배위량 제2차 순회전도 여행126주년 맞이 학술대회 논문 발표 및 강연(2),「한국장로신문」제1638호(2019년 4월 20일), 11를 참조했다.

상주시찰회, 영주노회, 경안노회, 포항노회, 장신대 신대원 77기동기회와 배위량순례단이었고 '삼일절 100주년 맞이 대구·경북 지역 3·1운동 발상지 탐방과 배위량 순례길 순례위원회'가 주최했다. 후원자 및 후원 기관은 서울미암교회 강정훈 장로, 대구제일교회, 상주교회, 안동교회, 용궁풍성한교회, 의성제일교회 그리고 포항기쁨의교회였다.

  2019년 2월 26일(화) 오전 9시-10시 30분까지 대구제일교회역사관(옛 대구제일교회 본당)에서 대구의 4개 노회 주관 아래 3·1운동 100주년 개회 예배를 드렸는데, 대구동노회장 김병옥 목사(한세영광교회 담임)가 "민족의 정신을 다시 쌓은 3·1운동(열왕기상 18:30-40)"이란 제하로 설교했고, 이어서 논문 발표 1은 이상규 박사(전 고신대 부총장, 명예교수)가 "대구·경북 지방에서의 3·1운동과 기독교"란 주제로 논문을 발표했다.

〈대구제일교회 역사관에서 삼일절 100주년 맞이 개회 예배 후〉

〈대구에서 삼일절 100주년 맞이 개회 예배 후 팔조령 청도 선교 100주년 기념비 앞에서〉

구미에서는 2019년 2월 27일(수) 밤 8시 30분부터 10시까지 구미 선산 은파재영성수련원에서 장신대 신대원 77기 동기회 주관으로 배재욱 박사(영남신대 교수)의 "그리스도교 역사와 문화가 대구·경북 지역의 3·1만세 운동에 끼친 영향: 대구 · 안동을 중심으로"라는 제하의 논문 발표가 있었다.

상주에서는 경서노회 상주시찰회 주관으로 2019년 2월 27일 아침 9-10시 20분까지 상주교회에서 '삼일절 100주년 맞이 대구·경북 지역 3·1운동 발상지 탐방과 배위량 제2차 순회전도 여행 126주년 맞이 학술대회' 목적으로 '상주 지역 대회'와 배위량 상주 도착 126주년 기념 3·1운동 100주년 감사예배를 겸하여 드렸다. 설교는 경서노회 상주시찰장 김종순 목사(병선교회 담임)가 "3·1절과 삼위일체 하나님(롬 8:18-25)"이란 제하로 설교했고 이어서 김명배 박사(숭실대 교수)가 "대한민국임시정부 수립 과정에서 기독교 민족주의자들의 역할"이란 제목의 논문을 발표했다.

안동에서는 '삼일절 100주년 맞이 대구·경북 지역 3·1운동 발상지 탐방과 배위량 제2차 순회전도 여행 126주년 맞이 학술대회의 목적으로 '안동, 영주, 의성, 예천 지역 학술대회'가 영주노회와 경안노회 주관으로 안동교회에서 개최되었다. 이때 이겨남 목사(예천 전원교회 담임)가 "경상북도 북부 지역 기독교인 3,1 독립 운동의 역사: 안동, 영주, 예천 지역"이란 제하의 논문을 발표했다.

〈안동교회에서 삼일절 100주년 맞이 학술대회 후〉, 사진: 안동교회 임만조 장로

포항기쁨의교회에서 '삼일절 100주년 맞이 대구·경북 지역 3·1운동 발상지 탐방과 배위량 제2차 순회전도 여행 126주년 맞이 학술대회'의 '포항 지역 학술대회'가 2019년 2월 28일 저녁 7시부터 10시까지 열렸다. 이때 박진석 목사(포항기쁨의교회 담임)의 "3·1운동 정신의 계승을 위한 영성적, 지성적 과제", 이상준 선생(포항문화연구소연구위원)의 "포항 3·1만세운동의 전개 과정"이란 논문 발표와 김재현 박사(프린스턴신대 Ph. D., 한국고등신학원장)의 "3·1운동과 한국 기독교" 제하의 강연이 있었다.
　위에 언급한 학술대회와 동시에 이번 배위량 순례길은 삼일절 100주년 맞이 대구·경북 지역 3·1운동 발상지 탐방과 함께 배위량 순례길을 순례하였기에 3박 4일 일정을 자동차로 이동하면서 '삼일절 100주년 맞이 대구·경북 지역 3·1운동 발상지 탐방과 배위량순례단연합'[2]은 대구, 청도, 달성 구지, 고령 우곡, 성주, 구미, 상주, 예천, 영주, 안동, 의성, 영덕 그리고 포항을 돌아보는 빡빡한 일정으로 순례에 나섰다.
　먼저 돌아본 대구 동산 선교사 유적지와 인접한 동산 3·1만세운동 길은 대구에서 일어난 3·1만세운동 당시에 은밀히 동산길을 통해 대구 3·1만세운동이 일어났던 서문시장으로 집결했던 통로였기에 없어서는 안 될 귀중한 문화유산의 길이다. 그 길을 따라 미국북장로교 대구선교지부의 옛 건축물들이 서 있고 이 건축물들은 귀중한 근대 문화의 유산일 뿐만 아니라, 건축학적으로 뛰어난 조형미를 지니고 있다.
　대구 동산은 한국 문학의 발상지로 시와 음악과 예술이 흐르고, 음악가 박태준의 아스라한 추억이 담긴 '청라(靑蘿)언덕'으로도 유명하고, 많은 사람의 사랑을 받는 한국의 '몽마르뜨'(Montmarte) 언덕이다.
　다음으로 이동한 팔조령은 청도에서 대구로 들어오기 위해 넘어야 하는 고갯길이다. 지금은 자동차로 팔조령을 쉽게 넘을 수 있지만, 배위량 선교

---

[2] '삼일절 100주년 맞이 대구·경북 지역 3·1운동 발상지 탐방과 배위량 순례길 순례단'을 앞으로는 순례단으로 칭함.

사가 그 고갯길을 넘을 당시만, 해도 장정들이 8명이나 모여 함께 모여 넘어야만 했던 험준하고 으슥한 고갯길이었다.

대구광역시 달성군 가창면과 경상북도 청도군 이서면을 이어 주는 팔조령은 해발 약 400미터 정도 되고 봉화산과 상원산 사이의 고갯길이다. 이 팔조령은 영남대로 상에 있는 중요한 길목이라 그 인근에 봉화대가 있었다. 봉화산이란 산 이름도 그것에서 유래한다. 팔조령이란 지명의 유래는 "한양에서 동래까지 뻗은 영남대로 중에서 여덟 번째 고갯길이라서 팔조령이란 이름을 가지게 되었다"라는 설도 있고, "산적이 이 고갯길에 자주 출몰하여 팔조령을 넘을 때는 고갯마루에서 적어도 행인 여덟 명이 모여 함께 무리를 만들어 넘어야 산적이 덤비지 않는다"라고 하는 데서 유래되었다는 설도 있다.

팔조령에 서 있는 '청도 기독교 100주년 기념비'는 자연석으로 만들어졌다. 배위량 선교사가 영남 지역에 하나님의 복음을 전하기 위해 몸 바쳐 다닐 때 가장 수고한 발을 형상화하는 자연석을 찾기 위해 청도 기독교연합회 회원들이 산을 헤매고 다니다 찾은 돌에 "청도 기독교 100주년 기념비"라는 문구를 새겨 이곳에 세웠다고 한다.

이사야와 바울은 왜 발을 아름답게 보았을까?

그 아름다운 발을 형상화한 돌로 된 선교 기념비가 대구 달성군과 청도군의 경계에 서 있다는 것이 감격스럽게 와닿는다.

> 좋은 소식을 전하며 평화를 공포하며
> 복된 좋은 소식을 가져오며 구원을 공포하며
> 시온을 향하여 이르기를
> 네 하나님이 통치하신다고 하는 자의 산을 넘는 발이
> 어찌 그리 아름다운가(사 52:7).

> 아름답도다 좋은 소식을 전하는 자들의 발이여(롬 10:15).

다음으로 순례단이 찾은 곳은 청도군에서 가장 먼저 세워진 풍각제일교회였다. 이 교회는 아담하고 아름다운 근대 건축물을 본당으로 사용하고 있으면서 최근에 세운 기념관은 현대식 건물로 신구가 교차하는 아름다움을 간직한 예배당 건축물로 주위의 시골장과 어울려 농촌의 아름다운 모습을 볼 수 있다.

청도는 한국 어느 지역보다도 종교성이 뛰어난 고장이다. 배위량의 발자취를 찾고 따르고자 청도를 찾았을 때 청도기독교연합회에서 적극적으로 참여하고 후원해 줄 정도로 청도 지역 교회들은 열심이고 청도기독교연합회는 어느 지역보다도 열성적으로 활동한다.

참고 문헌

배재욱. "배위량 순례길과 3·1운동 발상지 탐방 보고서 2". 경산: 영남신학대학교, 2019(2019년 3월 11일).
_____. "믿음으로 한국 땅에 뛰어든 배위량 목사 (1)." 3·1운동 발상지 탐방과 배위량 순례길 순례 (1). 「한국장로신문」 제1633호(2019년 3월 9일), 7.
_____. "믿음으로 한국 땅에 뛰어든 배위량 목사 (2)." 3·1운동 발상지 탐방과 배위량 순례길 순례 (2). 「한국장로신문」 제1634호(2019년 3월 16일), 7.
_____. "3·1운동 발상지 탐방과 배위량 순례길 순례 (3)." 믿음으로 한국 땅에 뛰어든 배위량 목사 (3), 「한국장로신문」 제1635호(2019년 3월 30일), 7.
_____. "믿음으로 한국 땅에 뛰어든 배위량 목사 (4)." 3·1운동 발상지 탐방과 배위량 순례길 순례 (4). 「한국장로신문」 제1637호(2019년 4월 13일), 7.
_____. "믿음으로 한국 땅에 뛰어든 배위량 목사 (5)." 3·1운동 발상지 탐방과 배위량 순례길 순례 (5). 삼일절 100주년 맞이 대구·경북 지역 3·1운동 발상지 탐방과 배위량 제2차 순회전도 여행 126주년 맞이 학술대회 논문 발표 및 강연(2). 「한국장로신문」 제1638호 (2019년 4월 20일), 11.

제4장

배위량 순례길과
3·1운동 발상지 탐방 보고서 3[1]

보고자: 배재욱 박사(영남신학대학교 신약학 교수, 배위량아카데미원장, 배위량순례단연합 회장)

순례단은 청도 풍각에서 점심을 먹은 후에 고령군 우곡면 도진리로 향하여 가는 길에, 도동서원(道東書院)에 들러 잠깐 돌아보는 시간을 가졌다. 달성군 구지면 도동리에 서 있는 도동서원)은 사적 제488호로 쌍계서원(雙溪書院), 보로동서원(甫老洞書院)으로 불리다가 1607년(선조40) 도동서원으로 개칭되었다.

배재욱 사진 〈수령이 약 400년이 되는 도동서원의 은행나무〉

---

1 배재욱, "배위량 순례길과 3·1운동 발상지 탐방 보고서 3"(경산: 영남신학대학교, 2019[2019년 3월 11일])을 수정 보완했다.

도동서원의 은행나무는 수령이 약 400년이나 되는 보호수이다. 주위의 산천과 절묘하게 조화를 이루고 있는 도동서원에서 바라다보는 비슬산과 낙동강은 바람도 숨을 죽이고 쉬어 갈 정도로 아름다운 절경이다.

다음으로 순례단이 발걸음을 멈춘 곳은 임진왜란이 일어났을 때, 의병장으로 활동한 망우당(忘憂堂) 곽재우(郭再祐) 장군의 묘소(대구 달성군 구지면 대암리)였다. 곽재우 장군은 1592년 임진왜란에서 관군(官軍)이 대패하여 허물어지자 고향 의령에서 의병을 일으켜 관군을 대신하여 싸웠다. 그는 천강홍의장군(天降紅衣將軍)이라 자칭하여 붉은 비단으로 군복을 지어 입고 백마에 높이 앉아 적군에게 위엄을 드러냈고, 위장 전술을 이용하여 적을 기만하고, 왜적의 혼란을 틈타 공격했을 뿐만 아니라, 의병들을 효과 있게 지휘하여 크게 승리했다. 곽재우 장군이 이끌었던 의병은 왜군들이 곡창 지대인 호남에 진출하는 것을 막아 호남의 곡창 지대가 일본군으로부터 타격을 받지 않도록 지키는 데 큰 공을 세웠다.

그 후 순례단은 고령군의 3·1만세운동 발원지 탐방을 위해 우곡면 도진리로 갔다. 도진리에 도착했을 때 우곡면의 서광수 면장과 우곡제일교회 정규삼 목사, 도진리 이장께서 순례단을 기다리고 있었다. 도진리는 무릉도진(武陵桃津)으로도 불리는데, 이 마을에서 1919년 4월 6일에 이 마을 주민 약 30명이 대한 독립 만세를 불렀다.[2] 도진리의 만세운동은 농민들을 중심으로 일어났다는 데서 그 의미가 크다.[3] 당시 그곳에는 아직 복음이 전해지지 않아 기독교가 중심이 되어 일어난 여타 영남 지역의 만세운동과는 다르게 농민이 주축인 지역민들이 일본의 강압적 통치에 항거하여 만세운동을 일으켰다. 그런데 그 일이 사람들의 뇌리(腦裏)에서는 잊혀져

---

[2] 김진호·박이준·박철규 공저, 『국내 3·1운동 Ⅱ: 남부』, 한국 독립 운동의 역사 20 (천안: 독립기념관 한국독립운동사연구소, 2009), 335; 배재욱, "한마을 어르신 27명 단체 옥고 … '도진리의 전설'로," 「대구신문」, 기획특집. 3·1운동 100주년 배재욱의 대구·경북 역사 기행 2: 고령. 대구신문 6417호(2019.02.11), 7.

[3] 김진호·박이준·박철규 공저, 『국내 3·1운동 Ⅱ: 남부』, 335.

전설처럼 전해 내려오다가, "2005년 국가자료원이 일제강점기 법원 기록을 전산 처리하는 과정에서 밝혀졌다."⁴

배재욱 사진 〈고령군 우곡면 도진리 전경〉

순례단은 다음으로 우곡면에 있는 선사 유적 및 독립유공자 비석 탐방을 위해 우곡면 사촌리로 가서, 지석묘를 탐방했다.

다음으로는 성주에 있는 유형문화재 제163호인 백세각(경상북도 성주군 초전면 고산리)으로 향했다. 이 백세각은 1919년 3·1운동이 일어난 뒤에 3·1만세운동에 유림이 소극적이었던 사실을 알게 된 당시 한국인의 여론이 좋지 않게 되자 유림에서 프랑스 파리에서 열리는 만국평화회의에 독립 의지를 전달하고자 장서를 만들었다. 당시에 성주 백세각에서 만든 장서가 장서의 정본으로 채택되어 유림측이 그것을 전달하고자 했다.

하지만 일본의 방해로 그 뜻을 이루지 못했다. 그렇지만 이 일이 나중에 드러나게 되어 유림 측이 옥고를 치르게 되었다. 성주의 "백세각은 쇠못을 사용하지 않고 나무에 구멍을 뚫어 싸리로 얽었다. 또한, 대패질하지 않고 자귀만으로 깎아 다듬어 만든 건물"⁵로 아름다운 근대 건축물이다.

4　http://blog.naver.com/PostView.nhn?blogId=suhwy010&logNo=10116123515; 최재수. "40가구 한 마을서 27명이 감옥살이," 「매일신문」(2010.3.1). (2019.2.7 접속).
5　배재욱, "'세계에 독립 호소하자' 유림들 백세각서 '파리 장서' 작성," 3·1운동 100주년

배재욱 사진 〈구미시 해평면-애국지사 최재화 목사 기념비〉

구미에서 순례단은 백은(白恩) 최재화(崔載華 1892.12.18.~1962.9.17) 목사의 기념비가 있는 구미시 해평면 산양리 112-2번지로 갔다. 최재화 목사는 1919년 4월 3일 선산군 해평면에서 3·1만세운동을 주도한 사람이었다. 그는 그 뒤에 중국에서 상해 임시정부에 가입하여 조국의 광복을 위해 간부로 활동한 독립운동가이기도 하다. 나중에 그는 대구제일교회의 담임목사로 활동했다. 1931년 4월 20일에 대구제일교회에 부임하여 자치 파동으로 사분오열된 교회를 안정시키고 그때까지 불려 오던 '남성정교회'('南城町敎會')란 이름을 '제일교회'(第一敎會)로 개명하고 예배당을 신축했다.

그것은 "교회를 재건하고, 교회의 정신을 쇄신하기 위해" 서였다.[6] 그 예배당은 대구제일교회의 세 번째 예배당으로 지금의 대구제일교회 기독교 역사관이다. 이 예배당 건물은 고딕체 건물로 "평양 건평사(建平社)가 맡아 준공한 것으로 그 정교함과 우아한 건축미는 비길 데가 없다."[7] 예배당 건축은 1932년 1월 23일에 결의하고 1933년 10월 8일에 입당예배를 드렸

배재욱의 대구·경북 역사 기행 5·끝: 성주, 「대구신문」 6432(2019.03.03), 7.
6   이상근, 『대구제일교회 90년사』(대구: 대구제일교회 90년사출판위원회, 1983), 106.
7   이상근, 『대구제일교회 90년사』, 107.

고 이 예배당의 종각은 1936년에 시작하여 1937년 초에 준공되었다. "이 종각은 특히 그 건축미가 우아하고 묵중하여 건축 후 오늘 이르기까지 본 대구제일교회의 얼굴이 되어 왔다."[8] 최재화 목사 시절에 건축된 종각의 아름다움은 지금도 대구 사람들에게 큰 자랑거리기도 하다.

배재욱 사진 〈최재화 목사 시절에 건축된 대구제일교회 제3 예배당과 종각〉

순례단이 다음으로 방문한 곳은 영주 내매교회였다. 영주 내매교회는 시골교회이지만 한국 교회를 대표할 만한 인물이 많이 난 교회로 알려져 있다. 영주 내매교회는 "영주 지역 기독교의 진원지"이고 이 교회의 설립자 "강재원 장로는 영주, 봉화 지역 첫 교인으로 알려졌다. 그러므로 내매교회는 영주, 봉화 지역의 어머니 교회라고 불릴 만하다."[9]

이 교회 설립자 강재원 장로에 대해 내매교회 담임목사 윤재현은 다음과 같이 말한다.

---

8 이상근, 『대구제일교회 90년사』, 110.
9 윤재현, "경북 북부 지역 기독교와 내매교회(내매교회 이전 복원과정)," 「삼일절 100주년 맞이 대구·경북 지역 3·1운동 발상지 탐방과 배위량 순례길 순례 자료집」(2019.2), 131.

강재원은 영주, 봉화 지역의 첫 개신교 교인이다. 진주강씨 문중의 젊은 청년 강재원은 1874년생으로 영주 평은면 천본리에서 태어났다. 그가 예수를 믿은 것은 20대 중반이며 대구 약령시장에 갔다가 배위량(Rev.W.M.Baird) 선교사를 만나 전도지를 받고 예수를 믿게 되었다. 대구제일교회에서 훈련을 받고 고향으로 돌아와 40십리 길에 있는 방잠교회를 내왕하다가 1906년 내매교회를 설립하게 되었다.[10] 내매교회가 어느 정도 자리를 잡고 성도들이 많아졌을 때 그는 선교의 목적으로 가족과 함께 만주로 떠났다.[11]

강재원 장로는 영주 지역에서 복음 전도 활동을 하다가 만주로 떠나 그곳에서도 복음 전도 활동을 했지만, 그것에 대한 기록은 별로 없다. 그러나 영주 내매교회는 여러 고증을 거쳐 교회 마당에 설립자 강재원 장로 기념비를 세워 아래와 같이 기록하여 기념하고 있다.[12]

[설립자 강재원 장로]

영주, 봉화 지역 최초 기독교인 강재원은 1874년생으로 대구 약령시장에서 배위량(William M. Baird) 선교사에게 전도를 받아 예수를 믿고 세례를 받았다. 진주강씨 유교 집안인 고향 내매마을로 돌아와 예안의 방잠교회를 내왕하다가 1906년에 자신의 집 사랑방에서 십자가 깃대를 높이 달고 첫 예배를 드렸다. 그의 헌신과 섬김으로 마을 사람 대부분이 예수를 믿게 되었다. 한평생 그리스도인으로 지조를 지키며 산 그의 정신을 기리며 여기에 기념비를 세운다.

주후 2016년 10월 15일, 내매교회[13]

---

10 윤재현, "경북 북부 지역 기독교와 내매교회(내매교회 이전 복원과정)," 130에서 참고함을 밝힌다.
11 윤재현, "경북 북부 지역 기독교와 내매교회(내매교회 이전 복원과정)," 130.
12 영주 내매교회의 마당에 서 있는 교회 설립자 강재원 장로 기념비에 적힌 문구.
13 영주 내매교회의 마당에 서 있는 교회 설립자 강재원 장로 기념비에 적힌 문구.

〈영주 내매교회에서〉

다음으로 순례단이 찾은 곳은 안동교회인데 안동교회는 "민족의 안동교회"라고 불릴 만큼 3·1운동의 중심에 선 교회이고 독립운동가를 많이 배출한 교회이다.

안동교회 출신으로 3·1운동에 가담한 사람은 김재명(金在明), 안동교회 초대 장로 김병우(金炳宇), 안동교회 담임목사인 김영옥(金泳玉), 이중희(李重熙) 장로, 강대극(姜大極), 김원진(金元鎭), 김익현(金翊顯), 김재성(金在成), 김계한(金啓漢), 이인홍(李仁洪), 황인규(黃仁圭), 권점필(權點必), 김정숙, 김병규, 이권애 등과 기독 청년들이 동참하여 안동 3·1만세운동을 일으켰다.[14]

14　안동교회 80년사 편찬위원회(편), 『安東教會 八十年史: 1909~1989』 (안동: 대한예수교장로회 안동교회, 1989), 160.

배재욱 사진 〈안동교회〉

풍산교회는 현존하는 안동 지역 최초 교회이다. 안동 풍산교회는 1902년 2월 4일 "하리도 김인수 씨 댁에서 정봉모 씨, 강덕수 씨가 국곡에서 온 권수백 씨의 전도를 받고 모여서 예배를 드리기 시작"함으로 시작된 교회이다.[15]

배재욱 사진 〈안동 풍산교회〉

15　풍산교회의 연혁은 풍산교회(담임: 홍경호 목사)가 제공한 『풍산교회 연혁자료』(2019년 2월 27일[수])에 의존했다.

안동서부교회는 안동 예안에서 3·1운동을 일으켰다가 감옥생활을 하다 예수를 믿고 영접한 후 복역 후 세례를 받고 나중에 목사가 되었던 퇴계 이황의 14세손 봉경(鳳卿) 이원영(1886~1958) 목사[16]가 초대 담임목사로 활동한 교회이다.[17]

〈안동서부교회에서〉

안동서부교회에서 발행한 안내서에 이원영을 소개하는 글은 아래와 같다.

> 초대 목사였던 봉경(鳳卿) 이원영(1886~1958) 목사는 일본 강점기 신사참배를 반대하며 옥고를 치르는 신앙의 절개를 가지신 분이다. 그의 신앙의 열정이 유교의 터전인 안동에 기독교가 뿌리를 내릴 수 있는 기초가 되었으며, 국가를 위한 교회의 역할을 몸소 보여 주신 산 증인이라 할 수 있다.[18]

---

16 이원영에 대해서는 배재욱, "독립유공자 250명 전국 최다 배출 '항일 운동의 성지.'" 「대구신문」. 기획특집. 3·1운동 100주년 배재욱의 대구·경북 역사 기행 4: 안동. 대구신문 6427호(2019.02.25), 6을 보라.

17 안동서부교회 편집위원회(편). "역동하는 안동서부교회," 「삼일절 100주년 맞이 대구·경북 지역 3·1운동 발상지 탐방과 배위량 순례길 순례 자료집」(2019.2), 144.

18 안동서부교회 편집위원회(편). "역동하는 안동서부교회," 144. 이원영에 대한 더 깊은 연구를 위해 임희국, 『선비 목회자 봉경 이원영 연구』(서울: 기독교문사, 2001)를 참조하라.

2019년 2월 28일은 바쁘게 보낸 일정이다. 오전에는 의성 쌍계교회와 옛날 의성경찰서 그리고 의성 비봉교회를 탐방했다. 오후에는 포항으로 가서 포항의 3·1운동 발상지인 옛 포항제일교회(현 포항소망교회), 청하제일교회, 유계교회와 영덕의 3·1만세운동 발상지인 영덕 낙평교회를 탐방했다.

〈의성쌍계교회〉 배재욱 사진 작품

의성쌍계교회는 1903년 3월 15일에 설립된 교회로 이 마을에 살았던 쌍계교회 목사 장로 등의 신자들인 박영화, 박영달, 박영신, 배달근, 배중엽, 박상동, 배용도, 배용석, 김명출, 박인욱, 박세길과 이일만이 주도하여 만세운동을 일으켰다.[19]

옛 의성경찰서는 일제강점기 시절에 소양 주기철 목사가 투옥되어 고문

---

19 서보율, "쌍계교회 소개," 「삼일절 100주년 맞이 대구·경북 지역 3·1운동 발상지 탐방과 배위량 순례길 순례 자료집」(2019.2), 147; 배재욱, "조그만 시골교회, 독립만세운동 선봉에 서다," 「대구신문」. 기획특집. 3·1운동 100주년 배재욱의 대구·경북 역사 기행 3: 의성. 「대구신문」 6422호(2019.02.18), 7.

을 받은 곳으로 "잔인한 고문과 핍박의 현장이었던 옛 의성경찰서 건물을 산교육의 현장으로 활용될 예정"[20]으로 의성 지역 교회들이 함께 그곳을 보존하고 가꾸고 새롭게 정비하고 있었다.

배재욱 사진 〈옛 의성경찰서〉

순례단이 찾아간 의성 비봉교회는 배위량 선교사에게 세례를 받은 비봉리의 김수영 씨가 세운 교회이다. 의성 비봉리의 김수영이 1893년 4월에 청도에서 배위량에게 세례를 받은 후 의성 지역 최초의 개신교 신자가 되었다. 비봉교회는 1902년 의성군 의성읍 비봉동 748에 세워진 교회로 이 지역에서 가장 먼저 세워진 교회이다.

---

20 배재욱, "조그만 시골교회, 독립만세운동 선봉에 서다," 7.

배재욱 사진 〈의성 비봉교회〉

참고 문헌

김진호·박이준·박철규 공저. 『국내 3·1운동 Ⅱ: 남부』. 한국 독립 운동의 역사 20. 천안: 독립기념관 한국독립운동사연구소, 2009.
배재욱. "배위량 순례길과 3·1운동 발상지 탐방 보고서 3". 경산: 영남신학대학교, 2019(2019년 3월 11일).
_____. "한마을 어르신 27명 단체 옥고 … '도진리의 전설'로" 「대구신문」. 기획특집. 3·1운동 100주년 배재욱의 대구·경북 역사 기행 2: 고령. 대구신문 6417호 (2019.02.11), 7.
_____. "'세계에 독립 호소하자' 유림들 백세각서 '파리 장서' 작성." 3·1운동 100주년. 배재욱의 대구·경북 역사 기행 5·끝: 성주, 「대구신문」 6432(2019.03.03), 7.
_____. "조그만 시골교회, 독립만세운동 선봉에 서다." 「대구신문」. 기획특집. 3·1운동 100주년 배재욱의 대구·경북 역사 기행 3: 의성. 「대구신문」 6422호 (2019.02.18), 7.

_____. "독립유공자 250명 전국 최다 배출 '항일 운동의 성지.'" 「대구신문」. 기획특집. 3·1운동 100주년 배재욱의 대구·경북 역사 기행 4: 안동. 「대구신문」 6427호 (2019.02.25), 6.
서보율. "쌍계교회 소개." 「삼일절 100주년 맞이 대구·경북 지역 3·1운동 발상지 탐방과 배위량 순례길 순례 자료집」(2019.2), 147.
안동교회 80년사편찬위원회(편). 『安東敎會 八十年史: 1909~1989』. 안동: 대한예수교장로회 안동교회, 1989.
안동서부교회 편집위원회(편). "역동하는 안동서부교회." 「삼일절 100주년 맞이 대구·경북 지역 3·1운동 발상지 탐방과 배위량 순례길 순례 자료집」(2019.2), 144.
임희국. 『선비 목회자 봉경이원영연구』. 서울: 기독교문사, 2001.
윤재현. "경북 북부 지역 기독교와 내매교회(내매교회 이전 복원과정)." 「삼일절 100주년 맞이 대구·경북 지역 3·1운동 발상지 탐방과 배위량 순례길 순례 자료집」(2019.2), 126-141.
이상근. 『대구제일교회 90년사』. 대구: 대구제일교회 90년사출판위원회, 1983.
풍산교회(담임: 홍경호 목사)가 제공한 〈풍산교회 연혁자료〉(2019년 2월 27일[수]).
최재수. "40가구 한 마을서 27명이 감옥살이." 「매일신문」(2010.3.1); http://blog.naver.com/PostView.nhn?blogId=suhwy010&logNo=10116123515. (2019.2.7 접속).

제5장

배위량 순례길과
3·1운동 발상지 탐방 보고서 4[1]

보고자: 배재욱 박사(영남신학대학교 신약학 교수, 배위량아카데미원장겸 배위량순례단연합 회장)

'삼일절 100주년 맞이 대구·경북 지역 3·1운동 발상지 탐방과 배위량 순례단연합'은 2019년 2월 28일 12시 30분경에 포항제일교회에 도착했다. 포항에서 순례단은 28일에 포항에서 일어난 3·1운동 발상지를 탐방하기 위해 포항제일교회(3·1운동 당시는 '포항교회'; 담임목사: 박영호), 청하면에 있는 청하제일교회(담임목사: 소재성), 유계교회(담임목사: 김태성), 그리고 영덕군 지품면에 소재한 낙평교회(담임목사: 조정숙)를 탐방하게 되고 3월 1일에는 포항시 송라면에 있는 대전교회를 탐방 후 그곳에서 포항시가 주관하는 3·1절 기념행사에 참여했다. 순례단이 포항제일교회에 도착하니 그곳에는 이미 포항 지역 기독교 신자들이 모여 포항 지역 3·1운동 발상지를 방문하기 위한 준비모임을 하고 있었다.

점심 식사 후 순례단은 옛 포항제일교회 예배당 건물(현재 포항소망교회 예배당 건물)을 탐방했다. 포항에서 3·1만세운동은 대구에서 일어난 3·1만

---

[1] 배재욱, "배위량 순례길과 3·1운동 발상지 탐방 보고서 4"(경산: 영남신학대학교, 2019[2019년 3월 11일])를 수정 보완했다.

세운동의 연장선에 있다. 이상준은 "포항 지역의 3·1운동은 앞서 열린 대구 3·1운동에 참여했던 기독교인과 교사들에 의해 주도되었다"라고 밝힌다.[2]

대구 3·1만세운동의 영향으로 포항 지역에서 3·1운동을 일으키게 된 것은 남성정교회(현 대구제일교회)의 목사였던 안의와(安義窩, James Edward Adams[제임스 E. 애덤스])가 포항에 1905년 5월에 포항교회를 개척한 데서 그 연유를 찾을 수 있다.[3] 남성정교회의 목사인 이만집은 포항교회 장로였던 최경성과 송문수를 대구 3·1만세운동에 참여하도록 끌어들였고 그들은 기꺼이 대구의 3·1운동에 참여했다.[4] 최경성은 대구 3·1만세운동을 하는 과정에서 체포되었지만, 송문수는 포항으로 피신하여 포항 3·1만세운동의 선봉장이 되었다.

2019년 3월 8일에 일어난 대구의 만세운동은 기독교 신자들이 중심에서 일으킨 민족 운동이었다. 그 이유는 준비 단계에서부터 이만집뿐만 아니라, 경북노회(老會)의 임원들이 중심이 된 운동이었기 때문이다. 대구 만세운동은 "교역자(教役者)들을 비롯한 교계의 지도자들이 앞장서서 운동을 주도했다. 이것은 체포된 76명의 주동 인물 중 [54명]이 기독교계 인물이었다는 점을 봐도 나타난다."[5]

---

2 이상준, 『포항의 3·1운동사』 (포항: 포항문화원, 2019), 98-109, 130.
3 포항제일교회 100년사 사료편찬위원회, 『포항제일교회 100년』 (삼양문화사, 2005), 78.
4 최경성은 1903년에 남성정교회에 세례를 받고 2년 후인 1905년 포항으로 이사를 하여 포항교회(현 포항제일교회) 출석교인이었다. 송문수는 1913년 봄에 대구성경학교를 졸업한 사람이다. 이런 연유로 최경성과 송문수는 이만집과 가까운 관계였고 이만집은 이들 포항 사람들을 대구 3·1만세운동에 함께 하도록 끌여 들였다. 이것에 대해서는 이상준, "포항 3·1운동 전개과정과 기독교인의 역할", in: 배재욱 외 7인 공저, 『한국 교회와 대구·경북 지역 3·1운동』, 배위량아카데미 연구서적 1. 배재욱 엮음(대구: 정류 아카데미, 2019), (187-246), 204, 각주 340을 보라. 앞의 논문에서 이상준은 이태하 등, 『영일 3·1동지사』 (1954)를 참조하여 자신의 논지를 밝힌다.
5 이상준, "포항 3·1만세운동의 전개과정," 『삼일절 100주년 맞이 대구·경북 지역 3·1운동 발상지 탐방과 배위량 순례길 순례 자료집』 (2019.2), (98-109), 102; 『독립운동사 자료집』 5집(3·1운동 재판기록), 1264-1268. 3·8운동 후 체포된 인원 분류상으로는 53명이 포항교회 장로인 최경성이 대구 3·1만세운동에 참여하면서 잡화상 차림으로 참여하

당시 대구에는 타지에서 온 많은 기독교인이 있었고 그들 중 다수의 사람은 대구 3·1운동에 가담한 후 체포되어 복역한 인물이 많았다. 그때 체포되지 않았던 인물들은 각기 고향으로 돌아가 자신의 고향에서 만세운동을 주도하여 그 선봉에 섰다. 그 대표적 인물은 박상동과 송문수이다. 박상동은 당시 계성학교 학생으로 3·1만세운동에 참여한 후 고향 의성군 의성군 비안면 쌍계리로 돌아와 쌍계교회 목사였던 아버지 박영화에게 대구에서 일어난 3·1만세운동 소식을 전하여 포항에서와 같은 날인 3월 11일에 의성에서 만세운동을 일으켰다.[6]

최경성과 함께 포항교회 초대 장로였던 송문수는 대구 3·1만세운동에 가담했지만, 잡히지 않고 포항으로 피신한 후 포항에서 "이기춘, 이봉학, 장운환을 설득하여 포항에서도 대구부에서 일어났던 것과 같은 시위 운동을 하자고 제의했다. 송문수의 말을 들은 이들은 즉시 같이 동참하겠다고 의사를 밝히고 곧바로 행동에 들어갔다. 거사 일은 포항 장날인 1919년 3월 11일로 잡았다."[7]

이들의 거사는 사전에 발각되어 계획한 대로는 거사가 일어나지 못했지만, 포항에서 만세운동은 그대로 진행되었다. 이 일에 대해 유상원은 다음과 같이 말한다. "

> 포항제일교회에서 운영하던 영흥초등학교 교사 장운한, 포항제일교회 교인 이봉학, 이기춘 등과 중심이 돼 장날인 11일 여천시장(현 포항소망교회~꿈틀로~육거리)에서 만세를 부르기로 했다.[8]

여 그를 셈하지 않아 53명으로 나오지만, 그는 당시 포항교회의 장로 신분의 기독교인이다.

6   김진호·박이준·박철규 공저, 『국내 3·1운동 Ⅱ: 남부』. 한국 독립 운동의 역사 20 (천안: 독립기념관 한국독립운동사연구소, 2009), 305; 배재욱, "조그만 시골교회, 독립만세운동 선봉에 서다," 「대구신문」. 기획특집. 3·1운동100주년 배재욱의 대구·경북 역사 기행 3: 의성. 「대구신문」 6422호(2019.02.18), 7.

7   이상준, "포항 3·1만세운동의 전개과정," 103을 보라.

8   https://www.nocutnews.co.kr/news/5112962.(2019.3.4); 유상원, "포항, 경북 지역 교

김진호 등은 객관적 입장에서 포항에서 일어난 3·1운동의 시작을 다음과 같이 소개한다.

> 포항[…]의 송문수, 최경성 등을 비롯한 장운환, 이기춘, 이봉학 등은 3월 11일 포항읍 장날을 만세시위일로 정하고 착착 준비하던 중 일제 경찰에 탐지되어 인쇄물은 압수당하고 주도 인물들은 피신했지만 검거되었다. 이 소식이 포항읍에 알려지자 3월 11-12일에 걸쳐 수백 명의 군중이 장터에 모여 만세시위를 전개하다가 일제 경찰의 탄압으로 해산당했다.[9]

포항교회(현 포항제일교회)가 포항에서 민족사적으로 중요한 일을 감당할 때 포항 인근의 교회들도 포항 만세운동에서 중요한 역할을 감당했다.

이날 옛 포항제일교회가 서 있었던 곳을 탐방한 삼일절 100주년 맞이 대구·경북 지역 3·1운동 발상지 탐방과 배위량 순례길 순례에 나선 순례단은 다음으로 청하제일교회로 향했다. 기독교가 중심이 된 대구의 3·1만세운동은 포항시 청하면과 송라면의 3·1운동에도 크게 영향을 미쳤다.[10]

> 1919년 3월 8일 대구의 서문시장에서 벌어진 대구 3·1운동에는 다른 시군 출신의 인물들도 많이 참가했는대, 특히 그곳으로 유학한 지방 학생들의 참여가 많았다. 대구 3·1운동에 참여한 허담(許澹, 33세,) 허방(許榜, 21세, 허담의 조카) 그리고 장해동(張海東, 19세) 등은 영일군 송라에서 대구로 공부하러 간 기독교인들이다. 허담은 송라면 조사리에 거주하면서 대구 북장로파 계통의 성경학교(聖經學校)에서 성서 강습생으로 있었고, 허방과 장해동도 같은 동네 거주 학생으로 당시 대구 사립 계성학교 1년생이었다. 이들 4명은 3월 8일 대

회에서 일어난 3·1운동 발자취. 28일부터 이틀간 '3·1운동 100주년 기념 만세운동교회 찾아가는 길' 열려," (2019.3.25 접속).
9 김진호·박이준·박철규 공저, 『국내 3·1운동 Ⅱ: 남부』, 323.
10 이상준, "포항 3·1만세운동의 전개과정," 107.

구의 독립만세 시위에 참여했다가 157명이 일경에 체포될 때 같이 체포되어 1919년 4월 18일 대구지방법원에서 각각 징역 6월의 실형을 선고받았다.[11]

청하제일교회(옛 이름: 덕성교회)의 담임목사인 박문찬은 애국정신이 강한 인물로 1919년 청하장터에서 청하 장날인 3월 22일 독립 만세를 부르며 시위를 했다. 포항에서의 3·1운동은 "기독교인들에 의해 주도되었고, 뜻을 같이하는 지역 청년들이 가담하여 규모가 커지게 되었다."[12]

청하제일교회와 유계교회 그리고 송라면의 대전교회가 3·1만세운동에 함께한 것은 지역적으로 가깝고 서로 교류가 활발하게 있었기 때문으로 보인다.

2019년 2월 28일 밤에는 포항기쁨의교회에서 "3·1운동 정신의 계승을 위한 영성적, 지성적 과제"(박진석 목사, 포항기쁨의교회 담임), "포항 3·1만세운동의 전개 과정"(이상준 선생, 포항문화연구소 연구위원) 논문 발표와 김재현 박사(프린스턴신대 Ph. D., 한국고등신학원장)의 "3·1운동과 한국 기독교" 제하의 강연이 있었다. 그날 밤에는 포항기쁨의교회에서 제공한 온돌방에서 각자 준비해 온 침낭으로 숙박했다.

2019년 3월 1일은 기독교가 주동이 되어 일으킨 3·1만세운동이 일어난 지 100주년 되는 해이다. 기독교 세가 강한 포항에서는 포항시 주관으로 3·1절 100주년 행사를 대전리에서 행했다. 그리고 포항에서 제일 먼저 3·1만세운동이 일어났던 곳인 옛 포항제일교회 예배당과 가까운 육거리에서 삼일절 기념 축하 행사를 했다. 이 행사를 마치고 순례단은 기쁨의교회로 돌아와 그곳에서 3박 4일의 '삼일절 100주년 맞이 대구·경북 지역 3·1운동 발상지 탐방과 배위량 순례길 순례' 해단식을 하고 각자 자기 삶의 자리로 돌아갔다.

---

11 이상준, "포항 3·1만세운동의 전개과정," 108.
12 이상준, "포항 3·1만세운동의 전개과정," 109.

2019.3.11.

배재욱 박사(영남신학대학교 신약학 교수, 배위량아카데미 원장, 배위량순례단연합 회장)

참고 문헌

김진호·박이준·박철규 공저. 『국내 3·1운동 Ⅱ: 남부』. 한국 독립 운동의 역사 20. 천안: 독립기념관 한국독립운동사연구소, 2009.

『독립운동사 자료집』 5집(3·1운동 재판기록), 1264-1268.

배재욱. "배위량 순례길과 3·1운동 발상지 탐방 보고서 4". 경산: 영남신학대학교, 2019(2019년 3월 11일)

_____. "서문시장 결집한 1천 군중…청라언덕 넘으며 '독립 만세.'" 『대구신문』. 기획특집. 3·1운동 100주년. 배재욱의 대구·경북 역사 기행 1: 대구. 『대구신문』 6410호(2019년 01월 28일[월]), 7.

_____. "한마을 어르신 27명 단체 옥고 … '도진리의 전설'로." 『대구신문』. 기획특집. 3·1운동 100주년 배재욱의 대구·경북 역사 기행 2: 고령. 『대구신문』 6417호(2019.02.11), 7.

_____. "조그만 시골교회, 독립만세운동 선봉에 서다." 『대구신문』. 기획특집. 3·1운동 100주년 배재욱의 대구·경북 역사 기행 3: 의성. 『대구신문』 6422호(2019.02.18), 7.

_____. "독립유공자 250명 전국 최다 배출 '항일 운동의 성지.'" 『대구신문』. 기획특집. 3·1운동 100주년 배재욱의 대구·경북 역사 기행 4: 안동. 『대구신문』 6427호(2019.02.25), 6.

_____. "'세계에 독립 호소하자' 유림들 백세각서 '파리 장서' 작성." 3·1운동 100주년 배재욱의 대구·경북 역사 기행 〈5·끝〉 성주. 『대구신문』 6432(2019.03.03), 7.

_____. "믿음으로 한국 땅에 뛰어든 배위량 목사 (1)." 3·1운동 발상지 탐방과 배위량 순례길 순례. 『한국장로신문』 제1633호(2019년 3월 9일), 7.

_____. "믿음으로 한국 땅에 뛰어든 배위량 목사 (2)." 3·1운동 발상지 탐방과 배위량 순례길 순례 (2). 『한국장로신문』 제1634호(2019년 3월 16일), 7.

_____. "3·1운동 발상지 탐방과 배위량 순례길 순례 (3)." 믿음으로 한국 땅에 뛰어든 배위량 목사 (3). 『한국장로신문』 제1635호(2019년 3월 30일), 7.

_____. "믿음으로 한국 땅에 뛰어든 배위량 목사 (4)." 3·1운동 발상지 탐방과 배위량 순례길 순례 (4). 『한국장로신문』 제1637호(2019년 4월 13일), 7.

_____. "믿음으로 한국 땅에 뛰어든 배위량 목사 (5)." 3·1운동 발상지 탐방과 배위량 순례길 순례 (5). 삼일절 100주년 맞이 대구·경북 지역 3·1운동 발상지 탐방과 배

위량 제2차 순회전도 여행126주년 맞이 학술대회 논문 발표 및 강연(2).「한국장로신문」제1638호(2019년 4월 20일), 11.
_____. 외 7인 공저.『한국 교회와 대구·경북 지역 3·1운동』. 배위량아카데미 연구서적 1. 배재욱 엮음. 대구: 정류 아카데미, 2019.
이상준. "포항 3·1만세운동의 전개과정."「삼일절 100주년 맞이 대구·경북 지역 3·1운동 발상지 탐방과 배위량 순례길 순례 자료집」(2019.2), 98-109.
_____. "포항 3·1운동 전개 과정과 기독교인의 역할". in: 배재욱 외 7인 공저.『한국 교회와 대구·경북 지역 3·1운동』. 배위량아카데미 연구서적 1. 배재욱 엮음. 대구: 정류 아카데미, 2019, 187-246.
포항제일교회 100년사 사료편찬위원회.『포항제일교회 100년』. 삼양문화사, 2005.
https://www.nocutnews.co.kr/news/5112962.(2019.3.4); 유상원. "포항, 경북 지역 교회에서 일어난 3·1운동 발자취. 28일부터 이틀간 '3·1운동 100주년 기념 만세운동 교회 찾아가는 길' 열려." (2019.3.25 접속).

제6부 배위량 순례길과 대구·경북 지방의 3·1운동 및 독립 운동과 의병 운동 유적지 역사 기행

제1장 배재욱의 대구·경북 역사 기행 1: 대구

제2장 배재욱의 대구·경북 역사 기행 2: 고령

제3장 배재욱의 대구·경북 역사 기행 3: 의성

제4장 배재욱의 대구·경북 역사 기행 4: 안동

제5장 배재욱의 대구·경북 역사 기행 5: 성주

제1장

배재욱의 대구·경북 역사 기행 1: 대구[1]
서문시장 결집한 1천 군중…청라언덕 넘으며 '독립 만세'

    겨울 기운이 완연한 어느 날 나는 청라언덕에 올랐다. 100년 전의 함성이 몰려오는 청라언덕 위에는 오늘도 여전히 사람들이 찾아와 그날 그 함성을 듣고 싶은 듯 계단 가장자리 벽면마다 가득한 사진들을 바라보고 기념사진을 찍는다. 청라언덕은 대구 동산을 일컫는 다른 말인데, 담쟁이 넝쿨이 자라는 언덕이란 뜻으로 작곡가 박태준(1901~1986)에 의해 작곡되고 이은상이 노랫말을 붙인 〈동무 생각〉이란 노래의 배경이 되는 언덕이다. 대구제일교회의 신자였던 박태준은 독실한 개신교 집안에서 태어나 대구계성학교를 졸업한 재원이었다.

    숭실전문학교에 진학해 음악을 전공하고 대구제일교회 찬양대 지휘자와 연주자로 활동했다. 박태준이 마산 창신학교에서 교사로 일할 때 이 학교의 설립자 이승규의 자제인 노산 이은상과 교류하면서 박태준은 계성학교에 다닐 무렵 알았던 신명학교에 재학 중인 한 여학생을 무척 사모하여 짝사랑했던 이야기를 이은상에게 하게 되고 이은상이 그 자리에서 써 준 시에 박태준이 곡을 붙인 것이 〈동무 생각〉이란 가곡으로 국민가요처럼 한국민들에게 인기와 사랑을 받았다.

---

[1] 배재욱, "서문시장 결집한 1천 군중…청라언덕 넘으며 '독립 만세,'" 「대구신문」. 기획특집. 3·1운동 100주년, 배재욱의 대구·경북 역사 기행 1: 대구.「대구신문」6410호 (2019.01.28.월), 7을 수정, 보완했다.

봄의 교향악이 울려 퍼지는 청라언덕 위에 백합 필 적에

나는 흰 나리꽃 향내 맡으며 너를 위해 노래 노래 부른다

청라언덕과 같은 내 맘에 백합 같은 내 동무야

네가 내게서 피어날 적에 모든 슬픔이 사라진다

더운 백사장에 밀려 들오는 저녁 조수 위에 흰 새 뜰 적에

나는 멀리 산천 바라보면서 너를 위해 노래 노래 부른다

저녁 조수와 같은 내 맘에 흰 새 같은 내 동무야

네가 내게서 떠돌 때에는 모든 슬픔이 사라진다

이렇게 시와 감성과 음악이 흐르는 대구 동산의 청라언덕으로 올라가는 언덕길은 100년 전 3·1운동 때 대구의 읍민들의 응어리진 마음을 폭발시키는 통로가 된 언덕길이다. 대구읍성 밖에 서 있었던 동산은 한가로웠던 대구의 가장자리 지역이었지만, 그 동산에 영남 선교부가 터를 잡고 세워져 그곳은 영남 선교의 중심 지역으로 3·1운동의 통로가 되었던 역사적인 장소이다. 이곳이 박태준의 추억까지 더해져 대구 동산은 지금은 파리의 몽마르뜨 언덕같이 시와 꿈과 예술과 음악이 흐르는 명소가 되었다.

그러나 이 언덕은 한때 폭풍이 휘몰아치고 비바람이 거세게 몰아치는 폭풍의 언덕이었기에 그 언덕을 오르는 모든 사람은 역사적 사실 앞에서 가슴 아픈 민족의 아픔과 해방의 기쁨을 만끽하면서도 남북이 하나 되어 즐기게 될 통일을 염원하는 숙연함과 희망으로 오르는 길이 되었다.

대구 동산에서 일어난 폭풍의 서막은 1919년 3월 1일에 민족대표 33인이 서울의 태화관에 모여 독립선언서를 낭독함으로써 일어난 3·1만세운동이었다. 3·1운동은 민족 독립 운동의 하나의 신호탄이 되어 전국적으로 그 불길이 옮겨붙었다. 대구에 그 불길이 옮겨붙은 것은 3·1운동이 일어난 지 며칠 지나지 않은 3월 8일에 일어났다. 대구의 3·1운동의 주동 세력은 남성정교회(현 대구제일교회) 이만집(李萬集) 목사(牧師), 남산교회의 김

태런 조사(助事)와 계성학교(啓聖學校) 학생들, 신명여학교(信明女學校) 학생들, 대구성경학교(聖經學校)학생들, 대구고등보통학교(大邱高等普通學校, 현 경북고) 학생들, 대구 농림학교(현 대구농업 마이스터고등학교) 학생들과 함께 시위에 참여한 학생들과 주민, 기독교인, 천도교인과 장꾼 등이 가세하여 참여한 군중의 수가 1,000여 명이나 되었다.

대구에서 일어난 3·1만세운동은 서울에서 일어난 3·1만세운동의 영향 속에서 일어난 운동으로 대구의 기독교인들이 주축이 되어 3월 8일에 서문시장에 모인 무수한 사람들이 참여했다. 3·1운동은 민족 정신을 새롭게 하는 계기가 되었다. 만세운동에 대한 정보를 미리 알고 일본 경찰을 여러 가지 방해를 하여 독립 선언서를 낭독할 수 없게 되자 공약 3장만 힘차게 외친 후 대구 3·1운동의 중심 인물이었던 이만집 목사는 "지금이야말로 한국이 독립할 수 있는 때다. 각자가 독립을 성취할 수 있도록 만세를 부릅시다"라고 외쳤고 그곳에 모인 무리가 있는 힘을 다하여 "대한 독립 만세"를 외쳤다.[2] "이것이 대구 만세운동의 첫 순간이었다."[3]

서문시장에서 시작된 만세운동은 안경수(安敬守, 30세, 농업)가 태극기를 들고 앞장서서 걷고 그 뒤를 따라 그리스도교인, 학생, 장꾼 등 천여 명이 대열을 이루어 만세운동 행진을 했다.

『대구제일교회 90년사』는 이때 모습을 생생하게 묘사한다.

> 이들 시위대의 선두에는 안경수, 정동환 양 씨가 장대에 태극기를 달고 섰다. 그 주위에 목사님들, 장로님들, 선생님들, 그리고 패기 넘치는 학생들, 시민들이 줄을 이었다. 데모대가 동산교를 넘으려 하자 벌써 기마 순경이 앞을 가로막았다. 이때 기수인 안경수 씨가 깃대로 말의 궁둥이를 쿡 찌르자 말은 놀라서 풀쩍 뛰며 달아나 버렸다. 그리하여 데모대는 대구경찰서를 향해 전진

---

2 이상근, 『대구제일교회 90년사』 (대구: 대구제일교회 90년사출판위원회, 1983), 97.
3 계성 90년사 편찬위원회(편), 『계성 90년사』 (대구: 계성 중고등학교, 1997), 129.

할 수 있었다.[4]

100년 전의 대구는 풍전등화와 같은 암담한 현실 속에서 모두가 낙담할 수밖에 없었지만, 서울에서 들려온 3·1만세 소식으로 조국의 독립에 대한 염원으로 대구 읍민들이 단결했고 3·8만세운동은 경상도 전역으로 전파되었다.

그런데 대구 3·1운동의 거사는 우연히 일어난 사건이 아니라, 계획적이고 조직적이었다는 데서 대구·경북 지역의 저력을 느끼게 한다. 서울에서 일어난 3·1운동으로 인하여 당시 한국 전역에서 일본 경찰과 헌병의 경계가 삼엄했다. 이런 상황 가운데서 서울에서 내려온 33인으로 선정된 민족 대표 중 이갑성(李甲成)이 대구의 남성정교회 이만집 목사, 남산교회 김태련 조사, 계성학교 백남채 선생 등을 만나 서울에서 일어난 3·1거사를 전하여 대구에서도 궐기하도록 권했다. 서울 소식과 국내외 정세를 들은 대구의 인물들은 상당히 고무되어 이만집과 김태련 등 그리스도교 관계자들과 계성학교 교감 김영서(金永瑞) 등이 협의해 대구에서도 만세운동을 일으킬 것을 결정했다.

이만집은 대구 만세운동의 책임자였고 김태련은 행동 대원이었다. 8일 날에 거사할 것을 결정한 후 김태련은 계성학교에서 가져온 등사기로 3월 7일 밤 자기 집에서 독립선언서 200장을 인쇄하고 태극기도 4본을 준비했다. 계성학교 학생들은 아담스관 지하실에서 독립선언서를 등사했고, 계성학교 학생들은 집에서 태극기를 만들었다. 만약 이렇게만 진행되었다면 대구에서의 만세운동은 기독교계의 일로 그쳤을 것이지만, 계성학교 교사인 최상원이 당시 자신이 기거하고 있었던 대구고등보통학교에 다니던 여관 주인의 아들에게 권유함으로 그것이 발단되어 대구의 공립학교인 대구고등보통학교가 대구 만세운동에 함께 참여하는 계기가 되어 대구 온 읍

---

4 이상근, 『대구제일교회 90년사』, 97.

민의 거사가 되었다. 이것에 대해 『계성 90년사』는 이렇게 말한다.

> 『고등경찰요서』(1934, 경상북도 경찰부)에 희하면 3월 7일 평양에서 온 김무생이 대남여관에 투숙하여, 이 여관에 기거하고 있는 계성학교 교사 최상원에게 남선(南鮮)의 선구자가 되어 독립 운동을 일으킬 것을 종용했다. 최상원은 여관 주인의 아들인 대구고보 4년생 허범(許範)에게 권유했고, 허범은 급장 신현욱(申鉉旭)과 의논하여, 동교 3년생 백기만(白基萬)과 2학년생 하윤실(河允實), 1학년 김수천(金朱千)에게 전하여 이들에게 동교 학생들을 권유하도록 했다고 한다.
> 한편, 계성학교 교감 김영서는 학생 정원조(鄭元祚), 심문태(深文泰, 박재헌(朴在憲) 등으로 하여금 대구고보 학생대표 백기만, 허범 등에게 연락하게 했고, 신명여학교에는 계성학교 교사였던 신명학교 교사 이재인(李在寅)으로 하여금 학생대표 이선애, 임봉선 등에게 학생 동원을 책임지도록 부탁하는 등 여러 곳에 연락했다.[5]

대구에서의 운동은 이렇게 그리스도교인들과 학생들이 주축을 이루면서 서문시장에 나온 장꾼들이 가세함으로 맹렬하게 달아올랐다. 대구의 만세운동 주동자들은 미리 그런 계획으로 3월 8일 토요일 서문시장 장날 오후 1시를 만세운동의 시발점으로 삼았던 것 같다. 서문시장은 영남 지역의 중심 시장으로서 기능을 가졌고 더욱이 그날 토요일 학생들이 귀가하는 시간을 거사 시간으로 정하고 서문시장 가까이 있었던 신자들과 학생들은 하나둘 서문시장으로 잠입해 들어왔지만, 조금 떨어져 있었던 대구고등보통학교 학생들이 약속 시각이 되었지만, 나타나지 않아 초조하게 기다렸다.

---

5 계성 90년사 편찬위원회(편), 『계성 90년사』, 128.

오후 2시가 되어서야 대구고등보통학교 학생 200여 명이 신명학교 근처에 진을 치고 있었던 경찰의 저지선을 뚫고 서문시장을 향해 뛰어오는 모습을 보고 거사 주동 인물이었던 이만집과 김태련은 경찰의 위협과 방해가 있었지만, 3·1만세운동의 기회를 놓치지 않았고 대구에서의 만세운동을 전개하여 독립 운동의 기치를 높였다.

배재욱 사진 〈대구 서문시장〉

배재욱 사진 〈대구 3·1만세운동길〉

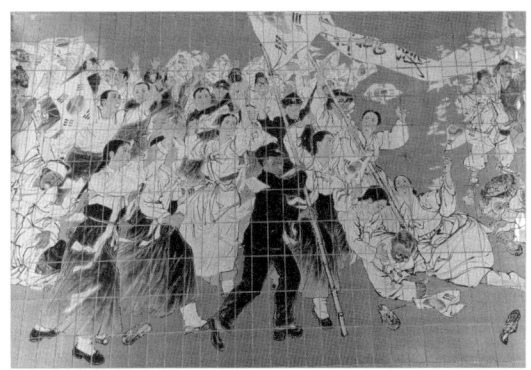
〈대구 3·1만세운동 길의 타일 벽화〉

〈독립선언서와 대구 3·1만세운동 독립유공자들 명단〉

이러한 역사를 묵묵히 지켜본 대구 3·1만세운동의 통로였던 대구 동산으로 세계 각처로부터 많은 인파가 몰려오고, 그날의 함성을 되새기며 방문하는 객들을 대구 동산은 반갑게 맞이한다. 대구제일교회 남쪽 사면에 놓여진 3·1만세운동길은 서문시장에서 대구 시내 방향으로 난 길이다. 이 길을 중심으로 만세운동에 함께했던 기관들이 대부분 모여 있다. 동쪽으로 남성정교회(대구제일교회)와 남산교회가 있고 북쪽으로 신명학교가 있고, 서쪽으로 신정교회(현 서문교회)와 계성학교가 있고 그 중앙에 대구성경학교가 있었다.

〈대구 3·8운동이 일어날 당시의 남성정교회〉(대구제일교회 두 번째 예배당)[6].

〈1915년에 설립된 대구남산교회의 초기 모습〉[7].

〈1912년에 설립된 서문교회의 초기 모습〉[8].

---

6 사진: 대구제일교회 제공: 1907년 한국 교회의 부흥에 힘입어 대구제일교회의 교세가 급격히 확장됨에 따라 넓은 성전이 필요했다. 안의와는 이근배, 이영민, 정인구 등으로 건축 위원을 조직, 성도들의 정성 어린 헌금 6천 원으로 1907년 7월에 기공예배를 드리고 공사를 진행했다. 그러나 붕괴되어 다시 공사를 재개하여 1908년에 함석 지붕으로 된 140평의 넓은 새 성전을 건축했는대 이것이 두 번째 성전이다. 대구제일교회 100년사 편찬위원회 편, 『사진(寫眞)으로 보는 大邱第一敎會 百年史. 1893-1993, 1997』(대구: 대구제일교회, 2000), 46.

7 대구제일교회 100년사 편찬위원회편, 『사진(寫眞)으로 보는 大邱第一敎會 百年史. 1893-1993, 1997』, 57.

8 대구제일교회 100년사 편찬위원회편, 『사진(寫眞)으로 보는 大邱第一敎會 百年史.

남성정교회는 배위량(裵緯良 = 베어드, William M. Baird) 선교사가 1893년 4월 22일 순회전도 여행의 결과로 세워진 대구·경북 최초의 교회이다. 배위량이 서울을 거쳐 평양으로 옮겨 감에 따라 안의와(安義窩 = 아담스, James Edward Adams, 1867-1929) 선교사와 장인차(張仁車 = 존슨, Dr. Woodbridge. O. Johnson, 1869-1951) 의료선교사[9] 그리고 부해리(傅海利 = 브루엔, Henry Munro Bruen, 1874~1959)[10]가 함께 활동했던 교회이고 대구제일교회에서 대구·경북 지역의 최초 교회, 최초의 학교 그리고 최초의 근대 병원이 생겼다.

처음에는 미국 선교사들이 대구제일교회의 담임목사직을 수행하다가 한국인들이 담임목사직을 이어받았다. 이만집은 계성학교의 교사로 활동하다가 나중에 신학을 공부한 후 목사가 된 인물로 3·1운동이 일어날 당시에 이만집이 대구제일교회의 담임목사로 활동하고 있었다. 대구의 3·1만세운동이 일어날 당시 이만집이 대구 만세운동의 중심 인물이 되었고 대구제일교회와 뿌리를 같이하는 기관인 남산교회, 계성학교, 신명학교 그리고 성경학교가 그 중심에 함께 참여했다는 것은 부인할 수 없는 역사적 현실이다[11]. 이 점에서 대구 3·8운동은 다른 지역과 다른 특이한 면을 가지고 있다.

이러한 현상은 아마도 대구 3·8운동이 일어나기 전에 대부분 학교가 미국 선교사들에 의해 세워졌고 일본 당국에 의해 세워진 학교들에는 비밀 유지를 위해 넓게 3·8거사가 전해지지 않은 것에 기인(起因)하리라고 본다. 그러나 계성학교 교사 최상원에 의해 대구고등보통학교 한 학생들에게 거사 내용이 전달되어, 대구 만세운동이 기독교만의 운동이 아니라, 조

1893-1993, 1997』, 57.
9 장인차 선교사에 대해서는 배재욱, "예배와 선교를 전제한 베어드 목사의 '여행'," 정류(靜流) 이상근 목사(11), 「한국장로신문」 제1450호(2015년 3월 14일), 7을 보라.
10 부해리 선교사에 대해서는 배재욱, "예배와 선교를 전제한 베어드 목사의 '여행'," 정류(靜流) 이상근 목사(11), 「한국장로신문」 제1450호(2015년 3월 14일), 7을 보라.
11 이상근, 『대구제일교회 90년사』, 96-101을 보라.

직적 거사가 될 수 있었다[12].

지금 대구제일교회는 옛 대구성경학교가 자리 잡고 있었던 동산 위로 이전했지만, 옛날에는 지금 대구제일교회 기독교 역사관 자리에 있었다. 그날의 함성을 다 알고 있는 듯 대구 3·8독립운동의 역사를 살피기 위해 대구제일교회 구 예배당을 방문한 날은 햇빛으로 삼라만상이 아름다웠고, 예배당은 말없이 오는 사람들을 반기듯 유난히 빛났다.

대구 동산에서 조금 떨어진 곳에 대구남산교회가 자리 잡고 있다. 대구 남산교회는 1914년 12월 30일 대구제일교회로부터 분립된 교회로 대구읍성 남쪽 아미산(峨嵋山)이란 아름다운 이름으로 불렸던 언덕바지 땅에 세워진 교회였다.

계성학교는 1906년 10월 15일 안의와에 의해 대구제일교회 구내에서 설립된 학교로 대구 지역의 사학의 명문으로 많은 훌륭한 졸업생을 배출해 온 지역 명문 중고등학교이다. 특히, 계성학교는 대구 3·8운동의 중심에 있는 학교로, 이 학교의 학생들이, 아담스관 지하에서 독립선언서를 인쇄했던 역사적 현장이 이 학교에 지금도 보존되고 있다. 필자가 방문한 날 계성중학교 장욱 교장께서 안내한 아담스관 지하는 3·1운동 100주년을 맞이한 우리 민족에게는 더없이 소중한 역사적 현장이지만, 역사적 유물인 아담스관 지하실이 방치되고 있어 매우 안타까웠다.

계성학교 동문은 3·8대구만세 사건의 역사적 현장을 지키고자 하는 열정으로 3·1운동 만세탑도 세우고, 그 역사적 현장을 기리고자 동판을 새겨 기념했다. 하지만 정확한 역사적 고증을 하지 않은 듯한 문구가 눈에 들어왔다. 그들이 의욕만을 앞세우기보다, 정확한 역사 고증을 거치고 그 일을 기념했다면, 계성학교가 더 민족사적으로 의미 있는 사적지가 될 텐데 하는 마음이 들어 매우 안타까웠다.

---

[12] 독립 운동정신계승사업회, 『대구의 3·1운동과 대한민국임시정부』(대구: 독립 운동정신계승사업회, 2019), 104-105; 이상근, 『대구제일교회 90년사. 1893년 창립』, 96-101을 보라.

배재욱 사진 〈대구 3계성학교 아담스관〉

배재욱 사진 〈독립선언서를 인쇄한 계성학교 아담스관 지하실로 가는 계단〉

배재욱 사진 〈대구 계성학교 3·8 독립기념비〉

신명학교 교내에는 신명고등학교(교장: 장용원) 졸업생들이 세운 3·1만세운동 기념탑이 서 있다. 1902년 5월 10일 대구제일교회 구내에서 부마태(Martha Scott Bruen = 브루엔 부인)에 의해 신명여자소학교가 세워졌다.[13] 부마태는 1907년 10월 15일 중등과정의 신명여학교를 설립했다.

신명학교가 3·1운동에 참여하게 된 것은 계성학교 교감 김영서가 "신명여학교에 […] 신명학교 교사 이재인(李在寅)으로 하여금 학생대표 이선애, 임봉선 등에게 학생 동원을 책임지도록 부탁하는 등 여러 곳에 연락"[14]한 데서 기인했다. "대구 3·1운동의 주축이었던 기독교 신자들과 당시 서문시장 주위에 산재해 있었던 계성학교, 신명학교, 대구성경학교 학생들은 하나둘씩 약속 시각에 서문시장으로 잠입"[15]해 들어올 때 신명학교 학생들도 함께했다.

배재욱 사진 〈대구 신명학교 3·1운동 기념탑 1〉

---

13 이상근, 『대구제일교회 90년사. 1893년 창립』, 72.
14 계성 90년사 편찬위원회(편), 『계성 90년사』, 128.
15 배재욱, "대구·경북 지역의 3·1만세운동과 그리스도교 역사와 문화: 대구·안동을 중심으로," 「신학과 목회」51(3·1운동 100주년 기념호, 2019.5), (9-33), 15.

배재욱 사진 〈대구 신명학교 3·1운동 기념탑 2〉

〈대구 신명학교 3·1운동 약사〉

참고 문헌

계성 90년사 편찬위원회(편). 『계성 90년사』. 대구: 계성중고등학교, 1997.
대구제일교회 100년사 편찬위원회(편).사진(寫眞)으로 보는 大邱第一敎會百年史. 1893-1993, 1997』. 대구: 대구제일교회, 2000.
독립 운동정신계승사업회. 『대구의 3·1운동과 대한민국임시정부』. 대구: 독립 운동정신계승사업회, 2019.
배재욱. "대구·경북 지역의 3·1만세운동과 그리스도교 역사와 문화: 대구·안동을 중심으로." 「신학과 목회」 51(3·1운동 100주년 기념호, 2019.5), 9-33.
_____. "서문시장 결집한 1천 군중 … 청라언덕 넘으며 '독립 만세.'" 「대구신문」. 기획특집. 3·1운동 100주년, 배재욱의 대구·경북 역사 기행 1: 대구. 「대구신문」 6410호(2019년 01월 28일[월]), 7.
_____. "예배와 선교를 전제한 베어드 목사의 '여행'." 정류(靜流) 이상근 목사(11). 「한국장로신문」 제1450호(2015년 3월 14일), 7.
이상근. 『대구제일교회 90년사 1893년 창립』. 대구: 대구제일교회 90년사출판위원회, 1983.

제2장

배재욱의 대구·경북 역사 기행 2: 고령[1]
한마을 어르신 27명 단체 옥고 … '도진리의 전설'로. 고령

고령군 우곡면 도진리를 방문한 날은 2019년 1월 2일이었다. 대구에서 출발하여 배위량 선교사님이 청도에서 팔조령을 넘어 대구로 들어가신 것을 기념하여 청도기독교연합회에서 세운 청도 기독교 100주년 기념비를 탐방한 뒤에 도동서원[2]을 거쳐 임진왜란 당시의 의병장 곽재우 장군의 묘소[3]를 둘러본 후 우곡면 도진리로 향했다.

배재욱 사진 〈청도 기독교 선교 100주년 기념비〉

---

1 배재욱, "한마을 어르신 27명 단체 옥고 … '도진리의 전설'로," 「대구신문」. 기획특집. 3·1운동 100주년 배재욱의 대구·경북 역사 기행 2: 고령, 「대구신문」 6417호 (2019.02.11), 7을 수정, 보완했다.
2 대구 달성군 구지면 도동서원로 1(지번: 구지면 도동리 35).
3 곽재우 장군묘지: 대구 달성군 구지면 대암리 산 22.

대구에서 50여 킬로미터 거리에 있는 고령은 대가야의 도읍지로서 유구한 역사를 자랑하는 곳이다. 가야 시대에는 대구의 옛 지명 달구벌은 대가야의 동쪽 변방이었다. 그런 대구가 임진왜란 이후부터는 경상도 지역의 정치, 경제의 중심지로 정해졌다. 고령은 대구와 접경한 이웃 지자체지만 전형적인 농촌 지역이다. 대가야는 역사에서 사라진 나라지만, 엄연한 우리의 자랑스러운 역사이다.

대가야는 520년 동안(A.D.42-562) 번영한 국가이다. 고구려 광개토왕의 침입으로 세력이 약해진 김해를 중심한 금관가야의 뒤를 이어 가야 연맹의 맹주로 가야 연맹체를 이끈 나라는 대가야였다. 대가야의 도읍지였던 고령에 가야 시대의 유물이 많이 산재해 있다. 고령에서 볼 수 있는 대표적인 문화 유적은 대가야 시대의 고분군과 주산성 그리고 고아동 벽화고분이다.

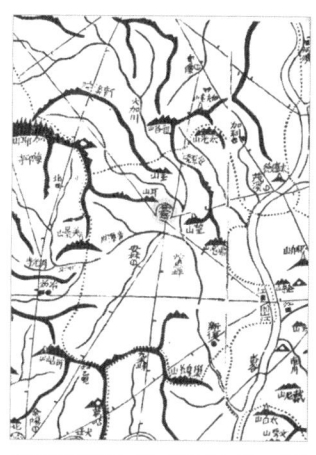

〈「대동여지도」에 나타난 고령 지역〉

지산동 고분군은 대가야 유적의 대표적 유물로서 200여 기의 고분이 밀집되어 있다. 고분군 위쪽 동쪽 구릉에 석축으로 견고히 쌓은 산성이 아직도 남아 있다. 이 산성은 대가야 시대의 대표적인 산성으로 내성과 외성이 이중으로 성을 이루고 있다. 현재 존재하는 산성의 전체 길이는 1,351m이다. 경상북도 고령군 대가야읍 고아리에는 대가야 시대의 유일한 벽화인 고아동 벽화고분이 존재한다. 대가야읍 뿐만 아니라 고령군에는 고분군이 군데군데 산재해 있다. 고령군 대가야읍 장기리(알터)에는 알터 암각화[4]가 있고 우곡면 사촌리에는 청동기 시대의 지석묘가 존재한다.[5]

배재욱 사진 〈고령의 대가야 시대의 고분군〉

[우곡면]

고령에서 3·1운동은 세 곳에서 일어났다. 고령 덕곡면에서와 쌍림면과 우곡면에서 일어난 독립 운동이다. 그중에서도 우곡면에서 일어난 독립 운동은 농민이 중심이 된 운동으로 도진(桃津)이란 마을에서 고령박씨 문중을 중심으로 일어난 독특한 독립 운동이다.

필자가 어릴 적 자란 사촌리 황성마을에서 5km미터 정도 낙동강 지류인 회천을 따라 내려가면 도진마을이 있다. 필자가 다녔던 도진초등학교[6]는 고령군 우곡면 도진리에 있었다. 도진리는 우곡면 소재지(所在地) 마을

---

4 경북 고령군 대가야읍 장기리 530.
5 신동우, "사촌리 마을역사. 민속자료. 문화재/유적," http://www.goryeong.go.kr/town/boardList.do?sec=twn007&IDX=164&BRD_ID=intro_town; http://www.goryeong.go.kr/doc/document.html?fn=18.사촌리(0).hwp&rs=2019022.(2019.2.7 접속).
6 도진초등학교는 우곡초등학교 도진분교를 거쳐, 현재는 폐교되었다.

로, 10여 호가 있었던 필자의 고향 마을인 황성보다 훨씬 큰 마을이었다.

당시엔 책 보따리를 어깨에 두르고 먼 거리를 뛰어가거나 걸어서 학교에 다녔는데 도진마을 강 건너편에서 나룻배를 타고 강을 건너면 도진마을이 있었고, 도진마을 제일 안쪽 산기슭에 도진초등학교가 있었다. 당시에 도진초등학교를 다닌 학생들이 각 학년에 두 반씩 있었고 한 반에 60여 명씩 있었으니 적어도 700명 이상 재학생을 가진 큰 학교였다. 하지만 도진초등학교는 농촌 인구 감소로 1996년 9월 1일에 우곡초등학교의 도진 분교가 되었다가 지금은 농촌 인구 감소로 그 분교마저도 2013년 3월 1일에 문을 닫고 우곡초등학교로 통폐합되었다.

필자는 지난 2019년 1월 2일에 도진을 찾아갔다. 그날따라 서광수 우곡 면장이 출타 중이라 도진에서 일어난 3·1운동에 대한 인터뷰를 하지 못했다. 다행히 우곡제일교회의 정규삼 목사를 만나게 되어 그로부터 도진의 박재일 씨가 독립유공자의 자손이란 말을 들었다. 그래서 박재일 씨를 통해 3·1운동에 대한 브리핑을 듣고자 했다. 하지만 그도 출타 중이라 1월 6일 재차 도진을 방문하여 정규삼 목사로부터 몇 가지 문헌을 얻을 수 있었다.

3·1운동 당시 도진마을에도 그 여파가 미치게 되어 도진에서 마을 주민 30여 명이 3·1만세운동에 참여하여 '대한 독립 만세'를 불렀다. 그 후 재판에 넘겨져 그중에 27명이 단체로 옥고를 치른 항일 운동의 대표적 마을이다.

우곡면 도진마을은 고령군에서 독립 운동의 대표적 마을로 선정되었다. 도진마을은 전형적인 농촌 마을로 소가 한가롭게 풀을 뜯는 골짜기란 뜻을 가진 '우곡'(牛谷)면의 면소재지 마을이다. 도진은 고령박씨의 집성촌이고 충효마을로 선정되기도 한 선비의 마을이기도 하다.

도진(桃津)은 1350년(高麗末)대에 개척된 마을로 '회천'(會川) 또는 '금천'(錦川)으로 불리는 '모듬내'가 휘감아 흐르는 강변(江邊)이 도연명(陶淵明)의 도화원기(桃花源記)에 나오는 무릉도원(武陵桃源)처럼 아름다운 마을이라 하여 '도원'(桃源)으로 불리다가 1500년경부터 그곳에 있는 '나루터진'(津) 때문에 '도원의 나루터'라 불리다가 '도진'(桃津)이란 지명으로 불리게 되었다.

  도진은 임진왜란 시에 의병이 일어나 그 인근에서 의병이 왜군에게 항거한 흔적이 많이 남아 있다. 이 마을 사람들은 기미 독립 운동에 동참하여 만세운동을 일으켰고, 6.25동란에서도 마을 사람이 참전하여 무공훈장을 받은 사람을 배출한 마을로 1997년 7월 13일에 경상북도에서 제일 처음으로 경상북도 지정 충효마을이 되었다. 이 마을은 2007년도에는 농촌건강 장수마을로 지정되었다.[7]

배재욱 사진 〈도진리 충효마을 표지석〉

배재욱 사진 〈도진마을 전경〉

---

7 박돈헌, "도진리 마을역사. 민속자료. 문화재/유적," http://www.goryeong.go.kr/doc/document.html?fn=1.도진리(0).hwp&rs=2019022.(2019.2.7 접속).

여러 지역의 3·1운동이 종교계와 연결되어 있던지 서울에서 일어난 3·1 운동과 직접적으로 연관되어 있다. 그런데 우곡면에서 일어난 독립 운동은 지역 농민들이 중심이 되어 일어난 독립 운동이란 독특한 특징을 가진다.

우곡면에서 일어난 3·1만세운동은 이렇다. 경상북도 고령군 "우곡면의 박재필은 노경익의 고용인 박영화 박차전과 함께 만세시위를 계획했다."[8] 그들은 1919년 4월 6일 오후 11시경에 우곡면 도진리에서 "동민 약 30명을 도진동에 모여 대한 독립 만세를 고창한 후 시위를 전개했다."[9] 이들은 도진마을을 한 바퀴 돌면서 만세운동을 부른 후 "동리를 일주한 후 이들 군중 시위대는 우곡면사무소 앞으로 몰려가 만세시위를 전개했다."[10]

도진에서는 두 번 만세운동이 일어났다. 두 번째 만세운동은 1919년 4월 6일에 이어 4월 8일에 일어난 만세운동이다. 다음날인 4월 7일 일본 경찰은 도진으로 와서 동민들을 협박하면서 주동자인 박재필, 박영화를 구타한 후 잡아 가두고 여러 사람을 재판에 부쳤다.

도진에서 두 번째로 3·1만세운동이 일어난 것은 일본 경찰 네 명이 도진에 와서 주민들을 면사무소로 모이게 하고 시국 강연했던 것이 계기가

---

8 김진호·박이준·박철규 공저, 『국내 3·1운동 II: 남부』, 한국 독립 운동의 역사 20 (천안: 독립기념관 한국독립운동사연구소, 2009), 335. 박재필은 고령박씨 문중의 사람으로 우곡면 야정리에 살았지만, 그의 조부는 도진리에 살았다.

9 김진호·박이준·박철규 공저, 『국내 3·1운동 II: 남부』, 335에는 30명이 함께 만세운동을 벌인 것으로 말하고 http://blog.naver.com/PostView.nhn?blogId=suhwy010&logNo=10116123515; 최재수. "40가구 한 마을서 27명이 감옥살이," 「매일신문」 (2010.3.1). (2019.2.7 접속)에는 "박재필(당시 35세)은 일족과 가복(家僕)들에게 일본의 침략 행위를 규탄하면서 독립을 위해 만세운동을 벌일 것을 제의했다. […] 박재필은 마을 주민 100여 명을 규합해 나팔을 불고 대극기를 흔들며 도진리에서 5킬로미터 떨어진 고령경찰서 개진면 지서까지 행진했다"라고 되어 있어 많은 차이가 있다. 기획취재부. "한 가문이 일으킨 독립만세 문중항쟁사. 우곡면 도진리 고령박씨의 민족운동," 「대가야신문」 23호(2010년 3월 3일 수요일[음력 1월 18일]), 2에도 "동민 100여 명이 합류 박재필이 나누어 준 태극기로 5킬로미터 떨어진 개진면 사무소까지 행진하며 만세운동을 밤늦도록 계속했다"고 말한다.

10 김진호·박이준·박철규 공저, 『국내 3·1운동 II: 남부』, 335.

되었다. 당시 고령경찰서가 우곡면사무소에 군중을 모아 놓고 회유했으나 박채환은 군중들을 이끌고 만세시위를 펼쳤다. 1919년 4월 8일 두 번째로 도진에서 일어난 만세운동은 박채환이 앞장섰다. 이로 말미암아 박채환은 징역 1년을 선고받아 옥고를 치렀다. 4월 8일에 일어난 두 번째 만세운동의 경과는 아래와 같다.

> 동민을 강제로 면사무소에 모이게 하여 시국 강연을 개최해 일제의 우월성과 한일합방의 정당성을 내세우며 협박했다. 강연이 끝나고 박채환은 돌아가는 동민들에게 독립의 당위성을 역설한 뒤 "대한 독립 만세"를 선창하니 이에 모두가 호응했으나 일본 경찰에 의해 강제 해산되고 주모자 박채환은 체포 구금되고 재판에 회부되었다.
> 이 일에 격분한 박기로는 이웃 대곡리로 달려가 한이군, 한용발, 도말용, 박용학, 한광용 등 뜻있는 청년들에게 동참토록 하여 독립과 체포된 동민들의 석방을 요구하며 만세시위를 계속했다.[11]

배재욱 사진 〈우곡면행정복지센터〉〈우곡면사무소〉[12]

만세운동이 걷잡을 수 없이 번지는 것을 염려한 일본 경찰은 경찰을 수

---

11 기획취재부, "한 가문이 일으킨 독립만세 문중항쟁사. 우곡면 도진리 고령박씨의 민족운동," 「대가야신문」 23호(2010년 3월 3일 수요일[음력 1월 18일]), 2.
12 우곡면 사무소의 옛 건물은 지금은 없어지고 새로운 건물이 세워져 있다.

십 명 도진마을로 보내어 만세운동을 진압했다. 도진에서 일어난 3·1만세 운동이 들불처럼 확산하자 일본 경찰은 경찰관 수십 명을 동원해 만세운 동에 참여한 주동자는 물론 주민 모두를 연행, 대구형무소에 가뒀다. 당시 40가구였던 도진리 마을에 어른들이 없어졌다는 말이 전해져 왔던 것으로 미루어 볼 때 마을의 모든 성인 남자들이 만세운동에 가담했고, 일본 경찰에 연행됐다.[13]

우곡면에서 일어난 만세운동은 도진리 마을 사람들의 입으로 전해 내려오다가 "2005년 국가자료원이 일제강점기 법원 기록을 전산으로 처리하는 과정에서 밝혀졌다."[14]

고령박씨 문중이 대부분인 도진마을에서 3·1운동 당시 일어난 우곡면의 만세운동은 한 마을 사람들을 중심으로 "3일 동안 펼친 만세운동은 최근 새롭게 조명" 받고 있는 운동으로 "박씨 문중과 향토 사학자들에 따르면 도진리 만세운동은 문중 차원의 3·1운동으로, 독립 운동사에 보기 드문 사례로 평가받고 있다"라고 한다.[15] 당시 "연행된 주민 가운데 박재필과 박채환, 박기로 등 27명(도진리 20명, 이웃 마을 7명)은 재판에 넘겨져 그해 5월 대구지방법원에서 박재필은 징역 1년 6월, 박채환과 박기로" 그리고 박영화는 징역 1년을 그리고 나머지는 모두 징역 6개월을 선고받았다.[16]

도진에서 대가야읍 방향으로 약 3킬로미터가량 올라오면 첫 마을이 순

---

[13] http://blog.naver.com/PostView.nhn?blogId=suhwy010&logNo=10116123515; 최재수. "40가구 한 마을서 27명이 감옥살이," 『매일신문』(2010.3.1). (2019.2.7 접속).

[14] http://blog.naver.com/PostView.nhn?blogId=suhwy010&logNo=10116123515; 최재수. "40가구 한 마을시 27명이 감옥살이."

[15] http://blog.naver.com/PostView.nhn?blogId=suhwy010&logNo=10116123515; 최재수. "40가구 한 마을서 27명이 감옥살이."

[16] http://blog.naver.com/PostView.nhn?blogId=suhwy010&logNo=10116123515; 최재수. "40가구 한 마을서 27명이 감옥살이," 『매일신문』(2010.3.1). (2019.2.7 접속); 대구복심법원, "박기로 외 5인의 판결문(1919년 5월 8일)": 경상북도 경찰부, 『고등경찰요사』, 41.

천박씨와 고령신씨의 집성촌인 사촌리인데, 사촌리에는 독립운동가 신철휴(申喆休, 신우룡[申愚龍], 신용[申龍], 1898년[고종 35]-사망 연도 미상)의 흉상이 서 있다.[17] 그는 1919년 9월 만주에서 신흥무관학교(新興武官學校)를 졸업한 인물로 김원봉·곽경(郭敬)·양건호(梁建浩)·서상락(徐相洛)·한봉근(韓鳳根)·김옥(金玉, 일명 金相允)·이성우(李成宇)·윤소룡(尹小龍) 등과 같이 파호내외(巴虎內外)에서 의열단(義烈團)을 결성하고 결사 대원으로 한국의 독립을 위해 노력했다.[18] 그는 "1927년에 조직된 신간회(新幹會) 간부와 조선중앙일보 지방지국장으로도 활약했다."[19]

사촌리와 '회천'(會川)을 사이에 두고 있는 황성마을 가장 뒤쪽 산은 그 산의 가장 높은 봉우리가 활처럼 생겼다고 하여 '활산'(지도에는 '할매성지산'[258.2m])이란 이름으로도 불린다.[20] 이 산꼭대기에는 지금은 흔적이 거의 남아 있지 않지만, 이 산은 '황고산성' 또는 '노고성'의 옛터로, 옛날 산성 폐허(廢墟)의 흔적이 아직도 남아 있다. 필자가 마을의 아이들과 어린 시절에 소를 먹이러 다니던 시절에 자주 아이들과 함께 자주 그 산성 폐허인 산꼭대기에 올라가 놀았다.

그 산을 주위 인근 사람들은 '성터'라고 불렀다. 성터라고 불린 그 산의 모양이 '활'처럼 생겨 활산으로 불리는 이 산 위에 지금 비록 폐허만 남아

---

17 독립지사 해영 신철휴의 공덕을 기리는 기념비가 고령군 우곡면 사촌리 672번지 정은공 재실 정원 내에 있다.

18 한국민족문화대백과사전, 신철휴(申喆休, 신우룡[申愚龍], 신용[申龍]), (2019.2.6일 접속), http://100.daum.net/encyclopedia/view/14XXE0033449(2019.2.6 접속).; http://am.bridgeplatform.co.kr/gallery/view.asp?seq=194358&path=&rp-age=172; http://gyeongju.dmook.co.kr/gallery/view.asp?seq=220447&path=&rp-age=41(2019.2.6 접속).; http://www.goshin.or.kr/php75/board.php?board=gosin71&command=body&no=513(2019.2.6 접속).

19 한국민족문화대백과사전, 신철휴(申喆休, 신우룡[申愚龍], 신용[申龍]), (2019.2.6일 접속), http://100.daum.net/encyclopedia/view/14XXE0033449.

20 활산 기슭 가까이에 임진왜란 때 어떤 할머니가 작은 성('할미산성')을 쌓고 왜군에 대항하여 싸우다 전사했다는 전설이 내려오는 작은 산성이 있었다는 말이 전승된다. 아마도 그래서 '활산'을 '할매성지산'이라고도 부려진 것 같다. 필자의 어린 시절에 활산 인근 모든 마을의 어른들과 아이들 모두 '활산'을 '성터'라고 불렀다.

있지만 '성터'라고 입에서 입으로 전해지는 역사적인 장소이다. 어린 시절의 낭만과 꿈이 남아 있는 이 산 위로 가끔 올라가서 보면 저 멀리 십 리 밖에 대가야의 도읍지인 고령군 대가야읍이 눈앞에 펼쳐진다.

배재욱 사진 〈황성마을 뒷산인 '활산'과 '황고산성'〉

참고 문헌

기획취재부. "한 가문이 일으킨 독립만세 문중항쟁사. 우곡면 도진리 고령박씨의 민족운동."「대가야신문」23호(2010년 3월 3일 수요일[음력 1월 18일]), 2.
김진호·박이준·박철규 공저.『국내 3·1운동 Ⅱ: 남부』. 한국 독립 운동의 역사 20. 천안: 독립기념관 한국독립운동사연구소, 2009.
대구복심법원. "박기로 외 5인의 판결문(1919년 5월 8일)": 경상북도 경찰부.『고등경찰 요사』, 41.
배재욱. "한마을 어르신 27명 단체 옥고 … '노신리의 선실'로."「대구신문」. 기획특집. 3·1운동 100주년 배재욱의 대구·경북 역사 기행 2: 고령,「대구신문」6417호(2019.02.11), 7.
http://www.goryeong.go.kr/doc/document.html?fn=1.도진리(0).hwp&rs=2019022; 박돈헌. "도진리 마을역사. 민속자료. 문화재/유적." (2019.2.7 접속). http://blog.naver.com/PostView.nhn?blogId=suhwy010&logNo=10116123515; 최재수. "40

가구 한 마을서 27명이 감옥살이." 매일신문(2010.3.1. 월요일). (2019.2.7 접속).
http://100.daum.net/encyclopedia/view/14XXE0033449(2019.2.6 접속).; http://am.bridgeplatform.co.kr/gallery/view.asp?seq=194358&path=&rpage=172; http://gyeongju.dmook.co.kr/gallery/view.asp?seq=220447&path=&rpage=41(2019.2.6 접속).; http://www.goshin.or.kr/php75/board.php?board=gosin71&command=body&no=513; 한국민족문화대백과사전. 신철휴(申喆休, 신우룡[申愚龍], 신용[申龍]). (2019.2.6.일 접속).
http://100.daum.net/encyclopedia/view/14XXE0033449; 한국민족문화대백과사전. 신철휴(申喆休, 신우룡[申愚龍], 신용[申龍]). (2019.2.6.일 접속).
http://www.goryeong.go.kr/town/boardList.do?sec=twn007&IDX=164&BRD_ID=intro_town; http://www.goryeong.go.kr/doc/document.html?fn=18.사촌리(0).hwp&rs=2019022; 신동우. "사촌리 마을역사. 민속자료. 문화재/유적." (2019.2.7 접속).

제3장

배재욱의 대구·경북 역사 기행 3: 의성[1]
조그만 시골교회, 독립만세운동 선봉에 서다. 의성

    대구와 경북 지역 최초의 개신교 선교사였던 배위량(裵緯良, W. M. Baird, 1862~1931) 선교사가 의성군 청도에서 세례를 준 김수영(金秀英)에 의해 의성군에서는 최초로(1900년 3월) 세워진 비봉교회(飛鳳敎會)는 전형적인 농촌교회이다.[2]

    비봉교회는 의성 지역의 모교회로 1902년에 이미 초가 네 칸의 첫 예배당 건물을 지을 정도로 열심을 가진 교회로 1949년 5월 와가 목조 건물로 132㎡ 크기의 아름다운 예배당을 건축했다. 하지만 그 아름다운 와가 목조 건물이 협소하여 그 건물을 헐고 그 자리에 1972년 11월 30일 258㎡ 규모의 시멘트 벽돌 구조로 예배당을 건축했다. 2000년 3월에는 비봉교회가 선교 100주년 기념 예배를 드리고 선교 100주년 기념비를 교회 정원에 세웠다.

---

[1] 배재욱, "조그만 시골교회, 독립만세운동 선봉에 서다," 「대구신문」. 기획특집. 3·1운동100주년 배재욱의 대구·경북 역사 기행 3: 의성, 「대구신문」 6422호(2019.02.18), 7을 수정, 보완했다.

[2] 비봉교회의 주소는 경상북도 의성군 의성읍 하비길 4-9(비봉리 720)이다.

배재욱 사진 〈의성 비봉교회〉

배재욱 사진 〈의성 비봉교회 선교 100주년 기념비〉

배재욱 사진 〈의성 비봉교회 종탑〉

의성 비봉 땅에 세워진 교회에서 신앙생활 하던 사람들이 나중에 의성읍과 다른 지역에 교회를 세웠다.

쌍계교회는 1903년 의성군 비안면 쌍계리에 세워진 교회로 군위의 봉황교회에 다니던 김인옥, 이성준이 1903년 초가를 매입하여 마련된 예배당에서 1903년 3월 15일에 교회가 설립되었다. 이 교회는 일본강점기에 수난을 당한 교회로 1919년 3월 12일 쌍계교회의 박영화 목사, 박영달 장로, 박영신 형제 등의 신자들이 일제에 저항하여 3·1만세운동을 일으켰고 이로 인하여 그들은 일본 경찰에 체포되어 갇혔다. 조용한 시골 마을에 세워진 교회에서 이런 엄청난 일이 일어났다. 김진호·박이준·박철규의 공저인 『국내 3·1운동 II: 남부. 한국 독립 운동의 역사 20』은 의성에서 일어난 3·1만세운동의 발단을 다음과 같이 말한다[3].

---

3   김진호·박이준·박철규 공저, 『국내 3·1운동 II: 남부』, 한국 독립 운동의 역사 20 (천안: 독립기념관 한국독립운동사연구소, 2009), 305.

의성군 안평면 괴산동 장로교회 김원휘는 평양신학교에 입학하려고 3월 3일에 평양에 도착하였으나, 때마침 평양에 3·1운동이 일어나 입학이 불가능하여 보이자 3월 6일에 귀향했다.[4] 그는 비안면 쌍계동 장로교회 목사 박영화에게 만세시위 상황을 이야기하면서 만세시위를 촉구하고, 또 동월 10일 대구 만세시위를 목격하고 돌아온 안평면 괴산동 장로교회 박우완과 대구 계성학교 학생 박상동 등이 여기에 가담하여 비안 공립보통학교 학생과 비안면 안평동 지역의 기독교도들과 함께 봉기한 데서 의성군의 만세시위는 발전해 가게 되었다.[5]

의성 괴산교회 조사였던 김원휘는 평양신학교에 입학하고자 평양으로 갔지만, 평양에서 3월 3일에 일어난 대규모의 독립만세 시위를 목격했다. 그 여파로 평양신학교 입학이 좌절된 김원휘는 고향으로 돌아와 박영화 목사를 찾아가 평양에서 일어난 만세운동 소식을 전했다.

쌍계교회의 3·1만세운동에 참여하여 옥고를 치른 독립유공자 박상동은 당시 대구의 계성학교 학생이었다. 그가 대구에서 3·1만세운동에 참여한 후 고향으로 돌아와 쌍계교회의 목사로 활동했던 자기 아버지 박영화 목사에게 대구에서 일어난 3·1만세운동에 대해 소상히 전했다. 평양신학교에 입학하기 위해 평양에 갔다가 3·1만세운동의 여파로 평양신학교 입학이 좌절되어 고향으로 돌아온 김원휘로부터 박상동에게서 더욱 먼저 3·1만세운동 소식을 접한 박영화는 괴산교회 김원휘 조사, 쌍계교회 신자인 박영달 장로, 박영신, 괴산교회 박우완 영수 등과 주축이 되어 1919년 3

---

[4] 이 지역 3·1운동은 김희곤, 『의성의 독립 운동사』, 의성군, 2002 참조; 김진호·박이준·박철규 공저, 『국내 3·1운동 Ⅱ: 남부』. 한국 독립 운동의 역사 20 (천안: 독립기념관 한국독립운동사연구소, 2009), 305에서 재인용.

[5] 경상북도 경찰부, 『고등경찰 요사』, 25; 김진호·박이준·박철규 공저, 『국내 3·1운동 Ⅱ: 남부』. 한국 독립 운동의 역사 20 (천안: 독립기념관 한국독립운동사연구소, 2009), 305에서 재인용했다. 박상동은 나중에 신학을 공부한 후 목사가 되어 안동시에 소재한 안동교회와 대구남산교회 등에서 목회했고 그의 아들 박대선은 연세대 총장으로 활동했다.

월 12일 의성군 비안면 쌍계리 거리와 비안초등학교에서 만세운동을 일으켰다.

이때 "쌍계교회 성도들과 동민들이 만세운동을 일으켰다. 쌍계교회로부터 촉발된 만세운동은 이후 안평면 대사교회, 봉양면 도리원 등 의성 전역으로 확산했다."[6] 의성에서 일어난 3·1만세운동은 비안면의 기독교인이 주축이 되어 1919년 3월 12일 아침 비안공립보통학교 학생들과 함께 100여 명이 의성군 비안면 비안공립보통학교에서 일어난 운동이었다.

그날 오후 1시에 비안면 기독교 신자들과 학생 100여 명이 쌍계교회 뒷산에서 다시 대한독립 만세를 소리 높여 불렀다. 의성에서의 3·1만세운동은 의성 쌍계교회와 의성 괴산교회 신자들이 중심이 되어 그 지역 학생들과 농민들이 합세하여 일으켰다는 데서 그 의미를 찾을 수 있다.

일제강점기 시절에 의성경찰서는 독립 운동을 하거나 독립을 위해 헌신한 인물을 고문하고 핍박한 대표적인 기관으로 이름이 높았다.

1897년 경남 웅천에서 태어난 소양 주기철 목사는 평북 정주 오산학교에서 공부한 후 고향에서 생활하며 웅천교회의 집사로 일하다가 김익두 목사의 설교를 듣고 소명을 느껴 1921년 평양신학교에 입학하고 졸업 후에는 1926년 부산 초량교회, 마산 문창교회(1931년) 평양 산정현교회(1936년)에서 목회했던 인물인데 일제의 신사참배를 거부하여 순교를 당했다. 그런데 순교자 주기철 목사도 의성경찰서에서 고문을 받았다.

이런 연유로 의성군에서는 옛 의성경찰서 건물을 활용하는 방안을 다양하게 연구한 후 옛 의성경찰서 건물을 '주기철목사수난기념관'으로 활용하기로 결론 내렸다[7].

---

6 정재영 · 김병국 · 박민균 기자, "애국애족 깃발 높이 든다," 「기독신문」(2017.02.27). http://www.kidok.com/news/articleView.html?idxno=101936(2019.2.14 접속).

7 정재영 기자, "[역사기획] 구 의성경찰서, 한국 교회 순교사 상징된다," 「기독신문」 (2018.12.07). http://www.kidok.com/news/articleView.html?idxno=112857.(접속 2019.2.15 접속).

당시 주기철 목사는 평양 산정현교회 목사로 일했는데, 의성에서 고문을 당하고 핍박을 받았다. 이 일은 1930년대에 평양신학교 학생들이 주축이었던 '기독교농촌연구회', 즉 '농우회'가 발단이 되었다. 평양신학교 학생들은 농우회를 조직하여 각자의 고향에서 야학을 통해 농촌 살리기 운동을 했다.

이 농우회 사건이 발단되어 "1938년 6월 경북 의성경찰서에서 유재기 목사, 정일영 목사, 오진문 장로를 비롯해 농우회 활동에 참여한 기독교 지도자들과 청년들"이 "반일사상 혐의로 체포"되어 탄압을 받았다.[8] 일제는 이 일을 빌미 삼아 신사참배를 거부하는 신자들을 잡아 가두고 교회를 핍박하는 과정에 주기철 목사를 의성으로 데려와 잔인하게 고문했다.

이런 연유로 "당시 희생된 인물들 중 대표적인 이들이 평양 산정현교회의 주기철 목사, 의성 중리교회의 권중하 전도사 등이었다."[9] 잔인한 고문과 핍박의 현장이었던 옛 의성경찰서 건물을 산교육의 현장으로 활용될 예정이다[10]. 이런 연유로 의성경찰서 건물이 한국 기독교역사사적지로 지정된 데 이어, 주기철목사수난기념관으로 다듬어지고 있었다.

---

8   정재영 기자, "[역사기획] 구 의성경찰서, 한국 교회 순교사로 상징된다."
9   정재영 기자, "[역사기획] 구 의성경찰서, 한국 교회 순교사 상징된다."
10 의성에 사는 한 지인으로부터 주위의 다른 지역보다 의성의 겨울이 평균 5도 정도 낮아 "의성 마늘이 작지만 맵다"는 이야기를 들었다. 의성 출신의 여자 컬링팀이 한국을 대표하여 2018.2.9(금)~25(일)에 17일간 평창에서 열렸던 2018 평창 동계올림픽에서 준우승하는 쾌거를 거두었다. 많은 사람이 컬링 경기를 처음 보면서 컬링 경기 선수들이 모두 의성 출신인 사실을 놀라워했다. 의성에서 인물이 많이 태어났다.

제6부 제3장 배재욱의 대구·경북 역사 기행 3: 의성   229

배재욱 사진 〈옛 의성경찰서 건물〉

배재욱 사진 〈옛 의성경찰서 안내 간판〉

참고 문헌

대구복심법원; 경상북도 경찰부. 『고등경찰 요사』, 25.
김진호·박이준·박철규 공저. 『국내 3·1운동 Ⅱ: 남부』. 한국 독립 운동의 역사 20. 천안: 독립기념관 한국독립운동사연구소, 2009.
김희곤. 『의성의 독립 운동사』, 의성군, 2002.
배재욱. "조그만 시골교회, 독립만세운동 선봉에 서다." 「대구신문」. 기획특집. 3·1운동 100주년 배재욱의 대구·경북 역사 기행 3: 의성. 「대구신문」 6422호 (2019.02.18), 7.
http://cafe.daum.net/happy2039/R0iD/23?q=%EC%9D%98%EC%84%B1%20%EC%8C%8D%EA%B3%84%EA%B5%90%ED%9A%8C(접속 2019.2.14).
http://cafe.daum.net/ims2046/QGwM/18?q=%EC%9D%98%EC%84%B1%20%EC%8C%8D%EA%B3%84%EA%B5%90%ED%9A%8C(2019.2.14 접속).
http://www.kidok.com/news/articleView.html?idxno=101936(2019.2.14 접속); 정재영·김병국·박민균 기자. "애국애족 깃발 높이 든다." 「기독신문」(2017.02.27).
http://www.kidok.com/news/articleView.html?idxno=112857; 정재영 기자. "[역사기획] 구 의성경찰서, 한국 교회 순교사로 상징된다." 「기독신문」(2018.12.07).(접속 2019.2.15 접속).

제4장

배재욱의 대구·경북 역사 기행 4: 안동[1]
"독립유공자 250명 전국 최다 배출 '항일 운동의 성지'"

영남 지역은 예로부터 학문을 숭상하고 예를 존중하는 지역으로 이름이 높았다. 이런 전통의 밑바탕에 경북 안동시가 차지하는 비중이 크다고 생각한다. 조선 말엽 세도 정치의 주류가 안동김씨였기에 안동이란 이름은 한국인들에게 어쩌면 양반들이 가지는 고루하고 케케묵은 선입견과 관련되기 쉽다. 그런데 안동은 전통적 모습을 가지면서도, 동시에 새로운 문화의 유입에 벽을 쌓거나 배척하지 않았던 것을 역사에서 볼 수 있다. 그들은 사리를 바르게 판단하여 처신했고, 새로운 문화를 받아들이는 데서도 적극적이었다.

안동 사람들은 전통 문화를 지키면서도 아울러 전통 문화와 함께 새로운 시대를 열어 가는 주역으로서 역할을 감당하고 있다. 그런 발상의 전환으로 안동시는 예천군과 함께 경상북도 도청을 유치하는 성과를 거두었다.

경상북도에서 안동 이외에도 경상북도 도청을 유치할 명분과 능력을 갖췄던 지방 자치 단체가 많았다. 경상도(慶尙道)란 이름의 근간(根幹)을 제공하는 경주(慶州)와 상주(尙州)가 있고 경제적인 부(富)가 뛰어난 신흥 도

---

[1] 배재욱, "독립유공자 250명 전국 최다 배출 '항일 운동의 성지,'"「대구신문」. 기획 특집. 3·1운동 100주년 배재욱의 대구·경북 역사 기행 4: 안동,「대구신문」6427호 (2019.02.25), 6을 수정, 보완했다.

시인 구미(龜尾)와 포항(浦港) 그리고 신흥 공업 도시로 도약하는 경산(慶山)과 영천(永川)이 있다. 그리고 경상북도(慶尙北道)의 중앙에 있는 의성(義城)과 군위(軍威)가 있고 백세각에서 파리 장서 영남본을 만들었던 전통적인 양반고을 성주(星州)가 있고, 역사적 대가야의 고도(古都)인 고령(高靈)도 있다. 각 시군은 나름으로 경상북도 도청 소재지를 유치할 만한 당위성과 정당성을 가지고 있었다. 하지만 안동과 예천이 주도한 계획에 모든 시군은 고배를 마셨다. 이것은 이 일에 주도적 역할을 했던 안동의 사고가 고루하지는 않다는 방증이 될 것이다.

안동 지역에 그리스도교인이 처음으로 방문한 날은 1893년 5월 4일이었고 그때 처음으로 방문한 사람은 당시 부산에 영남선교지부를 개척한 후 영남 지역 내륙에 영남선교지부를 옮길 계획으로 영남 지역 내륙으로 순회전도 여행을 나온 배위량(William M. Baird = 베어드)이었다. 배위량은 1893년 5월 4일에 풍산을 거쳐 안동에 들어왔고, 그날 밤 안동에서 일박한 후 5일에 안동에서 일기를 썼다. 그 일기에 보면 그는 안동에서 많은 책을 판매했다.[2]

배위량은 문서 선교를 위해 가져온 기독교에 관한 책을 안동에서 판매했다. 그가 책을 판매한 것은 영리 목적이 아니라 선교의 목적이었다. 이러한 그의 문서 선교를 통해 안동 땅에 최초의 복음이 전파되어 안동의 지식인 계층이었던 유림들에게 영향을 끼쳤을 개연성이 자명하다.

안동의 유림이 기독교로 개종한 것은 순전히 하나님의 은혜이지만, 그 이면에는 배위량의 안동 순회전도 여행과 시대적 상황이 어우러졌다고 본다. 안동은 예부터 '추로지향'(鄒魯之鄕)의 고장으로 불렸다. 그만큼 안동 사람들은 학문을 숭상하고 예를 존중하고 지켰다는 반증이다.

그런데 1893년 5월에 안동 땅에 나타난 이방인이었던 배위량(裵緯良, W.

---

2 William M. Baird/이상규 옮김, 『숭실설립자 윌리엄 베어드의 선교 일기』(서울: 숭실대학교 한국 기독교박물관, 2013), 51.

M. Baird, 1862~1931)이 던져 준 충격이 컸을 것이라고 생각한다. 당시는 구한말의 어수선한 시대였고 국운이 기울어지는 상황에서 학문을 숭상하던 안동 땅에 나타난 이방인 배위량을 통해 안동 사람들은 새로운 학문과 새로운 세계에 대해 동경을 가졌을 것이다.

안동에서 정신적 지주 역할을 했던 양반층 지도자들은 국운이 쇠해 가던 그 시절에 서양인 배위량의 등장에 큰 충격을 받았을 것이고, 그들은 학문하는 사람답게 책 속에서 조선 사람들이 살아갈 수 있는 길을 찾고자 했을 것이다. 이러한 시대적 배경 속에서 배위량은 많은 안동 사람에게 신앙 서적을 팔 수 있었다[3].

그 당시에 조선 땅에서 글을 알고 책을 읽을 수 있었던 사람들은 양반 가문의 사람들이 주축이었을 것이다. 조선 말기 시대에 살았던 자들인 그들은 흔들리는 시대상을 아픈 눈으로 걱정만 한 것이 아니라, 복음을 전하기 위해 안동을 방문한 배위량으로부터 구매한 책을 통해 무언가 길을 찾고자 했을 것이다. 그 독자 중에서 안동 유림에 속한 지식인들은 중요한 변화를 겪은 독자들이 되었을 것이다.

〈1914년 2월에 준공된 안동교회〉
사진: 안동교회 제공

〈1911년 설립된 계명학교 아래 기와집이 계명학교이고 위의 서양식 건물은 선교사 사택〉
사진: 안동교회 제공

---

[3] 그것에 대해서는 William M. Baird/이상규 옮김, 『숭실설립자 윌리엄 베어드의 선교 일기』, 51을 보라.

배위량의 뒤를 이어 경상도 선교부를 책임졌던 안의와(安義窩 = 아담스, James Edward Adams, 1867-1929)가 안동을 처음으로 찾았을 때, 이미 안동에 기독교 신앙을 가진 사람이 있었다. 그것은 안동을 거쳐 간 서양인 선교사의 흔적이 남아 있었다는 것을 의미한다. 선교 초기 안동 기독교계가 중심이 된 3·1운동을 이해할 수 있는 실마리는 여기서부터 시작해야 제대로 이해할 수 있을 것이다.

즉, 외세에 대단히 저항적인 기질을 가지고 있고, 보수적이고 유교적인 고장인 안동에서 일어난 3·1운동을 이해하기 위해서는 안동의 역사와 독특한 문화를 이해할 때라야 비로소 이해가 가능한데, 그 근본에는 인정하든 인정하지 않든 배위량이 제2차 순회전도 여행 때 안동을 방문하여 실시한 문서 전도를 통해 이루어진 선교 활동이 있었기에, 배위량의 안동 선교에서 그 뿌리를 찾는 것이 옳은 선택이라고 본다.

『안동의 종교: 기독교 편』에 보면 안동 지역의 기독교 역사는 아주 독특하다. 그것은 안동이 지금도 양반 도시이고, "선비 정신과 유림 문화의 뿌리가 깊은" 지역이기에 그렇다. 안동에 그리스도교 복음이 전파되었을 때 기독교가 배척되리란 예상과 달리 "빠른 속도로 선교 되었다."[4] 『안동의 종교: 기독교 편』은 안동의 유림과 기독교의 밀접한 관계에 대해 다음과 같이 말한다.

> 한국의 경북 안동 지역은 매우 독특한 기독교의 역사를 갖고 있다. 선비 정신과 유림 문화의 뿌리가 깊은 이 지역에 약 100여 년 전 기독교 복음이 전파되었을 때, 기독교가 배척당할 것으로 예상했으나, 정반대의 빠른 속도로 선교되었다. 그뿐만 아니라 그 당시 안동의 정신적 지주이면서 지도층인 유림 선비들이 기독교인이 되었다.[5]

---

[4] 임희국, "유림 문화와 안동의 기독교(장로교회)," in: 백소애(편), 『안동의 종교: 기독교 편』. 경북기록문화연구원 기록지 3(안동: 안동시. [사] 경북기록문화연구원, 2017), 9.

[5] 임희국, "유림 문화와 안동의 기독교(장로교회)," 9.

기독교와 유림의 관계는 '안동 지역의 '지도층'으로 '정신적 지주'이기도 한 유림이 그리스도교로 개종한 사실에서 볼 수 있다. 임희국은 이런 관계에 대한 중요한 점을 다음과 같이 말한다.

> 1919년 3·1 만세시위는 안동 지역 개신교 선교에 매우 중요한 전환점이 되었다. 수많은 기독교인이 나라와 독립을 위해 이 시위에 적극적으로 가담하고 참여했다. 그리고 그 대가를 혹독하게 치르면서 감옥에 갇히고 고문을 당했다. 그들의 이러한 희생이 일반 사람들에게 깊은 감동을 안겨 주었다. 그리고 지역사회가 교회를 신뢰하게 되었다.[6]

"안동 지역 장로교회의 역사는 유생들의 '기독교 수용사'로 시작되었다."[7] 즉, 안동의 정신적 지주를 이루었던 유림이 그리스도교의 복음을 받아들임으로 기독교 문화와 유교 문화가 상호간(相互間)에 교류하게 되어 안동에서는 독특한 기독교 문화가 형성되었다.

"선비 정신과 유림 문화의 뿌리가 깊은" 안동 지역에 기독교 복음이 전해졌을 때 많은 사람이 호응하고 받아들인 중요한 이유는 안동의 양반과 지식층이 기독교로 개종한 데 따른 영향 때문이다[8]. 이런 연유로 안동에서 기독교는 독특한 문화적 특성과 맥을 같이 한다.[9]

> 안동의 3·1운동은 동경 유학생 강대극의 귀국과 함께 세브란스 재학생인 김재명이 서울의 독립 운동 소식을 전함으로 단서가 마련되었다. [그리고] 안동 교회 지도자들과 고종 인산에 참여한 유림에 의해 시위 운동으로 진전되었다. 시위는 계획단계에서 주동 세력들이 일제 경찰에 탐지되어 예비 검속을

---

6 임희국, "유림 문화와 안동의 기독교(장로교회)," 15.
7 임희국, "유림 문화와 안동의 기독교(장로교회)," 12.
8 임희국, "유림 문화와 안동의 기독교(장로교회)," 9.
9 이것에 대해서는 임희국, "유림문화와 안동의 기독교(장로교회)," 9를 보라.

당함에 따라 좌절되는 듯하였으나 13일에 일어난 이상동의 단독 만세시위는 은밀히 시위를 추진하고 있던 유림과 기독교 지도자들에게 큰 기폭제가 되었다."[10]

그런데 안동에서의 3·1운동도 다른 영남 지역에서처럼 기독교 역사와 관련 속에서 판단할 때 바른 이해에 이르게 된다. 왜냐하면, 안동에서의 3·1운동 자체가 아주 독특하게 전개되기 때문이다. 안동 지역의 기독교인들은 기독교의 조직을 통해 만세운동을 전개하면서도 자신들만 3·1운동을 계획하여 실행하지 않았다. 안동 기독교 지도자들은 3·1운동을 주도하면서도 자신들만 나서지 않고, 안동 지역에 뿌리가 깊은 유림과 함께 협력하여 만세시위를 일으켰다. 즉, 안동의 기독교 지도자들이 지역사회와 함께 손발을 맞추어 3·1운동을 일으키고 진행했다는 사실은 중요한 시사점을 제공하고 있다.

안동에서의 3·1만세운동의 깃발을 처음 든 사람들은 안동교회와 관련되는 사람들이다. 『안동의 종교: 기독교 편』은 안동의 3·1만세운동은 당시 세브란스전문학교에서 다니던 의학도 "김재명과 안동교회 담임목사인 김영옥 목사[11], 그리고 김병우, 이중희 장로 등의 비밀 모의로 시작되었다"[12]고 말한다. 그들은 안동교회 신자들이었다. 이 사실은 "안동의 3·1만

---

10   안동교회 80년사 편찬위원회(편), 『安東教會 八十年史: 1909~1989』(안동: 대한예수교장로회 안동교회, 1989), 160. 김승학, "교회의 담을 넘어 지역사회로 간 안동교회," 백소애(편), 『안동의 종교: 기독교 편』. 경북기록문화연구원 기록지 3(안동: 안동시. [사] 경북기록문화연구원, 2017), 29; 배재욱, "독립유공자 250명 전국 최다 배출 '항일 운동의 성지,'"「대구신문」. 기획특집 3·1운동 100주년 배재욱의 대구·경북 역사기행 〈4〉 안동.「대구신문」6427호(2019.02.25), 6.
11   김영옥 목사에 대해서는 안동교회 역사위원회 (편), 『안동교회 111년사 1902-2020』 Vol. 01(용인: 킹덤북스, 2022), 156; 안동교회 역사위원회 (편), 『안동교회 111년사 1902-2020』 Vol. 02(용인: 킹덤북스, 2022), 293을 보라.
12   김승학, "교회의 담을 넘어 지역사회로 간 안동교회," 백소애(편),『안동의 종교: 기독교 편』. 경북기록문화연구원 기록지 3(안동: 안동시. [사] 경북기록문화연구원, 2017), 29; 김영옥 목사와 함께 앞장을 섰던 김병우는 안동교회 최초의 장로이자 경북 북부

세운동은 안동교회 교인들이 주축이 되어 시작했다"는 것을 말한다.[13]

안동에서 3월 12일에 만세운동을 열기로 했던 계획은 수상한 기미를 눈치챈 일본 경찰에 의해 발각되어 주춤했지만 안동의 3·1운동 주동자들은 안동 장날인 3월 17일을 거사 일로 정하고 다시 만세운동을 준비했다. 만세운동을 위해 안동교회 여자 신도들인 김정숙, 김병규, 이권애는 "안동교회에서 1911년부터 개교한 계명학교 여학생 30여 명을 동원하여 선교사 임시주택으로 사용하던 가옥에서 독립선언서를 등사하고 태극기를 제작하여 시민들이 만세운동에 사용할 수 있었다. 이날의 만세운동으로 안동교회 교인 7명은 옥고를 치렀다."[14] 이러한 이유로 『안동의 종교: 기독교 편』은 "안동의 3·1만세운동은 안동교회 교인들이 주축이 되어 시작했다"[15]라고 말한다.

3월 17일 안동 장날에 열린 3·1만세운동은 조용하고 점잖은 안동 사람들을 움직이는 기폭제가 되었다. 이날 1,500명 이상 군중이 참여하여 만세를 불렀다. 이 영향으로 만세운동은 안동 전 지역으로 확장되었다.

안동에서 일어난 3·1운동을 주도한 독립운동가 김병우는 안동교회 최초의 교인이요 경안 지역 최초의 장로였고 안동교회 면려청년회를 창립한 교회의 지도자였다.[16] 1919년도에 안동에서 일어난 3·1만세운동에서 두 번이나 시위에 참여한 김병우는 1차 시위일인 3월 18일뿐만 아니라, 3월

지역 최초의 장로로 장립되었다. 안동에서 일어난 3·1운동에 대해서는 안동교회 80년사 편찬위원회(편), 『安東敎會 八十年史: 1909~1989』(안동: 대한예수교장로회 안동교회, 1989), 131-132를 참조할 수 있다. 김진호·박이준·박철규 공저, 『국내 3·1운동 II: 남부』, 한국 독립 운동의 역사 20 (천안: 독립기념관 한국독립운동사연구소, 2009), 305도 참조하라.

13 김승학, "교회의 담을 넘어 지역사회로 간 안동교회," 29.
14 김승학, "교회의 담을 넘어 지역사회로 간 안동교회," 29-30.
15 김승학, "교회의 담을 넘어 지역사회로 간 안동교회," 30.
16 안동교회 역사위원회 (편), 『안동교회 111년사 1902-2020』 Vol. 01(용인: 킹덤북스, 2022), 262-299; 안동교회 역사위원회 (편), 『안동교회 111년사 1902-2020』 Vol. 02(용인: 킹덤북스, 2022), 295, 297을 보라.

23일에 일어난 2차 시위에도 참여하여 주도적인 역할을 감당했다.**17**

독립유공자 김병우 장로/ 사진 안동교회 제공

안동에서 일어난 3·1만세운동이 계기가 되어 기독교인이 된 사람도 있다. 대표적인 사람은 이원영이다. 그는 퇴계 14세손 유림으로 안동 예안에서 만세운동을 주도했던 인물이다. 3·1운동 후 서대문형무소 등에서 4차례 구금당한 이원영은 감옥에서 기독교 진리를 받아들여 기독교인이 되었고, 나중에는 목사가 되어 안동을 중심으로 많은 일을 감당했다. 이원영은 3·1운동에 가담한 독립유공자일 뿐만 아니라, 신앙의 절개를 지키기 위해 끝까지 신앙을 지키고자 신사참배를 거부한 일로 일본으로부터 박해를 받으면서 절개를 지킨 애국자이고 참신앙인이기도 하다**18**.

1919년 3·1만세운동을 통해 많은 안동 사람이 기독교로 개종했고 많은 기독교인이 한국 독립을 위해 힘을 쏟았다. 기독교인들이 고문을 당하며

---

17 안동교회 역사위원회 (편), 『안동교회 111년사 1902-2020』 Vol. 02, 295, 297을 보라.
18 이원영에 대해서는 임희국, 『선비 목회자 봉경 이원영 연구: 이원영 목사의 생애와 사상』 (서울: 기독교문사, 2001); 임희국, 『선비 목사 이원영. 유림 선비에서 기독교 목회자로』 (파주: 조이웍스, 2014); https://v.daum.net/v/20190628160354726; 우성규기자. "[미션톡] 목사가 정치를? 선비목사 이원영 총회장을 보라". 「국민일보」(2019. 6. 28) (2023.12.30 접속)를 보라.

매우 혹독한 대가를 치르는 모습을 보고 안동 사람들은 깊이 감동했다. 안동 기독교 신자들의 희생이 매개되어 교회와 지역사회 사이에 신뢰 관계가 성립되어 돈독한 관계가 되었다고 본다.

이러한 역사적 배경 속에서 안동에서 독립유공자가 많이 배출된 배경을 찾아볼 수 있다고 본다. 그 대표적 사람이 대한민국 임시정부 초대 국무령을 지낸 인물인 석주 이상룡(1858~1932)이다. 안동에 있는 그의 생가인 '임청각'은 항일독립운동가의 산실이다. 안동은 한국에서 독립유공자를 가장 많이 배출한 지역이다. 안동에서 배출된 독립유공자는 서울의 208명보다 더 많은 250명이다. "안동군이 만주로 옮겨 갔다"라는 말이 있을 정도로 안동은 일본 제국주의 치하에서 살아가는 삶을 거부하고 독립투쟁에 적극적으로 가담하여 독립 운동에 매진한 고장이다.[19]

〈독립유공자 이원영 목사〉 사진: 안동서부교회 제공   〈이원영 목사 기념비〉 사진: 안동서부교회 제공

임청각 (2019.08.01) 간판 사진   배재욱 사진 〈임청각〉 (2019.08.01)

---

19   https://kakaka0808.tistory.com/8; 오경진 기자(최종 접속일, 2019.2.21); 배재욱, "대구·경북 지역의 3·1만세운동과 그리스도교 역사와 문화: 대구·안동을 중심으로," 「신학과 목회」 51(3·1운동 100주년 기념호, 2019.5), (9-33), 25를 보라.

참고 문헌

강정인 · 한유동. "이승만 대통령의 국가기념일 활용에 관한 연구: '반공'국민을 만드는 국민의식(國民儀式)."「현대정치연구」7/1(2014.4), 195-224.
권상우. "안동 지역에서 유학과 기독교의 만남: 유림의 기독교 수용 과정을 중심으로."「동서인문학」51(2016.6), 101-130.
경북기록문화연구원 기록 3. 안동: 안동시. [사] 경북기록문화연구원, 2017, 18-32.
계성 90년사 편찬위원회(편).『계성 90년사』. 대구: 계성 중고등학교, 1997.
김명섭 · 김주희. "20세기 초 동북아 반일(反日) 민족지도자의 반공(反共)."「한국정치외교사논총」34/2(2013.2), 73-100.
김승학. "교회의 담을 넘어 지역사회로 간 안동교회." in: 백소애(편).『안동의 종교: 기독교 편』. 경북기록문화연구원 기록지 3. 안동: 안동시. [사] 경북기록문화연구원, 2017.
김진호·박이준·박철규 공저.『국내 3·1운동 II: 남부』. 한국 독립 운동의 역사 20. 천안: 독립기념관 한국독립운동사연구소, 2009.
김희곤.『의성의 독립 운동사』. 의성: 의성군, 2002.
대구복심법원; 경상북도 경찰부.『고등경찰요사』, 25.
대구제일교회 100년사 편찬위원회 편.『사진(寫眞)으로 보는 大邱第一敎會 百年史. 1893-1993, 1997』. 대구: 대구제일교회, 2000.
배재욱. "독립유공자 250명 전국 최다 배출 '항일 운동의 성지.'"「대구신문」. 기획특집 3·1운동 100주년 배재욱의 대구·경북 역사 기행 〈4〉안동.「대구신문」6427호 (2019.02.25), 6.
_____. "대구·경북 지역의 3·1만세운동과 그리스도교 역사와 문화: 대구·안동을 중심으로."「신학과 목회」51(3·1운동 100주년 기념호, 2019.5), 9-33.
서중석.『비극의 현대지도자: 그들은 민족주의자인가 반민족주의자인가』. 서울: 성균관대학교출판부, 2002.
안동교회 80년사편찬위원회(편).『安東敎會 八十年史: 1909~1989』. 안동: 대한예수교장로회 안동교회, 1989.
안동교회 역사위원회 (편).『안동교회 111년사 1902-2020』 Vol. 01. 용인: 킹덤북스, 2022.
안동교회 역사위원회 (편).『안동교회 111년사 1902-2020』 Vol. 02. 용인: 킹덤북스, 2022.
이만열. "삼일절 80주년 기념 러·한 학술대회(모스크바) 보고."「한국 기독교역사연구소 소식」36(1999.5), 39-40.
이상근.『대구제일교회 90년사』. 대구: 대구제일교회 90년사출판위원회, 1983.
임희국.『선비 목사 이원영. 유림 선비에서 기독교 목회자로』. 파주: 조이웍스, 2014.
_____.『선비 목회자 봉경 이원영 연구: 이원영 목사의 생애와 사상』. 서울: 기독교문사, 2001.
_____. "유림 문화와 안동의 기독교(장로교회)." in: 백소애(편).『안동의 종교: 기독교 편』. 경북기록문화연구원 기록지 3. 안동: 안동시. (사)경북기록문화연구원, 2017, 8-15.
지명관. "3·1운동과 선교사들."「기독교 사상」16/3 (1972.3), 50-55.
천관우 · 김동길. "삼일절을 맞는 국민의 자세."「기독교 사상」16/3(1972.3), 28-41.

최용범 · 이우형. 『하룻밤에 읽는 한국사』. 근현대편. 서울: 페이퍼로드, 2013.

http://www.kidok.com/news/articleView.html?idxno=101936(2019.2.14 접속); 정재영 · 김병국 · 박민균 기자. "애국애족 깃발 높이 든다." 「기독신문」(2017.02.27). (2018.12.27 접속).

http://www.kidok.com/news/articleView.html?idxno=112857; 정재영 기자. "[역사기획] 구 의성경찰서, 한국 교회 순교사 상징된다." 「기독신문」(2018.12.07).'. (2019.2.15 접속).

http://cafe.daum.net/ims2046/QGwM/18?q=%EC%9D%98%EC%84%B1%20%EC%8C%8D%EA%B3%84%EA%B5%90%ED%9A%8C. (2019.2.14 접속).

http://cafe.daum.net/happy2039/R0iD/23?q=%EC%9D%98%EC%84%B1%20%EC%8C%8D%EA%B3%84%EA%B5%90%ED%9A%8C. (2019.2.14 접속).

https://v.daum.net/v/20190628160354726; 우성규 기자. "[미션톡] "목사가 정치를? 선비 목사 이원영 총회장을 보라". 「국민일보」(2019. 6. 28). (2023.12.30 접속).

제5장

배재욱의 대구·경북 역사 기행 5: 성주[1]
'세계에 독립 호소하자' 유림들 백세각서 '파리 장서' 작성"

경북 성주에서의 3·1만세운동은 1919년 3월 27일에 일어났다. 성주군 선남면에서 이현기가 20-30명의 사람이 모여 독립만세를 외치며 만세를 불렀다.[2] 이 사건은 성주에서 일어난 첫 3·1만세운동이었다. 그리고 이현기는 성주읍에서 열리는 오일장에 가서 혼자 만세를 불렀다. 이현기의 단독 독립만세 사건은 성주군민들에게 큰 영향을 미쳤다. 이 사건은 4월 2일에 만세를 부르고자 준비하던 성주군의 기독교인들과 유림들에게 계획을 본격적으로 실행케 하는 자극제가 되었다. 당시 성주의 기독교인들은 성주군 대가면의 유진성을 중심으로 4월 2일에 성주 장날 만세를 부르고자 준비했다.[3]

그러던 차에 기독교 측의 유진성은 유림 측에서 같은 날, 같은 곳에서 만세를 부르기 위해 준비하고 있다는 정보를 입수하고 유림 측의 송회근을 찾아가 연합으로 만세를 부르자고 제안했다. 그리고 유진성은 송회근

---

[1] 배재욱, "'세계에 독립 호소하자' 유림들 백세각서 '파리 장서' 작성," 3·1운동 100주년 배재욱의 대구·경북 역사 기행 5·끝: 성주,「대구신문」6432(2019.03.03), 7을 수정, 보완했다.

[2] 김진호·박이준·박철규 공저,『국내 3·1운동 Ⅱ: 남부』. 한국 독립 운동의 역사 20 (천안: 독립기념관 한국독립운동사연구소, 2009), 332.

[3] 김진호·박이준·박철규 공저,『국내 3·1운동 Ⅱ: 남부』, 332-333.

에게 유림 측에서도 태극기를 만들어 오도록 부탁했다.[4] 이런 맥락에서 보면 성주군의 본격적인 만세시위는 성주군의 기독교 측에서 유림 측보다 더욱 능동적으로 준비하고 적극적이었던 것으로 평가된다. 그것은 유진성이 송회근을 찾아가 같이 만세운동을 부르자고 말하고 그에게 태극기를 만들어 오도록 부탁했다. 그렇다면 기독교 측에서는 태극기도 만들지도 않았고, 3·1만세운동 준비를 위한 다른 아무것도 하지 않고 유림 측에만 그렇게 부탁하지는 않았을 것이다. 여기에 몇 가지 경우의 수가 있었을 것이다.

첫째, 기독교 측에서는 이미 태극기를 만들고 있었는데, 유림 측에서는 태극기도 없이 만세를 준비하는 것을 알고 만세를 부르기 위해서 태극기도 준비해야 하니, 태극기도 준비하라고 부탁했을 것이다.

둘째, 이미 유림 측이 태극기를 만들고 있다는 것을 알고, 유림 측은 태극기 제작을 맡고 기독교 측은 독립선언서를 만들어 오도록 하는 분업을 했을 수도 있다.

셋째, 기독교 측과 유림 측에서 만세운동을 각각 준비했지만, 재판정에서 유림 측이 기독교 측에 책임을 전가하여 기독교 신자인 유진성이 유림 측 송회근에게 태극기 제작을 부탁했기에 유림 측에서 태극기를 만들었다고 유림 측이 3·1만세운동을 일으킨 책임을 기독교 측에 전가하는 방편으로 그렇게 말했을 수도 있다.[5]

넷째, 일본 경찰이 이미 대구·경북 지역 지방에서 기독교인이 중심이 되어 3·1만세운동이 일어난 것을 알고 있었기에 기독교인에게만 책임을

---

4 김진호·박이준·박철규 공저,『국내 3·1운동 II : 남부』, 333.
5 기독교인 유진성과 유림 측 송회근이 4·2 성주 만세운동을 이끈 공동 주동자라면 같은 형량으로 책임이 지워져야 하겠지만, 유진성은 징역 2년을 선고받고 송회근은 징역 1년을 선고받은 것을 보면 일본 경찰은 4·2 성주 만세운동의 주동자를 유진성으로 파악했다는 명백한 기록이 된다.

지위 기독교 세력을 약화하고자 그렇게 조서를 꾸몄을 수도 있다.

　필자는 위의 네 가지 경우 중 첫 번째가 가장 맞는 경우라고 생각한다. 그것은 4월 2일 오후 1시에 성주읍 오일장 시장으로 기독교인들이 태극기를 들고 만세를 부르면서 행진한 것을 보고 모여 있던 유림 측에서도 만세를 불렀던 것을 보면 태극기를 기독교 측과 유림 측이 각각 준비했고 그것을 각 단체에서 가지고 왔다고 판단된다. 그리고 당시에 대구나 안동같이 학교가 있는 지역이 아니면 독립선언서를 등사할 여건이 되지 않았기에 다른 곳에서 독립선언서를 가지고 왔던지, 이미 독립선언서를 다른 지역에서 낭독했기에 독립선언서를 낭독하는 일은 의미가 없다고 판단하여 태극기를 만들어 흔드는 것으로 만세운동을 전개했을 것이다.

　위의 네 가지 경우 외에 다른 경우를 가정할 수도 있지만 어떤 경우를 생각하더라도 기독교 측에서 유림 측보다도 더욱 능동적으로 3·1만세운동을 준비하고 행동했다고 판단된다. 그런데 후세의 역사가들은 성주에서의 3·1만세운동을 기술하면서 기독교 측에서의 만세운동보다도 유림 측의 만세운동을 앞세우고 있다. 성주군을 대표하는 만세운동을 유림의 만세운동을 근간으로 삼고 있다는 사실은 역사적인 맥락을 잘못 해석한 데 따른 것으로 판단된다.

　이런 현상은 성주군이 성주군을 대표하는 독립 운동으로 유림 측의 '파리 장서' 사건을 부각하면서 유림의 만세운동을 앞세운 데 따른 현상이라고 본다. 즉, 역사가들은 성주의 기독교인들이 중심이 되어 일으킨 성주의 만세운동을 상대적으로 소홀히 취급하고 있다.

　유림 측의 '파리 장서' 사건은 우리 민족의 자랑스러운 역사이고 그것은 당연히 장려되어야 한다. 그렇지만 그것 때문에 역사를 제대로 평가하지 않고 성주에서 일으킨 기독교인들의 3·1만세운동은 자랑스러운 성주의 역사인데, 그것을 과소평가하고 잘못된 방향으로 역사를 소홀히 취급하는 것은 하나의 역사 왜곡이다.

1919년 4월 2일 오후 1시에 성주읍 장날에 기독교인들이 먼저 만세를 부르면서 시장으로 몰려들자 이미 시장에 몰려 있던 유림 측 인사들도 호응하여 성주에서의 3·1만세운동에 불이 붙었다. 민족사적으로 볼 때 3·1만세운동은 처음에는 평화적인 운동으로 시작되었지만, 일본 경찰의 강압적인 진압으로 인해 군중들의 분노가 높아졌고 이런 분노가 나중에는 독립 운동에서 무장 투쟁으로 발전되어 독립군이 조직되는 엄청난 결과로 이어졌다.

경상북도가 지정한 유형문화재 제163호인 백세각은 경상북도 성주군 초전면 고산리에 있는 조선 시대 문신 송희규(宋希奎)가 건립한 누각이다. 조선 전기의 문신 야계(倻溪) 송희규(宋希奎)가 윤원형(尹元衡)과 이기(李芑)를 탄핵한 것 때문에 귀양살이를 한 후 성주로 돌아와 1561년(명종 16년)에 백세각을 지었다. 백세각은 쇠못을 사용하지 않고 나무에 구멍을 뚫어 싸리로 얽었다. 또한, 대패질하지 않고 자귀만으로 깎아 다듬어 만든 건물이다. 이 백세각은 1919년 3·1운동이 일어난 뒤에 "경북 유림단 파리 장서 사건의 모의 장소로 사용되어 3·1 독립 운동과도 관련이 있는 유서 깊은 곳이다."[6]

독립선언서에 서명을 반대한 유림 측이 3·1운동 전국적으로 일어나고 그것이 온 민족의 운동이 되는 것을 본 뒤에 조선 백성들이 이 일에 대해 유림 측을 비판하자 뒤늦게 프랑스 파리에서 개최되는 강화회의에 한국 독립을 호소하는 장문의 서한을 작성했다. 파리 장서 사건은 전에 의병을 일으켜 항일투쟁을 했던 호서 지방의 김복한(金福漢)을 중심으로, 대부분 의병에 참여했던 유림에 의해 한국 독립의 정당성과 당위성에 관한 주장을 담은 서한을 작성했지만, 이들이 작성한 서한은 현존하지 않는다.

이때 영남 지방 유림에서도 곽종석(郭鍾錫)·김창숙(金昌淑) 등이 중심이

---

6   http://100.daum.net/encyclopedia/view/14XXE0029579성주백세각(星州百世閣) (2019.3.1 접속)에 따르면 공산(恭山) 송준필(宋浚弼) 등 문인들이 성주시장 날에 배포한 독립 청원장서 3,000장을 이 백세각에서 복사했다고 전해진다.

되어 작성한 영남 본(嶺南本)을 전체 유림회의에 제출했다. 호서 본보다도 영남 본의 내용이 더욱 포괄적이었기에 영남 본을 파리강화회의에 제출키로 하고 134명 전국 유림대표가 서명했다. 이렇게 성주에서 일어난 '파리 장서' 사건은 3·1 독립선언서에 한 사람의 대표자도 내지 못한 유림이 나중에 파리에서 열린 만국회의에 한국의 독립을 주장한 서한을 보낸 사건으로 성주군에서는 성주 백세각에 유림이 모여 회의하고 준비를 하고 '파리 장서' 영남 본을 작성한 곳으로 역사적으로 중요한 장소이다.

'파리 장서'는 파리에서 열린 만국평화회의에 전달되지 못했지만, 1919년 4월 12일 경상북도 성주에서 일어난 만세시위 운동 때문에 일본 경찰에 붙잡혔던 송회근(宋晦根)에 의해 사건이 드러나게 되어 관계자들이 붙잡혀 옥고를 치렀다. 파리 장서 운동은 1919년 3·1운동의 독립선언에 서명하지 않았던 유림(儒林)이 세계 강화회의가 프랑스 파리에서 개최되는 것을 알고 대표를 파견하여 한국의 독립을 국제적으로 요구하고자 했던 사건이다.

이때 김창숙은 유림대표 137인이 서명한 '파리 장서'를 휴대하고 상해로 향한 뒤에 국내에서는 일본 경찰에 의해 서명자에 대한 대대적인 탄압이 전개되었다. 파리 장서 운동은 한국의 독립을 자신의 손으로 만들고자 했던 기독교를 비롯한 다수 국민의 열망과는 다르게 세계 열강에 의존하고자 했던 유림의 한계성을 보여 주었다. 하지만 이 사건은 유림의 전통적인 한계를 탈피하는 계기가 되었다. 그리고 조선 멸망에 대한 책임론 때문에 위축된 유림이 한국의 독립 운동에 적극적으로 참여하는 계기가 되었다는 점에서, '파리 장서' 운동은 민족사적으로 매우 중요한 사건이다.

필자의 판단으로는 유림이 중심이 되어 일으킨 '파리 장서' 사건은 성주군 유림의 단독 사건이 아니라, 영남 유림이 중심으로 작성한 장서가 전체 유림의 공식적인 문서로 채택되어 그 문서에 유림대표들이 서명하여 파리에서 열린 세계 강화회의에 전달코자 했기에 이 사건은 한국 전체 유림의 독립 의지를 밝혀 준 사건으로 높은 평가를 해야 할 것이다. 그렇지만 성주군에서 일어났던 3·1만세운동은 다른 맥락에서 관찰되어야 마땅하다. 이재원과 임종훈이 쓴 『성주군 기독교 110년사. 1901-2011』은 이것에 대해 "'성주의 3·1운동은 유생들이 주도했고 기독교 세력이 이에 협조·연합하였다'라는 기록은 온전히 주객이 전도되는 감이 없지 않다"[7]라고 기록한다.

경북 성주에서 일어난 3·1만세운동은 유림 측에서보다도 성주의 기독교 측에서 위험을 무릅쓰고 성주의 유림대표를 찾아가 만나고 협조를 구하고 1919년 4월 2일 성주읍 만세운동에서 먼저 행동을 개시하는 등의 행동으로 미루어 볼 때 기독교 측이 더욱 적극적으로 성주 만세운동을 주도한 것으로 판단된다. 그래서 성주 만세운동의 첫머리에는 성주 기독교 신자들의 헌신과 나라 사랑이 언급되어야 할 것이다.[8] 하지만 이것에 대한 자세한 역사적 해석은 이 일에 정통한 교회사가들과 역사학자들에게 맡기고 더 이상 언급하지 않을 것이다.

---

7 이재원 · 임종훈, 『성주군 기독교 110년사. 1901-2011』 (대구: 도서출판 하늘서원, 성주군기독교연합회, 2013), 229.
8 이재원 · 임종훈, 『성주군 기독교 110년사. 1901-2011』 (대구: 도서출판 하늘서원, 성주군기독교연합회, 2013), 229.

배재욱 사진 〈성주 백세각 1〉

배재욱 사진 〈성주 백세각 2〉

배재욱 사진 〈성주 백세각 3〉

배재욱 사진 〈성주 백세각 4〉

배재욱 사진 〈성주 백세각 5〉

참고 문헌

배재욱. "'세계에 독립 호소하자' 유림들 백세각서 '파리 장서' 작성." 3·1운동 100주년 배재욱의 대구·경북 역사 기행 5·끝: 성주. 「대구신문」 6432(2019.03.03), 7.
김진호·박이준·박철규 공저. 『국내 3·1운동 II: 남부』. 한국 독립 운동의 역사 20. 천안: 독립기념관 한국독립운동사연구소, 2009.
이재원 · 임종훈. 『성주군 기독교 110년사. 1901-2011』. 대구: 도서출판 하늘서원, 성주군기독교연합회, 2013.
http://100.daum.net/encyclopedia/view/14XXE0029579 성주백세각(星州百世閣)(2019.3.1 접속).

제7부 | 산티아고 순례길에서 만난 배위량 선교사

제1장 산티아고 순례길을 걸으면서 배위량 순례길을 생각하다
제2장 배위량(William Martyen Baird)이 누구인가?

제1장

산티아고 순례길을 걸으면서 배위량 순례길을 생각하다[1]

    필자가 걸었던 스페인 산티아고 순례길(Camino de Santiago)은 프랑스의 떼제공동체(Taizé Community)에서 시작되었다. 2015년 6월 13일 독일 프라이부르그(Freiburg)에서 떼제공동체로 가는 버스에 몸을 실었다. 떼제(Taizé)에서 한 주간 생활하면서 하나님의 깊은 은혜를 느꼈다. 그곳에 입문한 첫날 내가 할 수 있는 가장 낮은 자의 몸가짐이 무엇일까 생각하는 중에 성경 말씀(참조. 출 3:5; 수 5:1; 행 7:33)이 생각나서 한 주간 동안 신을 신지 않고 살았다. 마음속 깊은 곳으로 찾아오신 주님의 음성을 들으며 내가 이 땅에 존재하는 의미에 대해 묵상했다.

    은은하면서도 낮은 음조의 떼제공동체 찬송은 젊은이들의 마음을 흔들었고 자유로우면서도 평안한 마음으로 주님을 위한 헌신의 삶을 살도록 그들을 이끄는 것을 눈으로 보면서 유럽 교회의 뿌리가 쉽게 흔들리지는 않을 것이란 강한 인상을 받았다. 프랑스에서 거의 모든 길이 파리를 거쳐가게 되어 있어 지도상으로는 어느 지역에서 다른 지역으로 갈 때, 파리를 거치지 않고 바로 가는 열차를 타면 빠를 것 같은데, 파리를 거치지 않고 가는 직선 노선으로 다니는 대중교통이 자주 없고, 시간도 더 걸린다. 그

---

[1] 배재욱, "산티아고 순례길을 걸으면서," 「영신학보」 146호(2015.10.06), 3을 수정, 보완했다.

래서 파리를 거쳐 가는 노선을 택하여 먼저 파리까지 기차로 가서 파리에서 '생장-피에드 드 포르'(또는 '생장 피드 포트', 'St. Jean Pied de Port')[2]까지는 야간열차와 버스를 이용하기로 했다.

그래서 먼저 '떼제공동체'(The Taizé Community)[3]에서 파리까지 가는 기차표를 예약했다. 또한 파리에서 '산티아고 데 콤포스텔라'(Santiago de Compostela)[4]로 가기 위해 스페인과 국경에서 가까운 프랑스의 국경 도시인 '생장-피에드 드 포르'까지 가는 야간열차표와 함께 버스표를 예약했다. 6월 21일 떼제공동체 가까운 도시인 '마콩로쉐'('Mârcon-Loché')역에서 파리행 열차를 타고 출발했다. 순례자 사무소가 있는 '생장'까지 가기 위해 파리에서 열차를 갈아타고 바욘(Bayonne)까지 갔다. 바욘에서 세 시간을 기다려 탄 '생장'행 시외버스는 산을 넘고 강을 건너고 언덕을 넘는 길을 달렸다.

1. 산티아고 순례길은 많은 의미를 찾을 수 있는 길이다

이 여러 가지 의미 중에서 어떤 의미로 어떤 길을 걸을지, 어디서 잠을 잘지 그리고 다른 모든 것을 스스로 결정해야 하는 길이다. 길 중에서 스스로 어떤 의미를 두고 걸을 것인지 결정하여 걷는 길이기도 하다. 하기야 이 모든 것을 동시에 경험해야 하는 순례길이지만, 어떤 의미가 있고 순례길을 걸을 것인지 스스로 결정해야 하는 길로 어떤 길을 걸을 것인지 늘 확인하고 결정하는 과정이 필요했다.

필자는 산티아고 순례길을 '기도와 고행의 길'로 걷기로 선택했기 때문에 파리의 호텔에서 일박하고 아침에 초고속 열차 테제베(TGV: Train a

---

2 '생장-피에드 드 포르'('St. Jean Pied de Port')를 이후로는 '생장'으로 표기한다.
3 개신교의 교회 일치 운동을 지지하며 형성된 '떼제공동체'(The Taizé Community)는 프랑스 '떼제'(Taizé)에 있다.
4 '산티아고 데 콤포스텔라'(Santiago de Compostela)를 이후로는 '산티아고'로 표기한다.

Grande Vitesse)를 타고 가는 통상의 노선을 선택하지 않았다. 프랑스의 유명한 테제베가 아닌 일반 야간 통근 열차로 가는 노정을 선택했다. 이 열차는 20량 정도를 달고 달리는 야간 통근 열차였는데, 단 1량을 제외한, 다른 모든 열차 칸이 밤에 잠을 편히 잘 수 있도록 침대칸으로 구성된 열차였다.

필자는 비용을 조금이라도 아끼기 위해 침대칸 열차가 아닌 의자에 앉아 가는 일반 야간열차 칸의 좌석을 예매했다. 그런데 의자에 앉아서 여행하는 열차는, 쾌적한 침대칸과는 다르게, 옛날 60-70년대에 유행했던 한국의 야간 통근 열차처럼, 열차 안이 시끌벅적한 시골 장터와 같았다. 이 열차 칸에 배치된 의자를 보는 외국인들은 거의 다 "이 열차가 테제베의 나라 프랑스의 열차가 맞나" 할 정도로 매우 시끄럽고, 삐걱거리는 소리가 들렸다.

열차 의자가 고장이 났는지 자기 마음대로 앞뒤로 움직였다. 의자를 고정하는 의자의 볼트와 너트가 고장 났는지 열차가 움직일 때마다 내가 앉아 있는 의자가 움직였다. 열차가 속도를 내면 의자가 뒤로 쏠리고, 천천히 달리든지 열차가 속도를 줄이면 의자가 앞으로 쏠렸다. 의자를 뒤로 젖히면, 고정되지 않은 의자가 삐걱 삐걱대면서 움직여, 그것 때문에 의자에 앉아 잠을 자다 필자도 놀라서 깨고, 필자의 뒤편 의자에서 잠을 자던 열차 승객도 놀라서 깨었다. 뒷 좌석에 앉아 잠자던 승객은 잠자다 말고 깨어 불편해하는 마음을 표현했지만, 안타깝게도 이국(異國) 프랑스에서 내가 할 수 있는 일이 제한되었다.

2. 산티아고 순례길은 인내를 시험하는 길이다

프랑스 국경 도시 '생장'에 도착한 후 그곳에서 하룻밤을 자고 일어난 시간이 6월 23일 새벽 5시 경이었는데, 20명이 함께 잠을 잔 공동 숙소는 그 이른 새벽에 벌써 분주했다. 식탁에 차려진 빵 몇 조각을 먹고 순례의 행장을 차리고 숙소를 나섰을 때, 벌써 순례자들이 새벽 미명의 거리에 가득했다. 프랑스 '생장'에서 스페인 국경 너머에 있는 가장 가까운 다음 공동 숙소는 피레네산맥을 넘어야 하므로 첫날부터 고행길을 경험해야 했다.

처음 출발할 때부터 어느 길을 어떻게 걸어야 할지, 모든 순례자가 스스로 결정해야 했다. 스스로 내려야 할 결정은 '생장'에서 산티아고까지 가는 800여 킬로미터의 길에서 수도 없이 반복해야 하는 순례의 중요한 과제였다. 스스로 선택한 길이 잘못되어 수십 킬로미터 다시 돌아오는 실수를 범할 수 있다. 길을 잘못 들어 위험에 처할 수도 있다. 필자는 수도 없이 그런 실수를 되풀이했다. 800여 킬로미터의 순례길 자체도 고행길인데, 자신의 실수로 인하여 수십 킬로미터를 다시 돌아와야 할 때는 누구나 쉽게 지칠 수 있다. 그러므로 산티아고길은 사람의 인내를 시험하는 길이다.

3. 산티아고 순례길은 인생 고갯길이다

그곳은 하나님을 생각하고 은혜를 묵상하는 천국 길이기도 하지만 세상의 길이므로, 세상에서 일어나는 모든 일이 그곳에서도 똑같이 되풀이된다. 그리고 그 세상의 길을 걸을 때, 온갖 힘들고 고통스러운 일이 늘 함께하듯 순례길도 여전히 그렇다. 이 길을 걸으면서 각자에게 주어진 자신의 삶을 어떻게 받아들이고 살아갈 것인지를 생각하게 되고 그 결정에 따라 자신이 살아갈 인생의 의미가 달라질 수 있다.

필자는 산티아고로 출발하기 전 실존론적 문제에 대한 씨름과 회오(悔悟)를 깊이 경험하면서 집중 기도와 묵상이 필요하다고 생각했다. 그래서 산티아고의 순례길을 찾았고 그 길을 걸으면서 기도와 묵상 시간을 가지며 고행(苦行)의 길에서 스쳐 지나가는 단상(斷想)의 의미를 찾고자 기꺼이 산티아고로 향했다.

4. 산티아고 순례길은 모든 길의 종합판이다

그 순례길을 걸으면서 사람들은 기도하고, 절대자를 만나고 사람과 사귐을 가지고, 평화를 누리기도 하고, 더 큰 절망을 경험하기도 한다. 그러나 그 길은 무한히 변화하는 자연 앞에서 인간의 마음을 단순하게 하고, 절대자를 향해 마음의 문을 열게 하고 자신이 얼마나 보잘것없는 존재인지를 객관적으로 드러내면서 '삶의 여정은 고된 인생길'임을 각인시킨다. 고된 인생길에서 함께 걸을 수 있는 이웃이 있다는 것이 얼마나 귀한 사건이 되는지, 그리고 걷고 또 걸어야 하는 여정에서 종이 한 장의 무게가 제공하는 작은 차이밖에 없는 데도, 그 작은 차이가 민감하게 작용한다.

그럴 때면 정말 이것이 꼭 필요한 것인지, 아니면 버려야 할 것인지를 헤아려 무엇을 가져가고 무엇을 버려야 할지를 선택해야 한다. 길을 걷기 위해 덜어낼 것은 과감히 버리고, 꼭 필요한 것은 가져가야 한다. 무엇을 가져갈지 무엇을 버릴지에 대한 선택과 집중이 필연적으로 긴급히 요구된다.

이러한 선택 아래 꼭 필요하지 않은 것을 과감하게 버리고, 간소하게, 조금 더 가벼운 짐을 지고 산티아고길을 출발할지, 아니면 길에서 피곤하면 그늘에 앉아 쉬어 갈 수 있도록 돗자리도 준비하고 식수와 간식거리를 조금 더 준비해야 할지, 그날 순례를 낙오하지 않고 무리 없이 행할 수 있을지 등을 생각하여, 그날그날의 순례 계획을 세밀하게 세워야 한다. 다른 사람보다 좀 더 먼 거리를 도보로 순례하고자 하면, 무겁게 배낭을 꾸려 출발할지, 아니면 가다가 중간에서 식당과 매점을 이용하고자 하는 계획으로 식수와 식량을 덜어 내든지, 등등을 계획해야 한다.

때때로 멀고 험한 순례길을 걸으면서 필요하다고 생각하여 가져온 여러 가지 여행 물품의 무게 때문에 행로에 지쳐 몸이 쉽게 피곤하여 중도에 순례를 포기하는 중요한 요인이 될 수도 있다. 무엇을 가져가야 할지, 무엇이 반드시 필요한 물품인지를 파악하고, 가져가야 할 것과 버릴지를 선택하는 지혜와 결단이 필요하고, 그 선택을 실행할 수 있는 용기가 필요하다. 그런데 그것을 결정하고 실행하는 것은 오롯이 자신이 내려야 할 자신의 몫이다. 가져가야 할 것, 덜어내어야 할 것을 선택하는 것도, 그 선택을 실행하는 것도 순례자 자신이 결정해야 할 필연적인 큰 과제이다.

그래야 덜 고된 순례길을 걸어갈 수 있다. 순례를 계획하면서 처음에는 많은 것이 필요하여, 한 달여 동안 길에서 먹고 잘 생각으로 이것저것 필수품을 구매하여 가방 속에 잔뜩 넣어 온다. 하지만 하룻길만 걷고 나면, 순례는 고사하고 길에서 낙오되어 순례를 포기할 지경에 이르면, '이것이 아니다'는 것을 절실하게 깨닫는다. 다른 사람이 아무리 말해도 자신이 직접 당해 보지 않으면, 절실하게 느껴지지 않는다. 하지만 생장에서 피레네산맥(Pirineos)을 넘어가다 보면, 모두가 자신은 천사도 아니고 어떤 초인도 아닌 그저 한 피조물에 불과한 보잘것없는 존재란 사실을 절실히 깨닫게 된다. 그때 비로소 그날 순례에 꼭 필요한 것이 무엇인지에 대한 안목이 생기게 된다.

두 번째 날 순례 출발하기 전에 그 전날 잠을 잔 '알베르게'(albergue: 값싼 여행자 공동숙소)에서 그곳까지 가져온 가치가 있는 물건들까지도 쓰레기통에 버리고 자신에게 꼭 필요하다고 생각하는 것들만 챙겨 순례길을 출발하는 많은 순례자를 보았다. 그런데 꼭 필요한데도 길을 걷는 데 방해가 되거나, 무거워 가져가는 것이 어렵다면 가져가야 할지 아니면 버려야 할지 선택해야 한다.

필수품을 가져가기 번거롭다고 내버린다면, 길을 걷는 데 당장은 편할지 모르지만, 길을 걸으면서든지 아니면 다음 숙소에서 요긴하게 필요한 것이 없어져 어려움을 당할 수도 있다. 예를 들면, 출발일 아침에 날씨가 청명하여 가져온 비옷이 무겁다고 생각하여 버린다면, 길을 걷는 도중에 소나기를 만나게 되면 낭패를 당하게 된다. 무겁다고 물이나 비상식량을 버리고 길을 나서면, 몇 시간 안에 어려운 낭패를 당할 수 있다. 그래서 무엇을 가져가야 할지, 무엇을 버려야 할지, 버린다면 무엇을 버려야 할지, 스스로 신중하고, 정확하게 판단하고 결정해야 낭패를 당하지 않는다.

5. 산티아고 순례길은 순례는 끝이 없음을 알려 준다

'생장 피에드 포르'(Saint Jean Pied de Port)에서 40여 일 동안 하루 20킬로미터 정도씩 하루도 쉬지 않고 걸어가면, 40여 일 동안에 800킬로미터를 걷게 되고 자신이 산티아고에 입성하게 된 것을 알게 된다. 대개의 순례자가 순례하면서 산티아고만 생각하고 강한 집념으로 천신만고 끝에 산티아고까지 오게 된다. 그런데 막상 산티아고에 처음 들어갈 때는 800킬로미터를 걸어온 것에 대해 자신 스스로를 대견스럽게 생각하고 크게 감격한다.

하지만 막상 산티아고에 들어가게 되면 산티아고가 순례의 끝이 아니라, 지중해 연안에 '땅끝 마을'이란 이름을 가지고 있는 도시 '피니스텔라'('Finisterre', 또는 '피스테라['Fisterra'])란 도시가 있다는 사실을 알게 된다. 그래서 '피니스텔라'와 그 도시와 가까운 위치에 있는 도시 '묵시아'(Muxia)를 방문하고자 계획을 연장하는 일이 종종 있다. 그러자면 다시 120킬로미터 정도의 길을 더 걸어가야 하는데, 많은 순례자가 기꺼이 120킬로미터를 더 걷는다.

사람들은 모두 자기 자신에 대한 애정이 많다.

그러나 타자(他者)도 인생길을 함께 걷고 있다는 것을 인식하고 때로는 우리에게 부닥친 일들을 좀 더 객관화시켜 타자를 바라본다면 이 땅이 좀 더 평화롭지 않을까?

산티아고가 순례길의 끝이라고 생각하지만 피니스텔라가 있다는 것을 알게 된 후에 기꺼이 피니스텔라까지 다시 걸어가듯이!

그런데 지금 우리가 찾고자 하는 배위량 순례길은 잊혀져 있었고 숨겨져 있었다. 그것을 다시 찾고 새롭게 의미를 두고 되찾아 새로운 의미로 한국 교회의 순례길로 개발한다면 삶의 목적과 가치를 잃고 살아가는 이 시대의 젊은이들에게 그리고 미래의 한국 교회와 한국 사회에 현세대가 줄 수 있는 가치 있는 선물이 될 수 있을 것이다.

가치 있는 이러한 일에 함께하고자 땀을 흘리는 수고를 한다면 선교와 전도, 건강한 교회, 건강한 마음과 몸을 추구하는 일이 되지 않을까?

우리가 모르고 있었지만, 한국에 산티아고 순례길과 같은 의미가 있는 순례길이 존재하고 있었다.

그것은 '배위량 순례길'이다!

우리도 '산티아고길' 같은 의미를 가지는 순례길, 즉 '배위량 순례길'을 만들자!

참고 문헌

배재욱. "산티아고 순례길을 걸으면서." 「영신학보」 146호(2015.10.06), 3.

제2장

배위량(William Martyen Baird)이 누구인가?

　배위량은 한국 초기 선교사로 교육자, 인문학자, 성경번역자, 초량교회, 숭실대학 창립자이며, 대구제일교회의 기틀을 놓은 분으로 한국 선교에 지대한 공헌을 한 위대한 인물이다.

　미국북장로가 한국으로 파송한 선교사인 배위량은 1862년 6월 16일 미국 인디애나주 클라크 카운티 찰스타운에서 아버지 존 베어드(John Murtyn Baird, 1818-1904)와 어머니 낸시Nancy Faris Baird, 1827-1891) 사이에 출생하여 하노버대학(1885년)과 메코믹신학교(1888년)를 졸업하였다. 1888년 메코믹신학교를 졸업한 후 잠깐동안 배위량은 미국 콜로라도주 델 노르테(Del Norte)의 작은 교회에서 목회를 했다.

　배위량은 하노버대학 재학 중에 만난 애니 로리 아담스(Annie L. Adams, 배위량 부인)와 1890년 11월 18일에 결혼하였다. 배위량은 원래 중국 선교사로 가기로 했지만, 미국 북장로교에서 그를 한국에서 일하도록 요청하여 배위량은 방향을 바꾸어 한국 선교사로 오게 되어 1891년 1월 29일 부산에 도착함으로 한국 땅에 첫발을 내디뎠다.

　배위량은 제물포에는 1891년 2월 1일에 들어왔고 서울에는 2월 2일에 도착했다. 서울에서 1891년 2월 3일부터 7일까지 열린 미국북장로교 선교사 연례회의에서 배위량은 부산에서 일하도록 결정되어 2월 25일에 부산으로 내려와서 2주간 머물렀다. 그 후 9월에 부산 영선현 밖(현재 코모도 호텔 인근)에 '세 필지의 땅'을 매입하여 거주할 집을 지었다.

배위량은 부산에 거주하는 동안에

아래와 같이 네 번 순회전도 여행을 감행했다.

제1차 순회전도 여행(1892년 5월 18일[수]-6월 14일[화])
노정: 부산, 모라, 김해, 진해, 마산, 창원, 진해, 배둔, 고성, 통영, 고성, 마산, 창원, 삼강(삼랑, 양산, 기찰, 동래, 부산).[1]

제2차 순회전도(1893년 4월 14-5월 20일)
노정: 부산 초량, 동래, 양산, 물금, 밀양, 청도, 대구, 동명, 해평, 낙동, 상주, 용궁, 풍산, 안동, 의성, 신녕, 영천, 경주, 울산, 부산.

제3차 순회전도 여행(1893년 9월 25-10월 11일)
부산에서 서울(부산, 모라, 김해, 장유, 창원, 의령, 산청, 함양, 운봉, 남원, 전주, 공주, 과천, 서울).[2]

제4차 순회전도 여행(1894년 4월 30-5월 7일)
노정: 부산, 울산, 병영, 경주, 병영, 남창, 기장 부산.[3]

배위량은 자신이 잠을 잔 곳을 'Inn'이라고 표기했다. 배재욱 이전의 모든 배위량 연구자들은 배위량이 잠을 잔 곳을 '여관' 또는 '여인숙'이라고 번역하거나 표현했다. 배재욱은 'Inn'을 '주막'이라고 번역하면서 배위량

---

[1] William M. Baird/ 이상규 옮김, 『숭실설립자 윌리엄 베어드의 선교 일기』 (서울: 숭실대학교 한국 기독교박물관, 2013), 195. 제1차 순회전도 여행을 호남지역까지 수행했다는 설도 있지만, 아직 정확한 노정을 찾지 못했다.
[2] William M. Baird/ 이상규 옮김, 『숭실설립자 윌리엄 베어드의 선교 일기』, 196.
[3] William M. Baird/ 이상규 옮김, 『숭실설립자 윌리엄 베어드의 선교 일기』, 197.

이 열악한 환경에서 순회전도 활동을 했다는 사실을 논증했다. 배재욱은 그런 사실을 2015년 9월 1일 이후부터 여러 번 홍보지와 강연에서 그 사실을 말했고 그것에 대하여 논문 작성하여 발표했다.

Inn을 주막으로 번역한 배재욱이 논문에서 주장한 첫 언급은 "배위량의 2차 전도 여정과 순례길로서의 가치"에서 "범어사 계곡에서 내려와 어느 길가의 '주막'에서 18일 밤을 유숙한 후 4월 19일 수요일 정오에 가지원에서 그날 일기를 썼지만, 다 쓰지 못하고 그날 저녁 물금에서 그날 일기를 마저 쓴 것 같다"[4]는 "배위량의 2차 전도 여정과 순례길로서의 가치"란 논문에서 주장했다.

배재욱이 'Inn'을 '여관'이나 '이인숙'이 아닌 '주막'으로 번역해야 됨을 주장한 첫 논문은 아래와 같다.

배재욱. "배위량의 2차 전도 여정과 순례길로서의 가치". 「제2차 배위량 순회전도 여행 123주년(2016년) 기념. 제1회 배위량 순례길 도보순례, 길 위의 배위량 학술대회 자료집(일시: 2016년 4월 17일 – 22일; 장소: 동래에서 대구까지의 순례길)」(2016.4.17.), (21-31), 22.

배재욱이 'Inn'을 '주막'으로 번역해야 됨을 학문적으로 처음으로 논증한 논문은 아래의 논문이다.

배재욱. "배위량의 2차 전도 여정과 순례길이 가지고 있는 지리적 가치". 「제2차 배위량 순회전도 여행 124주년(2017년) 기념 제2회 배위량 순례길 도보순례. 길 위의 배위량 학술대회 자료집」(상주교회, 2017년 5월 31일), (45-61), 52-56.

---

4   배재욱, "배위량의 2차 전도 여정과 순례길로서의 가치", 「제2차 배위량 순회전도 여행 123주년(2016년) 기념. 제1회 배위량 순례길 도보순례, 길 위의 배위량 학술대회(일시: 2016년 4월 17일 – 22일; 장소: 동래에서 대구까지의 순례길) 자료집」(2016.4.17.), 22.

배재욱. "배위량의 제2차 순회전도 여정과 지리적인 탐구: 동래 출발 일시와 대구 도착까지의 일정과 장소를 중심으로." 「장신논단」 50/1 (2018. 3), (97-123), 107-115.

배위량은 네 번의 선교 여행을 통하여 영남 지역을 선교할 터전의 중심이 될 만한 곳을 물색한 후, 대구를 영남 지역 선교부 자리로 정하고 대구로 이주하여 살기 위하여 1896년 1월 대구에서 가옥을 구입하였다.[5] 그 해 4월에 대구에 도착하여 머물다 6월 10일에 부산으로 되돌아 갔다[6]. 대구에 정착하기 위하여 9월에 배위량은 가족을 데리고 보트로 낙동강을 따라 대구에 이주했다. 12월에는 그는 서울로 발령을 받아 이주했다.

배위량은 1897년 10월 2일에 평양으로 이사하였고 1897년 10월 10일부터 숭실학당의 전신인 학당(Preacademy class)을 시작하였다[7]. 1903년 하노버대학(Hanover collegy)에서 철학 박사학위를 받았고 1913년에는 하노버대학에서 신학박사학위(구약학)를 받았다[8].

1916년 6월 9일 배위량 부인(애니 로리 아담스, Annie L. Adams)이 사망했고, 1918년 8월 8일에 로즈 메이 페트롤프(Roge May Fetterolf)와 결혼하였다.

1916년 3월 31일 배위량은 한국어 성경 번역에 치중하기 위하여 숭실대학 학장직과 교수직을 사임하고 열정적으로 성경 번역에 힘썼다. 성경 번역에 너무 과로하여 장티푸스로 병을 얻어 1931년 11월 28일에 사망하

---

[5] Richard H. Baird, *William M. Bard of Korea a Profile*, 리처드 베어드/ 숭실대학교 뿌리찾기위원회 역, 『윌리엄 베어드』, 불휘총서 1(서울: 숭실대학교출판부, 2016), 113.
[6] Richard H. Baird, *William M. Bard of Korea a Profile*, 리처드 베어드/ 숭실대학교 뿌리찾기위원회 역, 『윌리엄 베어드』, 412.
[7] Richard H. Baird, *William M. Bard of Korea a Profile*, 리처드 베어드/ 숭실대학교 뿌리찾기위원회 역, 『윌리엄 베어드』, 413.
[8] Richard H. Baird, *William M. Bard of Korea a Profile*, 리처드 베어드/ 숭실대학교 뿌리찾기위원회 역, 『윌리엄 베어드』, 413-414.

고, 11월 30일 평양 장산묘지(학교 구내)에 안장되었다⁹.

"배위량은 1931년 평양에서 운명을 달리했고 그는 앞서 하나님 품에 안긴 첫 번째 아내 애니 베어드의 묘(평양 장산묘지) 옆에 안식했다. 지금은 배위량의 무덤의 흔적을 찾을 수 없다. 서울 양화진에는 배위량의 후손들과 제자들이 배위량 부부의 무덤을 평양에 남겨 두고 내려온 것을 안타까워하며 1959년에 세운 배위량의 기념비가 있다."¹⁰

참고 문헌

배재욱. "믿음으로 한국 땅에 뛰어든 배위량 목사 (134) 배위량 순례단의 역사(11)". 「한국장로신문」 제1785호(2022년 6월 25일[토]), 7.
_____. "배위량의 2차 전도 여정과 순례길로서의 가치". 「제2차 배위량 순회전도 여행 123주년(2016년) 기념. 제1회 배위량 순례길 도보순례, 길 위의 배위량 학술대회(일시: 2016년 4월 17일-22일; 장소: 동래에서 대구까지의 순례길) 자료집」(2016.4.17.), 21-31.
_____. "배위량의 2차 전도 여정과 순례길이 가지고 있는 지리적 가치". 「제2차 배위량 순회전도 여행 124주년(2017년) 기념. 제2회 배위량 순례길 도보순례. 길 위의 배위량 학술대회 자료집」(상주교회, 2017년 5월 31일), 45-61.
_____. "배위량의 제2차 순회전도 여정과 지리적인 탐구: 동래 출발 일시와 대구 도착까지
의 일정과 장소를 중심으로." 「장신논단」 50/1 (2018. 3), 97-123.
Baird, William M./ 이상규 옮김. 『숭실설립자 윌리엄 베어드의 선교 일기』. 서울: 숭실대학교 한국 기독교박물관, 2013.
Baird, Richard H. William M. Bard of Korea a Profile. 베어드, 리처드/ 숭실대학교 뿌리찾기위원회 역. 『윌리엄 베어드』. 불휘총서 1. 서울: 숭실대학교출판부, 2016, 411-416.

---

9 Richard H. Baird, *William M. Bard of Korea a Profile*, 리처드 베어드/ 숭실대학교 뿌리찾기위원회 역, 『윌리엄 베어드』, 415를 보라.
10 배재욱, "믿음으로 한국 땅에 뛰어든 배위량 목사 (134) 배위량 순례단의 역사(11)", 「한국장로신문」 제1785호(2022년 6월 25일[토]), 7.

http://www.100thcouncil.com/bbs/board.php?bo_table=missionary&wr_id=3; 한국기독교100주년기념재단. "Yanghwajin Foreign Missionary CemeteryBaird, William M.(배위량) 양화진 외국인 선교사묘원. 선교사 소개". (접속: 2025.1.1)

https://jangro.kr/2022/06/21/%EC%84%A0%EA%B5%90%EC%82%AC-%EB%AF%BF%EC%9D%8C%EC%9C%BC%EB%A1%9C-%ED%95%9C%EA%B5%AD-%EB%95%85%EC%97%90-%EB%9B%B0%EC%96%B4%EB%93%A0-%EB%B0%B0%EC%9C%84%EB%9F%89-%EB%AA%A9%EC%82%AC-134-%EB%B0%B0/; 배재욱. "[선교사] 믿음으로 한국 땅에 뛰어든 배위량 목사 (134) 배위량 순례단의 역사(11)".「한국장로신문」제1785호(2022년 6월 25일[토]), 7. (접속: 2022.7.3).

제8부 | 한국의 순례길로서 배위량 순례길

제1장 배위량(윌리엄 M. 베어드) 순례길에 대한 제안서

제2장 '영남신학대학교 배위량 순례길 평화 순례 동아리' 창립총회 초청장

제3장 '배위량 순례길'에 대하여

제4장 좋은 길

제5장 배위량 순례길 도보 순례 (구미~안동): 2017년 12월 18일(월)-22(금)일 까지의 순례 보고

제1장

배위량(윌리엄 M. 베어드) 순례길에 대한 제안서[1]

제안인 : 배재욱 박사(영남신학대학교 신약학 교수)

　배위량 선교사는 경상도 지역 선교를 위한 전초 기지의 기능을 할 선교지부를 물색하기 위해 1,240리(약 400마일)를 순례하는 여행을 감당했다.

1. 들어가는 말

　상기 제안인은 배위량이 1893년 4월 18-22일(월-금요일) 동안 동래부(東萊府, 부산시 동래구)에서 대구부(大丘府, 대구시)까지 순회전도 여행을 행한 길을 따라 도보 순례를 행하면서 대구에 선교지부를 개척하기 위해 힘쓴 배위량 선교사의 선교와 복음에 대한 열정을 이 시대에 새롭게 조명하고 그 정신을 이어받기 위해 영남신학대학교 학생들과 함께 도보 순례를 하기로 했다.

---

[1] 이 글은 배재욱, "배위량 순례길에 대한 제안서"(경산: 영남신학대학교, 2015년 9월 1일), 1-3. 이 제안서는 필자가 2015년 9월 1일 작성하여 필자의 지인들과 영남신학대학교의 학생들에게 먼저 제안하였고, 2016년 2월 27일 청도대성교회에서 열린 청도기독교총연합회 임원회에 제안한 '배위량 순례길'에 대한 제안서(홍보지)이다.

순례에 동참하길 원하는 한국 교회 성도님들이 하루라도 참여하여 초기 한국 선교사로 경상도 일원에 선교를 위해 모험을 감행하고 하나님께 충성한 배위량 선교사의 선교 정신과 하나님을 향한 열심을 새롭게 하는 계기가 되면 좋겠다. 지금까지는 이 일에 아무런 결과나 실체가 없지만, 앞으로 '배위량 순례길'을 개척한다면 그 길이 한국 교회와 사회를 새롭게 하는 좋은 시발점이 되길 희망하며 기도하고 있다.

2. 배위량(William M. Baird = 배위량)은 누구인가?

미국북장로교 소속 배위량 선교사가 1891년 3월 25일 부산항에 입항했다.

1895년 선교 초기 한국어를 배우기 위해 부산의 한 한문 서당에서 한국어를 배우며
선교 훈련을 쌓는 선교사들(사진의 뒷줄 왼쪽 끝이 베어드 목사,
그 앞에 갓 쓴 이가 서패륜 전도자, 그 앞이 베어드 목사 부인,
오른쪽 뒷줄부터 대구제일교회 설립자인 아담스 목사, 바로 그 앞이 고윤하 전도자)[2]

---

2 사진과 글은 대구제일교회, 『사진(寫眞)으로 보는 大邱第一敎會 百年史』, 12.

배위량은 자신의 젊음과 목숨을 예수 그리스도를 위한 일에 투자하고자 미지의 세계인 조선으로 와서 경상도 일원을 탐방하여 선교지부를 개척하고자 경상도 땅을 1,240리(약 400마일)나 여행했다. 그는 모험과 열정으로 모든 위험과 고통을 인내로 극복하고 대구에 도착했다.

배위량은 경상도 일원을 탐방하면서 위험하다는 경고를 무시하고 모험과 열정으로 예수 그리스도의 종 된 자로서 충성된 증인의 자세로 복음에 대한 열정으로 위험과 고난을 감수하는 모험을 감행했다.

배위량은 나중에 대구에서 서울을 거쳐 평양으로 갔다. 그리고 평양에서 선교사로 일하는 동안 자신의 사택인 평양 신양리 26번지에 사랑방 형태의 공부방을 열어 13명의 학생을 대상으로 중등교육을 시작하여 1901년 10월 25일 '숭실학당'으로 개칭했고 1906년에 숭실학당을 대학 형태로 발전시켜 한국의 대학 교육을 위해 헌신했다. 그는 1931년 11월 하나님의 부르심을 받았고 평양 장산 묘지에 안장됐다.

3. 배위량 순례길을 만들어야 할 당위성

우리는 이런 좋은 신앙의 유산이 있다. 스페인 산티아고의 '산티아고 순례길'('Camino de Santiago', '부엔 까미노 데 산티아고'['Buen Camino de Santiago'], 일명 '야고보의 길'[3])은 전설에 기초하지만 한국의 '배위량 순례길'은 실제 역사이다. 우리가 이 길을 아름답게 만들어 인생의 목적을 찾지 못하고 방황하는 이 시대의 많은 젊은이에게 미래의 한국 사회와 교회에 선물하는 것이 시급한 문제일 것 같다.

배위량은 까마득한 옛날, 조선이 외세의 침입으로 바람 앞에 등불과 같이 어려운 시절에 어두웠던 조선 땅에 들어와 물설고 낯선 땅에서 복음을

---

3 '부엔 까미노'(Buen Camino)는 "좋은 순례길 되기를 바랍니다"라는 스페인어이다.

전하기 위해 걷고 또 걸어서 변변치 못한 음식을 먹으면서, '주막'('Inn')에서 잠자리를 구하고, 순회전도 여행을 하면서 힘든 여정으로 복음을 전했다. 배위량이 복음 전도하기 위해 걸었던 길을 찾고 개발함이 오늘 우리에게 맡겨진 일이라고 생각한다.

그것은 미래의 주인공들인 청소년들이 자신이 누구인지를 알고 무엇을 위해 살아가는지를 알기 위해서는 생각할 수 있는 마당(場)이 필요한데, 우리에게는 그런 마당이 사라지고 없다는 데서 안타까운 생각이 든다. 자신의 미래를 예지하고 젊음을 발산할 수 있는 좋은 예를 산티아고 순례길에서 발견할 수 있다. 그런데 더 오래된 역사와 문화를 가진 우리나라에는 왜 그런 순례길이 없을까 하는 생각을 하면서 '배위량 순례길'을 생각하게 되었다.

4. 배위량 순례길의 기본형

배위량의 순회전도 여행은 부산 - 동래 - 양산 - 물금 - 밀양 - 유천 - 청도 - 대구 - 동명 - 해평 - 낙동 - 상주 - 용궁 - 예천 - 풍산 - 안동 - 의성 - 신령 - 영천 - 경주 - 울산 - 동래를 거쳐 부산에 돌아갔다. 배위량은 순회전도 여행에서 직접 경험한 것에 기반하여 그의 가족과 함께 부산에서 대구로 이주했다. 배위량의 수고와 결단으로 대구에 영남선교부가 세워졌다.

'산티아고 순례길'은 기본 틀에서는 변함이 없지만, 늘 새로움에 문을 여다는 데서 답답하지 않고 늘 신선하다. 즉, 산티아고 순례길은 늘 새로움을 향해 열려 있다.

'만약 지금 배위량이 순회전도 여행을 한다면 그는 어떤 길을 선택할까?'

이런 질문을 하면서 우리는 기본적인 '배위량 순례길'을 찾고 마련하고 새로운 길을 개척할 수 있어야 할 것이다. 그리고 '배위량의 순례길'은 한국 교회가 준비해야 할 것이지만, 한국 사회와 민족 앞에서 섬기는 마음으로 그리고 헌신하고 봉사하는 마음으로 개척하고 만들어 가야 할 것이다.

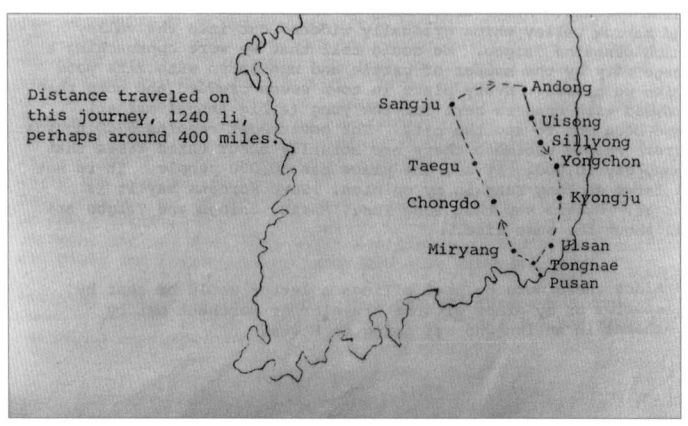

배위량 선교사가 경상도 지역을 선교하기 위해 선교지부를 물색하기 위해 여행한 경로이다.

이 여행에서 배위량은 1,240리(약 400마일)를 여행했다.

2015년 9월 1일

5. 나오는 말

배위량이 경상도 지역을 선교하기 위해 걸었던 1,240리 되는 길을 새롭게 찾아야 할 것이다. 그리고 그 길에 바탕을 두면서도 현대적인 감각으로 새로운 길을 개척하여 하나님을 사랑하고 세상을 위해 일해야 할 현재와 미래의 한국 젊은이들뿐만 아니라 세계 곳곳의 젊은이들이 도전할 가치가 있는 길을 마련해야 할 것이다. 이렇게 마련한 것을 미래 한국 사회와 교회 그리고 세계 교회에 선물함이 오늘의 한국 교회에 주어진 중요한 과제가 아닐까 생각한다.

참고 문헌

배재욱. "배위량 순례길에 대한 제안서." 경산: 영남신학대학교, 2015년 9월 1일(홍보지), 1-3.
임희국. "경상북도 대구 초창기 선교사들의 사역: 열정, 문화충격, 헌신, 소통," 63-89.

제2장

'영남신학대학교 배위량 순례길 평화 순례 동아리' 창립총회 초청장[1]

초청인: 배재욱 박사(영남신대 배위량 순례길 평화 순례동아리 지도교수)

'영남신학대학교 배위량 순례길 평화 순례 동아리' 창립총회에 초대합니다

일시: 2015년 10월 15일 18시 30분 (오후 6시 30분)
장소: 정류제(영남신학대학교 대학원동 3층[이안 3층])
스페인 산티아고 순례 노정에 대한 소개 순서도 있을 예정입니다.

저는 스페인의 산티아고 순례길을 다녀왔습니다. 40여 일 동안 순례하면서 약 920킬로미터를 걸었고, 순례하는 동안 "우리나라에는 왜 산티아고 순례길과 같은 곳이 없을까" 하는 질문을 하는 중에 한국의 초기 선교사인 배위량을 생각했습니다. 우리의 위대한 신앙의 선배이지만 우리가 거의 잊고 있었던 배위량은 자신의 젊음과 목숨을 예수 그리스도를 위한 일에 투자하고자 미지의 세계인 조선으로 와서 경상도 땅 일원을 탐방하

---

[1] 배재욱, "〈영남신학대학교 배위량 순례길 평화 순례동아리〉 창립총회에 붙여"(경산: 영남신학대학교, , 2015[2015년 10월 15일]), 1-2(영남신학대학교 배위량 순례길 평화 순례동아리 창립 홍보지)이다.

여 선교지부를 개척하기 위해 1,240리(약 400마일)나 여행하면서 순례했습니다. 그는 많은 위험과 고통을 감내하면서 모험과 열정으로 어려움을 극복하고 대구에 도착했습니다. 우리는 이런 좋은 신앙의 유산을 소유하고 있습니다.

'까미노 데 산티아고'('Camino de Santiago', '산티아고 순례길'), 즉 '야고보의 길'은 전설에 기초하지만 한국의 '배위량 순례길'은 우리의 실제 역사입니다. 우리가 이 길을 다시 찾아 그것을 아름답게 만들어 인생의 목적을 알지 못하고 방황하는 이 시대의 젊은이들에게, 미래의 한국 사회와 교회에 선물하는 것이 지금 우리에게 중요하고 시급한 문제일 것 같습니다. 배위량은 경상도 일원을 탐방하면서 위험하다는 경고를 듣고도 복음에 대한 열정으로 믿음으로 위험을 감내하고 신실한 종의 길을 걸었습니다. 그리고 그는 위험과 고난을 감수하는 모험을 감행했습니다. 그는 예수 그리스도의 종 된 자로서 자신에게 주어진 일을 인내를 가지고 감당했습니다.

배위량의 경상도 순회전도 여행은 부산-동래-밀양-유천-청도-대구-동명-해평-낙동-상주-용궁-예천-풍산-안동-의성-신령-영천-경주-울산을 거쳐 부산에 들렀다가 다시 대구로 들어가서 그곳에 정착하는 것으로 끝이 났습니다. 산티아고 순례길은 기본 틀에서는 변함이 없지만, 늘 새로움을 향해 열려 있습니다. 만약, "지금 배위량이 살아 있다면 그가 어떤 길을 걷기 원할까?" 하는 질문을 하면서, 원래의 배위량에 순회전도 여행한 길을 기본으로 하여 새로운 길을 찾고 개척하여 '걷고 싶고,' '도전하고 싶고' 그리고 '가치 있는' '배위량 순례길'을 마련하는 것이 맞지 않을까 생각합니다.

이 시대의 젊은이들이 도전하기에 시간과 물질을 들여도 아깝지 않을 정도로 아름답고 가치 있는 길을 찾고 만든다면, 정말 가치 있는 유산을 오늘의 한국 교회가 후세에 남기는 것이 되리라고 봅니다. 그리고 정류도 그것을 가치 있게 보고 좋아할 것으로 생각하게 됩니다.

그러나 '배위량 순례길'은 한국 교회가 준비해야 할 것이지만, 한국 사회와 민족 앞에서 섬기는 마음으로 그리고 헌신하고 봉사하는 마음으로 찾고 개척하고 만들어 가야 할 것입니다. 그것은 배위량이 경상도 지역을 선교하기 위해 걸었던 1,240리 길을 새롭게 찾아야 할 것입니다. 그런데 원래 그가 걸었던 그 길에 바탕을 두면서도 현대적 감각으로 새로운 길을 개척하여 하나님을 사랑하고 세상을 위해 일해야 할 현재와 미래의 한국 젊은이들에게 나아가 그뿐만 아니라 세계 곳곳의 젊은이들에게 한국에도 도전할 가치가 있는 길이 있다는 것을 말할 수 있도록 '배위량 순례길'을 마련해야 할 것입니다.

이렇게 마련한 것을 미래 한국 사회와 교회 그리고 세계 교회에 선물함이 오늘의 한국 교회에 주어진 중요한 과제가 아닐까 생각합니다.

영남신학대학교 학우 여러분들의 참여를 희망하면서 여러분들에게 하나님의 은혜와 평화를 기원합니다.

2015.9.1

초청인: 배재욱 박사('영남신대 배위량 순례길 평화 순례 동아리' 지도교수) 드림

참고 문헌

배재욱. "〈영남신학대학교 배위량 순례길 평화 순례동아리〉 창립총회에 붙여". 경산: 영남신학대학교, 2015(2015년 10월 15일), 1-2(영남신학대학교 배위량 순례길 평화 순례동아리 창립 홍보지).

제3장

'배위량 순례길'에 대하여[1]

보고일: 2015년 11월 14일
보고자: 배재욱 박사(영남신학대학교 신약학 교수, '영남신대 배위량 순례길 평화 순례 동아리' 지도교수)

필자는 2014년 9월부터 2015년 8월까지 독일 튀빙엔에서 1년 동안 연구년을 보냈다. 연구년 막바지에 산티아고 순례길을 걷는 시간을 가졌다. 2015년 6월 23일 이른 아침을 먹고 6시 50분경에 나는 하룻밤을 묵은 프랑스 '생장 피에드포르'(Saint Jean Pied de Port)에서 스페인의 '론세스바예스'까지 27,1킬로미터의 길을 순례길로 걸어서 가는 동안 그리고 그 이튿날은 또 다른 목표지를 향해 가는 것을 반복하는 동안 그리고 피레네산맥 등 큰 산맥을 세 개나 넘어서 스페인 땅 산티아고(Santiago De Compostela)를 향해 걸어서 갔다.

산티아고에 도착하니 그곳에 순례길의 종착지이면서 땅끝으로 가는 출발지이기도 하다는 것을 알고 난 뒤에 그곳에서 다시 대서양 연안에 있는 '땅끝'이란 이름을 가진 항구인 '피니스텔라'까지 순례를 연장했다. 한 달

---

[1] 배재욱, "배위량(윌리엄 M. 베어드) 순례길에 대해," 대구제일교회 「물댄동산」 72호 (2015.12.27), , 48-53을 수정 보완했다.

이 넘는 일정으로 920킬로미터[2]가 넘는 길을 도보로 순례하면서 필자의 마음에 늘 머물렀던 생각의 한 자락은 '배위량 순례길'이었다.

산티아고로 향하는 '야고보 순례길'을 가는 동안 많은 한국 사람과 세계 여러 나라에서 참가한 많은 사람을 만났다. 그들은 평생에 한 번이라도 산티아고길을 걸어 순례하는 것을 희망하여, 프랑스 파리에서 걸어오는 사람, 네델란드에서부터 걸어오는 사람, 네델란드와 국경 지역에 사는 독일인이 자기 집에서부터 몇 달 동안 걸어오는 경우 등등 세계 각국에서 온 사람들이었다. 그들은 그 길을 걷는 동안 자유를 체험하고 마음의 짐들을 내려놓고 마음과 몸의 질고로부터 치유를 경험하는 것을 보았다.

그 길은 쉬운 길이 아니다. 그 길은 하늘에 놓인 길이 아니라, 세상에 있는 길이고, 사람이 만든 길이다. 그 길 중에 산으로 난 길도 있고, 들녘으로 난 길도 있고, 광야 길도, 바닷길도 있다. 나무 한 포기 찾기 어려운 광야 길도 있고, 숲이 우거져 하늘도 겨우 보이는 길도 있고, 절벽 위로 간신히 놓인 길도 있고 평탄한 길도 있다. 오르막길도 있고 내리막길도 있다.

쉽게 걸을 수 있는 길도 있고, 당장 포기하고 싶을 정도로 힘들고 어렵고 고통스러운 길도 있다. 아름다운 길도 있고 거친 길도 있다. 이정표가 잘 놓인 길도 있지만, 이정표가 꼭 있을 법한 자리에 이정표가 보이지 않은 경우도 종종 있다. 그런 상황이 되면 어느 길을 걸어야 할지 막막하다. 이정표를 잘 찾지 못해 잘못 선택한 길로 들어서서 몇십 킬로미터를 모르고 간 경우에 나중에 깨닫고 걸어온 그 길을 거슬러서 힘없이 터벅터벅 걸어가야 할 때도 있다. 꼭두새벽 너덧 시에 어둠을 뚫고 걸어야 할 때도 있었고, 여름 태양 아래 정오의 맹렬한 더위를 참으며 물도 없는 광야 길을 걸어야 할 때도 있었다. 그 길을 걸으면서 존재론적 고민을 하게 되었고 왜 사는지를 생각했다.

2　지도상 820킬로미터이지만, 길을 잃고 헤매고 다시 돌아오고 하는 길을 합하면 1,000킬로미터가 넘는 길을 걸었다.

산티아고 순례길을 걷는 동안 많은 사람을 만나고 같이 대화하고 함께 길을 걸었지만, 대부분 시간은 혼자 걷고 혼자 기도하고 혼자 찬송하고 혼자 묵상하는 시간을 가지게 된다. 그것은 모든 각자의 생각이 다르고 여행 목적지가 다르고, 언제 어디서 쉬어 갈지에 대해 각자의 건강 상태에 따라 판단해야 하고 결정해야 하기 때문이다. 각자 개인의 그날그날 상황에 따라 걸을 수 있는 길이 달라지게 마련이므로 대부분의 사람은 각자의 길을 걷는다. 너무 힘들고 피곤하여 아무 생각 없이 길을 걷는 일도 많았다.

하지만 길을 가는 많은 시간 동안 필자의 생각 언저리에 늘 머물러 있었던 한 가지 생각이 있었다. 그것은 이곳 스페인에는 '산티아고 순례길'이 있는데, 더 오래된 땅인 한국에는 왜 이런 길이 없어 이곳까지 와야 하는가 하는 생각이었다. 그런 생각을 골똘히 하면서 산티아고 순례길을 걸었다.

그 생각의 끝에 다다른 생각이 '배위량 순례길'이었다. 배위량은 한국 교회의 위대한 신앙의 선배이고 경상도 사람들에게는 복음을 전해주었을 뿐만 아니라, 서구의 선진 교육, 의료 그리고 문화를 전해 기틀을 마련해 주신 고마운 분이다. 하지만 경상도 사람들은 그분을 거의 잊고 생각지 않고 있었다. 특히, 대구제일교회를 모교회로 시작된 대구와 경상북도의 모든 개신 교회는 잊을 수 없고 잊어서는 안 되는 분이다. 배위량은 자신의 젊음과 목숨을 예수 그리스도를 위한 일에 투자하고자 1891년 1월 29일 부산항을 통해 미지의 세계인 한국으로 와서 이 땅에서 선교하고자 노력했다.

1891년 2월 2일에 서울로 갔다가 다시 25일에는 부산으로 내려와 부산에 선교지부를 개척하고자 노력했다. 부산에 머물며 한국의 선교를 위해 애를 썼던 배위량은 1893년 4월 14일(금)에 부산, 초량을 출발하여 동래로 갔고 동래에서 며칠 머물며 순회전도 여행단을 조직했고, 18일(화)에 대구 방향으로 순회전도 여행을 출발했다. 배위량은 1893년 4월 22일 많은 위험과 고통을 감내하면서 모든 어려움을 모험과 열정으로 극복하고 대구에 도착했다.

한 달여간 배위량은 경상도 여러 곳을 다니며 순회전도를 실시했다. 배위량의 일기에 보면 1893년 5월 18일 울산 좌병영을 지나간 것에 대해 말한 후[3] 더 이상 제2차 순회전도 여행과 관련된 장소나 일정에 대해 언급하지 않는다. 배위량은 울산 좌병영에서 부산 동래 혹은 초량까지 돌아오는 노정을 일기에 기재하지 않아 정확하게는 알 수 없지만, 울산에서 부산까지 하루 반의 시간 동안 길을 걸어 5월 20일경에 동래를 거쳐 부산에 도착했을 듯하다. 그는 영남선교지부를 개척하고자 경상도 땅 일원을 돌아보았다. 그는 경상도 지역 순회전도 여행을 떠나 1,240리나 여행하면서 순회전도 여행을 감행했다.

배위량은 처음에는 영남 지역 선교부를 부산에 두었지만, 경상도 땅이 넓고, 부산이 지리적으로 한쪽에 치우쳐 있기에 전체 영남 지역을 담당하기가 쉽지 않다고 판단하여 영남 지역 선교부 자리를 물색하기 위해 순회전도 여행을 다녔다. 대구에 처음 들어온 뒤, 대구가 교통의 요지이고, 지리적으로, 행정적으로 영남 지역의 중심지인 것을 직접 확인하고 나중에는 대구읍성 안(옛 대구제일교회 본당, 현재 대구기독교역사관: 대구 중구 남성로 23[남성로 50] 전화 053-256-5441)에 자비로 대구제일교회 옛 본당의 교회 용지를 사들였다.

그곳에서 대구·경북 지역의 최초 교회, 최초 학교, 최초의 병원이 생겼다. 여러 가지 관점에서 보면 배위량은 경상도 선교의 기틀을 닦은 분이다. 그런 점에서 보면 대구제일교회 역사의 기원이 되는 분은 배위량이다. 그가 주님의 복음을 이 땅에 전하기 위해 걷기도 하고, 피곤할 때는 말을 타고 다니기도 하며 다녔던, 그 '순회전도 여행길'을 다시 찾아야 한다. 이런 것에 근거하여 한국 교회 기원의 의미를 찾고, 되새긴다면, 좀 더 의미 있는 신앙생활 그리고 더욱 멋진 인생의 의미를 찾아갈 수 있는 길을

---

[3] Richard H. Baird, *William M. Bard of Korea a Profile*. 리처드 베어드/ 숭실대학교 뿌리찾기위원회 역. 『윌리엄 베어드』, 불휘총서 1(서울: 숭실대학교출판부, 2016), 76.

찾게 될 것이다.

  작고 눈에 보이지 않고 의미를 크게 생각하지 않지만, 순례가 '인생의 길'이 된다면, 그 길을 다시 찾고 회복하기 위하여 작은 몸부림이라도 친다면, 그것은 의미 있는 행위가 될 것이다. 이런 근저(根柢)에서 '배위량 순례길'이 인생의 목적을 깨닫지 못하고 방황하는 우리 한국 교회의 많은 젊은이와 같은 시대를 살아가는 세상의 모든 젊은이에게, 나아가 미래의 한국 사회와 한국 교회에 주는 좋은 선물이 되리라고 생각한다. 그것은 안락함이나 평탄함이 아니라, 모험과 고난의 훈련이 세속화의 물결 앞에서 한국 교회의 정체성을 지키고 건강하고 새롭게 하는 길이라고 보기 때문이다.

  개화(開化) 이전의 어두운 시절에 경상도 일원에서의 순회전도 여행에 나선 배위량에게 '위험하니 가지 말라'는 경고가 있었지만, 그는 복음에 대한 열정으로 자신에게 주어진 사명을 모험, 열정 그리고 자신을 이 땅에 보내신 분이신 하나님을 향한 헌신과 충성으로 이 일을 감당했다. 임희국은 그런 배위량을 "믿음으로 호랑이굴 속에 뛰어든 선교사"[4]라고 표현했다.

  배위량은 하나님의 명령을 따라 한국 민족을 죄와 죽음으로부터 구원하기 위해 위험과 고난을 감수하는 모험을 감행했다. 그는 많은 고난과 위험, 그리고 질시의 눈길 속에서도 굳건한 인내심으로 예수 그리스도의 종 된 자인 자신에게 주어진 일을 충성스럽게 잘 감당했다. 배위량의 경상도 전도 여행은 부산-동래-밀양-청도-대구-상주-안동-의성-신령-영천-경주-울산을 거쳐 부산에 들렀다가 다시 대구로 들어가서 그곳에 정착하는 것으로 열매를 맺었다.

---

[4] 임희국, "경상북도 대구 초창기 선교사들의 사역: 열정, 문화충격, 헌신, 소통," 「장신논단」 33(2008), 64-65.

배재욱 사진 〈첫 배위량 순례길 순례. 밀양역에서〉

필자는 배위량이 걸었던 길을 단 한 구간이라도 찾아서 직접 걸어 보고자 2015년 11월 14일(토요일) 07시 49분에 동대구에서 기차를 타고 밀양에 08시 30분에 도착하여 밀양에서 청도까지 걷고자 했다. 필자의 그런 계획을 알고 당시 영남신대에서 공부했던 신학생 한 명이 "아이고 교수님 그 멀리 있는 길을 혼자 가시면 위험합니다. 제가 함께 걷겠습니다"라고 호응해 주어 참 감사했다. 각자 대구에서 밀양까지 가서 밀양역에서 만나기로 했다.

필자는 약속 시간보다 한 시간 정도 일찍 밀양에 도착하여 청도로 가는 길을 알아보고자 밀양역 앞에 있는 파출소로 가서 길을 물으니, 이렇게 말씀해 주셨다.

"아이고 선생님, 밀양에서 청도가 어디라고 그곳까지 걸어가려고 하십니까?

안 됩니다. 걸어서는 못 갑니다. 밀양역에서 기차를 타고 가시면 금방 갑니다."

그 말에 내가 대답했다.

"밀양에서 청도까지 걸어서 가고자 대구에서 청도를 거쳐 오는 기차를 타고 여기까지 왔습니다."

그랬더니 또 이렇게 말씀해 주셨다.

"옛날에는 다 걸어 다녔겠지만, 요새 그렇게 걷는 사람은 아무도 없습니다. 큰 도로만 있어서 요새는 걸어 다니는 사람들이 아예 없습니다. 그래서 큰길을 따라 걷는 것은 상당히 위험합니다. 그러니 우선 밀양시 상동면사무소까지 가셔서 그곳에서 청도군 쪽으로 가는 길을 알아보시고 걸어가시면 되겠습니다."

가져온 지도를 꺼내 찾아봐도 큰길 말고는 걸어갈 만한 길을 찾기가 어려웠다.

오늘 밀양에서 청도까지 도보 순례를 하기 위해 기차로 대구에서 순례 출발지인 밀양까지 왔다. 그런데 사람이 편안하게 걸을 수 있는 그런 길이 없다고 한다. 난감하다.

걸어서 갈 수 있는 길 안내판이나 이정표도 보이지 않았다. 길에서 볼 수 있는 모든 안내 간판은 자동차를 위한 것이지, 걸어 다니는 사람들을 위한 이정표는 아예 보이지도 않았다. 스페인 산티아고길처럼 걸어서 갈 수 있는 길이 있을 것으로 생각하고 밀양까지 왔는데, 거의 모든 길이 자동차가 달리도록 설계되고 놓여 있다는 사실을 알게 되었다.

'밀양에서 청도까지 어떻게 걸어가야 하나?'

그래도 포기하지 않고 '밀양-청도길'을 찾을 궁리를 하다가 길을 걷고 있는 행인들에게 청도로 가는 길을 알아보기 위해 밀양역 광장에서 연세 드신 분들을 찾아 나섰다. 옛날에 밀양에서 청도까지 걸어서 간 경험이 있을 것으로 생각되는 연세가 드신 분들을 만나 그분들에게 여쭈어 봤다. 그런데 밀양에서 청도까지 걸어서 간 경험이 있는 분들을 만나기가 어려웠다. 밀양역에서 만난 여러 사람에게 밀양-청도 길을 걸어서 갈 수 있는 길을 문의했지만, 걷는 길의 존재를 기억하는 사람을 아무도 찾을 수가 없었다.

약속 시각에 오는 기차를 기다렸는데도 밀양역에서 만나기로 했던 학생이 오지 않아, 혼자서 출발해야 하나 생각하는 중에 그 학생이 도착했다. 그런데 그 학생은 처음 약속과 다르게 대구에서 밀양으로 오면서 승용차를 타고 왔다. 그래서 우선 승용차를 밀양역에 두고 청도역까지 걸어간 후에 청도역에서 둘이 기차를 타고 다시 밀양역으로 와서 그 자동차를 타고 대구로 가는 방법으로 도보 순례를 하자고 제의했더니 그 학생은 이렇게 말했다.

"아이고 교수님, 여기서 청도까지 못 걸어갑니다. 멀기도 할 뿐만 아니라, 걸어갈 수 있는 길이 여기에 없습니다. 다 차가 다니는 길이라 위험하고, 요사이는 걸어서 다니는 사람이 아무도 없습니다."

맞는 말이다. 그런데도 그런 길을 찾아서 걸어 순례하는 것이 우리가 해야 할 일이라고 생각했다.

필자는 그 학생에게 말했다.

"원래 밀양역에서 둘이 만나 밀양에서 청도까지 걸어서 순례하기로 하여 밀양까지 기차로 오기로 약속했습니다. 그러니 그 계획대로 밀양에서 청도까지 걸어서 가도록 합시다."

그 학생이 자신의 의사를 밝혔다.

"청도가 어디에 있고, 여기가 어디인데, 밀양에서 청도까지 걷는다고 하십니까?

걸어서 밀양에서 청도까지 가는 것은 아주 위험한 일입니다. 저는 그렇게는 못 걷습니다. 그리고 여기서, 청도까지 걸어갔다가 다시 밀양으로 와서 차를 타고 대구로 간다면, 저는 오늘은 안 됩니다. 제가 오늘 저녁에 대구에서 일정이 있어, 일찍 순례를 마치고 대구로 가야 합니다. 그래서 시간적으로 저는 걸어서 청도로 갈 여건이 안 됩니다. 그러니 오늘은 그냥 밀양에서 청도까지 자동차로 가면서 돌아보고 일찍 순례를 마치고 대구로 같이 차를 타고 가시지요."

중요한 일정이 있어 청도까지 자동차로 순례하고 저녁에 대구로 일찍 가야 한다는 소리를 듣고 밀양까지 온 학생을 혼자 대구로 돌려보내고 혼자 밀양에서 청도까지 도보 순례를 하는 것도 어려웠다. 배위량 순례길을 도보 순례를 하고자 밀양까지 모처럼 시간을 내서 왔는데, 도보 순례가 아닌 자동차 순례를 해야 한다는 것이 많이 아쉬웠다. 하지만 그 학생이 밀양까지 와 준 것이 너무 고마웠고, 그의 사정을 무시하고 나 혼자 따로 행동하는 것도 좋은 선택은 아닌 듯하여 이렇게 하자고 결정을 내리고 다음과 같이 말했다.

"지난번에 학교에서 만나 순례 계획을 짤 때, 이번 순례가 첫 순례이므로 밀양에서 청도까지 도보 순례를 하기로 했습니다. 그런데 전도사님이 자동차를 가지고 오셨고, 저녁에는 또 일정이 있어 일찍 가셔야 하니 하는 수 없습니다. 오늘 밀양에서 팔조령길에 서 있는 '청도 선교 100주년 기념비'까지는 자동차로 같이 순례하고, 전도사님은 일정이 있으니 먼저 자동차로 대구로 가시고, 저는 팔조령에서부터 가창까지 저 혼자 도보로 순례를 하도록 하겠습니다. 이왕 처음 배위량 순례길로 나왔으니, 저 혼자라도 도보 순례를 조금 하고 가겠습니다. 순례 첫걸음부터 편하게 '배위량 순례길'을 주마간산(走馬看山)으로 행하고 싶지는 않습니다."

필자의 말을 듣고 그는 권했다.

"처음 걷는 밀양에서 청도까지 걷는 길이 위험하고, 벌써 11월이라 해가 빨리 넘어갑니다. 그러니 마 오늘은 자동차 순례를 하는 것으로 순례를 마치고 다음에 날 잡아 오시지요."

내가 대답했다.

"바쁜 교수의 신분으로 순례하기 위해 학교 밖으로 나오는 것이 쉽지 않습니다. 그런데 어렵다고 첫 순례부터 쉬운 순례를 한다는 것이 매우 부담됩니다."

그가 대답했다.

"교수님의 고집을 못 꺾겠으니, 그러면 그렇게 하시지요."

그 학생이 처음 약속과 다르게 자동차를 가져오는 바람에 어떻게 순례를 할지에 대해 결정을 내리느라, 30여 분의 시간을 허비했다. 처음에는 둘 중 한 사람은 도보로 순례를 해야 한다고 말하고, 다른 한 사람은 자동차로라도 순례를 하는 것이 중요하니 그렇게 하자고 말했다. 따로 행동할 것인지 아니면 같이 행동할지 결정해야 했다. 따로 행동하여 밀양-청도 구간을 혼자 걷는 것과 자동차로 하는 순례를 선택하는 것도 좋지만, 먼저 밀양에서 팔조령까지 자동차로 돌아본 후, 팔조령에서 가창까지는 도보로 순례하면 좀 더 많은 경험을 할 수 있을 것 같았기에 최종적으로 그렇게 결정했다.

배재욱 사진 〈첫 배위량 순례길 순례. 밀양전통시장〉

배재욱 사진 〈첫 배위량 순례길 순례. 밀양 영남루〉

배재욱 사진 〈첫 배위량 순례길 순례. 밀양 영남루에서 바라본 밀양강〉

    같이 온 학생의 형편을 생각하여 오늘은 전 구간을 도보로 순례하는 일도 좋지만, 첫 순례이기에, 함께하는 것도 중요하니 팔조령까지는 자동차로 같이 순례를 하고 팔조령에서부터 가창까지는 혼자 도보로 배위량 순례길을 도보로 순례를 하기로 결정했다. 그날 순례를 밀양에서 팔조령길에 있는 '청도 기독교 선교 활동 100주년 기념비'까지 행한 자동차 순례는 앞으로 해야 할 배위량 순례길에서 행해야 할 도보 순례를 위한 사전 답사 형태로 진행하기로 했다. 그리고 그 첫 순례 경험을 기록에 남기기로 했다.

    첫 순례길에 우리는 밀양에서 먼저 밀양교회를 찾아갔다. 밀양교회를 방문하여 담임 박태부 목사를 만나 인사를 나눈 후, 배위량에 관해 대화했다. 그 후 배위량의 일기에 나오는 밀양의 영남루와 '유천'을 방문했다. '유천(柳川)'이란 지명이 배위량의 일기에 나오는데, 현재 실재(實在)하는 '유천'은 '청도 유천'과 '밀양 유천'으로 나뉘어 있다고 한다. 그래서 '유천'에 대한 지식이 미천한 상태에서 배위량이 1893년 4월에 방문했다고 적고 있는 그 '유천'이 어디인지를 찾는 일은 후일로 미루어 두기로 하고, 우선 사람들이 말하는 '밀양시에 속한 유천으로 알려진 밀양시 상동면'과 청도군 유천으로 알려진 '청도군 청도읍 유호리 일대'를 모두 방문하여 돌아보았다.

그 후 예부터 청도를 거쳐 가는 길손들이 쉬어 간다는 청도군 청도읍에 있는 납작바위를 방문하여 그곳에서 잠깐 쉬면서 배위량의 순회전도 여행길을 생각하는 시간을 가지면서 "우리가 지금 이곳에서 쉴 수 있다"는 사실이 놀라웠고 감사한 마음이 들었다.

배재욱 사진 〈첫 배위량 순례길 순례. 청도 납딱바위〉

그런 후 배위량 선교사가 힘겹게 넘어갔을 팔조령 고개를 방문하여 팔조령 고개 위에 세워진 '청도 기독교 선교 활동 100주년 기념비'를 찾아보았다. 청도 사람들은 어느 지역 사람들보다 종교성이 강한 사람들인 것 같다. 대구시 달성군과 경상북도 청도군 경계선에서 가깝고 청도 시가지가 한눈에 내려다 보이는 정상부에서 가까운 넓은 도로 한 쪽에 청도군기독교총연합회에서 세운 '청도 기독교 선교 활동 100주년 기념비'가 서 있다. 청도기독교총연합회에서 배위량 선교사가 전해 준 복음을 기억하고자 그 기념비를 세워 두었다고 한다. 청도군의 이서면, 화양읍과 청도읍 3개 읍면이 펼쳐지는 것을 한 눈으로 조망할 수 있는 곳에 세워진 이 기념비는 오가는 길손에게 반가운 역사적 기념비이다.

배재욱 사진 〈첫 배위량 순례길 순례. 청도 기독교 100주년 기념비〉

   그곳에서 같이 순례를 온 학생은 저녁에 대구에서 일정이 있어 먼저 승용차를 타고 대구로 돌아갔다. '팔조령 꼭대기에서 대구까지 가는 일이 오늘 나에게 맡겨진 순례의 첫 과제(課題)구나' 하고 생각하니 감사한 마음이 들었다. 배위량은 1893년 4월 22일 아침에 청도에서 대구로 넘어간 팔조령을 내가 이 시대에 걸어서 넘어간다는 생각을 하니 참 감격스러웠다. 처음으로 팔조령길을 혼자 걸어서 넘어가면서 '팔조령길은 보통 길이지만, 이 팔조령길은 영남 지역으로 복음이 들어온 통로(通路, The inflow channel of the gospel)이면서 동시에 영남 지역으로 복음과 함께 근대 문화가 들어온 통로이기도 하다'는 생각에 감개가 무량했다.

   팔조령이 '선교의 길'이면서도 '영남 지역을 계몽하고 근대 문화를 받아들이게 된 통로'라는 생각을 하니 이 길은 '거룩한 길이구나'라는 생각이 들었고 매우 감격스러웠다. 배위량이 1893년 4월 22일 아침 일찍 가창을 거쳐 대구로 걸어갔던 길을 '오늘 비로소 나도 걷고 있구나' 생각하니 혼자 걷는 길이었지만, 이미 산티아고길을 걸을 때 때로는 같이, 때로는 혼자 걸었던 길이 생각나면서 두렵지 않았다. 팔조령을 넘어 가창을 향해 걸어간다는 사실에 그저 감사하고 감격한 마음이 많았다.

   이런저런 생각을 하면서 길을 걸으며 '이 땅은 거룩한 땅'이라는 생각이 들었다.

'한국 땅에 복음의 깃발을 들고 첫발을 내디딘 배위량의 발자취를 내가 오늘 찾는구나!'

감격스러웠다. 그것과 함께 아득하게 멀게만 느껴졌던 복음 전파의 흔적을 찾는 일이 매우 가치가 있다는 생각이 들었다. 그런데 이것은 '어떤 대단한 것에서 시작되기보다, 주위에 있는 소소한 일들을 통해 시작될 수 있겠다'는 생각을 하게 되었고, '오늘 배위량 순례길을 도보로 순례하는 것을 아무도 눈여겨보지 않을 것이고 대수롭게 생각하겠지만, 의미 있는 첫걸음이 될 것이다'라는 생각에 이르게 되었다.

배재욱 사진 〈첫 배위량 순례길 순례. 팔조령길, 911번 도로〉

첫 배위량 순례길에 두 명(필자와 영남신대 학생 한 명)이 함께 자동차로 밀양과 청도를 방문한 후 팔조령까지 다다랐다. '청도 기독교 선교 활동 100주년 기념비'부터 가창까지는 필자 혼자 배위량 순례길을 도보로 순례하면서 배위량의 흔적을 묵상하면서 세밀하게 더 많이 살필 수 있었다.

'청도 기독교 선교 활동 100주년 기념비'에서 가창까지 거리가 약 13킬로미터 정도가 되는데, 그날은 혼자 10킬로미터 정도 걸었다. 날이 저물어 사방이 어두워지고 첫 길이라 길도 어두워졌고 첫 순례길이라 길을 찾기가 쉽지 않았다. 그래서 가창의 어느 시내버스 정류장에서 도보 순례를 마치고 그곳에서부터 대구까지는 버스를 타고 이동하기로 했다.

팔조령 정상에서 가창 쪽으로 펼쳐진 '팔조령 옛길'을 따라 고개를 넘어 걸어오는 동안 "배위량이 넘었던 그 길을 오늘 내가 걷다니"하는 생각을 하니 참 감격스러웠다. 필자가 배위량 순례길을 도보로 순례하고자 한다는 소문을 듣고 신학교에서 가르친 어떤 한 학생이 얼마 전에 필자에게 했던 말이 생각났다. 그는 자신이 대구의 어느 교회에서 교육전도사로 일할 때, 담당하는 중고등부 학생들을 데리고 일일 수련회를 하고자 했을 때 '가장 의미 있는 일일 수련회가 무엇일까' 생각하다가 배위량이 복음을 들고 넘었던 팔조령길을 넘으면서 묵상하고 노방전도를 하는 게 좋겠다는 생각에 이르렀다.

그래서 그는 학생들의 조를 나누어 청도에서부터 대구까지 걸으며 노방전도를 했다고 한다.

그 학생이 했던 다음의 말이 팔조령 길을 따라 처음으로 걷는 필자의 머리에 불현듯 떠올랐다.

> 걸어서 팔조령길을 넘을 때, 처음에는 학생들이 "왜 이렇게 고생을 시키느냐"며 힘들어했습니다. 더욱이 팔조령을 넘을 때 학생들이 많이 힘들어했고 불평이 많았습니다. 하지만 팔조령길을 걷고 또 걷고 하면서 "배위량 선교사님이 걷고 걷고 또 걸어 부산에서 대구까지 복음 전파를 위해 행하신 열심과 헌신과 열정을 생각하게 되었습니다. 학생들이 대구에 도착할 때쯤부터는 배위량 선교사님을 생각하면서 너무 감격해하고, 또 감사해하고 자신들이 참여하는 배위량 순례길에서의 노방전도를 뿌듯해하고, 가치 있는 일로 생각하면서 새로운 믿음을 찾게 되었고, 신앙생활을 더 귀중하게 생각하는 계기가 되었습니다".

'만약 지금 배위량이 살아 있다면 그는 어떤 길을 걷기 원할까'란 질문을 하면서, 원래의 배위량 순례길을 기본으로 하여 새로운 길을 찾고 개척하여 '걷고 싶고,' '도전하고 싶고' 그리고 '가치 있는 배위량의 순례길'을 마련하는 것이 좋은 선택일 것이라고 생각한다. 이 시대의 젊은이들이 도전하기에 시간과 물질이 아깝지 않은 아름답고 가치 있는 길을 찾고 만든다면 정말 가치 있는 유산을 오늘의 한국 교회가 후세에 남기는 것이라고 본다. 그러나 '배위량의 순례길'은 한국 교회가 준비해야 할 것이지만, 한국 사회와 민족 앞에서 섬기는 마음으로 그리고 헌신하고 봉사하는 마음으로 찾고 개척하고 만들어 가야 할 것이다.

배위량이 경상도 지역을 선교하기 위해 순회전도를 할 때 말을 타기도 했을 것이다. 하지만 순회전도 여행을 하면서 대부분은 도보로 여행했을 것이라고 판단된다. 이런 기본 구도 속에 배위량 순례길을 두고 배위량 순례길을 찾고 걷는 것이 맞다고 본다. 그 바탕 위에서 배위량 순례길을 찾고 개척해야 할 것이다. 배위량 순례길을 현대적 감각으로 새롭게 디자인하여 현재와 미래의 한국 젊은이들과 세계 곳곳의 젊은이들이 교회와 세상을 위해 자신의 가치를 발견하고 '인생길'은 '도전할 가치가 있는 길'이란 것을 스스로 발견하고 찾을 수 있도록 준비해야 할 것이다.

이러한 준비가 미래의 한국 교회와 사회, 그리고 세계 교회에 세계 시민에게 선물하는 일이 될 것이다. 이러한 시도가 오늘날의 한국 교회들에게 맡겨진 과제 중에서 가장 중요한 것이 아닐까 생각하게 된다.

참고 문헌

배재욱. "배위량(윌리엄 M. 베어드) 순례길에 대하여." 대구제일교회 「물댄동산」 72호 (2015), 48-53.
임희국. "경상북도 대구 초창기 선교사들의 사역: 열정, 문화충격, 헌신, 소통." 「장신논단」 33(2008), 63-89.
Baird, Richard H. *William M. Bard of Korea a Profile*. 베어드, 리처드/ 숭실대학교 뿌리찾기위원회 역. 『윌리엄 베어드』. 불휘총서 1. 서울: 숭실대학교출판부, 2016.

제4장
좋은 길

　산티아고 순례길을 걸어가면서 처음에는 스페인 사람들이 인사하는 "부엔 카미노"("Buen Camino", "여러분 앞길에 좋은 일만!")라는 인사말을 일상적인 인사로만 듣고 필자도 의례히 그렇게 하는 것이 좋은 인사라고 생각하고 "부엔 카미노"라고 답인사를 했다.
　어린 시절 우리가 가장 많이 사용한 인사말은 어른들께는 "아침 드셨습니까" 친구들 간에는 "밥 먹었니"였다. 당시에는 이런 인사가 주된 통상적 인사였다. 우리 선조들의 삶에서 밥 문제를 해결하는 것은 무엇보다 중요한 일이라는 것을 이 인사말에서 유추해 볼 수 있다.
　밥을 먹는 문제의 심각성은 고대부터 지금까지 거의 모든 인류에게 가장 중요한 문제인 것은 의심의 여지가 없다. 현시대의 많은 사람은 밥을 먹는 문제로부터 해방되어, 더 맛있고 더 달콤한 먹거리를 찾는 것이 유행처럼 되었다. 하지만 그 사람들보다 더 많은 사람은 아직도 여전히 먹는 문제에서 벗어나지 못하고 어려움을 당하고 있다. 지금보다 이전의 시대에는 (지구의 한쪽에는 지금도 여전히 이 문제를 해결하지 못하고 진행 중인 곳도 많을 것이다) 밥과 관련된 인사가 가장 피부에 와닿는 인사였는지도 모른다.
　우리 선조들의 인사는, 만약 밥을 못 먹은 사람이 있다면 어떻게든 밥을 대접하고자 하는 섬김의 마음에서 시작된 인사인지도 모른다. 그렇다면 그 시대 우리 조상들에게는 밥 먹는 말로 안부를 묻는 인사가 가장 피부에 와닿는 인사였는지도 모른다.

　스페인의 산티아고 길을 걸으면서 가장 많이 들은 말인 "부엔 카미노"라는 인사말에서 '카미노'가 '길'이란 뜻이고 '부엔'이 '좋은'이란 뜻이니 "부엔 카미노"를 단순한 인사말로만 들어도 틀린 말은 아니다. 산티아고 순례길을 걸으면서 들었던 "부엔 카미노"가 '좋은 길'이란 뜻이므로, '좋은 길' 걷기를 원한다는 의미로 서로 인사하는 아름다운 모습을 생각하게 된다.

　그런데 '좋은 길'을 걷는다는 것이 어떤 의미가 있을까?

　사람은 살아가면서 혼자 살지 못하고 어울려 살아간다. 함께 살다 보면 자신을 이롭게 하는 사람도 있지만, 그렇지 않은 사람도 있다. 사람과의 관계에서 인사는 서로에게 우군임을 나타내는 언어적 표현이다. 산티아고 순례길을 걸을 때 만나는 사람들을 보면 그곳으로 성지순례를 오는 이도 있고, 경험을 얻기 위해, 단순히 걷기 위해, 친구를 만나기 위해, 이런저런 여러 가지 이유로 산티아고 순례길을 찾아온다. 아무튼 그곳을 찾아오는 많은 방문자가 그곳에 와서 그 길을 걷고 또 걷고 걸어가면서 넓은 세상을 경험한다. 그런데 사람들이 길을 걷는다는 것은 단순히 어떤 길을 걷는 것을 말하기도 하지만 '길을 걷는다'라는 의미를 통해 '인생을 살아간다'라는 것을 뜻하기도 한다.

　스페인 사람들에게 "올라"(Hola)라는 인사말도 있지만, 서로 예의를 갖추는 사이에서는 "부엔 카미노"라는 말로 서로에게 인사하는 것 같다. 그래서 처음에는 "부엔 카미노"라는 인사가 듣기에 좋고 어렵지 않은 말이라 필자도 그렇게 인사를 했고 인사를 받았다. 서양의 인사는 주로 기원(祈願)과 복(福)을 비는 인사인 것 같다. 서로의 인사말로 사용되는 이 인사말과 영어의 "굿 모닝"('good morning')이란 인사말과 독일어의 "구텐 탁"('Gluten Tag')이란 인사말도 '좋은 날'이라는 현상을 파악하고 전하는 의미도 있겠지만, "오늘이 당신에게 좋은 날이 되기를"이라는 기원(祈願)의 의미가 있다는 생각을 하면서 우리 말에서 고대부터 전승되는 인사말이 무엇을 의미하는지 생각해 보았다. 어린 시절에 가장 많이 사용했던 '밥 먹은 것을 묻는 인사'와 다르게 지금 한국인들은 보편적으로 "안녕하세요", "안녕하십니까" 또는 "아무 일 없으시지요"라고 묻는 인사말을 한다. 서로의 안부를 묻는 이런 인사가 언제부터 우리 사회에 정착되었는지 모르지만, 지금도 이러한 인사가 우리 사회에서 가장 보편적으로 사용되는 인사말이다.

지금 우리 사회는 이전 시대와는 판이하게 변했다. 개인의 프라이버시를 매우 중요하게 생각하는 시대이다. '밥 먹었는지'("진지 드셨어요?") 묻는 인사에, 그리고 '평안한지'("안녕하십니까?")에 관해 묻는 인사말에, 어떻게 답을 해야 할지 거북해 할 수도 있다.

우리도 '좋은 날', '좋은 아침', 혹은 '좋은 길'이 되길 바란다는 기원의 인사를 하면 어떨까?

특히, 우리는 순례길을 자주 걷는다.

우리가 순례길을 걸으면서 다른 순례자들에게 순례단의 일원들으로서의 일체감을 위한 인사말로 '좋은 길'을 사용하면 어떨까?

'좋은 길'이란 인사말은 쉽고 간편하다. 인사를 듣는 상대방에게 무언가 대답해야 할 것 같은 부담감을 주지 않아 그 인사의 답인사로 또 같이 '좋은 길'이라고 대답해도 된다. '좋은 길'이란 인사말은 대답을 얼버무리거나, 당황해할 필요가 없는 인사말이다. 부담감을 주지 않으면서도 서로 상대편을 높이는 인사말이다. 아울러 "좋은 날이 되기를 바란다" 또는 "좋은 길을 만나기를 바란다"는 기원(祈願)의 의미를 내포하는 보편적 인사말이다.

(1) 당신의 앞길이 '좋은 길'이 되기를 바랍니다.
(2) 오늘 '좋은 길' 걸으시기를!
(3) 당신의 인생 여정에서 '좋은 길'을 찾으시기를!

'좋은 길'이란 인사말은 바쁜 현대인들이 서로 간편하게 상대방의 안부를 묻고 자신의 인사를 전하면서 동시에 복을 기원하는 멋진 인사말이 될 것이다.

제5장

배위량 순례길 도보 순례(구미~안동)
2017년 12월 18일(월)-23(토)일까지의 순례 보고[1]

보고일: 2017년 12월 22일

보고자: 배재욱 박사(영남신학대학교 신약학 교수, 배위량아카데미원장)

그동안도 평안하시지요.

2017년 12월 18-22일 4박 5일 순례를 보고합니다. 2017년 12월 18-22일 4박 5일 순례를 영남신대 '영남신대 배위량 순례길 평화 순례 동아리' 회원들과 배위량 순례길을 도보 순례하고자 계획했지만, 날이 너무 추워졌고, 다들 교회 일 때문에 도보 순례는 참석하지 못해 상주-안동까지 도보 순례(구미~안동)를 저 혼자 하게 되었습니다. '영남신대 배위량 순례길 평화 순례 동아리' 학생들은 대신에 12월 21일(목)에 안동 인근에 배위량과 관련된 교회와 기독교 문화 사적지를 돌아보는 기독교 역사 문화 탐방을 하는 순례로 시행했습니다. 이제 주님 은혜로 모든 순례 일정을 잘 마쳤음을 보고합니다.

제가 2017년 12월 18(월)-23일(토)까지 순례를 계획하고 길을 출발할 때 원래 처음 세웠던 배위량 순례길 순례 계획은 아래와 같습니다.

---

[1] 이 글은 배재욱, "배위량 순례길 도보 순례(구미~안동): 2017년 12월 18일(월)-22(금)일까지의 순례 보고"(경산: 영남신학대학교, 2017년 12월 22일) 순례보고서이다.

[2017년 12월]

18일(월): 12시간 도보 순례(구미역(에서 택시 이용)-〉구미 산호대교(에서 도보 순례로)-〉상주 낙동)
19일(화): 6시간 도보 순례(낙동-〉상주교회)
20일(수): 14시간 도보 순례(상주교회-〉예천 용궁-〉예천)
21일(목): 12시간 도보 순례(예천-〉풍산-〉안동)
22일(금): '영남신대 배위량 순례길 평화 순례 동아리' 학생들과 안동 시내와 근교 자동차 순례
23일(토): 6시간(대구 칠곡-〉칠곡군 동명면사무소)

학생들과는 22일(금)에 안동교회에서 만나 안동과 그 인근 지역을 자동차로 순례할 계획이었습니다. 그런데 순례하는 과정 중에 급히 일정을 변경하지 않으면 안 되었습니다. 그것은 첫날 도보 순례를 구미시 산호대교에서 시작된 도보 순례를 상주시 낙동면 낙동리에서 마치고 낙동리의 어느 시골 여관에서 피곤한 몸으로 잠자리에 들어 막 잠이 들었을 때, 영남신대 동아리 회장이 전화로 "동아리의 안동 순례 계획을 금요일에서 목요일로 변경해야 됩니다"라는 보고를 했습니다. 영남신대 동아리 학생들과 22일(금) 아침에 안동교회에서 만나기로 했지만, 학생들이 금요일에 일정들이 있다고 목요일에 안동을 오겠다는 연락을 했던 것입니다.

저는 이미 도보 순례를 출발했고 도보 순례를 한번 나오는 것은 많은 준비와 계획을 하지 않으면 위험한 일이 매우 많이 나타나기 때문에 순례 계획은 좀처럼 바꾸지 않습니다. 그런데 학생들은 자신들끼리는 순례가 어려우니 제가 같이 가야 한다고 했습니다. 난감했지만 학생들의 순례에 함께하고 현장 방문을 지도해야 할 동아리 지도교수였기에 학생들의 요청을 거절할 수가 없었습니다. 그래서 6일간 하도록 계획한 순례를 5일 동안 하도록 순례 노정을 급히 조정했습니다. 처음 계획과 다른 노정과 일정으로 순례를 해야 되기에, 순례 현장에서 순례 일정과 노정을 급히 변경하지

않을 수가 없었습니다.

　부산 동래에서 구미까지 순례하는 노정은 그날그날 순례를 마치면 집으로 가서 쉬고, 다음날 새벽에 일찍 일어나 전날 순례를 마친 지점으로 다시 가서 계획한 순례 종점까지 가고, 마치면 다시 집으로 가고 하는 출퇴근 순례를 했습니다.

　그렇지만 구미에서 낙동, 상주, 용궁, 풍산, 안동, 의성을 거쳐 영천시 신녕면까지 오는 노정의 순례는 대중교통이 순례 일정에 맞게 연결이 되지 않기 때문에, 부산에서 구미까지 행하는 순례처럼 매일 매일 출퇴근하면서 하는 순례, 즉 새벽에 대구에서 대중교통을 이용하여 순례 출발지점으로 갔다가 밤에 순례를 마치고 대구의 집으로 가서 잠을 잔 후, 이튿날 새벽에 일어나 그 전날에 순례를 마친 그 지점으로 가서 다시 걸어가는 출퇴근 순례를 할 수 없습니다. 구미에서 신녕까지는 도보 순례는 대중교통이 적당한 시간에 연결이 원활하지 않아 대중교통을 이용할 수 없기 때문에, 순례 현장에 있는 여관에서 잠을 자야 합니다.

　숙박비를 아껴야 하는 순례자의 처지에서 계획된 것보다 더 많이 경비가 지출되는 것이 부담스럽습니다. 계획대로 순례하지 않고 계획이나 일정을 갑자기 바꾸면 위험 요소가 나타날 수 있습니다. 그렇지만, 동아리 학생들이 계획한 금요일이 아닌 목요일에 안동으로 오겠다는 전화를 받았을 때 매우 난감했지만 학생들의 요구를 수용했습니다. 동아리 학생들의 요청을 거절할 수 없어 그 요청을 받아들이고, 처음 계획한 순례 노정과 일정을 변경했습니다.

　원래 계획대로 목요일에 예천에서 풍산을 거쳐 안동으로 간 뒤에 안동의 어느 여관에서 일박한 후 금요일 아침에 안동에서 동아리 학생들을 만나 동아리 학생들과 함께 안동과 인근 지역을 자동차로 순례를 행하게 되면, 무리 없는 순례를 할 수 있었는데, 학생들의 요구 때문에, 처음 계획한 금요일이 아닌 목요일에 순례하는 것으로 변경했습니다. 동아리 회장이 목요일 아침 9시에 안동교회에서 만나서 안동 지역을 자동차로 순례하도록 일정 변경을 요청했을 때 매우 난감했습니다. 하지만 학생들의 요청을 거절할 수가 없었습니다. 그것은 겨울철에 학생들이 멀리까지 와서 순례한다는 그 자체가 학생들에게 귀중한 경험이 될 것이기 때문에 제가 거절할 수가 없었습니다.

수요일 밤에 예천에서 일박하고 목요일 아침 일찍 일어나 안동으로 갔다가 안동에서 학생들을 만나 안동과 영주 등지로 자동차 순례를 한 후 다시 예천으로 다시 와서 예천에서 일박한 후 금요일 아침에 예천에서 풍산을 거쳐 안동까지 도보 순례를 할 생각으로 순례 일정을 바꿀 수도 있었습니다. 하지만 그렇게 하면 시간이 이중으로 많이 소요되고 제가 준비하고 가져온 것보다 경비가 더 많이 더 들어가게 되고 순례에 소요되는 시간도 훨씬 더 늘어나게 되어 매우 난감했던 것입니다. 그래서 조금 무리를 해서 아래와 같이 급히 순례 일정을 하루를 줄이는 모험을 감행했습니다.

원래 계획한 순례 일정(2017.12.18[월]-23일[토])

18일(월): 12시간 도보 순례(구미역(에서 택시 이용)-〉구미 산호대교(에서 도보 순례로)-〉상주 낙동)
19일(화): 6시간 도보 순례(낙동-〉상주교회)
20일(수): 14시간 도보 순례(상주교회-〉예천 용궁-〉예천)
21일(목): 12시간 도보 순례(예천-〉풍산-〉안동)
22일(금): '영남신대 배위량 순례길 평화 순례 동아리' 학생들과 안동 시내와 근교 자동차 순례
23일(토): 6시간(대구 칠곡-〉칠곡군 동명면사무소)

동아리 학생들의 요청때문에 급히 계획을 변경한 순례 일정

18일(월): 12시간 도보 순례(구미역(에서 택시 이용)-〉구미 산호대교(에서

도보 순례로)-〉상주 낙동)

19일(화): 15시간 도보 순례(낙동-〉상주 경천대-〉예천 용궁) 21(목) 12시간 도보 순례(예천-〉풍산-〉안동)

20일(수): 14시간 도보 순례(용궁-〉예천-〉풍산-〉안동)

21일(목): '영남신대 배위량 순례길 평화 순례 동아리' 학생들과 안동 시내와 근교 자동차 순례

22일(금): 6시간(대구 칠곡-〉칠곡군 동명면사무소)

23일(토): 집에서 쉬면서 2017.12.18.(월)-23일(토) 순례행사 보고서와 순례 일기 정리

 많은 연구자가 배위량의 선교 일기도 읽어 보지 않고 그에 관한 연구논문을 쓰는지 배위량이 순회전도 여행을 할 때, 넉넉한 가운데 순회전도 여행을 다닌 것으로 이해하고 글을 쓰기도 합니다. 심지어 어떤 연구자는 배위량 선교사님이 당시 조선의 금융 제도를 이용하여 돈을 가지고 다니지 않고 당시 조선의 금융제도나, 금융기관의 도움을 받아 간편한 행장으로 다니며 편리하게 돈을 빌려 쓰고 나중에 갚은 것으로 묘사를 합니다. 또 어떤 연구자는 배위량이 걸어 다니면서 고생하는 순회전도가 아니라, 좋은 환경 속에서 말을 타고 다니며 순회전도 여행을 했고, 밤에 쉬며 잠자는 곳도 당시로서는 좋은 환경이었던 여관에서 잠을 잔 것으로 글을 쓰기도 하고 강연을 하기도 합니다.

 그런 글 어간에서 판단하면 배위량은 당시 선진국인 미국에서 매우 낙후된 후진국인 조선으로 와서 부유한 신분으로 멋지고 품위 있고 멋지게 여행한 여행자의 모습으로 나타납니다. 그런데 그 연구자들이 강연이나 글에서 말하는 그런 논지는 과거의 시각으로 과거를 보는 것이 아니라, 현대의 시각에서 과거를 보면서 현재의 상황을 과거의 상황에 대입하는 것 같습니다.

 그런데 배위량의 순회전도를 말하는 글에 보면 그는 순회전도 여행을

다니면서 여행경비에 매우 민감한 모습을 보여 줍니다. 그는 물론 말이나 당나귀도 타고 다녔겠지만, 많은 길을 직접 걸어 다니면서 순회전도 여행을 했습니다. 순회전도 여행 중에 비를 만나기도 했습니다. 순회전도 여행 중에 비를 만난 배위량이 '비를 맞으면서 여행한 이야기'와 '장마철에 길을 갈 수 없어 하릴없이 주막에 머물렀던 이야기'도 일기에 적고 있습니다. 그는 밤에 주막에서 잠을 자면서 빈대에 물린 이야기도 자주 일기에 적었고, 밥값이 오르는 이야기도 적었으며, 밥을 먹고 잠을 잤던 주막에서 밥값과 숙박비를 지급할 경비가 없어 오도 가도 못 하는 신세가 된 것에 대해서도 적고 있습니다.

그런 배위량의 모습은 적막한 가운데 순회전도 여행을 행한 순례자의 모습입니다. 그는 결코 부자 나라 사람이 넉넉하고 여유로운 가운데, 가난한 사람들이 살아가는 땅에서, 여유롭고 멋있게 전도 여행을 감행한 여행자가 아닙니다. 그는 넉넉하고 여유로운 여행자가 아니라, 피곤한 중에 함께한 동행자들과 함께 여독(旅毒)에 힘들어하며, 어려운 가운데 순회전도를 통해 하나님 나라를 확장하기 위해 애쓴 순례자였습니다. 이 점에서 보면 어떤 배위량 연구자들은 현재 시간에 있는 그 연구자 자신의 관점에서, 또는 현재 미국이란 부유한 나라의 관점에서 1893년대 한국에 온 미국 선교사 배위량을 보는 판단하고 그런 시각으로 배위량에 관한 논문을 작성하고 강연을 하는 듯합니다.

이런 연구 태도는 분명히 수정되어야 할 것 같습니다. 현재 시각으로 연구를 수행하는 것이 아니라 당시 상황에 맞는 연구를 하기 위하여 당시의 역사, 지리, 문화, 역사지리 등등을 공부하고 연구를 해야 할 것입니다. 그래야 배위량 연구를 바르게 할 수 있을 것입니다. 어떤 연구자들은 자신의 그런 관점을 합리화하기 위한 장치로 배위량의 미국 이름인 '윌리엄 베어드'란 이름을 고집합니다. 그래야 품위가 있고 그럴듯해 보인다고 생각하는 것 같습니다.

배위량은 「神學指南」(신학지남)에 편집자의 신분으로 또는 교수로 글을 쓰면서 늘 '배위량'이란 자신의 이름을 한글을 사용하여 적고 있습니다. 배위량은 자신이 한국에서 활동하는 동안 미국 이름보다는 한국 이름을 즐겨 사용했고, 그가 남긴 한글 문헌 부분에서도 미국 이름인 윌리엄 베어드보다는 배위량이란 한국 이름으로 많은 글을 남겼습니다. 그는 한국을 사랑했고, 한국 사람들을 위해 한국 성경을 번역하다가 과로로 장티푸스를 앓았는데, 그것 때문에 그는 한국에서 세상을 떠났고, 한국에 묻혔습니다. 그런 의미에서 그를 배위량으로 불러 주는 것이 그의 마음을 이해하는 길이 되리라고 생각합니다.

2017.12.18.(월)-22(금) 3박 4일 일정 동안 배재욱의 배위량 순례 메모

1. 12월 18일(월) 동대구역 8시 30분 출발. 구미역 9시 10분 도착 후 구미역에서 구미 산호대교까지 택시로 이동한 후 산호대교에서 도보 순례 출발 후 상주 낙동을 향해 출발. 상주시 낙동면의 낙동리에 있는 허름한 여인숙에서 일박함, 피곤하여 깊이 일찍 잠들었는데, 밤중에 동아리 회장이 전화하여 금요일에 하기로 한 동아리 학생들의 순례행사를 목요일로 변경했다고 하면서 지도교수인 나 역시 그들의 순례행사에 동행을 요청했다.

2. 12월 19일(화) 여인숙에서 컵라면으로 아침 식사 후 상주로 순례를 출발했다. 통상적으로 낙동에서 상주로 갈 때 낙동강을 따라 걸어서 상주 경천대를 거쳐 상주교회까지 걸어가서, 상주교회에서 담임 곽희주 목사님을 만나 교회에서 커피 대접을 받았다. 그 후 상주에서 일박하고, 상주교회에서 새벽기도회 참석 후 교회 근처 식당에서 이른 아침을 먹고 다시 경천대로 나와서 그곳에서 예천군 용궁면을 향해 걸어갔다. 그런데 이날은 '영남신대 배위량 순례길 평화 순례 동아리' 학생들의 요청으로 순례길을 하루 단축해야 했기에 낙동에서 일박한 후, 상주 시내로 들어가지 않고 경천대가 상주시에 속한 지역이므로, 경천대에 들린 후 곧바로 낙동강을 거슬러 용궁을 향해 걸었다.

부지런히 걷고 걸었지만, 날이 짧은 겨울철에 해가 저물어 어두워지니, 사방에 불빛 한 점이 보이지 않았다. 인적 끊어진 시골길이고 더욱이 추운 겨울밤에, 예천군 풍양면의 어느 산골지역을 거쳐 문경시 영순면 지역을 거쳐 용궁면으로 찾아가야 했다. 상주시 낙동면 낙동리에서 출발하여 상주시 사벌국면과 예천군 풍양면을 잇는 상풍교를 지나 삼강주막을 지나 삼강교(三江橋)를 건너가면 문경시 영순면 지역이다. 영순면에서 예천군 용궁면으로 들어가야 하는데, 이 길의 노중(路中)에 여러 번 길을 잃었다. 그것 때문에 시간이 지체되었다. 한겨울에 순례하면 많은 위험 요소가 존재한다. 무엇보다 매우 춥고 일찍 해가 지는 것이 큰 위험 요소가 된다. 그날 밤에도 한밤중에 날은 이미 어두웠고 춥고, 배도 고팠고, 더욱이 길을 잃어버려, 길을 찾는 과정에 저체온증이 와서 죽을 고비를 넘겼다.

3. 12월 20일(수)에 일어나 이튿날 용궁에서 목회하시는 김한식 목사님께 인사를 하기 위해 전화를 거니 그곳으로 오시겠다고 하셨다.
"오늘 순례 일정이 꽉 차 있어 아침으로 컵라면을 하나 끓여 먹고 가야 안동으로 가야 합니다."
말씀드리니 목사님이 바로 대답했다.
"얼굴이라도 보고 가야 되니, 컵라면을 지금 혼자 드시지 말고 같이 먹도록 잠깐만 기다려 주시기 바랍니다."
김 목사님이 승용차로 바로 그곳으로 오셨다. 도착하자마자 같이 밖으로 나가자고 하시면서 나를 차에 태워 기어이 용궁에서 용궁 순댓국집으로 가셨다. 그곳에서 그 유명한 용궁 순댓국을 한 그릇 먹으니 간밤의 긴장과 피로가 다 풀리는 듯했다. 그곳에서 안동까지 가야 하기에 순댓국을 먹은 후 다시 잠을 잔 곳까지 차를 태워 주셨다. 오늘 일정이 너무 빠듯한 것 같으니 예천까지는 자동차로 가고 예천에서 걸어서 안동까지 가면 좋겠다는 의견을 주셨지만, 내가 해야 할 순례였기에 용궁에서 예천을 지나고 풍산을 거쳐 안동까지 도보 순례를 완료했다.

4. 12월 21일(목) 대구와 포항 등지에서 온 학생들과 배위량 순례길 순례를 자동차 순례로 바꾸어 안동 지역(안동교회, 임청각, 안동서부교회, 풍산교회), 영주 지역(영주제일교회, 내매교회, 소수서원), 봉화 지역(척곡교회)으로 가서 기독교 문화 유적을 탐방했다.

이번에 행한 순례 일정은 매우 강도가 높은 순례였다. 많이 피곤하고 배도 많이 고픈데다 엄청 추웠고 목도 많이 말라 매우 힘든 순례 여정이었습니다.

엊그저께(a few days ago)까지 3일 동안 마른 막대기 같은 저 혼자서 낮에도 한밤중에도 시골길을 걷기도 하고, 시간이 촉박하여 뛰어가기도 했고, 쌩쌩 차가 달리는 한길의 갓길을 따라 걷기도 하면서 구미에서 시작하여 낙동-〉상주-〉용궁-〉예천-〉풍산-〉안동까지 배위량 순례길 도보 순례를 은혜 가운데 잘 마쳤습니다.

통상 여름과 겨울철 순례에 참가하는 것을 동아리 학생들이나 순례단 회원들이 다들 힘들어합니다. 더욱이 먼 거리의 순례길을 걸어야 하는 순례는 참여하려고 하는 사람이 더욱이나 더 적습니다. 이번에 도보 순례에 같이하는 분이 아무도 없습니다. 그래서 저 혼자 순례를 출발했습니다. 혼자 시행하는 순례는 위험에 노출되는 일이 많습니다. 하지만 이번에 혼자 순례한 것이 오히려 잘된 것이라는 생각도 들었습니다. 그것은 다른 사람이 순례를 같이 행했다면 엄청난 원망을 들었을 것이고 이번 순례와 같이 위험하고 힘든 순례를 경험하면 아무도 다음 번 순례에 참여할 생각을 하지 않을 것 같아서 오히려 잘된 것이라는 생각을 하게 되었습니다.

굼벵이도 구르는 재주가 있다고 하는데 제가 이렇게 작년에 6일 만에 걸었던 길(구미에서 안동까지의 순례길)을 무슨 고집인지 올해는 3일 만에 완주하는 힘든 노정을 걸었습니다. 사실 고집이랄 것도 없습니다. 20일에 '영남신대 배위량 순례길 평화 순례 동아리' 학생들은 제가 순례를 떠나겠다고 하니, 학생들이 하루라도 같이 순례를 하고 싶지만 겨울철 도보 순례는 도저히 어려울 것 같고, 안동과 그 인근 지역을 자동차로 돌아보는 순례를 하고 싶은데 어디를 가 봐야 될지 모르니 안내를 부탁한다는 요청을 했습니다. 동아리 회장으로부터 제안을 받고 순례 중에 통상 6일간 걷는 길을 학생들 원하는 날에 안동에 도착하기 위해 무리한 순례를 시행했던 것입니다.

통상 3일이면 구미에서 예천까지 가는 일정으로 도보 순례를 행합니다. 그런데 예천까지 순례하고 예천에서 잠을 잔 후 학생들을 만나기 위해 안동으로 갔다가, 학생들과 안동 일대를 하루 동안 자동차로 순례한 후 다시 예천으로 돌아가서 예천의 여관에서 일박하고 안동까지 다시 순례할 생각을 하니, 시간도 이중으로 들고 무엇보다 차비가 이중으로 들게 되어 조금 무리를 해서라도 3일 동안 구미에서 안동까지 순례하는 일정을 잡았던 것입니다.

저는 뭐 잘하는 것이 별로 없고 더욱이 이명과 난청으로 청각장애인이 되었습니다. 20대 군 생활을 할 때 사격 훈련을 많이 하여 귀에 이명과 난청이 생겨 그때부터 장애를 가지고 살아왔습니다. 늘 뒤처진 삶, 즉 뒤에서 헤매며 묻고 또 묻고, 모르는 것은 밤을 새워 가면서 혼자 공부하여 따라가고 하는 생활을 살았습니다. 처음부터 잘 알아듣는 일은 거의 없었고, 잘 알아듣지 못해 묻고 또 묻고 하는 인생을 살아왔습니다. 순례하면서 사람은 자신이 가야 할 길을 잘 지나치거나 그 길을 잃어버리고 자신의 길을 찾기 위해 자주 헤매게 됩니다. 길을 잃고도 자신이 길을 잘못 들어선 것을 알지 못하고 길을 걷는 일도 허다합니다.

잘못된 길을 걷는다는 것을 알면서도 쉽게 원래 가고자 했던 길을 선뜻 찾지 못하고 한참을 다른 곳에서 헤매기도 합니다. 집을 나선 사람들이 도중에 길을 잃는 것은 아마도 모든 이에게 공통적일 것입니다. 순례에 나서게 되면 사람 구경하기 힘들 때가 많습니다. "사람이 많이 사는 세상에서, 그리고 이 계명(啓明)한 세상에서 그것이 무슨 소리냐"고 물을 수 있겠지만, 그것이 실제 제가 순례길을 나섰을 때 자주 경험하는 일입니다.

요행히 길 가는 사람을 만나 길을 묻지만, 요새는 걸어서 다니는 시절이 아니기에 대부분의 사람은 자동차 길을 가르쳐 줍니다. 요행히 길을 아는 지역 분을 만나 대답을 듣지만, 그분의 대답을 제가 잘 알아듣지 못해서 엉뚱한 곳에서 헤매다가 다시 길을 찾았던 적도 있습니다. 그렇게 해도 바른길을 찾지 못해 또 묻고 찾아다니기도 많이 했습니다. 또 어떤 때는 친절하게 가르쳐 주기는 하지만 그분 자신도 모르면서 열심히 가르쳐 주는 분도 있어 엉뚱한 곳에서 헤매기도 많이 했습니다. 그런 저의 모습을 다른 이들이 볼 때, 저의 삶이 얼마나 답답하게 보였을까 하는 생각도 하게 됩니다.

청신경 세포가 많이 파괴되어, 타인의 말을 알아듣지 못하니 묻고 또 물어야 합니다. 자꾸 물어본다고 "귀담아듣지 않고, 뭐 했느냐"는 편잔을 많이 듣기도 했습니다.

그래서 발언자의 말을 제가 이해하지 못해도 저는 대충 그냥 그냥 넘어갑니다. 그것은 제가 살기 위해서 생긴 일종의 삶의 방편입니다. 1981년 장로회신학대학교 신학대학원에 입학했을 때 이명과 난청으로 교수님들의 강의를 잘 알아듣지 못해 스트레스를 엄청 많이 받았습니다. 제가 이명과 난청으로 고생한다는 소리를 듣고 당시 선배 한 분이 저를 찾아와 자신도 이명과 난청으로 고생한다는 말을 하면서 이렇게 충고해 주었습니다.

"잘 못 알아듣는다고 스트레스 받지 말고 대충대충 넘어가고 그냥그냥 살아야지 제명대로 살지, 그렇지 않고 지금 자네처럼 스트레스를 쌓아 두고 살아가면 신경쇠약에 걸리게 되고, 일찍 하나님의 나라로 갈 수 있으니 백 퍼센트 다 알아듣고 이해하려고 하지 말고 오륙십 퍼센트 정도만 듣는다고 생각하고, 수준을 낮추어야 살아갈 수 있습니다."

그 이후 저는 좀 쉽게 살려고 노력했고, 몰라도 대충 넘어가고자 노력을 했습니다. 중요한 내용이라고 생각하여, 다른 사람들이 대화하는 중에 그 대화의 맥락을 끊고 질문하게 되면, 저 자신에게는 도움이 되겠지만 발언자의 말을 끊고 대화의 맥을 끊게 되니 다른 청중이 매우 부담스러워하는 눈치를 줍니다. 그래서 대부분의 경우에 저는 잘 알아듣지 못해도 그냥그냥 지나갑니다. 기다리다가 대화 중에 다른 참여자가 대답하는 소리를 듣고 대충대충 대화의 맥을 유추하여 저의 발언을 시작하기도 합니다. 대화 중에 지금 막 그 주제에서 다음 주제로 대화의 맥이 넘어갔는데, 저는 여전히 대화의 맥을 찾지 못해 그냥 앉아 있는 일이 다반사였습니다.

그런데 중요한 내용인 듯한데 대화의 맥을 찾지 못하여 멍청히 앉아 있다가 저의 귀에 익숙한 소리가 들리면 그 단어에 관련된 주제임을 직감하여 대화에 끼어들고자 질문하면 이미 그 주제에서 다른 주제로 대화의 맥이 넘어가 있습니다. 저는 그것을 알지 못하고 용기를 내 제가 생각하는 주제로 대화를 시작하는데, 주제가 이미 다른 주제로 넘어가 있게 되면, 제가 발언하는 것이 다른 사람들의 대화를 방해하는 것이 됩니다. 그래서 대화에 소극적으로 임하는 일이 많습니다.

그러니 늘 대화에서 한 템포가 느립니다. 그런 저를 보고 동료들은 "한 템포가 느리다, 뒷북을 친다"고 말합니다. 대화의 맥을 따라잡지 못하거나, 늦게 파악하고, 이미 지나간 주제로 대화를 시작하는 저의 발언을 '철 지난 주제'라고 생각했던 분들이 저의 대화를 "뒷북을 친다"는 말로 평가하는 일이 종종 있습니다. 그래서 여럿이 하는 대화에 끼어드는 일이 쉽지 않았고 소극적으로 됩니다.

1978년도에 군생활을 할 때 행했던 사격 훈련 때문에 생긴 이명과 난청의 영향 때문에 지금도 마찬가지로 그런 말을 계속 듣고 있지만, 제 귀의 청신경 세포가 더 좋아지는 것이 아니니, 늘 그렇게 부족한 대로 여전히 살아가고 있습니다. 그런데 순례하면서 '부족하지만 내가 할 수 있는 일도 이렇게 있구나'라고 생각하면서 저는 스스로를 위로하기도 했습니다.

길을 걸어가면서 제 삶의 자취를 돌아보니 제 곁에 있었던 사람들이 '엄청 좋은 친구들이었구나! 이렇게 부족한 사람을 이렇게도 사람 취급해 주었구나' 하는 생각이 들면서 다들 참 고맙다는 마음이 일어납니다.

1. 2017년 12월 20일(수)의 순례 일기

아침에 일어나 예천 용궁에서 목회하시는 김한식 목사님께 전화했더니 당장 찾아오겠다고 하셨다. 김 목사님은 용궁으로 되돌아가서 아침을 같이 먹자고 하셨지만 그럴 여유가 전혀 없었던 나는 이렇게 말씀드렸다.

"용궁에서 안동까지 가는 순례길은 통상 2일간 걷는 순례길인데, 내일 '영남신대 배위량 순례길 평화 순례 동아리' 학생들과 내일 아침 9시에 안동교회에서 만나야 되고 그러자면 오늘 밤 안으로 어떻든지 안동까지 가야 합니다. 그런데 안동까지 가지 못하고 중간에서 순례를 마치게 되면, 언젠가 다시 순례 일정을 정하여 안동까지 와서 오늘 이행하지 못한 구간의 순례길을 다시 걸어야 합니다. 그런데 교수의 바쁜 삶으로 순례 일정을 다시 잡기가 쉽지 않습니다. 그래서 오늘 안동까지 순례를 완주해야만 합니다. 그래서 어젯밤에 용궁에서 사 온 컵라면으로 그냥 여기서 간단하게 아침 식사를 하고 가겠습니다."

그런데 김 목사님은 아무튼 얼굴이라도 봐야 하니 출발하지 말고 잠깐만 기다리라고 하셨다. 그래서 목사님을 기다리며 월요일부터 화요일 2일 동안 구미에서 용궁까지 걸어오느라 부르트고 물집이 생긴 발에 바늘을 찔러 물집을 터트리고 물을 빼고 있었다. 김 목사님이 오셔서, 그런 저의 모습과 발을 보시고 깜짝 놀라시며 "왜 그렇게 발이 부르트고 물집이 생겼느냐"며 걱정을 이만저만하시지 않았다. 그러나 발에 물집을 생기는 일은 순례자들이 늘 경험하는 일이고 통상적이라고 말씀드리니 좀 안심하셨다.

오랜만에 김 목사님을 순례 중에 만나게 되어 반가웠다. 김 목사님은 2015년 배위량 순례길을 대중교통을 이용해 순례하는 중 용궁을 찾아왔을 때 처음 만난 분으로 '배위량 순례길' 순례에 늘 관심을 가지고 따뜻하게 맞아 주셨던 분이다. 그래서 김 목사님의 청을 거절하기가 어려웠지만, 그날 용궁에서 안동까지 가야 했기에 정중하게 그 요청을 거절했다. 그런데 목사님이 그런 나를 찾아오셔서는 용궁에 가서 아침 식사를 하고 가라고 강권하셨다.

용궁으로 갔다가 다시 그곳까지 걸어 돌아오자면 왕복 2시간 거리라 엄두가 나지 않았다. 그래서 말씀드렸다.

"'영남신대 배위량 순례길 평화 순례 동아리' 학생들과 안동과 인근 지역 배위량 순례길을 자동차도 둘러보기로 약속했기 때문에 통상은 2일 걸리는 순례를 오늘 하루 만에 끝내고자 합니다. 그래서 여기서 컵라면을 하나 먹고 가면 될 것 같습니다."

그래도 김 목사님은 식사를 또 권하셨다.

"이렇게 보내 드리면 교수님은 어떨지 모르지만, 저는 그럴 수 없습니다.

용궁으로 같이 가서 그곳에서 아침 식사를 하고, 식사 후 다시 이곳까지는 제가 차로 모셔다드릴 테니 바로 이 자리에서 다시 출발하면 되지 않겠습니까?

그렇게 하시지요. 교수님은 그렇게 그냥 컵라면 드시고 가셔도 되지만, 제가 불편합니다. 이렇게 그냥 가시면 이제 교수님 다시 안 볼 것입니다."

김 목사님의 고집을 꺾을 수가 없어 용궁으로 되돌아 다시 가서 유명한 용궁 순댓국 식당에서 따끈한 순댓국으로 속을 채우니 만사가 다 해결된 듯했다. 어젯밤에 죽을 고비를 넘기고 이곳까지 온 것에 대한 보상을 받은 것같이 행복했다. 밥 먹으면서 어젯밤에 일어났던 죽을 고비를 넘긴 이야기를 했더니 목사님께서 염려를 이만저만하지 않으며 이렇게 말씀하셨다.

"마 순례를 그만두시고 여기서 좀 쉬시다가 점심 식사까지 하시고 버스로 안동으로 가시기 바랍니다. 사람이 살아야지요."

그래서 내가 말씀드렸다.

"그러면 언제 다시 용궁으로 와서 안동까지 순례해야 하는데, 신학대 교수가 자신의 업무가 많이 있는데, 따로 순례할 시간을 내기 위해서는 엄청 시간을 절약하고 일정을 조율해야 합니다. 그런데 순례 일정을 조율하지 못하면, 오늘 빠뜨리고 순례를 못한 지역은 순례를 못하게 됩니다. 그러면 내년에 다시 올 때 어렵게 순례길을 찾고 개척한 순례길을 저도 잊어버리고 길을 잊어버리게 되면, 그 길을 다시 찾는 일이 너무 고되고 힘이 듭니다. 순례길을 잊어버리고, 그 길을 다시 찾는 무수한 수고보다는 오늘은 힘들지만, 오늘 할 일을 오늘 하는 것이 훨씬 경제적일 것 같습니다. 그래서 힘들지만, 오늘 할 일은 오늘 하고자 합니다."

그랬더니 김 목사님은 이렇게 권하셨다.

"기어이 순례길을 가셔야 한다면 제가 예천까지만 모셔다드릴 테니 예천에서 안동으로 걸어가시면 되지 않겠습니까?"

이렇게 권했지만 다시 말씀드렸다.

"순례는 제가 해야 하니 제 일정에 따라 도보 순례를 해야 합니다."

김 목사님은 결국 내 의견을 수용해 주셨다.

"기어이 순례하시겠다면 배 교수님이 어젯밤에 주무셨던 곳까지 승용차로 모시겠습니다."

그래서 편하게 어젯밤 자정이 넘는 시간까지 순례했던 곳까지 승용차로 가서 그곳에서 예천을 향해 걸었다. 김한식 목사님께서 그 유명한 용궁 순댓국을 대접해 주셔서 따뜻한 밥을 먹고 나니, 마음도 몸도 평안했다. 그렇게 어젯밤에 당했던 위험과 고통을 잊고 예천읍을 거쳐 풍산 시장까지 부지런히 걸어갔다. 안동시 풍산읍에 도착했을 때는 이미 자정이 가까운 시간이었다.

그러나 내일 학생들과 안동교회에서 만나서 안동과 안동 인근 지역을 자동차로 순례하기 위해서는 어떻든 그날 밤에는 안동까지 가서 안동에서 여관을 잡아야 했다. 이렇게 하여 그 셋째 날 순례는 안동역과 안동교회 사이에 있는 곳에 있는 어느 여관을 숙소로 정했다. 그날 순례는 새벽 3시에 마쳤다. 그 순례길이 너무 멀고 힘들어 그날 밤은 영원히 끝나지 않고 고통이 계속될 것 같은 그런 기다림의 시간이었다. 안동에서 여관을 발견해 찾아 들어갈 때 다리가 움직여지지 않았고 발자국을 떼는 것이 힘들 정도였다. 이날도 어제처럼 좀 과하게 약 65킬로미터의 길을 걸어 예천 용궁에서 안동까지 걷는 장거리 순례를 감행했다.

2. 2017년 12월 21일(목)의 순례 일기

21일의 순례는 '영남신대 배위량 순례길 평화 순례 동아리' 학생과 함께 자동차로 안동과 인근 지역 교회들과 기독교 유적지를 돌아보는 순례를 했다.

21일은 '영남신대 배위량 순례길 평화 순례 동아리' 학생들이 대구 등지에서 와서 그들과 함께 안동 인근 지역 기독교 유적지를 다음의 순서로 돌아보았다.

안동교회(경상북도 안동시 서동문로 127(화성동)].
안동서부교회(경북 안동시 옥명2길 46).
임청각(대한민국임시정부 초대 국무령 이상룡[李相龍]의 생가: 경북 안동시 임청각길 63),
풍산교회(경북 안동시 풍산읍 장터중앙길 7),
영주제일교회(경북 영주시 광복로 37)
영주 내매교회(경북 영주시 평은면 내성천로 396),
봉화척곡교회(경북 봉화군 법전면 건문골길 18).

배위량아카데미 회원 여러분 그리고 영남신대 배위량 순례길 평화 순례 동아리 회원 여러분!
여러분 모두 바쁘게 사시잖아요. 학생들도 하나같이 다들 바쁜 몸입니다.
그렇게 바쁜 시간에 도보로 함께 순례한다는 게 얼마나 힘든데, '영남신대 배위량 순례길 평화 순례 동아리' 학생들이 함께하여 순례를 행했습니다. 그런데 학생들이 추운 겨울날 새벽에 일어나 밥을 먹고, 대구, 포항, 영양에서 멀리 안동까지 와서 저와 함께 순례했습니다. 멀리까지 저를 믿고 와 주고 함께 해 준 학생들이 저는 너무나 고마웠습니다.

배재욱 사진 〈영주내매교회-순례 나온 영남신대 동아리 학생들, 2017.12.21 [목]〉

힘든 일에 함께한다는 마음을 가진 이들이 있다는 것은 우리 한국 교회와 대학 사회의 큰 힘이고 자랑거리가 아닌가요?
꼭 공부를 잘해야 자랑인가요?
꼭 어느 대회에 나가 우승해야 그것이 자랑인가요?
그것만이 학교의 자랑이고, 그런 것들만 교문 앞이나 본관 현관에 플래카드를 걸어 둘 수 있는 좋은 일인가요?
사람을 믿어 주고, 책임감 있게 행동하며 살아가고, 맡은 일에 성실하고, 하나님과 사람 앞에서 신실하다면 최고 아닌가요?
하나님은 무엇을 최고로 여기실까요?

3. 2017년 12월 22일(금)의 순례 일기

 오늘은 올해 마지막 구간을 순례하는 날입니다. 오늘(2017.12.22[금])은 지난번에 순례하면서 못다 한 배위량 순례길의 마지막 구간을 거꾸로 칠곡군 동명면에서 대구, 칠곡까지 순례했습니다. 이렇게 해서 올 한 해 배위량 순례길 전체 순례길의 마지막 순례를 하게 되어 기쁩니다. 오늘은 나 혼자 동명에서 대구 칠곡까지 6킬로미터 정도의 짧고 좁은 길 위로 도보 순례를 했습니다. 이렇게 마무리하면서 12월 18-22일까지 계속 이어진 순례를 하면서 묵상하는 시간을 가져 봅니다.
 '이젠 추울 때 밤에는 순례하지 말아야지. 특히, 혼자서 한밤중(Mitternacht)에, 그것도 한겨울에 순례하는 것은 굉장히 위험할 수도 있겠다!'
 이런 깨달음을 가질 만큼이나 이번 순례길은 어렵고 힘든 순례 일정이었습니다.

4. 2017년 12월 23일(토)의 순례 일기

 어제(2017년 12월 22일[금])는 평소와는 다르게 그냥 반대 방향으로 순례를 해 보고 싶어서 순례 노정을 거꾸로 하여 반대 방향에서 시작하는 순례를 진행했다. 오늘(2017년 12월 23일[토])에는 집에서 쉬면서 2017.12.18.(월)-23일(토)에 행한 순례행사의 보고서를 작성하면서 동시에 순례 일기를 정리했다. 이번에 원래 계획한 순례 일정(2017.12.18.[월]-23일[토])을 처음 계획한 순례를 출발한 후에 순례 노정에서 급하게 변경하느라, 큰 위험이 부닥쳐 매우 어려운 상황도 맞이했다. 돌이켜 보면 전쟁의 경험처럼 아픔으로 남아 있는 순례였다.
 그만큼 아픈 경험, 즉 영하 20도 정도로 내려가는 기온, 가도 가도 순례 길이 끝나지 않은 듯하게, 끝없는 길이 펼쳐지는 어둠 속에서 사투와 싸워야 했던 순례였다. 자정이 지난 시각의 한겨울 추운 겨울밤, 사방 어디에도 불빛 한 점 없는 산골짜기에서 길을 잃어버렸다. 죽을 뻔했다. 그것을 극복하고 살아왔다는 것에 대한 환희도, 저 너머 나를 주관하고 지키시는 주님의 손길을 느끼는 순례였다.

 순례에 대한 매우 중요한 교훈은 얻었다. 출발 후에 어떤 위기 속에 처할 때는 급히 순례 계획을 바꾸어야 하겠지만, 그렇지 않은 경우, 즉 이번 경우처럼 동아리 학생들의 요구와 같은 상황이 생길 때, 근본적으로 순례 일정을 도중에 바꿀 때에는 위험 요소들이 나타날 수 있다. 그래서 가능하면 순례 일정을 바꾸지 말고, 처음 계획대로 순례를 할 수 있는 방법을 모색해야 된다.

> 배위량아카데미 & 영남신대 배위량 순례길 평화 순례 동아리 회원 여러분!
> 이번 순례는 저에게 정말 많이 어려웠던 순례였습니다. 죽을 고비도 넘겼고, 극한(極限)의 인내를 필요로 하는 시간의 연속 속에서 행한 순례였습니다.
> 첫날(12월 18일)은 구미시에서 상주시 낙동면까지 걷는 순례를 밤 9시 이전에 마쳤지만, 둘째 날은 산골짜기에서 길을 잃어버려 자정을 넘어 목적지 용궁에 도착했습니다. 그런데 용궁이 옛날에는 용궁군의 군청 소재지였던 지역이지만, 지금은 예천군 용궁면사무소가 있는 면 소재지인데도 그곳에 여관이 없었습니다.
> 상주에서 예천군 풍양면을 거쳐, 다시 문경시 영순면을 거친 후 예천군 용궁면으로 들어오는 길에서 길을 잘못들어 문경시 산양면까지 가서 길을 잃고, 헤맨 탓에 이미 몸도 마음도 녹초가 되어 있어 어디에서든 눈을 좀 붙여야 하겠는데, 잠을 잘 수 있는 곳을 찾을 수 없어 우선 불빛을 따라 용궁 중심지까지 걸었습니다. 눈앞에 편의점이 보여 그곳에 들어가 컵라면으로 몸도 녹이고 허기를 달래고 난 뒤에 편의점 직원에게 잠을 잘 수 있는 여관이 어디 있는지 질문하니 답이 이러했습니다.
> "용궁에는 여관이 없습니다. 용궁 외곽에 모텔이 하나 있긴 하지만 여기서 멀

기 때문에 이 야밤중에 걸어가는 것이 어렵습니다."

용궁에 도착하면 여관을 찾을 수 있을 것이고 편히 쉴 수 있을 것이란 희망으로 여기까지 왔는데, 용궁에 여관이 없다니 참 난감했습니다. 편의점 직원이 한 가지를 권했습니다.

"여기 근처에 용궁 파출소가 있으니, 그곳에 가서 경찰분들에게 부탁하고 파출소 의자를 하나 빌려 파출소에서 이 밤에 좀 쉬고 가시는 것이 좋을 것 같습니다."

그래서 파출소로 찾아갔습니다. 파출소에서 여관을 찾고 싶은데, 근처에 여관이 없다고 해서 길에 서 있지나 춥고 해서 왔다고 했더니, "어디서 왔고 어디로 가는지" 등을 질문했습니다. 초라한 개나리봇짐 같은 배낭을 메고 있는 나그네가 자정이 지난 시각에 파출소에 와서 잠잘 수 있는 여관을 찾으니 그분들도 여러 가지 궁금했을 것입니다.

그래서 그분들에게 자초지종을 말했습니다.

"130여 년 전에 배위량 선교사님이 경상도 지역을 순회전도 여행하신 길을 따라 걷고 있는 순례자이고 오늘 아침에 상주시 낙동면에서 출발하여 상주 경천대를 거쳐 용궁까지 왔는데, 겨울철이라 일찍 해가 지고 날이 어두워 삼강주막에서 용궁으로 올 때 길을 놓쳐 용궁으로 오는 길을 찾지 못하여 문경시 영순면을 지나 산양면 소재지 가까이 까지 갔습니다. 그런데 그곳에서 저체온증으로 죽을 뻔했지만 하나님의 은혜로 살아난 뒤에, 그곳에서 다시 영순면까지 돌아와서 영순면에서 용궁면으로 오는 길목인 왕태교까지 거슬러 걸어온 뒤에 그곳에서 용궁으로 오다 보니 이렇게 늦었습니다.

이제 용궁에서 쉴 수 있는 여관을 찾고자 하는데 없다고 합니다. 그래서 길에 있자니 춥고 편의점 의자에 앉아 밤에 좀 쉬어 가고자 했는데, 편의점 직원이 날이 너무 추워 편의점에서 쉬어 가기가 어려우니 근처 파출소에 문의하라고 해서 왔습니다."

경찰분들이 듣고 물으셨습니다.

"문경시 산양면까지 가셨다면 영순면으로 다시 가서 용궁으로 오기보다 산양면에서 용궁으로 바로 오는 길도 있습니다. 그런데 그 길을 모르시고 빙 돌아 오셨군요. 용궁 외곽에 모텔이 하나 있습니다. 하지만 걸어서 가자면 1시간 정도는 걸어가야 합니다. 밤 길이고 모르는 길인데 이 야심한 밤에 어떻게 그곳으로 가시겠습니까?"

경찰의 질문에 저는 길만 가르쳐 주면 찾아갈 수 있다고 대답했습니다. 그랬더니 한 경찰분이 이 추운 야밤에 또 어둡고 멀고 먼 시골길을 찾아가기가 어렵다고 하면서 그곳까지 데려다주겠다고 하셨습니다. 이렇게 경찰분들의 도움으로 피곤한 몸을 쉴 수 있는 곳을 찾아가게 되었습니다.

우리가 살아가는 인생길 자체가 그렇듯이 때로는 가벼운 산책길 같은 길도 있지만, 예기치 않게 이렇게 저렇게 위험한 길도 있습니다. 그런 인생길의 축소판이 순례길을 따라 걷는 순례입니다. 그날 저는 저의 순례 목표지였던 용궁까지 어렵게 왔지만 전혀 예상하지 못했던 문제가 나타났습니다. 용궁에 쉴 곳이 없었습니다.

용궁이 지금은 그저 시골의 면 단위 지역이 되었지만 한때는 경상북도 용군군의 군청 소재지였고, 용궁시장과 용궁역이 지금도 존재하는 큰 지역입니다. 하지만 더 이상 용궁에 여관이 없을 정도로 낙후한 지역이 되었습니다. 용궁에 잠잘 희망을 품고 찾아왔는데 용궁에는 잠잘 곳이 없었습니다.

한 시간은 더 외곽지로 걸어서 나가야 한다는데 자정이 지난 시간에 이제는 더 걷는다는 것이 도저히 엄두가 나지 않았습니다. 거의 포기 상태였고 편의점 의자에 앉아 밤에 몸이라도 녹였다가 아침 일찍 안동을 향해 출발하려고 했습니다. 그런데 하나님께서는 그런 위기 중에도 길을 예비해 주셨고 경찰의 도움으로 살길을 주신 것입니다. 여관을 찾아 들어갔을 때의 그 아늑함과 따뜻함은 이루 말할 수 없었습니다. 잠을 잘 곳이 있다는 것이 그렇게 사람을 행복하게 만들었습니다.

저 혼자, 엄청 추운 날씨 또는 엄청 더운 날씨 가운데 힘들게 순례하는 일이 종종 있었습니다. 그런데 두 경우 모두 힘들지만, 특히 겨울에는 일찍 해가 떨어지니 캄캄함이 주는 공포가 대단히 큰 것 같습니다. 모르는 한겨울 자정을 넘긴 한밤에 모르는 길을 찾기 위해 지도를 보고 가는 일은 순례 중에 허다한 일입니다.

그런 것은 그렇다고 쳐도 살을 에는 듯한 날씨 속에 사방을 둘러보아도 어디에도 불빛 한점 보이지 않는 한겨울 야밤에 산중에서 길을 잃었을 때, 그 어둠이 주는 공포를 생각해 보셨는지요?

그런데 그런 것이 우리가 종종 인생살이에서 당면하게 되는, 절박한 고통과 어려운 인생살이의 길이 아닐까요?

그렇게 춥고 배고프고 외롭고 힘든 길을 걸어가면서 저는 제가 참 어리석고 부족함이 많은 사람인 것을 절실하게 깨달았습니다. 그래서 이렇게라도 제 자신을 돌아보는 시간을 가질 수 있다는 것이 참 다행이란 생각이 들었습니다. 동시에 순례하면서 그런 고통의 순간까지 창조주 하나님께 감사해야 한다는 것을 절실하게 깨닫는 시간을 가졌습니다.

순례하면서 너무 힘이 들면, 생각도 다 사라지게 됩니다. 오직 그날 목적지에 속히 가서 머리를 눕히고 쉴 생각만 듭니다.

그러다가 종종 "인생살이에서 의미 있는 삶을 사는 것이 무엇일까?"

이런 질문을 하게 되고 그런저런 생각을 하면서 걷기도 합니다. 이런저런 생각 속에서 다다른 종점에서 되돌아보니 무엇보다 다음 사실을 절감(切感)하는 깨달음이 옵니다.

가정이 더욱 귀하고
주위 사람들이 더욱 귀하고
친구들이 더욱 좋다.

저의 순례 원칙은 배위량이 걸었을 법한 길을 찾고 그대로 걷는 것입니다. 그러나 그 길의 대부분은 걸을 수 없는 곳입니다. 그런 경우에는 배위량과 관련된 거점 지역을 연결하는 노정 중에서 걷기 좋은 곳을 찾아 걷습니다. 가끔 반대 방향으로 걸어서 순례하기도 합니다.

건강하게 다시 집으로, 그리고 일터로 돌아올 수 있도록 기도해 주셔서 감사합니다.

2017년 성탄의 기쁨이 늘 함께하길 기원합니다.

2017년 12월 23일(토)

보고자: 배재욱 박사(영남신대 교수, 배위량아카데미원장) 드림

참고 문헌

배재욱. "배위량 순례길 도보 순례(구미~안동): 2017년 12월 18일(월)-23일(토)까지의 순례 보고". 경산: 영남신학대학교, 2017(2017년 12월 23일).

제9부 | 배위량 신학

제1장 '생명의 사람' 배위량을 통해 본 생명

제1장

'생명의 사람' 배위량을 통해 본 생명[1]

배위량은 1891년 1월 29일에 한국과 인연을 맺었던 인물로 한국에 온 초창기 미국 선교사이다.[2] 그리고 "올해는 배위량(裵偉良, 윌리엄 M. 베어드, William M. Baird, 1862.6.16-1931.11.28) 선교사의 제2차 전도 여행 125주년 되는 해이다."[3] 배위량은 "부산 초량에 거주하던 시절에 경상도 지역 선교를 위해" 애썼던 인물로 "1893년 4월부터 5월까지 약 한 달간" 제2차 순회전도 여행을 감행할 때 경상도 내륙의 북부 지역에 이르기까지 여행했다.[4]

배위량은 예수 그리스도를 위한 일에 투자하기 위해 위험을 무릅쓰고 순회전도에 뛰어들었다. 배위량은 그런 '열정'으로 순회전도 여행을 감행한 위대한 인물이다.[5] 그는 1893년 "경상도 지역에서 선교를 위한 전초 기

---

[1] 이글은 배재욱, "'생명의 사람' 배위량을 통해 본 생명," 삼덕교회「신망애」291호 (2018.2), 10-11을 수정 보완한 글이다.

[2] 이상규, "윌리엄 베어드의 선교활동", in: 배위량 순례길 평화순례단연합 준비위원회 (편), 배위량의 제2차 전도 여행 123주년 맞이 기념 제1회 도보 순례 및 길 위의 학술대회 자료집(2016), (8-20), 13을 보라.

[3] 배재욱, "배위량의 제2차 전도 여행 125주년 맞이 기념 2018년 제3회 도보 순례 및 길 위의 학술대회. 영육 간의 건강한 삶을 영위하기 바람,"「한국장로신문」제1584호 (2018년 2월 17일), 7.

[4] 배재욱, "배위량의 제2차 전도 여행 125주년 맞이 기념 2018년 제3회 도보 순례 및 길 위의 학술대회. 영육간의 건강한 삶을 영위하기 바람," 7.

[5] 배재욱, "배위량의 2차 전도 여정과 순례길로서의 가치,"「신학과 목회」45집(2016년 5

지"로서의 기능을 담당할 수 있는 장소를 찾아 그곳에 영남선교부를 세우기 위해 적당한 장소를 물색하고자 "경상도 땅을 순례하는 긴 여행길에 나서는 모험을 감행했다."[6] 배위량은 29살의 젊은 나이에 선교사가 되어 자신의 생명을 하나님을 위해 사용하고자 조선 땅으로 왔다.[7] 그에게는 "한국 선교와 교육과 한국민의 계몽을 위해 진력"[8]하여 헌신하고자 하는 인생의 목표가 있었다.

배위량은 짧은 대구 생활을 마치고 새로운 임지인 서울로 가서 짧은 기간 동안 서울에 거주하다가 나중에는 평양으로 임지를 옮겨 그곳에서 마지막까지 평양에서 선교 사역을 감당했다. 하지만 그가 영남 지역 선교본부를 대구로 정한 후 대구에 정착하기 위해 이사하고 대구읍성 남문 안에 집을 마련하고 그곳에 세운 선교 기지와 교회 터 안에 그의 후계자들이 들어와 그곳에 교회뿐만 아니라, 학교와 병원을 세웠다. 그것들은 대구·경북 지역에 가장 먼저 세워진 교회였고, 가장 먼저 세운 학교였으며, 가장 먼저 세운 병원이었다.

그런 점에서 보면 배위량은 대구·경북 지역에 근대 문화를 이식하는 데 가장 크게 이바지한 인물이다. 그래서 그를 신앙의 전수자(傳受者)와 개척자(開拓者)로서뿐만 아니라, 대구·경북 지역의 근대 문화를 이식한 선각자(先覺者)로 기억해야 할 것이다.

그러면 한국인에게 복음을 전하기 위해 매진했던 배위량이 한국인에게 소개하여 전하고 싶어 했던 생명이 과연 무엇인가?

생명과 목숨은 다른 개념이다. 요한복음에 나타나는 생명은 영원한 생명, 즉 영생을 뜻한다.

월), (53-74) 55를 보라.
6 배재욱, "배위량의 2차 전도 여정과 순례길로서의 가치," 55.
7 배재욱, "배위량의 제2차 전도 여행 125주년 맞이 기념 2018년 제3회 도보 순례 및 길 위의 학술대회. 영육 간의 건강한 삶을 영위하기 바람," 7.
8 배재욱, "배위량의 2차 전도 여정과 순례길로서의 가치," 55.

창세기 2장에 다음과 같은 구절이 나온다.

> 여호와 하나님이 땅의 흙으로 사람을 지으시고 생기를 그 코에 불어 넣으시니 사람이 생령이 되니라(창 2:7).

히브리어 '니쉬마트'(נִשְׁמַת)를 개역개정은 "생기를 … 불어넣다"로 번역하는데, 표준새번역은 "생명의 기운을 불어넣다"로, 공동번역개정은 "입김을 불어넣다"로 번역한다. NIV와 KJV는 "생명의 숨을 호흡하다"("breathed … the breath of life")로 번역한다.

히브리어 "여히 하 아담 러 네페쉬 하이야"(וַיְהִי הָאָדָם לְנֶפֶשׁ חַיָּה)를 개역개정은 "생기를 … 불어넣다"로 번역하는데, 표준새번역은 "사람이 생명체가 되었다"로 번역하고, 공동번역개정은 "사람이 되어 숨을 쉬었다"로 번역한다. NIV는 "사람이 살아 있는 존재가 되었다"("the man became a living being")로 번역하고, KJV는 "사람이 살아 있는 영혼이 되었다"("man became a living soul.")로 번역한다.

이 구절에서 '인간의 생명'은 하나님의 창조로 이루어진 거룩하고 존귀한 근거가 있음을 볼 수 있다. 그러므로 하나님은 '생명의 주인'이시고 하나님은 '생명의 원천'(מְקוֹר חַיִּים, '머코르 하이이임,' 시편 36:9)이시다. 그래서 '머코르 하이이임'이신 하나님을 알지 못하고서는 '생명의 가치'를 알 수 없고 '생명이 주는 기쁨과 행복'을 올바르게 알 수 없다.

그래서 시인은 다음과 같이 노래한다.

> 진실로 생명의 원천이 주께 있사오니
> 주의 빛 안에서 우리가 빛을 보리이다(시 36:9).

신약성경은 예수 그리스도와 관련 속에 생명을 말한다.

그 안에 생명이 있었으니 이 생명은 사람들의 빛이라 (요 1:4).

요한복음 11장에서는 더욱 명확하게 생명이신 예수님을 소개한다.

나는 부활이요 생명이다 (evgw, eivmi h` avna,stasij kai. h` zwh,, '에고 에이미 헤 아나쉬 타시스 카이 헤 조에,' 요 11:25).

예수님은 다음과 같이 말씀하셨다.

나는 세상의 빛이니 나를 따르는 자는 어둠에 다니지 아니하고 생명의 빛을 얻으리라 (요 8:12).

생명은 하나님이 인간에게 주신 선물이다. 그러므로 그 사실을 바르게 인식할 때 비로소 생명의 가치를 알 수 있다. 예수 그리스도는 생명 자체이시므로 그리스도를 떠나서는 생명이 없다.

생명의 가치를 깨달은 배위량은 온 힘을 다해서 그 생명을 전하고자 이 역만리 타향 미개한 땅 조선 땅으로 와서 하나님의 '생명의 복음'을 전하고자 했다. 이제 장년이 된 한국 교회가 생명의 가치를 바르게 알고 생명의 기쁨을 경험하고 생명의 노래를 부르며 행복을 누리는 복된 생명을 사는 교회이기를 희망한다.

참고 문헌

배재욱. "'생명의 사람' 배위량을 통해 본 생명." 삼덕교회 「신망애」 291호(2018.2), 10-11.
이상규. "윌리엄 베어드의 선교 활동." 배위량 순례길 평화순례단연합 준비위원회(편). 「배위량의 제2차 전도 여행 123주년 맞이 기념 제1회 도보 순례 및 길 위의 학술대회 자료집」(2016), 8-20.
배재욱. "배위량의 제2차 전도 여행 125주년 맞이 기념 2018년 제3회 도보 순례 및 길 위의 학술대회. 영육 간의 건강한 삶을 영위하기 바람." 「한국장로신문」 제1584호(2018년 2월 17일), 7.
임희국. "경상북도 대구 초창기 선교사들의 사역: 열정, 문화충격, 헌신, 소통." 「장신논단」 33(2008), 63-89.
배재욱. "배위량의 2차 전도 여정과 순례길로서의 가치." 「신학과 목회」 45집(2016년 5월), 53-74.
_____. "배위량의 제2차 전도 여행 125주년 맞이 기념 2018년 제3회 도보 순례 및 길 위의 학술대회. 영육 간의 건강한 삶을 영위하기 바람." 「한국장로신문」 제1584호(2018년 2월 17일), 7.

제10부 | 배위량 순례길의 과거, 현재 그리고 미래

제1장 '영남신학대학교 배위량 순례길 평화 순례 동아리' 창립총회 초청장

제2장 '영남신학대학교 배위량 순례길 평화 순례 동아리' 창립총회 결과 보고서

제3장 배위량 순례길 첫 순례(밀양에서 청도 구간)에 대한 초청장

제4장 한국의 기독 청년들을 '배위량 순례길'로 초대합니다

제1장

'영남신학대학교 배위량 순례길 평화 순례 동아리' 창립총회 초청장[1]

초청일: 2015년 9월 1일(화)

초청자: 배재욱 박사(영남신대 배위량 순례길 평화 순례 동아리 지도교수)

'영남신학대학교 배위량 순례길 평화 순례 동아리' 창립총회에 즈음하여 드리는 글

일시: 2015년 10월 15일 18시 30분

장소: 정류제(영남신학대학교 대학원동 3층)

스페인 산티아고 순례 노정에 대한 소개 순서도 있을 예정입니다.

저는 스페인 산티아고길 92킬로미터를 걸으면서 우리에게는 산티아고 순례길과 같은 곳이 왜 없을까 하는 생각을 하면서 초기 선교사 배위량을 생각했습니다. 우리의 위대한 신앙의 선배이지만 우리가 거의 잊고 있었던 배위량은 자신의 젊음과 목숨을 예수 그리스도를 위한 일에 투자하고자 미지의 세계인 조선으로 와서 경상도 땅 일원을 탐방하여 선교지부를 개척하

---

[1] 이 글은 배재욱, "'영남신대 배위량 순례길 평화 순례 동아리' 창립총회에 붙여"(경산: 영남신학대학교, 2015[2015년 10월 15일]), 1-2(영남신학대학교 배위량 순례길 평화 순례 동아리 창립 홍보지)이다.

고자 경상도 일원 땅을 1,240리(약 400마일)나 여행하면서 순례했습니다.

그는 많은 위험과 고통을 감내하면서 모험과 열정으로 극복하고 대구에 도착했습니다. 우리는 이런 좋은 신앙의 유산을 소유하고 있습니다. "부엔 까미노 데 산티아고"(Buen Camino de Santiago), 즉 "야고보의 길"은 전설에 기초하지만 한국의 "좋은 대구길"(혹은 "행복한 대구길"), 즉 '배위량 순례길'은 우리 한국 교회의 실재하는 역사입니다.

우리가 이 길을 다시 찾아 그것을 아름답게 만들어 인생의 목적을 알지 못하고 방황하는 이 시대의 젊은이들에게, 미래의 한국 사회와 교회에 선물하는 것이 지금 우리에게 중요하고 시급한 문제일 것 같습니다. 배위량은 경상도 일원을 탐방하면서 위험하다는 경고를 듣고도 복음에 대한 열정으로 헌신한 위대한 선교사입니다. 그는 위험과 고난을 감수하는 모험을 감행했습니다. 그는 예수 그리스도의 종된 자로서 자신에게 주어진 일을 인내를 가지고 감당했습니다.

배위량의 경상도 여행은 부산-동래-양산-물금-밀양-청도-대구-동명-구미 인동과 해평-낙동-상주-용궁-예천-풍산-안동-의성-신령-영천-경주-울산을 거쳐 부산에 들렀다가 다시 대구로 들어가서 그곳에 정착하는 것으로 끝이 났습니다. 산티아고 순례길은 기본 틀에서는 변함이 없지만, 늘 새로움을 향해 열려 있습니다. 만약 지금 배위량이 살아 있다면 "그가 어떤 길을 걷기 원할까" 하는 질문을 하면서, 배위량이 순회전도 여행을 한 원래 길을 기본으로 새로운 길을 찾고 개척하여 '걷고 싶고,' '도전하고 싶고' 그리고 '가치 있는' '배위량 순례길'을 마련하는 것이 맞지 않을까 생각합니다.

이 시대의 젊은이들이 도전하기에 시간과 물질이 아깝지 않은 아름답고 가치 있는 길을 찾고 만든다면 정말 가치 있는 유산을 오늘의 한국 교회가 후세에 남기는 것이라고 봅니다. 그리고 정류도 그것을 가치 있게 보았고 좋아하리라 생각하게 됩니다. 그러나 '배위량 순례길'은 한국 교회가 준비해야 할 것이지만, 한국 사회와 민족 앞에서 섬기는 마음으로 그리고 헌신하고 봉사하는 마음으로 찾고 개척하고 만들어 가야 할 것입니다. 그것은 배위량이 경상도 지역을 선교하기 위해 걸었던 1,240리나 되는 멀리 있는 길을 새롭게 찾아야 할 것입니다.

  그리고 그 길에 바탕을 두면서도 현대적 감각으로 새로운 길을 개척하여 하나님을 사랑하고 세상을 위해 일해야 할 현재와 미래의 한국 젊은이들뿐만 아니라 세계 곳곳의 젊은이들이 도전할 가치 있는 길을 마련해야 할 것입니다. 이렇게 마련한 것을 미래 한국 사회와 교회 그리고 세계 교회에 선물함이 오늘의 한국 교회에 주어진 중요한 과제가 아닐까 생각합니다.

  영남신학대학교 학우 여러분의 참여를 희망하면서 하나님의 은혜와 평화가 여러분과 함께하시기를 기원합니다.

2015. 9. 1 (화)

배재욱 박사 드림

  윗글에 더하여 2015년 10월 8일에 메일이나 문자와 카톡 문자 등으로 평소에 필자의 수업에 참여한 영남신대 학생과 졸업생들에게 '영남신학대학교 배위량 순례길 평화 순례 동아리' 창립에 관한 홍보를 했을 때 영신대를 졸업한 한 동문으로부터 받은 답장을 기록으로 남기다.

1. '영남신대 배위량 순례길 평화 순례 동아리' 창립모임에 붙여
    작성일: 2015. 10. 08. 20:25:01
    작성자: 배재욱

2. '영남신대 배위량 순례길 평화 순례 동아리' 창립총회
    일시: 2015년 10월 15일 18시 30분 (오후 6시 30분)
    장소: 정류제(대학원동 3층[이안 3층])

– 스페인 산티아고 순례길의 노정에 대한 짧은 소개 순서도 있을 예정입니다.

정승리 전도사가 보내 온 글 (2015. 10. 13. 15:21)

교수님 잘 지내시지요?^^

올여름 배위량 선교사가 걸어갔던 길들을 떠올리며 중고등부 아이들과 함께 전도 여행을 다녀왔었습니다. 길을 정해 두고 가는 형식이 아니라 당시에 베어드 선교사님이 다니셨던 곳은 청도에 납작바위 정도밖에 가 보지 못했지만, 교수님의 글을 보면 정말 좋은 취지의 동아리가 영남신학대학교에 생겨남이 기쁨으로 다가오네요^^.

믿음의 선조의 발자취를 기억하는 것이 얼마나 소중한 일인지 느끼고 있지만, 행동으로 움직이지 못했는데 새롭게 시작하는 귀한 사역에 하나님의 인도하심이 가득하길 기도하겠습니다.

평안하시길 바랍니다.^^

배재욱의 답 글 [2015. 10. 14. 02:42]

정승리 전도사님, 오래간만이고 반갑습니다. 옛날 학창 시절에는 친하게 지냈는데, 이젠 신학교 졸업 후 전도사님으로 활동하시니 멋있게 많이 변했다 싶네요. 그런데 '배위량 순례길'을 만들고자 하는 이 일을 이루기 위해서 한국 교회 전체가 함께 해야 가능할 것 같아요. 같이 갑시다. 연락 주세요.

참고 문헌

배재욱. "'영남신대 배위량 순례길 평화 순례 동아리' 창립총회에 붙여". 경산: 영남신학대학교, 2015(2015년 10월 15일), 1-2(영남신학대학교 배위량 순례길 평화 순례 동아리 창립 홍보지).

제2장

'영남신학대학교 배위량 순례길 평화 순례 동아리' 창립총회 결과 보고서[1]

보고자: 배재욱 박사(영남신학대학교 신약학 교수)

1. '영남신대 배위량 순례길 평화 순례 동아리' 안내(2015.10.19)

2015.10.13에 '영남신대 배위량 순례길 평화 순례 동아리'가 영남신학대학교에 동아리로 등록하다.
2015.10.15 동아리 개회 총회를 열다.

초대회장: 최지훈(영남신대 신대원 3)
초대부회장: 김숙향(영남신대 학부 신학과 3)

---

[1] 이 글은 배재욱, "'영남신학대학교 배위량 순례길 평화 순례 동아리' 창립총회에 붙여"(경산: 영남신학대학교, 2015년 10월 15일), 1-2(영남신학대학교 배위량 순례길 평화 순례동아리 창립 후) 결과 보고서이다.

2. 총회에서 결정된 사항

분과로 나누어 활동하기로 하다.

(1) 매월 첫째주 화요일 6:30에 정류제에서 정기 모임 가짐
(2) 10.27(화요일) 6:30에 정류제에서 〈더 웨이〉(*The Way*, 산티아고 순례길에 대한 영화) 상영 및 관람하기로 하다.

1893년도 배위량 선교사님께서 걸으신 배위량 순례길을 함께 걷기 원하시는 분은 순례자의 위치에서 도보로 그 순례길을 걷는 일을 기본으로 한다. 하지만 여력이 있고 원하는 사람들은 한국 교회와 세계 교회를 섬기는 일에 헌신하고자 하는 분들은 자신의 재능을 기부할 기회를 제공하기로 하다.

3. 재능을 기부할 수 있는 영역은 아래와 같다

(1) 기록
(2) 사진
(3) 학술 연구(베어드 선교사, 초기 한국 교회, 초기 한국 교회의 주위 환경, 탐방 지역의 역사 및 문화, 탐방 지역 교회사 및 현재 교회, 교회적으로 역사적 가치가 있는 기념물)에 대한 학술 연구
(4) 순례길 안내
(5) 홍보
(6) 대외 협력
(7) 배위량 순례길 탐방 및 개척

오늘 한국 교회 상황에서 배위량 순례길은 우리 시대에 맡겨진 과제라고 생각합니다.

뒤처져 걷기보다 개척자로서 묻히고 잊힌 '배위량의 순례길'을 다시 찾고 회복하고 개척하는 모험에 열정을 가지신 분들의 참여를 기다립니다.

4. '영남신대 배위량 순례길 평화 순례 동아리' 행사 안내(2015.11.07)

배위량 순례길 중에서 밀양-청도 구간 순례(2015.11.14[토요일] 아침 8:30-18시)

'영남신대 배위량 순례길 평화 순례 동아리'가 2015년 10월 15일에 창립되어 다음과 같은 순례 일정으로 순례길을 걷고자 합니다. 관심 있는 분들의 참여를 기다립니다.

1) 모임 일시 및 장소

일시: 2015.11.14(토요일) 아침 8:30
모임 장소: 밀양역
준비물: 점심 도시락 및 간식과 식수 기타 각자 필요한 물품 준비

각자가 밀양역에 도착하여 함께 청도까지 걸을 예정이고, 청도에서 헤어져 각자 집으로 돌아가게 되니 각자 여행비와 일체를 준비하셔야 합니다.

2) 당일 행사 계획

8:30-9:00 예배 및 안내
9:00-10:00 밀양 시내 지역의 배위량 선교사 흔적 탐방
10:00-16:00 밀양-청도 구간 순례 및 탐방
16:00-18:00 청도 읍내 지역의 배위량 선교사 흔적 탐방
18:00 해산

[부록: 이듬해인 2016-1학기에 영남신학대학교에 동아리로 정식 등록된
'영남신대 배위량 순례길 평화 순례 동아리']
2016학년도 1학 등록 동아리(18개)

	동 아 리 명	학생대표	활동분야	지도교수	비고
1	예수전도단(YWAM)	김은우(사2)	선교, 예배	이승호	
2	오네시모	김다운(신4)	문화예술	장순애	
3	거지전도 여행단	김주광(신4)	전도, 여행	김양일	
4	영신 유학생 동아리	정중현(신3)	문화예술	최윤영	
5	영바람	이한결(신3)	체육선교	김한성	
6	지구촌선교회	김병석(원신3)	문화예술	조지용	
7	개혁신학	황종률(원신3)	성경연구	송용섭	
8	**배위량 순례길 평화 순례**	**박사무엘(원신1)**	**문화예술**	**배재욱**	
9	쓰나미전도단	여혜진(기3)	전도, 예배	채혁수	

10	에벤에셀	김웅교(신2)	청소년 사역	김영호	
11	겨자씨	정혜원(원신2)	독서 연구	유재경	
12	CEF	박정숙(신2)	어린이 사역	김명실	
13	오아시스	정말순(신1)	문화예술	우매리	
14	Creation	최송화(신1)	창조과학	채승희	
15	心봉사	김동수(사2)	사회봉사	김수정	
16	디사이플스	노수진(사3)	문화예술	이은혜	
17	YS 아페리오	황선화(원신3)	개척교회	김승호	
18	CREW	조다애(기2)	영어예배	김규식	

제3장

배위량 순례길 첫 순례
(밀양에서 청도 구간)에 대한 초청장[1]

초청일: 2015년 10월 30일(금)

초청자: 배재욱 교수(영남신대 배위량 순례길 평화 순례 동아리 지도교수)

1. 배위량 순례길 첫 순례(모임 일시 및 장소 안내)

일시: 2015.11.14(토) 아침 8:30

모임 장소: 밀양역

    위대한 신앙의 선배이지만 우리가 거의 잊고 있었던 배위량(裵偉良, William Martyn Baird, 1862.6.16~1931.11.28)은 자신의 젊음과 목숨을 예수 그리스도를 위한 일에 투자하고자 미지의 세계인 조선으로 와서 경상도 땅 일원을 탐방하면서 직접 선교지부를 개척하고자 경상도 일원의 땅을 1,240리(약 400마일)나 되는 길을 여행하면서 순례했습니다. 그는 많은 위험과 고통을 감내하면서 모험과 열정으로 극복하고 대구에 도착했습니다.

    '배위량 순례길'은 우리 한국 교회의 실제 역사입니다. 우리가 이 길을

---

1 이 글은 배재욱, "배위량 순례길 첫 순례(밀양에서 청도 구간)에 대한 초청장"(경산: 영남신학대학교, 2015[2015년 11월 14일, 토]).

다시 찾아 그것을 아름답게 만들어 인생의 목적을 알지 못하고 방황하는 이 시대의 젊은이들에게, 미래의 한국 사회와 교회에 선물하는 것이 지금 우리에게 중요하고 시급한 문제일 것 같습니다.

배위량은 경상도 일원을 탐방하면서 위험하다는 경고를 듣고도 복음에 대한 열정으로 모험을 감행했습니다. 그는 위험과 고난을 감수하는 모험을 감행했습니다. 그는 예수 그리스도의 종이 된 자로서 자신에게 주어진 일을 인내를 가지고 감당했습니다. 배위량의 경상도 여행은 부산-동래-밀양-청도-대구-상주-용궁-예천-안동-의성-신령-영천-경주-울산을 거쳐 부산에 들렀다가 다시 대구로 들어가서 그곳에 정착하는 것으로 끝났습니다.

만약 지금 배위량이 살아 있다면 '그가 어떤 길을 걷기 원할까' 하는 질문을 하면서, 원래의 배위량 순례길을 기본으로 하여 새로운 길을 찾고 개척하여 '걷고 싶고,' '도전하고 싶고' 그리고 '가치 있는' '배위량 순례길'을 마련하는 것이 맞지 않을까 생각합니다. 이 시대의 젊은이들이 도전하기에 시간과 물질이 아깝지 않은 아름답고 가치 있는 길을 찾고 만든다면 정말 가치 있는 유산을 오늘의 한국 교회가 후세에 남기는 것이라고 봅니다.

'배위량 순례길'은 한국 교회가 준비해야 할 것이지만, 한국 사회와 민족 앞에서 섬기는 마음으로 그리고 헌신하고 봉사하는 마음으로 찾고 개척하고 만들어 가야 할 것입니다.

그것은 배위량이 경상도 지역을 선교하기 위해 걸었던 1,240리나 되는 먼 길을 새롭게 찾아야 할 것입니다. 그리고 그 길에 바탕을 두면서도 현대적 감각으로 새로운 길을 개척하여 하나님을 사랑하고 세상을 위해 일해야 할 현재와 미래의 한국 젊은이들뿐만 아니라 세계 곳곳의 젊은이들이 도전할 가치가 있는 길을 마련해야 할 것입니다. 이렇게 마련한 것을 미래 한국 사회와 교회 그리고 세계 교회에 선물함이 오늘의 한국 교회에 주어진 중요한 과제가 아닐까 생각합니다.

2. 준비물: 점심 도시락 및 간식과 식수 기타 각자 필요한 물품 준비

각자가 밀양역에 도착하여 함께 청도까지 걸을 예정이고 청도에서 헤어져 각자 집으로 돌아가게 되니 각자의 여행비와 일체를 준비하셔야 합니다.

3. 당일 행사 계획

08:30-09:00 예배 및 안내
09:00-10:00 밀양 시내 지역의 베어드 선교사 흔적 탐방, 밀양교회
10:00-16:00 밀양-청도 구간 순례 및 탐방
16:00-18:00 청도 읍내 지역의 베어드 선교사 흔적 탐방, 청도신읍교회, 넓적 바위, 청도칠곡교회, 풍각제일교회
18:00 해산

2015. 10. 30

초청자 배재욱 교수(영남신대 배위량 순례길 평화 순례 동아리 지도교수) 드림

참고 문헌

배재욱. "'영남신학대학교 배위량 순례길 평화 순례 동아리' 창립총회에 붙여". 경산: 영남신학대학교, 2015(2015년 10월 15일[토]), 1-2(영남신학대학교 배위량 순례길 평화 순례동아리 창립 후) 결과 보고서.

제4장

한국의 기독 청년들을 '배위량 순례길'로 초대합니다[1]

초청일: 2024년 9월 28일(토)

초청인: 배재욱 박사(배위량아카데미와 배위량순례단연합 창립자, 영남신학대학교 은퇴교수)

대구중노회(합동측) 기독청년면려회 정성혁 회장으로부터 "세 번째 베어드 선교사 131주년 기념 걷기 대회"를 한다는 소식을 듣고 반가워하던 차에 필자에게 특강을 부탁받았습니다. 하지만 선약이 있어 참석하기 어렵다는 대답을 하니, 배위량 선교사님에 대한 특강을 대독해서라도 하도록 글을 보내 달라는 요청을 듣고 "배위량(윌리엄 M. 베어드) 순례길에 대하여"란 글을 보냅니다.

대구중노회 기독청년면려회 여러분들과 이렇게 배위량 순례길에 함께 걷게 되어 배위량 순례길의 창안자와 배위량순례단연합의 창립자로서 무한 지지와 감사를 표합니다.

'순례길'이라고 하면 무엇을 우선 생각하고 순례길을 걸어가시는지요? 제가 생각하는 순례길은 복합적 개념입니다.

---

[1] 배재욱, "한국의 순례길인 '배위량 순례길'로 초대합니다", '영남 지역 선교 개척자 베어드 선교사 131주년 기념 걷기 대회'. 「대구중 EC(기독청년면려회 대구중노회연합회 홍보자료집」(2024[2024.9.28.]), 6을 수정, 보완했다.

순례길을 문학의 길, 문화의 길, 음악의 길, 예술의 길로 우선 생각하겠지요!
'배위량 순례길'은 순례길로서의 복합적이 기능을 가집니다.

배위량 순례길

'묵상과 기도의 길'이기도 하고,
'자신을 돌아보고, 회개하는 신앙의 자리를 돌아보는 길'입니다.
나아가 '배고픔, 고통, 극기, 모험, 한계와의 싸움, 포기와 비움의 길'이기도 합니다.
자신이 생각하는 모든 유익을 찾아가는 길이 순례길입니다.
배위량 선교사님께서 우리 한국 민족에게 선물하신 묵상과 기도의 길
자신을 돌아보고, 회개와 신앙의 길 그리고 자신이 서 있는 자리를 돌아보는 길
배고픔, 고통, 극기, 모험, 한계와의 싸움, 포기와 비움의 길입니다.
이 길로
여러분을 초대합니다.

2024년 9월 28일(토)
초청인: 배재욱 박사(배위량아카데미와 배위량순례단연합 창립자, 영남신대 은퇴교수, 영남신대 배위량 순례길 평화 순례동아리 초대 지도교수) 드림

참고 문헌

배재욱. "한국의 순례길인 '배위량 순례길'로 초대합니다". '영남 지역 선교 개척자 베어드 선교사 131주년 기념 걷기 대회'. 「대구중 EC(기독청년면려회 대구중노회연합회, 2024.9.28) 홍보자료집」, 6.

제11부 배위량아카데미와 배위량순례단연합 창립에 대한 회고

제1장 배위량(裵偉良, William M. Baird) 순례단 창립과 배위량 순례길 건설에 대한 제안서
(청도기독교총연합회 임원회에서 제안)

제2장 청도기독교총연합회 임원회에 제안한 '배위량 순례길' 찾고 만들기 제안과 순례 계획

제3장 '영남신대 배위량 순례길 평화 순례 동아리' 창립

제4장 2024년 2학기 배위량순례단연합 전체 순례 일정에 관한 여론 조사

제5장 어느 날의 순례 일기(2024년 9월 16일[월]에 친지들에게 쓴 편지글): 배위량아카데미, 한국배위량학회 그리고 배위량순례단연합의 역사 이야기

제6장 은혜의 강물: 배위량 순례길에 세워진 이정표

제7장 『배위량 순례길』(Camino de Corea)을 탈고하면서 떠오르는 생각들

제1장

배위량(裵偉良, William M. Baird) 순례단 창립과 배위량 순례길 건설에 대한 제안서
(청도기독교총연합회 임원회에서 제안)[1]

제안자: 배재욱 박사(영남신학대학교 신약학 교수)

일시: 2016년 2월 27일 오후 2시
장소: 청도대성교회
대상: 청도기독교총연합회 임원회

1. 배위량 순례길

　배위량(裵偉良, William M. Baird) 선교사가 경상도 지역을 선교하기 위해 선교 지부를 물색하기 위해 여행한 경로이다. 이 여행에서 배위량은 1,240리(약 400마일)를 순례했다.

---

[1] 이 글은 배재욱, "청도기독교총연합회 임원들과의 첫 만남에서 배위량(裵偉良, William M. Baird) 순례단 창립과 배위량 순례길 건설에 대한 제안서"(경산: 영남신학대학교, 2016년 2월 27일)로 2016년 2월 27일 오후 2시 청도대성교회에서 청도기독교총연합회 임원회에서 '배위량 순례길'에 대하여 제안한 제안서와 '배위량 순례길' 순례 계획안이다. '2016년 배위량 순례길 순례에 대한 계획안'이 당시 현지 사정으로 인하여 원래 계획대로 실행되지는 못했지만, 조금씩 조정하여 계획했던 최초로 순례단을 조직하여 일정대로 도보 순례를 시행하였다.

2. 들어가는 말

필자는 스페인의 산티아고 순례길 920킬로미터를 한 달 넘게 걷고 또 걸으면서 내내 떠나지 않았던 질문이었다. 그런 생각 중에서 지금의 한국 교회가 미래의 한국 사회와 교회에 남겨 줄 신앙적 유산이 무엇일까 하는 것이 생각에 이르렀을 때 이런 질문은 정류에 국한된 것이 아니라, 한국 교회 전체의 이름이 걸린 문제라고 본다. 이것은 시급하고도 중요한 과제란 생각을 하게 되었다.

3. 배위량(William M. Baird = 베어드)은 누구인가?

미국북장로교 소속 배위량 선교사가 1891년 3월 25일 부산항에 입항했다.

1895년 선교 초기 한국어를 배우기 위해 부산의 한 한문 서당에서 한국어를 배우며 선교 훈련을 쌓는 선교사들(사진의 뒷줄 왼쪽 끝은 배위량 목사, 그 앞에 갓을 쓴 이가 서상륜 전도자, 그 앞이 배위량 목사 부인, 오른쪽 뒷줄부터 대구제일교회 설립자인 아담스 목사, 바로 그 앞이 고윤하 전도자).[2]

---

[2] 대구제일교회, 『사진(寫眞)으로 보는 大邱第一敎會 百年史』, 12.

배위량은 자신의 젊음과 목숨을 예수 그리스도를 위한 일에 투자하고자 미지의 세계인 조선으로 와서 경상도 일원을 탐방하여 선교지부를 개척하고자 경상도 땅을 1,240리(약 400마일)나 여행했다. 그는 열악한 환경의 당시 빈대가 나오는 주막에서 잠을 자고, 많은 길을 직접 걸어서(물론 말을 타기도 하면서) 모험과 열정으로 모든 위험과 고통을 인내로 극복하고 부산 동래를 출발하여 양산, 밀양, 청도를 거쳐 대구에 도착했다. 그리고 구미, 상주, 예천, 안동, 의성, 영천, 경주, 울산을 거쳐 부산에 도착함으로 긴 여정의 제2차 순회전도 여행을 마쳤다.

배위량은 경상도 일원을 탐방하면서 위험하다는 경고를 무시하고 모험과 열정으로 예수 그리스도의 종된 자로서 충성을 다하여 복음에 대한 열정으로 위험과 고난을 감수하는 모험을 감행했다.

배위량은 나중에 대구에서 서울을 거쳐 평양으로 갔다. 그리고 평양에서 선교사로 일하는 동안 자신의 사택인 평양 신양리 26번지에 사랑방 형태의 공부방을 열어 13명의 학생을 대상으로 중등교육을 시작하여 1901년 10월 25일 '숭실학당'으로 개칭했고 1906년에 숭실학당을 대학 형태로 발전시켜 한국의 대학 교육을 위해 헌신했다. 그는 1931년 11월 하나님의 부르심을 받았고 평양 장산 묘지에 안장되었다.

4. 배위량 순례길을 만들어야 할 당위성

우리는 이런 좋은 신앙의 유산이 있다. 스페인 산티아고의 "부엔 까미노 데 산티아고"(Buen Camino de Santiago), 즉 "야고보의 길"은 전설에 기초하지만 한국의 "좋은 대구길"(혹은 "행복한 대구길"), 즉 '배위량 순례길("배위량의 길")은 실제 한국의 역사이다. 우리가 이 길을 아름답게 만들어 인생의 목적을 차지 못하고 방황하는 이 시대의 젊은이들에게, 미래의 한국 사회와 한국 교회에 선물하는 것이 시급한 문제일 것 같다.

그것은 미래의 주인공들인 청소년들이 자신이 누구인지를 알고 무엇을 위해 살아가는지를 알기 위해서는 생각할 수 있는 마당(場)이 필요한데, 우리에게는 그런 마당이 사라지고 없다는 데서 안타까운 생각이 들었다. 자신의 미래를 예지하고 젊음을 발산할 수 있는 좋은 예를 산티아고 순례길에서 발견하면서 우리에게는 왜 없을까 하는 생각을 하면서 배위량을 생각했다.

5. 배위량 순례길의 기본형

배위량의 여행은 부산 초량 - 동래 - 양산 - 물금 - 밀양 - 청도 - 대구 - 칠곡 - 해평 - 낙동 - 상주 - 용궁 - 예천 - 안동 - 의성 - 신령 - 영천 - 경주 - 울산(1893년 5월 18 울산 도착; 울산 최초교회 - 병영교회) 동래를 거쳐 부산에 들어갔다가 다시 대구로 가서 대구에 정착하는 것으로 끝이 났다.

이런 배위량의 제2차 순회전도 여정을 기본으로 하여 다음과 같은 배위량 순례길을 제안한다.

> 배위량 순례길은 부산(초량교회, 부산진교회) → 동래(4월 17일 월요일 출발) → 범어사 계곡(18일 오전 9시에 출발) → (4월19일 수요일 정오, 가지원) → 양산 읍내와 황산역(오전 9시에 지나감) (60-65리를 지나 19일 밤에 낙동강 가의 물금에 도착)→ 물금 → 밀양(영남루)-〉상동(유천 강마실)(4월 20일) → 청도(4월 21일 납작바위, 노거수, 샘) 청도 삼거리를 거쳐 팔조령(청도 선교 100주년 기념비)을 넘어 가창을 거쳐→ 대구 (4월 22일 토요일 오후 1시경 도착) → 동명(25일 아침) → 낙동(26일 저녁)[3] → 상주(28일) → 용궁(5월1일) → 예천 → 풍산(4일) → 안동(4일) → 의성

---

3   http://cafe.daum.net/reformation97/YFpy/21?q=%BA%A3%BE%EE%B5%E5%20%BF%EF%BB%EA&re=1(2015.10.15 접속).

→ 신령 → 영천(8일)[4] → 경주(9일) → 울산(1893년 5월 18 울산 도착; 울산 최초교회 → 병영교회) → 동래를 거쳐 부산에 들어가는 것으로 하는 '배위량 순례길'을 계획하고 있다.

산티아고 순례길은 기본적인 틀에서는 변함이 없지만, 늘 새로움에 열려 있다.

"만약 지금 배위량이 있다면 그가 어떤 길을 걷게 될까?"

이런 질문을 하면서 우리는 기본적인 배위량의 길을 마련하고 새로운 길을 개척할 수 있어야 할 것이다. 그리고 이 '배위량의 길'은 한국 교회가 준비해야 할 것이지만, 한국 사회와 민족 앞에서 섬기는 마음으로 그리고 헌신하고 봉사하는 마음으로 개척하고 만들어 가야 할 것이다.

배위량이 경상도 지역을 선교하기 위해 걸었던 1,240리나 되는 길을 새롭게 찾아야 할 것이다. 그리고 그 길에 바탕을 두면서도 현대적인 감각으로 새로운 길을 개척하여 하나님을 사랑하고 세상을 위해 일해야 할 현재와 미래의 한국 젊은이들뿐만 아니라 세계 곳곳의 젊은이들이 도전할 가치가 있는 길을 마련해야 할 것이다. 이렇게 마련한 것을 미래 한국 사회와 교회 그리고 세계 교회에 선물함이 오늘의 한국 교회에 주어진 중요한 과제가 아닐까 생각한다.

---

[4] 배위량이 영천 대창(8일; 대창 교회[大昌敎會])에 갔다는 일군의 연구자들의 언급은 배위량의 일기에 나타나지 않는다. 영천 대창에 갔다는 사실은 필자의 논지에서는 어렵다고 판단된다. 이런 주장과 언급에 대해서는http://terms.naver.com/entry.nhn?docId=2613322&cid=51935&categoryId=54455)(2015. 10. 15 접속)을 보라. 필자는 아직 이 부분에 대해서는 아직 연구하지 못했다. 영남신학대학에서 한국 교회사를 강의하는 손산문 교수는 대창교회의 창립자를 배위량으로 봐야된다고 주장한다. 손산문 교수의 이런 주장을 2015년 10월 13일 전화 통화를 통해 습득했음을 밝힌다.

제11부 제1장 배위량(裵偉良, William M. Baird) 순례단 창립과 배위량 순례길 건설에 대한 제안서

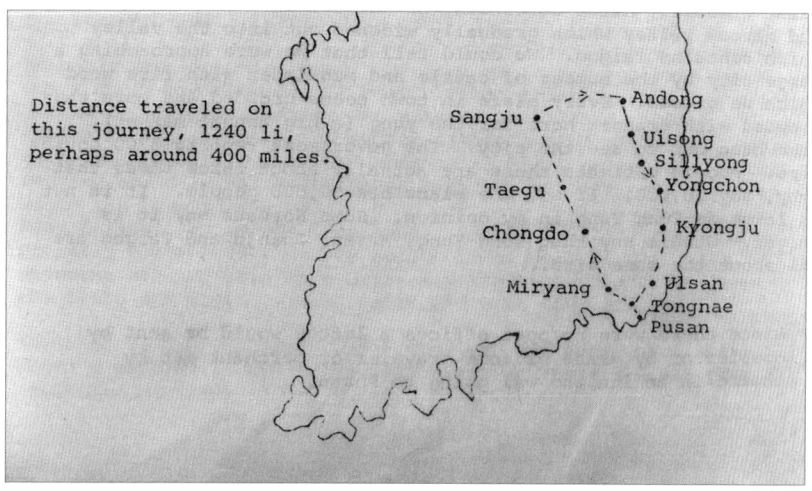

배위량 선교사가 경상도 지역을 선교하기 위해 선교지부를 물색하기 위해 여행한 경로이다.
이 여행에서 배위량은 1,240리(약 400마일)를 여행했다.

참고 문헌

배재욱. "청도기독교총연합회 임원들과의 첫 만남에서 배위량(裵偉良, William M. Baird) 순례단 창립과 배위량 순례길 건설에 대한 제안서". 경산: 영남신학대학교, 2016년 2월 23일. (2016년 2월 27일 오후 2시 청도대성교회에서 청도기독교총연합회 임원회에서 '배위량 순례길'에 대하여 제안한 제안서와 '배위량 순례길' 순례 계획안.

임희국. "경상북노 대구 초창기 선교사들의 사역: 열정, 문화충격, 헌신, 소통," 「장신논단」33(2008), 63-89.

http://terms.naver.com/entry.nhn?docId=2613322&cid=51935&categoryId=54455) (2015.10.15 접속).

http://cafe.daum.net/reformation97/YFpy/21?q=%BA%A3%BE%EE%B5%E5%20%BF%EF%BB%EA&re=1(2015.10.15 접속).

제2장

청도기독교총연합회 임원회에 제안한 '배위량 순례길' 찾고 만들기 제안과 순례 계획[1]

제안일: 2015년 11월 14일

제안자: 배재욱 박사(영남신학대학교 신약학 교수)

1. 2016년 '배위량 순례길: 부산-대구' 순례에 대한 계획안 (2016.4.15-22)[2]

2016년 4월 15일 또는 16일

    부산 초량(부산역, 초량교회) – 부산 동래(부산 수안교회)

    부산 지역의 교회, 경남 지역의 교회

    부산 남산중앙교회(황형찬 목사 시무)에서 기념 예배[3]

---

1 이 순례계획안 전체는 배재욱, "'배위량 순례길' 찾고 만들기 제안과 순례 계획"(경산: 영남신학대학교, 2015[2015년 11월 14일, 토])에 작성되어 2016년 2월 27일 오후 2시 청도대성교회에서 열린 청도기독교총연합회 임원회) 앞에서 제안한 '배위량 순례길' 순례 계획안이다.

2 이 글은 2016년 '배위량 순례길: 부산-대구' 순례에 대한 계획안(2016년 2월 27일 오후 2시 청도대성교회에서 열린 청도기독교총연합회 임원회) 앞에서 제안한 '배위량 순례길' 순례계획이다. 그러나 현지 사정으로 계획과는 다르게 순례가 시행되었다.

3 2016년 4월 17일(일) 부산 남산중앙교회(황형찬 목사 시무)에서 일박 후 18일(월) 5명의 순례단원이 도보 순례를 부산대학교에서 출발하여 금정산을 넘는 순례 노정을 택하여 양산의 다방 삼거리를 지나 부산 도시 전철 2호선 양산역에서 18일 순례를 끝냈다.

2016년 4월 18일(월)

> 부산 남산중앙교회 - 전철 1호선 부산대역 - 부산대 정문 - 양산중앙교회
>
> 부산 동래구와 가까운 지역의 교회, 양산 지역의 교회, 울산 지역의 교회
>
> 양산중앙교회에서 기념 예배[4]

2016년 4월 19일(화)

> 양산중앙교회(양산 지하철역) - 삼랑진 지역의 교회
>
> 양산 지역의 교회, 삼랑진 지역의 교회, 김해 지역의 교회
>
> 삼랑진교회에서 기념 예배[5]

2016년 4월 20일(수)

> 삼랑진 지역의 교회(삼랑진역) - 밀양교회
>
> 밀양 지역의 교회, 창원 지역의 교회
>
> 밀양교회에서 기념 예배[6]

---

[4] 양산중앙교회에서 하기로 계획된 행사는 사정이 있어 시행하지 못하고, 양산역까지 도보 순례를 한 후 그곳에서 부산구포교회(한영수 목사 시무)까지 대중교통으로 이동 후 구포교회에서 도착 감사예배를 드린 후 그곳에서 일박 후 19일에는 다시 대중교통을 이용해 양산역으로 이동하여 다음날 순례를 행하였다. 양산중앙교회에서 하고자 계획했던 '제1회 길위의 배위량학술대회'는 사정상 밀양시민교회에서 시행했다.

[5] 양산역에서 삼랑진까지 도보로 순례한 후 19일(화)은 삼랑진교회(공근식 목사 시무)에서 도착 감사예배를 드린 후 그곳에서 일박했다.

[6] 2016년 4월 20일(수)에 밀양교회의 박태부 목사님께서 신자들과 함께 순례를 나오셔서 순례단과 함께 삼랑진에서 밀양교회까지 도보 순례를 함께한 후 점심 식사 후에 밀양교회에서 상동역까지 도보 순례를 시행했다. 저녁에는 밀양교회(박태부 목사 시무)와 밀양시민교회(라철수 목사 시무)에서 '배위량 선교사 밀양 도착 123주년 맞이 축하 예배'와 '제1회 길 위의 배위량학술대회'를 시행했다.

2016년 4월 21일(목)

밀양교회(밀양역) – 청도칠곡교회

순례참여 참여대상: 청도지역의 교회, 경산지역의 교회, 경북 지역의 교회

청도칠곡교회에서 기념 예배(배위량아카데미 창립)[7]

2016년 4월 22일(금)

청도칠곡교회 – 옛날 대구제일교회(남성로, 약전골목, 지금의 대구제일교회 역사관)[8]

달성 지역의 교회, 대구 지역의 교회, 칠곡 지역의 교회, 군위 지역의 교회, 영천 지역의 교회, 경북 지역 교회

옛날 대구제일교회에서 기념 예배[9]

오늘 청도기독교총연합회 임원들께 위와 같이 보고를 드리고 앞으로 배위량 순례길에 대해 함께 머리를 맞대고 논의할 사항(2016년 배위량 순례길 순례 계획을 위해)은 아래와 같다.

1. 2016년 배위량 순례길 순례 계획의 취지
2. 2016년 배위량 순례길 순례 계획

---

[7] 2016년 4월 21일(목)에는 밀양시 상동역에서 청도기독교총연합회(회장: 박영규 목사) 회원들과 함께 도보 순례했다. 청도대성교회(방인용 목사 시무) 점심 식사 후 팔조령 청도 선교 100주년 기념비가 있는 청도와 대구 경계선까지 가서 순례단의 기도회 후 저녁은 청도칠곡교회(조삼수 목사 시무)에서 한 후에 청도칠곡교회에서 '배위량 선교사 청도 도착 123주년 맞이 축하예배와 '제1회 길 위의 배위량학술대회'를 시행하면서 제1회 배위량아카데미 창립총회(초대원장: 배재욱 교수)도 동시에 이루어졌다. 그 행사 후 청도칠곡교회에서 숙박했다.

[8] 2016년 4월 22일(금)에는 팔조령에서 대구제일교회까지 도보 순례했다. 마지막 구간의 도보 순례는 '영남신대 배위량 순례길 평화 순례 동아리' 학생들이 함께 순례했다.

[9] 대구제일교회 대구 기독교 역사관(옛 본당)에서 '배위량 선교사 대구 도착 123주년 맞이 축하예배와 '제1회 길 위의 배위량학술대회'를 실시했다.

3. 순례길의 하룻길 할당(割當)
4. 각 지역의 어느 교회에서 예배를 드릴 것인지?
5. 기본적으로는 하룻길을 순례하는 것으로 하여 모두 대중교통을 이용한다는 전제하에 대중교통을 이용하기 쉬운 장소에서 출발하는 것으로 계획
6. 전국 교회 교인들이 참가하기 원할 때, 어떤 경로를 통해 등록받을 것인지?
   참가를 원하는 사람의 숙박 문제 – 이 문제에서 일하는 구성원 조직 문제 나올 수 있음
7. 기타 문제 토의 및 결정

2. 배위량 순례길 순례행사결과 보고 & 순례 계획안[10]

1) 2015년 11월 14일에 행한 배위량 순례길 '영남신대 배위량 순례길 평화 순례 동아리' 자동차 순례와 도보 순례행사 결과 보고[11]

순례일정: 2015년 11월 14일, 토요일

날씨: 갬

장소: 밀양역 -〉대구시 달성군, 가창면

일시: 2015.11.14.(토), 아침 8:30 – 저녁 6시

참석: 2명(배재욱 교수, 김완영[신대원 2])

---

10   이 글은 "배위량 순례길 순례행사 결과 보고 & 순례 계획안"(경산: 영남신학대학교, 2015. 11월 14일)이다.
11   '배위량 순례길'을 2015년 11월 14일(토)에 밀양역-청도-팔조령 구간은 자동차로 그리고 팔조령-가창 구간은 도보 순례로 처음 순례를 행하였다.

[경과 보고]

배위량이 걸었던 길을 한 구간이라도 찾아 걸어 보고자 2015년 11월 14일(토요일)에 동대구에서 기차를 타고 밀양에 도착했다. 원래는 밀양까지 기차로 가서 밀양에서 청도까지 도보로 순례를 하고자 했었다. 그런데 사정이 여의치 않아 한 구간을 걷는 것도 중요하지만 먼저 좀 더 큰 구역을 자동차로 돌아보고 좀 더 많은 경험을 만드는 것도 좋을 것 같았다. 그래서 오늘은 도보로 순례하는 일보다는 순례길의 사전 답사 형태로 진행하여 오늘의 경험을 기록에 남기기로 했다.

그래서 배위량의 일기에 나오는 밀양의 영남루와 밀양 유천으로 알려진 밀양시 상동면과 청도 유천으로 알려진 청도군 청도읍 유호리를 방문했다. 청도에서는 배위량이 쉬었다 간 납작바위를 방문한 후 그가 걸어서 넘은 팔조령 고개를 방문했다. 팔조령 고개 위에 세워진 '청도 기독교 선교 활동 100주년 기념비'를 본 후 그곳에서부터 가창까지 도보로 걸어가는 것으로 계획을 바꾸었다. 두 사람밖에 오지 못했지만 밀양과 청도를 방문하고 팔조령까지 방문하여 배위량의 흔적을 살필 수 있어서 감사하다. 팔조령에서 신대원 2학년 김완영 학우는 급한 일로 집으로 먼저 가고 배재욱 교수는 팔조령에서 가창까지 약 10킬로미터를 도보로 걸어 순례했.

걷는 동안 '배위량의 순례길'을 오늘 내가 걷다니' 하는 생각이 들면서 참 감격스러웠다.

2) 영남신대 배위량 순례길 평화 순례 동아리' 대중교통과 도보 순례 행사 계획(2015.11.30[월]-12.05[토])

2015년 11월 30일(월)

　　대구에서 부산으로 기차를 타고 출발
　　부산역에서 코모도 호텔 근처까지 버스를 타고 가서 코모도 호텔 인근에서 동래로 출발 동래에서 범어사계곡으로 감

3) '영남신대 배위량 순례길 평화 순례 동아리' 대중교통과 도보 순례 행사 계획

(1) 일시(2016.01.04.[월]-12.09[토]) (배위량의 제2차 순회전도 여행길을 대중교통으로 행한 순례)

부산(동래)-양산을 향해 출발 예정(도보 순례)

2016년 1월 4일(월)

장소: 동래 부산대학교 정문 앞 집합하여 예배 후 아침 10시 출발
대상: '영남신대 배위량 순례길 평화 순례 동아리' 회원

동래 – 양산(도보 이동) - 물금(대중교통 이동)

열차 시간 (2016.1.4[월])
동대구역 7:47 무궁화호
경산역 7:58
부산역 9:19 도착하여 지하철로 부산대역으로 이동 가능

2016년 1월 5일(화)

장소: 물금역 대합실 집합 예배 후
물금 – 대구(각자 처소에서 일박 후)

2016년 1월 6일(수)

대구 모임 장소는 5일 알릴 예정: 대구를 출발하여 - 상주로 이동
(자동차 혹은 대중교통)

열차 시간(2016. 1.5.(화), 대구-물금행 열차)
동대구역 7:47 출발 무궁화호
경산역 7:58
물금역 8:55 도착

2016년 1월 7일(목)-9일(토) 도보 순례
　물금-삼랑진-밀양-유천-청도-팔조령-가창-대구 노선
　예상 계획: 물금-대구 구간 도보 순례이지만, 일정과 노선은 참
　　　　　 가자들의 의견에 따라 조정할 예정임
　장소: 물금역 대합실

2016년 1월 7일(목)
　아침 9시 출발하여 밀양으로 출발
　일정은 참가자들의 의견에 따라 도보 순례 일정 조정 가능함

(2) 2016년 1월 11일(월)-16일(토) [부산-대구 간 배위량 순례길 순례 예정]

　부산(동래)-대구까지 전 구간을 도보로 순례
　부산(동래)-양산-물금-삼랑진-밀양-유천-청도-팔조령-가창-대구 노선

　일시: 2016.01.11(월) 예배후 아침 10시 양산을 향해 출발 예정
　장소: 동래 부산대학교 정문 앞 집합
　대상: '영남신대 배위량 순례길 평화 순례 동아리' 회원, 영남신
　　　 대 학생, 참가하기 원하는 목회자와 평신도

열차 시간(2016.1.11[월])
동대구역 7:47 출발 – 무궁화호
경산역 7:58
부산역 9:19 도착

• 일정은 참가자들의 의견에 따라 도보 순례 일정의 조정이 가능함

참석하기 원하시는 학우들께서는 이름과 연락처를 댓글에 남겨 주시면 따로 연락드리겠습니다.

준비물: 각자 도시락 및 간식과 식수 기타
각자 필요한 물품 준비
각자의 여행비 일체,
비와 눈이 올 수 있는 것을 대비한 복장 및 비옷

• 도보 순례를 원칙으로 하지만 각자의 건강 상태와 여건에 따라 대중교통이나, 자동차 이동 가능함
• 단지 출발할 때는 같이 출발하도록 해야 함
• 배위량 선교사님이 묵은 도시의 교회 등 선교와 역사 유적지 등을 탐방할 예정

집합: 1월 6일 수요일, 아침 9시

참고 문헌

배재욱. "'배위량 순례길' 찾고 만들기 제안과 순례 계획". 경산: 영남신학대학교, 2015(2015년 11월 14일[토])에 작성되어 2016년 2월 27일 오후 2시 청도대성교회에서 열린 청도기독교총연합회 임원회)에서 제안한 '배위량 순례길' 순례계획안

제3장

'영남신대 배위량 순례길 평화 순례 동아리' 창립

1. 배위량(윌리엄 M. 베어드) 순례길 도보 순례 초청장[1]

초청일: 2016년 3월 12일

초청자: 배재욱 목사(영남신학대학교 신약신학 교수)

배위량 순례길 도보 순례와 순례길에서 특별강연을 통해 배우는 배위량 선교사의 생애와 선교

하나님의 은혜와 사랑으로 문안드립니다.

현재 한국 교회는 여러모로 몸살을 앓고 있습니다. 이 시대는 미래 한국 교회를 위한 나루터와 같은 역할을 해야 할 위치에 있다는 것을 자각하면서 한 시대 앞서서 한국인들을 사랑했고 한국민에게 복음 선교에 매진했던 배위량 선교사에게서 교훈을 찾고자 합니다.

그래서 배위량 선교사가 도보로 선교를 위해 여행한 길을 부산에서 대

---

[1] 이 글은 배재욱. "'영남신대 배위량 순례길 평화 순례 동아리' 창립과 배위량(윌리엄 M. 베어드) 순례길 도보 순례 초청장". 경산: 영남신학대학교, 2016(2016.3.12)으로 영남신학대학교 학생들과 경북노회원들 그리고 지인들에게 돌린 "배위량(윌리엄 M. 베어드) 순례길 도보 순례 초청장"(2016.3.12)이다.

구까지 도보로 순례를 하고자 합니다.

그리고 "배위량 선교사의 생애와 선교"란 주제로 강연회도 가지고자 합니다.

세부적인 강연회 일정과 장소는 다음에 공지합니다.

이 강연회에서 학자들과 목회자들 그리고 성도들이 함께 모여 배위량 선교사에 대해 연구하고 토론하고자 합니다.

일시 : 2016.4.17-22(일요일-금요일)
장소 : 부산 남산중앙교회 - 대구제일교회까지 도보 순례길 순례
개인 회비 : 1인당 16만 원(부부는 32만 원)
　　　　- 단 17일 저녁 공동식사에 참여하지 않는 분은 15만 원 -
준비물 : 개인 회비 16만원 + 개인 침낭, 개인 차비, 등산화, 우의, 의복, 비상 약품 등 개인용품 일절 개인이 책임져야 함

전체 일정을 참가할 수 없어 부분적으로 하루 이상 참가하실 때 첫날은 5만 원이고 둘째 날부터는 3만 원씩입니다.

(전체 구간을 순례회원으로 참가할 수 없어 하루의 부분 구간을 참가할 경우는 회비 없이 누구든 참가를 할 수 있습니다. 이 경우에 준비위원들이 참가자들에게 도시락 등 제공하는 것은 없습니다).

참가 회원께는 공동 숙소와 식사와 음료수와 배위량 선교사에 대한 특강 제공(교제 아울러)하고 길 안내를 합니다.

도보 순례길이므로 만약 건강상 개인적으로 대중교통을 이용할 시에는 개인적으로 해결해야 합니다.

자동차 제공 등 추가 지원이 일절 없이, 모두가 함께 도보로 순례를 하게 됩니다.

그리고 혹시 이 도보 순례행사에 참석을 못 하지만, 조금이라도 후원자로 함께 활동하고자 하시는 분들이 있으시면 안내를 드리도록 하겠습니다.

제가 믿기는 이 순례길이 생애 최고의 순간이 될 것이고, 주님의 크신 은총을 체험할 것이라고 믿어 의심치 않습니다.

참가 신청이나 제반 문의뿐만 아니라, 구간별로 하루씩이라도 참가를 원하는 분이나 교회 또는 기관이 있으면 whangsung201@hanmail.net로 문의하시면 안내를 드리겠습니다.

2016.3.12

배위량 순례길 추진을 위한 한 작은 준비위원 배재욱 목사(영남신학대학교 신약신학 교수) 드림

참고 문헌

배재욱. "'영남신대 배위량 순례길 평화 순례 동아리' 창립과 배위량(윌리엄 M. 베어드) 순례길 도보 순례 초청장". 경산: 영남신학대학교, 2016(2016.3.12).

2. 배위량(윌리엄 M. 베어드) 순례길 도보 순례 홍보지[2]

초청일: 2016년 3월 12일
초청자: 배재욱 목사(영남신학대학교 신약신학 교수)

현재 한국 교회는 여러모로 몸살을 앓고 있다. 한 시대 앞서서 한국인들을 사랑했고 한국민에게 복음 선교에 매진했던 배위량 선교사에게서 교훈을 찾고자 한다.

배위량 선교사가 도보로 선교를 위해 여행한 길을 부산에서 대구까지 도보로 순례하면서 "배위량 선교사의 생애와 선교"란 주제로 강연회도 가지고자 한다.

도보 순례 일시와 순례 노정

순례 일시: 2016년 4월 17-22일
순례 노정: 부산대학교-〉 대구제일교회
첫 모임 일시: 4월 17일(일) 오후 4시
모임 장소: 부산 남산중앙교회(부산 동래)
개인 회비: 1인당 16만 원
준비물: 개인 침낭, 개인 차비, 등산화, 우의, 의복, 비상 약품 등 개인용품 일절

(순례회원으로 참가할 수 없어 하루의 부분 구간을 참가할 경우는 회비 없이 누구든 참가하실 수 있습니다. 이 경우에 준비위원들이 도시락 등 제공하는 것은 없습니다.)

---

[2] 이 글은 필자가 몇 곳의 신문사에 기사로 실어 주기를 부탁하는 글과 함께 보낸 기사작성에 도움을 주기 위하여 배재욱, "배위량(윌리엄 M. 베어드) 순례길 도보 순례 홍보지"(경산: 영남신학대학교, 2016[2016.3.12.])란 제목으로 작성하여 보낸 홍보 글이다.

구간별로 하루씩이라도 참가를 원하는 분이나 교회가 있을 때 참가 가능함.

참가 신청이나 문의는 whangsung2002@yahoo.co.kr로 하시면 됩니다.

참고 문헌

배재욱. "배위량(윌리엄 M. 베어드) 순례길 도보 순례 홍보지". 경산: 영남신학대학교, 2016(2016.3.12).

3. '배위량의 제2차 전도 여행 123주년 맞이 기념 제1회 도보 순례' 축하예배 및 길 위의 배위량학술대회 홍보지[3]

초청 단체: 배위량순례단연합 준비위원회

배위량의 제2차 순회전도 여행 123주년 맞이 기념 제1회 도보 순례, 축하예배 및 길 위의 배위량학술대회

1) 배위량의 제2차 순회전도 여행 123주년 맞이 제1회 도보 순례

일시: 2016년 4월 17일(일) – 22일(금)
장소: 부산 동래에서 대구까지의 순례길

---

3 이 글은 처음으로 '배위량 순례길' 단체 순례를 준비하며 2016년 4월 17일(일) – 22일(금)까지 5박 6일간 함께 부산 동래에서 대구까지의 '배위량 순례길'을 도보로 순례할 순례 단원을 모집하기 위하여 필자가 작성하여 돌린 배재욱, "배위량의 제2차 순회전도 여행 123주년 맞이 기념 제1회 도보 순례' 축하예배 및 길 위의 배위량학술대회 홍보지"(경산: 영남신학대학교, 2016[2016년 4월 17일])이다.

2) 제1회 길 위의 배위량학술대회

일시: 2016년 4월 17일(일) – 22일(금)
일시 및 장소:
    4월 20일 오후 7시(밀양시민교회)
    4월 20일 오후 7시(밀양교회)
    4월 21일 오후 7시(청도칠곡교회) - 배위량아카데미 창립예배
    4월 22일 오후 7시(대구제일교회 역사관)

3) 배위량 선교사 부산 동래 출발 123주년 축하예배

일시 및 장소: 4월 17일 오후 7시(부산남산중앙교회)
주최: 배위량순례단연합 준비위원회

4) 배위량 선교사 밀양 도착 123주년 축하예배

일시 및 장소: 4월 20일 오후 7시(밀양교회)
주최: 밀양교회

5) 배위량 선교사 청도 도착 123주년 축하예배(배위량 아카데미 창립)

일시 및 장소: 4월 21일 오후 7시(청도칠곡교회)
주최: 청도기독교총연합회 주최

6) 배위량 선교사 대구 도착 123주년 축하예배

일시 및 장소: 4월 22일 오후 7시(대구제일교회 역사관)

주최: 배위량아카데미, 영남신대 배위량 순례길 평화 순례 동아리

참고 문헌

배재욱. "배위량의 제2차 순회전도 여행 123주년 맞이 기념 제1회 도보 순례' 축하예배 및 길 위의 배위량학술대회 홍보지". 경산: 영남신학대학교, 2016(2016년 4월 17일).

제4장

2024년 2학기
배위량순례단연합 전체 순례 일정에 관한 여론 조사[1]

여론 조사자: 배재욱 박사(배위량순례학교 순례과장)

지금 현재 배위량순례단 제4기 임원 중에서 도보 순례 신청 인원이 10월 9일에 2명, 10월 12일에 3명이 참석할 수 있다는 것을 이미 보셨을 것입니다.

오늘 신문 보도에 따르면 2024년 10월 1일(화) 임시 공휴일로 지정됩니다.

하여 10월 1일이 공휴일이 되면 일반인들과 학생들도 시간을 낼 수 있을 듯하여 한 번 더 순례 일정에 관한 여론 조사를 하고자 합니다.

이 순례는 영천역-북안면행정복지센터-경주 서면행정복지센터-건천제일교회-경주역까지 약 12시간의 순례 일정으로 도보 순례를 하게 됩니다. 하오니 자신의 건강과 상황에 따라 다음과 같이 순례에 참여할 수 있습니다.

---

[1] 이 글은 필자가 2024년 10월에 행할 배위량순례학교 도보 순례교실 행사를 위하여 배재욱, "2024년 2학기 배위량순례단연합 전체 순례 일정에 관한 여론 조사"(대구: 배위량순례학교, 2024년 10월 1일[화])를 위하여 작성하여 공개한 글로 수정 보완했다

1. 전체 구간 도보 순례로 참여
2. 부분 구간 도보 순례로 참여
3. 행정요원으로 참여
4. 자동차로 순례 참여

모든 참가자는 위의 네 가지 방법으로 참여할 수 있습니다. 이 모든 경우에 순례는 자비로 참여하게 됩니다.

지난번 여론 조사에서 호병기 회장, 강미숙 부회장, 김동준 서기, 우성화 부서기, 남춘섭 회계는 10월 9일(수) 3. 10월 12일(토)은 도보 순례 일정상 참석이 어렵다고 하셨는데(호병기 회장, 남춘섭 회계 두 분은 10월 3일[목] 자동차 순례는 참석하심), 10월 1일(화)은 또 다른 일정이니 아마도 참여가 어렵다고 하신 모든 임원께서 참석하실 수 있지 않을까 기대하게 됩니다. 하여 다음에 제시되는 도보 순례 일정에 자신이 참석하기 어려운 일정을 모두 지정해 주시면 됩니다.

1. 2024년 10월 1일(화)
2. 10월 9일(수)
3. 10월 12일(토)

10월 5일(목) 밤 12시까지 댓글 문자로 표시해 주시기 바랍니다. 의사 표시가 없는 분들은 모든 일정이 참석 가능하신 것으로 알고 순례 준비를 하겠습니다.

배위량순례단연합의 임원 중에서 오늘까지 이번 도보 순례에 참석이 어렵다고 의사를 밝혀 준 임원과 일정은 아래와 같은데, 확인을 부탁합니다.

1. 호병기 회장, 강미숙 부회장, 김동준 서기, 우성화 부서기, 남춘섭 회계: 2. 10/9(수), 3일. 10/12(토)
2. 최태영 수석부회장: 9/7, 10/9
3. 김석기 협동총무: 9/7, 10/9
4. 노병우 감사: 9/7, 10/12

임원들께서 순례에 참석 가능한 일정을 확인한 후 가장 많이 참석할 수 있는 일정을 택하여 2024년 2학기 배위량순례단연합 전체 순례 일정을 정하면 전체 회원들에게 그 순례 일정을 공지하게 됩니다.
임원 여러분의 건강과 주님의 은총을 기원합니다.

2024. 8. 15.
배위량순례학교 교장 호병기
순례과장 겸 순례단장 배재욱 드림

참고 문헌

배재욱. "2024년 2학기 배위량순례단연합 전체 순례 일정에 관한 여론 조사". 대구: 배위량순례학교, 2024(2024년 10월 1일[화]).

제5장

어느 날의 순례 일기
(2024년 9월 16일[월]에 친지들에게 쓴 편지글)
배위량아카데미, 한국배위량학회, 배위량순례단연합의
역사 이야기[1]

2024.9.16

배재욱 박사(배위량아카데미 원장, 배위량순례단연합 고문, 한국배위량학회장)

그간도 평안하신지요?

배위량아카데미, 한국배위량학회와 배위량순례단연합의 그간의 짧은 역사를 살펴보고자 합니다. 잘 아시다시피 배위량은 최초의 영남 지역 선교사로서 부산선교지부와 대구선교지부를 개척했습니다. 그분은 옛 대구제일교회 터를 자비로 구매하여 하나님께 바친 분이시고, 남한에서 네 차례나 순회전도 여행을 감행하여 하나님 나라 확장을 위해 애쓰신 분입니다.

배위량이 한국 교회와 민족을 위해 힘쓴 진정한 한국인이요 훌륭한 신자이셨지만, 그의 아내 안애리는 더욱 훌륭하신 분임을 역사에서 볼 수 있습니다. 배위량 선교사의 아내 안애리와 아들과 딸 모두 한국에서 죽고 한국 땅에 묻혔습니다. 그 가족은 하나님 나라의 확장을 위해, 충성, 모험과 인내로 일한 뜨거운 신앙의 소유자들이었습니다.

---

[1] 이 글은 필자가 2024년 9월 16일(월)에 배재욱, "어느 날의 순례 일기(2024년 9월 16일[월]에 쓴 편지글)"(대구: 배위량아카데미, 2024년 9월 16일[월])란 제목으로 쓴 순례 일기로 필자의 지인들에게 문자로 드린 내용을 수정보완한 것이다.

배위량 선교사는 모험가, 탐험가, 한국 최초의 근대 인문학자이자 대구 경북 근대화의 아버지이며, 숭실대와 초량교회의 창립자이며 대구제일교회의 기초를 세운 분입니다. 그에게서 세례를 받은 신자들이, 한 분은 의성군 최초 교회인 비봉교회를 세웠고, 또 다른 한 분은 영주시 최초 교회인 내매교회를 세웠습니다. 북한에서는 더 많은 길을 걸어 순회전도 여행을 감행한 충성된 증인이고, 탐험가, 모험가이며, 인내로 복음의 열매 맺은 분으로 한국 통일과 민족 화합의 아이콘이십니다. 배위량 선교사는 한글 성경의 번역자로서 전력을 다했고, 결국 과로 때문에 장티푸스에 걸려 천국으로 여행 가심으로 한국 교회를 떠나셨지만, 그의 정신은 한국 교회 위에 늘 함께합니다.

우리는 배위량의 충성과 인내와 모험 그리고 이지적(理智的)이면서도 열정적(熱情的)인 신앙을 본받기 위해 그가 맨발로 걸었던 순회전도 여행길을 찾고 개발하여 스페인의 산티아고길보다 더 의미 있고 역사적이고 분명한 순례길로 개발하여, 한국의 젊은이들과 신자들에게 소개하고 한국인들과 세계인들에게 알려 주어야 할 것입니다. 더 의미 있고, 가치 있고, 걷기에 좋고, 역사적이면서도 신앙적이고, 문학적이고, 예술적이고, 아름답고, 가치 있는 순례길을 만들어 한국 교회와 민족과 세계 교회에 선물하기를 희망합니다.

이제 산티아고길 같은 '배위량 순례길'을 찾고 개발하고 소개하느라 2015년부터 전심전력으로 달려온 지 어언 햇수로 10년째이고 그간 '배위량 순례길'에 대한 연구목록도 상당히 쌓였습니다.

2023년도에 배위량아카데미에서 「배위량학논총」이란 학술지 1~6권을 두 책으로 분리하여 출판했습니다.

이번에 배위량순례단연합에서 순례 훈련교재를 출판하기 위해 준비해 오다가 일반 독자에게도 그것을 알려 한국 산티아고 순례길을 선물하는 것이 옳은 일이라고 생각하는 여론에 따라 멋있고 유익한 '한국 산티아고길'인 '배위량 순례길'로 안내하고자 합니다.

배위량아카데미는 2015년 창립된 '영남신대 배위량 순례길 평화 순례 동아리'와 함께 활동하다가 2016년 4월 21일 청도칠곡교회에서 열린 제1회 길 위의 배위량학술대회에서 배위량아카데미가 창립되었습니다(초대 원장: 배재욱 교수). 배위량아카데미 창립 후 배위량아카데미(일명: 한국배위량학회)는 '배위량순례단'이란 이름으로도 불리며 한 몸으로 활동하다가 2023년 4월 21일 청도칠곡교회에서 열린 제2회 배위량아카데미 총회에서 한국배위량학회를 분리하기로 결정했습니다.

2016년 4월 21일(목) 청도칠곡교회에서 창립된 배위량아카데미(& 한국배위량학회) 그리고 2018년 6월 13일(수)에 의성제일교회에서 창립된 배위량순례단연합은 한 몸으로 일하면서 배위량아카데미로 불려지기도 하고 배위량순례단연합으로 불리지기도 하고 또 가끔씩 어떤 분들은 배위량아카데미에서 좋은 논문을 발표하는 것을 보고 한국배위량학회로 부르기도 했습니다.

'배위량아카데미'는 때로는 '배위량순례단연합' 때로는 '한국배위량학회'로 불려지기도 했지만, 한몸으로 여러 가지 일을 계함께 획하고 운영하고 시행했습니다. '배위량아카데미'는 그동안 한 단체이면서 동시에 두 단체 혹은 세 단체의 역할을 해 왔습니다. 두세 단체의 역할을 각기의 영역에서 함께 한 몸으로 일해 왔습니다.

그러다가 전 세계적으로 유행한 코로나바이러스감염증-19(COVID-19) 때문에 몇 년간 '배위량 순례길 순례'와 '길 위의 배위량학술대회' 등의 모임을 전혀 개최하지 못하는 사이에 신생된 저희 단체의 조직이 거의 와해된 상태에서 다시 재건하기 위해 고군부투하는 가운데 2022년 6월 11일(토) 안동서부교회에서 열린 배위량순례단연합(배위량아카데미) 제2회 총회에서 그동안 한 몸으로 활동한 배위량아카데미와 배위량순례단연합을 분리 독립하여 운영하기로 했습니다.

- 배위량아카데미: 연구 사역과 순례 훈련
- 배위량순례단연합: 배위량 순례길 순례, 순례길 개척, 한국교회 갱신운동

  2023년 4월 21일(금)에 청도칠곡교회;에서 열린 제2차 한국배위량학회(배위량아카데미)총회에서 배위량아카데미에서 한국배위량학회를 분리하기로 결정하고 임원 선정을 그때까지 한국배위량학회장으로 일한 배재욱 회장에게 일임하였습니다(회장: 배재욱, 부회장: 박선경, 총무: 이교남). 배위량아카데미에서 한국배위량학회를 분리 독립을 결정했지만, 분리하는 데 조건을 두었습니다. 그동안 한 몸으로 일해 왔던 배위량순례단연합 총회의 동의를 받는 조건을 두었습니다.

  그런데 2023년 5월 6일 영남신학대학교에서 열린 제3회 배위량순례단연합 총회에서 배위량아카데미에서 한국배위량학회를 분리하여 활동하는 것이 재정상태나 여러 가지 여건상, 아직은 시기상조이니 분리는 허락하지만, 배위량선교문화재단 운영위원회가 총회의 위임을 받아 여러 가지 상황을 살피고 논의한 후 총회를 대신하여 배위량아카데미(한국배위량학회)의 분리를 적절할 시기에 허락하도록 하도록 하는 조건을 두었습니다. 그래서 한국배위량학회의 조직은 유지했지만, 활동을 잠재적으로 중단시켰습니다.

  제3회 배위량순례단연합 총회의 결정에 따라 배위량아카데미(한국배위량학회)의 분리 활동은 잠재적으로 중단되어 계속 한 몸으로 활동하다가 2024년 7월 20일(토) 배위량선교문화재단 운영위원회에서 배위량 선교사 연구를 효과적으로 운영하기 위하여 배위량아카데미에서 한국배위량학회를 분리 독립시켜 배위량아카데미와 한국배위량학회의 두 단체로 운영하기로 결정했습니다.

  이미 제2회 배위량아카데미(배위량학회)의 총회에서 분리를 결정했고, 배위량순례단연합에서도 분리를 찬성하였지만 그 활동을 잠재적으로 중단하고 그 활동을 배위량선교문화재단 운영위원회에 위임을 했기에 2024

년 7월 20일(토)에 열린 배위량선교문화재단 운영위원회의 결정에 따라 배위량아카데미와 한국배위량학회의 분리 독립이 유효하게 되어 한국배위량학회의 배재욱 회장에게 새롭게 임원회를 구성하도록 위임하였습니다(회장: 배재욱, 수석부회장: 이상훈, 부회장: 김한식, 박선경, 이교남, 총무: 오성은, 서기: 최낙규, 회계: 호병기, 감사: 김철경).

2016년 4월 21일(금) 청도칠곡교회에서 배위량아카데미(한국배위량학회)는 창립총회(배위량아카데미 초대원장 겸 한국배위량학회장: 배재욱) 이후 배위량학 연구와 배위량 순례길 개척과 순례 활동과 순례학교 순례 지도자 양성을 하는 기관으로, 한 몸의 모습으로 한 단체이면서 동시에 여러 단체의 역할을 감당하면서 때로는 배위량아카데미로, 때로는 한국배위량학회로, 때로는 배위량순례단연합으로 불려지면서 세 갈래의 활동을 이어 왔습니다.

이렇게 다방면으로 활동했기에 어떤 회원은 배위량아카데미, 어떤 회원은 배위량순례단연합, 어떤 회원은 한국배위량학회로 부르기도 했습니다. 한 몸으로 활동하면서도 두세 단체의 역할을 동시에 감당했습니다. 한 몸으로 배위량연구와 배위량 순례길 개척과 순례행사, 때로는 순례지도자 양성을 위해 힘써 왔습니다. 처음에는 배위량아카데미가 중심이 되어 영남신대의 '배위량 순례길 평화 순례 동아리' 임원들과 회원들의 도움으로 '배위량 순례길' 위에서 순례 활동을 진행해 오다가 되어 2018년 6월 13일(수) 의성제일교회에서 배위량순례단연합 창립 예배를 드림으로 배위량순례단연합이 세상에 나타나게 되었습니다.

하지만 너무 소수의 무리였고, 저희 자체적으로도 개념이 정립되지 않아 때로는 '배위량아카데미', 때로는 '배위량순례단연합' 또는 '한국배위량학회'로 지칭하기도 하고 지칭되기도 하면서 계속하여 연구기관, 학술단체, 순례단의 역할을 번갈아 가면서, 때로는 동시에 감당하는 일을 함께 하면서, 한 몸으로 활동했습니다. 그렇게 한 몸으로 활동해 왔지만, 그동안 많은 역사학자와 선교학자 등이 배위량아카데미의 '길 위의 배위량학술대회'에서 많은 학술 연구논문을 발표했습니다. 그런데 배위량아카데미가 시행한 <길위의 배위량학술대회>에서 발표된 논문들 중에서 등재지 등의 전문학술지에 등재된 우수한 논문들도 다수가 있습니다.

하지만 순례에 참석하는 회원들은 연구하는 일에 즉 배위량아카데미(배위량순례단연합)에 소속감을 크게 느끼지는 않았고, 반대로 학술대회에 참석하는 연구자들은 '배위량 순례길' 위에서 행하는 도보 순례에는 관심이 별로 없었던 분들도 있었습니다. 그래서 이렇게 구성원들 간에 이질감을 느끼는 경향이 있었고, 일이 너무 분산되다 보니 효과적으로 집약되지 않았습니다.

그런 것을 해결하려는 방안을 연구하다가 2022년 6월 11일(토) 안동서부교회에서 열린 제2회 배위량순례단연합(배위량아카데미) 총회에서 배위량에 관한 학문연구 기관인 배위량아카데미와 배위량의 선교에 대한 열정과 정신을 이어받아 이 시대에 변화를 꽤하는 배위량순례단연합을 분리하여 각각 독립되면서도 연관성을 가지는 단체로 분리하기로 결정했습니다.

그 후 배위량아카데미가 학자들 중심의 학술단체에서 감당하는 전문학술 연구와 기본적인 연구를 모두 다 담당하기가 어렵다는 것을 인식하게 되어 전문적인 연구논문을 발표하고 계승하기 위하여 배위량아카데미에서 한국배위량학회를 분리시키는 방안을 연구했습니다. 그런 논의 결과로 2023년 4월 21(금)일 청도칠곡교회에서 열린 제2회 배위량아카데미(한국배위량학회)총회에서 그동안 한 몸으로 함께 일한 배위량아카데미에서 한국배위량학회를 분리하여 독립기관으로 두기로 결정하고 임원을 선임하였습니다(회장: 배재욱, 부회장: 박선경, 총무: 이교남).

하지만 오랜 기간 동안 배위량아카데미와 일심동체로 활동한 배위량순례단연합의 제3회 총회(2023년 6월 19일[월] 영남신대)에서 동의를 받기로 하는 조건을 두었습니다. 그것은 그동안 같은 목표로 함께 일하고 노력한 배위량아카데미와 배위량순례단연합의 관계를 중요하게 생각했기 때문입니다. 그런데, 제3회 배위량순례단연합 총회는 제2회 배위량아카데미(한국배위량학회) 총회의 결정을 성급하다고 보았고, 배위량아카데미에서 한국

배위량학회를 분리하는 것을 허락하여 한국배위량학회의 임원 조직은 유지하지만, 한국배위량학회를 운영할 수 있을 정도로 경제적인 능력과 인원조직이 상당하게 준비가 될 때까지, '한국배위량학회'의 활동은 잠정적으로 보류하도록 결정하였습니다. 덧붙여 학회의 경제적인 능력과 인원조직이 어느 정도의 조건이 갖춰지면 배위량 선교문화재단의 운영위원회가 판단하여 운영위원회 의결에 따라 배위량학회의 활동을 이어 가도록 하도록 위임하기로 결정하였습니다. 즉, 잠정적으로 한국배위량학회의 활동 보류를 결정했습니다.

배위량아카데미는 지역사회와 관련된 연구 활동을 계속 이어 가면서 배위량선교문화재단의 핵심 브레인 역할을 하는 기관으로 두기로 했습니다. 한국배위량학회는 일반 학회로서 기능을 살려 배위량 선교사를 학문적으로 연구하여 앞으로 세계 교회와 한국 교회에 소개하기로 했습니다.

이제 배위량 아카데미, 한국배위량학회 그리고 배위량순례단연합의 역사를 간략하게 살펴보고자 한다.

1. 배위량아카데미

1) 배위량아카데미(2016년 4월 21일[목] 청도칠곡교회에서 창립)[2]

---

2 배위량아카데미 창립은 청도기독교총연합회에서 '영남신대 배위량 순례길 평화 순례 동아리' 지도교수인 배재욱 박사가 2016년 2월 27일 오후 2시 청도대성교회 청도기독교총연합회 임원들 앞에서 '배위량 순례길 개척과 도보 순례'를 제안했을 때 청도기독교총연합회에서 배재욱 교수에게 '배위량 선교사'와 '배위량 순례길'에 대한 학술논문 발표를 요청한 것이 계기가 되어 단 1번이라도 '배위량 학술대회'를 해보자는 마음으로 2016년도에 '제1회 길위의 배위량 학술대회'를 하게 되었다.
2016년 4월 21일(목)에 부산-대구 도보 순례 중에 청도칠곡교회에서 <배위량 선교사 청도 도착 123주년 축하예배>와 '제1회 도보 순례 및 길 위의 배위량학술대회'를 개최하게 되었다. 청도칠곡교회에서 '제1회 길 위의 배위량학술대회'를 하면서 청도기독교총연합회 박영규회장이 인사말을 하면서 "이번만 '길 위의 배위량학술대회'를 하는 것으로 그치지 말고, 앞으로도 계속 배위량 선교사 연구를 해 주시기를 부탁하며, 배재

2) 제1기 (2016.4.21-2023.4.30)

원장: 배재욱

배재욱 사진

〈2016.4.21(목) 제1회 길 위의 배위량학술대회(배위량아카데미 창립, 청도칠곡교회)〉

배위량아카데미(원장: 배재욱 교수)는 2016년 4월 21일 청도칠곡교회에서 창립되어 배위량 순례길 순례행사와 '길 위의 배위량학술대회'를 진행하면서 효율적인 연구 활동과 학문연구 활동의 전문적인 진전을 위해 그

욱 교수님이 이 일에 앞장서서 대표로서 힘써 주시기를 부탁합니다"라고 하면서 배위량 연구에 대한 부탁과 위임을 한 것이 계기가 되어 2016년 4월 21일 청도칠곡교회에서 배위량아카데미(원장: 배재욱)가 창립되었고, 배위량아카데미가 매년 <길 위의 배위량학술대회>를 베풀어 배위량 선교사를 학문적으로 연구하는 계기가 되었다.
이런 계기로 2016년 4월 21일(목)은 배위량 아카데미의 창립일이 되었다. 이때부터 '배위량아카데미' 혹은 '한국배위량학회'라고 불리며 '길위의 배위량 학술대회'를 지속적으로 하게 되었다. 하지만 '배위량아카데미'는 '배위량 순례길'의 개척과 도보 순례를 아울러 시행했다. 그러다가 2018년 2018년 6월 13일(수)에 의성제일교회에서 '배위량순례단연합'의 창립총회를 시행하여 임원단을 구성했다.

동안 이상규 고신대 전 부총장님, 박원호 실천신학대학원대학교 전 총장님, 이상훈 한국학중앙연구원 전 부원장님, 김명배 교수님, 강아람 교수님, 정기묵 교수님, 김한식 목사님, 이교남 교수님 등과 연대를 통해 연구와 대화를 해 왔습니다.

그러다가 2018년 6월 13일(수)에 의성제일교회에서 배위량순례단연합이 창립된 후에는 배위량아카데미와 배위량순례단연합은 한 몸으로 <길 위의 배위량 학술대회>와 <'배위량 순례길' 순례>를 실행하게 되었습니다. 배위량아카데미는 계속 연구 중심 사역을 위한 기관으로, 지역공동체, 교회, 기관 등과 연합하여 배위량 관련 역사, 지리, 문화, 신학, 선교 등의 다양한 학문 분야를 함께 연구하고, 특히 배위량선교문화재단의 브레인 역할을 하는 기관으로 배위량순례단연합은 배위량 순례길을 개척하고 보존하고, 그 순례길 위로 순례를 행하는 기관으로 역할을 감당해 왔습니다.

배위량아카데미의 2기(2023.5.1-현재) 조직은 위와 같이 좀 더 기구를 연구기관으로 활동을 확대했습니다.

3) 제2기 (2023.5.1-현재)

원장: 배재욱 박사(영남신대)
연구위원장: 이상규 박사(고신대학)
연구위원: 배재욱 박사, 박원호 박사, 이상훈 박사, 이석형 박사, 김명배 박사, 강아람 박사,
연구원: 구선희 박사, 김영미 박사, 김동준 박사, 김석기 목사, 이동구 목사, 우성화 목사, 이승연 전도사
편집위원장: 배재욱 박사(영남신대)
편집위원: 박원호 박사(실천신대), 이상훈 박사(한국학중앙연구원), 이석형 박사(영남신대), 김명배 박사(숭실대), 강아람 박사(숭실대),

구선희 박사(계명대), 김영미 박사(계명대), 김석기 목사 (영남신대)

2. 한국배위량학회

한국배위량학회는 2016년 4월 21일[목] 청도칠곡교회에서 창립된 배위량아카데미와 한 몸으로 활동했습니다. 그것은 어떤 연구자는 배위량아카데미라고 지칭하고 어떤 연구자는 한국배위량학회로 지칭한데 따른 것입니다.

2016년 4월 21일 청도칠곡교회에서 배위량아카데미가 창립되면서 배위량아카데미와 함께 한국배위량학회도 태동되어 '길 위의 배위량학술대회'를 배위량아카데미와 한 몸으로 진행했습니다. 즉, 배위량아카데미와 한국배위량학회는 2016년 4월 21일(목) 청도칠곡교회에서 함께 창립되었습니다. 제1기 한국배위량학회(2016.4.21-2023.4.30)의 조직은 아주 단순한 조직으로 회장(배재욱 교수)만 임원으로 활동하였습니다.

1) 제1기 (2016.4.21-2023.4.30)

회장: 배재욱

2) 제2기(2023.5.1-2025.4.30)

(1) 전반기(2023.5.1-2024.7.20)

2023년 4월 21일 청도칠곡교회에서 열린 배위량아카데미의 제6회 배위량 순례길 도보 순례, 및 길 위의 배위량 학술대회> 후 열린 배위량아카데미 총회(제2회 한국배위량학회 정기총회)에서 배위량 아카데미에서 '한국

배위량학회'를 분리하기로 결정하였습니다.

한국배위량학회의 임원 선임과 조직은 배재욱 회장에게 일임하여 조직된 한국배위량학회의 임원회와 편집위원회 구성은 아래와 같습니다.

[전반기 임원회(2023.5.1-2024.7.20)]
회장: 배재욱 교수
부회장: 박선경 박사
총무: 이교남 박사

[전반기 편집위원회(2023.5.1-2024.7.20)]
편집위원장: 배재욱 박사(전 영신대 교수, 배위량아카데미 원장)
위원: 박원호 박사(전 실천신대총장), 이상훈 박사(한국학중앙연구원 명예교수), 이석형 박사(영남신대 교수), 김명배 박사(숭실대), 강아림 박사(숭실대 교수), 김영미 박사(계명대), 김석기 목사(영남신대)

배재욱 사진
〈2023.4.21(금) 제6회 배위량 순례길 도보 순례, 길 위의 배위량학술대회 및 제2회 한국배위량학회 총회 후, 청도칠곡교회에서〉

그런데, 2023년 4월 21일 청도칠곡교회에서 열린 배위량아카데미 제2회 총회에서는 배위량아카데미(한국배위량학회)와 처음부터 한 몸으로 일해 왔던 배위량순례단연합의 제3회 총회에서 배위량아카데미에서 한국배위량학회를 분리하여 서로 독립시키는 것에 대한 동의를 받기로 결정했습니다. 그런데 2023년 6월 19일(월) 영남신학대학교에서 열린 제3회 배위량순례단연합 총회의 결정에 따라 한국배위량학회의 조직은 유지하되 활동은 잠재적으로 중단하도록 한다. 하지만 한국배위량학회가 활동할 수 있는 상황이 되면 그것을 살핀 배위량선교문화재단 운영위원회의 동의가 있으면 한국배위량학회의 활동을 재개하기로 결정했습니다.

(2) 후반기(2024.7.21-2025.4.30)

2024년 7월 20일(토) 배위량선교문화재단 운영위원회의에서 배위량순례단연합(배위량아카데미) 총회가 위임한 결의에 따라 배위량아카데미에서 한국배위량학회를 분리독립시켜 학회 조직을 재정비하여 활동을 개시하기로 허락하였습니다. 이에 따라 한국배위량학회 임원회 구성을 배재욱 회장에게 일임하여 조직을 재정립하고 임원을 보충하여 다음과 같이 임원회를 구성하였습니다.

[후반기 임원회(2024.7.21-2025.4.30)]

고문: 이상규 박사(고신대 전 부총장), 박원호 박사(실천신대 전 총장, 서울주님의교회 전 담임목사)

회장: 배재욱 박사(배위량아카데미 원장, 영남신대 은퇴교수)

수석부회장: 이상훈 박사(한국학중앙연구원 이사, 명예교수)

부회장: 김한식 목사(예천풍성한교회 담임), 박선경 박사(대전신대 객원교수), 이교남 박사(예천전원교회 담임목사)

총무: 오성은 박사(아주대 교수)

서기: 최낙규 목사(한강교회 원로목사)

회계: 호병기 목사(배위량순례단연합회장, 봉화현교회 원로목사)
부회계: 남춘섭 목사(포천사랑의교회 담임)
감사: 김철경 장로(전 대광고 교장)

[후반기 편집위원회(2024.7.21-2025.4.30)]
편집위원장: 배재욱 박사(전 영신대 교수, 배위량아카데미 원장)
서기: 이교남 박사(경안신학원 교수, 예천전원교회 담임목사)
위원: 박원호 박사(전 실천신대총장), 이상훈 박사(한국학중앙연구원 명예교수), 이석형 박사(영남신대 교수), 김명배 박사(숭실대 교수), 강아림 박사(숭실대 교수), 오성은 박사(아주대 교수), 김철경 박사(전목원대 교수)

3) 제3기(2025.5.1-2026.4.30)

2025.4.19.(토)에 한국학중앙연구원에서 14명의 회원이 모여 제9회 한국배위량학회 학술대회 및 제3회 정기총회를 개최하다.

리진만 사진
〈2025.4.19. 한국학중앙연구원에서 제 9회 한국배위량학회 학술대회 및 제3회 정기총회〉 후 한국배위량학회 신구 임원들이 함께

[임원회(2025.5.1-2026.4.30)]

고문: 이상규 박사(고신대 전 부총장), 박원호 박사(실천신대 전 총장, 서울주님의교회 전 담임목사)

회장: 이상훈 박사(한국학중앙연구원 이사, 명예교수), 배재욱 박사(배위량아카데미 원장, 영남신대 은퇴교수)

수석부회장: 김철경 장로(전 목원대 교수)

부회장: 이교남 박사(예천전원교회 담임목사)

총무: 오성은 박사(아주대 교수)

서기: 최낙규 목사(한강교회 원로목사)

회계: 김도원 선생

감사: 호병기 목사(배위량순례단연합회장, 봉화현교회 원로목사)

[편집위원회(2024.7.21-2026.4.30)]

편집위원장: 배재욱 박사(전 영신대 교수, 배위량아카데미 원장)

서기: 이교남 박사(경안신학원 교수, 예천전원교회 담임목사)

위원: 박원호 박사(전 실천신대총장), 이상훈 박사(한국학중앙연구원 명예교수), 이석형 박사(영남신대 교수), 김명배 박사(숭실대 교수), 강아림 박사(숭실대 교수), 오성은 박사(아주대 교수), 김철경 박사(전목원대 교수)

3. 배위량순례단연합

1) 배위량순례단연합(2018년 6월 13일[수]에 의성제일교회에서 창립)

그 이전에는 배위량아카데미가 '영남신대 배위량 순례길 평화 순례 동아리' 임원들과 회원들의 도움으로 '배위량순례단연합 준비위원회'(준비

위원장 : 배재욱; 위원: 영남신대 '배위량 순례길 평화 순례 동아리 임원')를 조직하여 '배위량 순례길'의 순례 활동을 등 제반 순례행사를 준비하고 진행했습니다.

먼저 2015년 창립된 '영남신대 배위량 순례길 평화 순례 동아리'의 조직을 살펴보면 아래와 같습니다.

2) 2015년 창립된 '영남신대 배위량 순례길 평화 순례 동아리'(2015년 10월 13일 창립)

'영남신대 배위량 순례길 평화 순례 동아리'가 영남신학대학교에 동아리로 가입을 허락받았습니다.

초대회장 : 최지훈(영남신대 신대원 3)
초대부회장 : 김숙향(영남신대 학부 신학과 3)

배재욱 사진
〈2016.7.14.(목) '영남신대 배위량 순례길 평화 순례 동아리' 회원들이 예천 회룡포 도보 순례 중에〉

3) 배위량순례단연합 창립준비위원회

창립준비위원장: 배재욱 박사(영남신대 교수, 배위량 아카데미 원장)
창립준비위원: '영남신대 배위량 순례길 평화 순례 동아리' 임원회

배위량순례단연합이 창립될 때까지 배재욱 교수가 배위량 아카데미 원장, 배위량순례단연합 창립준비위원장 겸 순례단장 자격으로 '영남신대 배위량 순례길 평화 순례 동아리' 지도교수로서 '배위량순례단연합 창립준비위원회'를 이끌며 동아리 회원들과 함께 '길위의 배위량학술대회'와 '배위량 순례길' 탐방과 도보 순례행사를 진행했습니다. 배위량아카데미는 해마다 길 위의 배위량 학술대회를 준비하고 진행하였고, '배위량순례단연합 창립준비위원회'는 해마다 배위량 순례길 순례행사를 준비하고 진행했습니다.

2018년 3월 16일(금) 서울잠실교회(림형천목사시무)에서 '제3회 길 위의 배위량 학술대회'를 행한 후 잠실교회에서 장로회신학대학교 신학대학원 77기 몇몇 동기들이 간담회로 모여 의논하면서 림형천 목사가 '배위량순례단연합'의 이사회를 먼저 구성하고 그 후에 배위량순례단연합의 창립을 논의하자는 제안을 하여 이사진 구성을 위해 먼저 노력을 하기로 했습니다. 그때 간담회 모임에서 배위량순례단연합의 이사회원은 월 10만 원의 회비를 내는 자를 이사로 선임한다는 것을 결정했습니다. 하지만 당시에 아직 기반도 갖추어지지 않는 상황에서 '배위량순례단연합'에 월 10만 원을 후원하는 이사로 후원할 분을 찾기가 거의 불가능했습니다.

'길 위의 배위량학술대회'와 ''배위량 순례길' 순례행사'를 계속 진행하는 소문이 한국 교회와 대학사회 속에 확산되었고 숭실대학교에까지 전해져 숭실대학교가 배위량순례단연합 창립준비위원회에게 '협력관계'(MOU)를 맺자는 제의를 했습니다. 하지만 배위량순례단연합 창립준비위원회는 당시에 이사회 조직이 않되어 창립총회를 미루고 있었습니다.

그래서 임원회 구성도 하지 못하고 창립준비위원회 체제의 임시조직 상태였습니다. 장차 '배위량순례단연합'의 이사가 될 분들과의 여러 차례 간담회겸 준비 모임에서 배위량순례단연합의 이사회를 정식으로 구성한 후 '배위량순례단연합'가 조직되어야 하고 숭실대학교와의 MOU도 그 이후에 맺어야 된다는 주장이 강하여 '배위량순례단연합 창립준비위원회'는 이사회 조직에 대한 희망 때문에 '배위량순례단연합'의 창립을 서두르지 않고 기다리기로 했습니다. 그런 상태였기에 숭실대학교에서 제의한 협력관계(MOU)를 체결할 준비가 되지 않았습니다.

그럼에도 불구하고 숭실대학교에서 '배위량순례단연합 창립준비위원회'와 업무협력에 대한 간담회를 제의하여 2018년 5월 4일 10시 숭실대학교 본관(베어드홀) 4층 대회의실에서 숭실대학교 배위량관련 기관 책임자들과 '배위량순례단연합 창립준비위원회' 간의 간담회를 통하여 서로의 배위량 연구와 업무에 대한 소개하는 시간을 가졌습니다. 숭실대학교에서 배위량 연구와 업무를 담당하는 숭실대학교의 관련부서 책임자들과 '배위량순례단연합 창립준비위원회'가 간담회를 통하여 배위량이란 걸출한 인물에 대한 연구와 '배위량 순례길' 개척과 활용에 대하여 함께 협력하기로 했습니다.

배위량순례단연합 창립준비위원회에서는 창립 준비에 대한 전권을 배재욱 위원장에게 주어 관심이 있는 장로회신학대학교 신대원 77기 동기들과 배위량순례단연합 창립에 관하여 여러 차례 잠실교회, 서울 주님의교회와 실천신학대학원대학교와 한강교회 등지에서 조직과 운영에 관한 논의를 했습니다.

하지만 배위량 사업을 뒷받침할 이사회 조직은 계속 진척이 되지 않았고 미루어져서 '배위량순례단연합 창립준비위원회' 회원들이 '배위량순례단연합'의 이사회 조직은 나중에 해도 되니, 먼저 '배위량순례단연합'의 조직을 정식으로 갖추고 '배위량 순례길'의 순례행사를 조직적으로 진행하기 위하여 창립예배를 드려야 된다는 의견이 강하여 2018년 6월 13일(수)에 의성제일교회에서 '배위량순례단연합' 창립예배를 드렸습니다.

4) 배위량순례단연합 창립(2018년 6월 13일[수], 의성제일교회)

(1) 배위량순례단연합 창립예배 및 창립총회(2018.6.13 의성제일교회)

배재욱 사진
〈배위량순례단연합 창립총회후(2018.6.13. 의성제일교회)〉

제1기 한국배위량순례단연합임원(2018년 6월 13일 의성제일교회에서 열린 배위량순례단연합 창립총회에서 그동안 2015년 9월 1일부터 배위량순례단연합 창립준비위원장으로 일한 배재욱 교수를 배위량순례단연합 1대 창립회장으로 추대하고 임원 선임을 회장에게 일임하여 다음과 같이 임원을 선임하였습니다.

회장: 배재욱 박사(영남신학대 교수, 배위량 아카데미 원장)
부회장: 김한식 목사(예천풍성한교회 담임)
총무: 이석형 박사(영남신대 교수)
부총무: 김석기 목사(포항우리교회 담임),
서기: 이기한 집사(대구제일교회 집사, 미래교육 대표)
회계: 신선미 전도사(영남신대 학생), 김종성 전도사(영남신대 학생), 곽규진 목사(예천)

경북광역단장: 이상훈 목사(의성제일교회 담임)
　청도단장: 최재성 목사(청도유천교회 담임)
　경주단장: 강윤규 목사(건천제일교회 담임)
　안동단장: 김창섭 목사(실천신학대학원대학교)
　예천단장: 김한식 목사(예천풍성한교회 담임)

대구광역단장: 배재욱 박사(영남신대 교수)
'영남신학대학교 배위량 순례길 평화 순례 동아리' 지도교수: 배재욱 박사

서울광역단장: 미정
부산광역단장: 미정
경남광역단장: 미정
호남광역단장: 미정
경기인천광역단장: 미정
충청광역단장: 미정
강원광역단장: 미정

(2) 제2기 한국배위량순례단연합임원(2022.6.11-2023.6.18)

2022년 6월 11일 안동서부교회에서 열린 배위량순례단연합 제2회 총회에서 다음과 같이 임원을 개선하였습니다.

회장: 배재욱 박사(영남신대)
대표부회장: 김한식 목사(풍성한교회)
수석부회장: 박원호 박사(실천신대)
총무: 김석기 목사(말씀이 샘솟는교회)
부총무: 이동구 목사(산성교회)

서기: 우성화 목사(계동교회)

회계: 서동욱 목사(향기교회)

부회계: 노병우 목사(성서산성교회)

감사: 강미숙 목사(대탄갈릴리교회 담임)

배재욱 사진
〈2022년 6월 11일 안동서부교회,
제5회 길 위의 배위량학술대회 및 배위량순례단연합 제2회 정기총회 후〉

(3) 제3기 한국배위량순례단연합 임원(2023.6.19.[월]-2024.5.30)

2023.6.19일 영남신학대학교영남신학대학교에서 열린 제3회 한국배위량순례단연합 총회 후 열린 제3회 한국배위량순례단연합 총회 후 선임된 임원은 아래와 같습니다.

고문: 배재욱 박사(배위량아카데미원장, 영남신대 은퇴교수)

회장: 이원일 박사(영남신대 교수)

수석부회장: 호병기 목사(봉화현교회 담임)

부회장: 강미숙 목사(대탄갈릴리교회 담임)

총무: 이동구 목사(영남신대 박사과정)

협동총무: 김석기 목사(포항샘솟는교회 담임)
서기 겸 회계: 노병우 목사(성서산성교회)
감사: 최태영 박사(영남신대 은퇴교수)

배재욱 사진
〈2023.6.19. 영남신학대학교, 배위량순례단연합 제3회 정기총회 후〉

(4) 제4기 한국배위량순례단연합임원(2024.6.1-현재)

2024.6.6.일 포항말씀이샘솟는교회에서 열린 제4회 한국배위량순례단연합 총회 후 선임된 임원은 아래와 같습니다.

고문: 배재욱 박사(배위량아카데미원장, 영남신대 은퇴교수)
회장: 호병기 목사(한국배위량학회 회계, 봉화현교회 원로목사)
수석부회장: 최태영 박사(영남신대 명예교수)
부회장: 강미숙 목사(대탄갈릴리교회 담임)
총무: 이기한 집사(대구제일교회 안수집사)
협동총무: 김석기 목사(포항말씀이샘솟는교회 담임), 이동구 목사(영남신대 박사과정)
서기: 김동준 박사(포항자명교회 담임목사)

부서기: 우성화 목사(영양계동교회 담임)

회계: 남춘섭 목사(한국배위량학회 부회계, 포천사랑의교회 담임)

감사: 노병우 목사(성서산성교회담임)

배재욱 사진

〈2024.10.03. 배위량순례단연합 제4기 임원들이 배위량 순례길을 순례하는 중에 부산 초량교회에서〉

앞으로 주님의 은혜와 능력과 삶에 대한 보람이 모든 분과 함께 하길 기원하며 모든 분께 추석 명절의 기쁨이 함께하길 빕니다.

2024년 9월 16일

배재욱 박사(배위량아카데미 원장, 한국배위량학회장,

배위량순례단연합 1-2대 회장) 배상

참고 문헌

배재욱. "어느 날의 순례 일기(2024년 9월 16일[월]에 친지들에게 쓴 편지글): 배위량아카데미, 한국배위량학회 그리고 배위량순례단연합의 역사 이야기". 대구: 배위량아카데미, 2024(2024년 9월 16일[월]).

제6장

은혜의 강물: '배위량 순례길'에 세워진 이정표

1. 길은 변한다

　배위량 순례길에 나올 때마다 길을 잘 찾아가는 것이 가장 큰 과제였다. 그것은 아직 배위량 순례길이 산티아고 순례길처럼 국가나, 지방 자치정부 또는 교회가 관리하는 곳은 아직은 아무 데도 없기 때문이다. 지금 존재하는 그대로의 길을 찾아 우리가 가야 할 순례길을 걷는다. 물론, 배위량이 1893년에 걸었던 길은 아무래도 지금 길과는 많이 다를 것이다.

　당시 배위량이 걸었던 대부분의 길은 '영남 대로'와 '조선통신사의 길'일 것이다. 당시 그 길들은 지금의 고속도로와 같은 기능을 하는 길이었을 것이다. 그런데 그 길의 많은 구간이 철도 용지, 고속도로 그리고 산업도로 부지로 편입되어 그 도로 위로 걷는 것이 매우 불리한 환경이 되었다. 이것이 배위량 순례길을 찾고 개발하는데, 봉착한 1차 관문이었다.

　어떻게 할 것인가?

　그 문제 앞에서 좌절하고 포기할 것인가?

　그때 불현듯 떠오르는 생각이 있었다. 그것은 산티아고 순례길을 걸을 때 경험한 것이었다. 산티아고 순례길은 생각과 다르게 딱 고정된 길이 아니다. 그 순례길은 시대에 따라서 환경에 따라서 조금씩 변해왔다. 필자가 산티아고 순례길을 걸었던 2015년도에도 많은 구간이 새롭게 건설되거나 수리 중이라 다른 우회 길을 열어 주어 그 길로 걷기도 했다.

배위량길의 많은 부분이 사라져 그것을 잇는 것은 거의 불가능해 보였다. 어떻게 할 것인가, 포기냐 아니면 다른 무엇을 찾을 것이냐의 갈림길 앞에서 "길은 변한다"는 생각이 불현듯 들었다. 그러자 자유하는 마음에 생겼다. 배위량이 자신의 일기에서 언급하는 거점 지역을 찾고 그 거점지역을 이어주는 길을 새롭게 찾자. '반드시 배위량이 걸었음직한 길이어야하므로 철도 길을 따라 걷고 고속도록 위를 걸어야 한다는 그런 무모함을 버리자'는 생각에 이르게 되었다.

그러면 어떻게 할 것인가?

배위량길을 찾기 위해 '역사'를 공부하고 '지리학'을 공부하고 '역사지리학', '언어학', '지명학' 등 등 필자가 지금까지는 생각지도 못했던 영역까지도 공부하면서 바른 '배위량 순례길'을 찾기 위하여 노력하지만, 어디까지나, 자유함 속에서 하고자 한다. 그 길은 배위량과 관련되어야 하기에 역사성을 중시하지만, 걷기 좋고 묵상하기에 좋은 길을 찾기 위하여 노력했다. 때로는 어떤 길은 일부러 우회하는 길을 택하여 젊은 순례자들에게 도전을 제공하는 그런 길도 찾아 마련했다. 산티아고 순례길을 다녀온 이들은 잘 알 것이다. 산티아고 순례길은 평탄한 길이 아님을! 어떤 길을 걸을 때는 힘이 많이 들고, 어떤 길을 걷기 위해서는 고통을 감내해야 하는 어려움도 있다.

2. 왜 배위량 순례길에 이정표가 없느냐?

그렇게 배위량 순례길을 찾고 마련하여 먼저 '영남신대 배위량 순례길 평화 순례 동아리' 학생들과 걸었고, 2016년도에는 부산에서 대구까지 순례단을 조직하여 부산에서 양산까지 오는 노정을 금정산을 넘어오는 노정을 선택하여 순례를 했다. '영남신대 배위량 순례길 평화 순례 동아리' 학생들과 밀양에서 청도까지 도보 순례를 할 때 길을 잘못 들어 산을 하나 넘어오면서 학생들이 너무 힘들어 하면서 "왜 길에 이정표가 없느냐"고 물었다. 이정표가 있으면 그 이정표를 따라 걸으면 목표에 속히 도달할 수 있다. 산티아고 순례길을 가면 곳곳에 이정표가 있고, 1킬로미터마다 이정표가 있어 길동무가 되기도 한다. 그때부터 동아리 학생들과 실제로 배위량 순례길에서 도보 순례를 하는 젊은 순례자들은 배위량 순례단연합이 이정표를 세우는 일에 힘을 쏟아야 한다는 그런 건의를 많이 했다.

이정표 세우는 일은 배위량 순례단의 창립준비위원회 시절부터 계속 논의되어 왔다. 이정표 세우는 일에 대하여 구체적인 목표와 세부 계획을 세운 것은 2022년 6월 6일 (월) 오후 2시 대구 신은교회에서 열린 '배위량순례단연합 임원회 겸 제5회 길 위의 학술대회 및 제2회 배위량순례단연합 정기 총회 준비임원회'에서였다.

그때 배위량순례단연합에서 배재욱 회장, 김석기 부총무, 서동욱 임시 서기, 이동구 목사가 참석했고, 영신대 동아리에서는 권영순 배위량 순례단 영신동아리 회장(총 5명 참석)이 참석하였다. 그때 배위량아카데미와 배위량순례단연합을 분리하는 문제 등 산적한 문제를 논의하면서 "배위량 순례단 연합이 순례길 개척, 순례길 이정표 건설과 관리를 관장토록 한다"는 의결을 했다. 그후 서동욱 목사에게 이정표를 만들기 위하여 구체적으로 무엇을 어떻게 해야 할지를 연구토록 부탁하였다.

그 후 2022년 8월 23일(화)일 상주교회에서 열린 배위량 순례단연합 임원회에서(참석: 배재욱 회장, 김한식 대표부회장, 김석기 총무, 우성회 회계, 권영순 영신동아리 회장, 김성혜 회원)에서 다시 "이정표를 세우기로한 지난번 임원회의 결의(2022년 6월 6일)를 구체화 시키는 방법을 더욱 연구하기로 하다"는 결의를 했다.

2022년 9월 5일 월요일에 대구광역시립 수성도서관 카페(도서관 지하 1층)에서 열린 배위량순례단연합 임원회(참석: 배재욱 회장, 김석기 총무, 서동욱 회계)에서는 다음과 같은 사항을 의결했다.

동아리 학생들과 젊은 단원들의 희망 사항인 순례길의 이정표를 세우기를 구체화 하기로 하다. 우선 아래의 장소에 세우도록 하고 부산 금정구와 협조를 구하고 부산 지역 교회들에게 협조를 구하기로 하다.

1. 동래읍성
2. 범어사 인근 우물
3. 배위량 순례길 노정의 부산 지역 교회에 배위량 순례길 이정표 세우는 일에 협조를 구하기로 하고 일정을 잡아 그 교회 대표자들과 간담회를 하기로 하다.

2022년 11월 10일 청도 풍각제일교회에서 열린 임원회(참석: 배재욱 회장, 서동욱 회계, 김한식 부회장, 김석기 총무)에서는 이정표에 관하여 다음과 같은 의결을 했다.

배위량순례단 연합에서 배위량 순례길에 이정표를 세우기로 하다.
1. 지자체 협력
2. 지역 교회와 순례길의 거점 교회 선정 및 협력 구하는 방안을 마련하기로 하다.

3. 배위량 순례길의 첫 이정표

이제 때가 되어 '배위량 순례단연합'(제4대 회장: 호병기)에서 2025년 5월 5일에 경북 안동시 일직교회(경북 안동시 일직면 조탑본길 79)에 배위량 순례길에 첫 번째 이정표를 세웠다.

정말 감격스럽다. '은혜의 강물: 배위량 순례길'에 세워진 이정표이다. 주님께 영광을 드리는 복된 일이 될 것이다.

배위량 순례길

안동 – **일직** – 의성

배위량(William M. Baird) 선교사는 복음에 대한 열정으로 영남 지역에서 4번에 걸쳐 순회전도 여행을 감행했다.

그의 복음 선교는 종교, 교육, 의료, 문화 분야까지 큰 영향을 끼쳤다. 일직교회의 장소 협력으로 첫 이정표를 이곳에 세운다.

2025년 5월 5일

배위량 순례단 연합

배재욱 사진
<배위량 순례길 이정표, 안동일직교회에서>

제7장

『배위량 순례길』(*Camino de Corea*)을 탈고하면서 떠오르는 생각들

『배위량 순례길(까미노 데 코레아)』를 탈고하면서 떠오르는 생각들

요즈음 시대가 책을 적게 읽거나 아예 읽지 않는 불독(不讀)의 시대라서 그런지 신자들은 성경책 외에는 책 읽기를 즐기지 않는 시대인 것 같습니다. 그래서 신학자들은 대부분의 신학책을 저자의 자비로 출판하든지, 극소수의 학자들은 국가의 학문 프로젝트에 참여하여 출판비를 지원받아 책을 출판합니다.

그런 실정이오니 책 출판에 후원이 있든지 독자층이 두껍든지 하면 출판사가 출판을 지원하게 됩니다만, 그렇지 않으면 대부분 저자는 출판비를 전액 자신이 담당하여 자신의 저서를 출판하든지 해야 출판사도 용기를 내어 책을 출판하게 됩니다.

이번 책은 여러 해 전에 제가 산티아고에서 순례하면서 알게 된 배위량 선교사의 전도 여행길을 한국의 순례길로 개발하고자 길을 나섰고 1년 중 1달 이상은 필드에 나가 순례길을 찾았고 길을 개척하면서 사람들을 만나면서 연구하고 찾은 보배로운 '배위량 순례길'에 관한 내용입니다.

초창기 배위량순례단연합의 회원들은 대부분 영남신대 학생들이었는데, 제가 산티아고 순례길을 걸으면서 보고 느낀 경험들을 학생들과 회원들에게는 자주 강의나 강연과 특강 등에서 말할 때 한국에 존재하는 '배위량 순례길'의 중요성을 계속 강조했습니다.

그때 회원들과 임원들께서 저의 그런 이야기들을 기억이 사라지기 전에 모으고 책을 써서 순례 교재로 만들어 달라고 요청하여 글을 모으고 써 온 지 벌써 여러 해가 되었습니다.

그런데 큰 변화가 생겼습니다.

일이 된 과정은 이렇습니다.

제4기 배위량순례단연합 호병기 회장님께서 저로부터 배위량연합의 역사와 『배위량 순례길: 한국의 순례길』 출판과 이 책이 순례단연합의 훈련과 교육을 위한 교재가 될 것이라는 이야기를 듣다가 다음과 같이 제안하셨습니다.

"배 교수님의 산티아고에서의 경험과 배위량순례길을 위한 개척에 눈물겨운 감동이 많으니 그냥 순례단연합의 훈련과 교육을 위한 교재로만 하기는 너무 아쉬우니 가장 좋은 메이저 출판사를 찾아서 출판하도록 하면 좋겠습니다."

그래서 제가 "그것도 좋지만, 두 가지 문제가 있습니다"라고 하면서 제시한 문제점은 다음과 같습니다.

첫째, 순례단 교재로 하면 그냥 대충 교재로 만들면 되지만 정식 출판을 하자면 저작권 문제, 표절 문제, 서지 정보 문제 등 복잡하고 매우 어려운 문제가 더해집니다. 그래서 책 출판을 위한 원고 정리와 탈고에 훨씬 더 많은 시간과 인고의 시간이 필요합니다.

둘째, 출판비 문제입니다. 신학자의 책은 대부분 자비로 출판입니다. 출판비에 문제가 있습니다.

필자의 대답을 듣고 호병기 회장이 질문했습니다.

"출판비가 얼마 정도 나올까요?"

그 질문을 듣고 저는 다음과 같이 대답했습니다.

"원고 정리가 완료되어야만 정확하게 알겠지만, 책 페이지 수에 따라 다르고, 사진이 얼마나 들어가게 될지, 사진을 칼라로 할지 아니면 흑백으로 할지에 따라 많이 달라집니다. 그 중간 정도로 잡아서 배위량순례학교에서 편집을 하고 배위량순례학교 이름으로 자체적으로 출판을 한다면 1,000권을 찍는데, 4백만 원 정도면 될 것 같습니다.

그런데 우리 회원들이 원하는 것처럼 순례단연합과 배위량순례학교의 활동을 홍보하기 위해 유명 출판사에서 출판한다면, 다른 분야는 모르겠고, 신학책을 기준으로 보면 통상 출판한 책 중에서 저자가 400권을 구매하는 조건을 출판사가 제시하는데, 약 300쪽 정도 되는 책이라면 책 출판 후 우리가 400권을 구매할 때, 흑백으로 출판된 책은 6백만 원 정도 예상되고, 칼라판으로 출판한다면 1천만 원 정도 예상됩니다."

필자의 대답을 듣고 호병기 회장님은 다음과 같은 제안을 했습니다.

"그러면 어떻든 회원들의 뜻대로 유명 출판사에서 출판하는 것으로 하되, 제가 5백만 원을 헌금하겠으니 나머지는 회원들이 십시일반 모금하면 어떨까요?

우리가 어렵게 책을 출판하게 되는데, 우리들 만의 훈련과 교육을 위한 교재로만 하지 말고, '배위량 순례길'을 세상에 알리도록 메이저 출판사에서 출판하여 그 책이 서점으로 나가게 되면 그 책을 통해 '배위량 순례길'을 알리고, 배위량순례단연합과 배위량순례학교가 무엇을 하는 단체인지를 세상에 알리는 책이 되도록 배 교수님께서 원고 준비, 정리와 탈고는 배 교수님께서 수고하셔야겠습니다. 수고스럽지만 원고 수정과 보완을 배 교수님께서 해 주시기 부탁합니다."

이렇게 해서 제가 쓴 글을 수정 보완하고 수정하면서, 서지 정보를 찾고 보충하느라 지금도 붙잡혀 땀을 흘리고 있습니다.

순례하면서 무수하게 길을 돌고 돌고 또 돌면서 물도 건너고, 산을 넘으면서 넘어지기도 하고, 절망 속에 처하기도 하고, 밤이 주는 공포와 겨울의 한파, 여름의 무더위 속에서 주춤하기도 많이 했지만, 사람은 아무리 뛰어나다고 해도 시간 속에 개입하시는 하나님을 예측하지 못할 때가 많습니다. 그렇지만 그 하나님께서 택하신 자신의 백성들과 늘 함께하심을 느낍니다. 문제는 인간이 하나님의 영역을 침범하는 데서 인간 세계가 무질서(참조. 출 3:5)하게 됩니다.

   그렇지만 하나님의 영역을 전제하는 데서 신앙이 싹트게 됩니다. 현재의 암담함을 딛고 희망으로 꿈을 꾸는 것입니다. 세상의 논리로는 그것이 불가능하겠지만 하나님 안에서는 가능합니다. 그것이 희망입니다. 밤이 깊어진다는 것은 아침이 온다는 증거입니다.

   그런데 이상한 것은 인간은 누구도 밤이 눈앞에 도래해 있는데도 그것을 알지 못하는 것입니다.

순례가 무엇인가?

순례한다는 것
자신의 한계를 알고
하나님의 절대하심 앞에 머리를 숙이고
순종하는 것 아닐까?

순례한다는 것
우리가 현재를 살아가지만,
과거를 잊지 않는 것이고,
현재를 살면서 미래를
전망하고 대비하는 것 아닐까?

CLC의 선교사 이야기 시리즈

❶ **네가 믿으면 하나님의 영광을 보리라**
오 스데반 지음 | 신국판 | 200면

❷ **하나님의 손길 아래**
홍기영 지음 | 신국판 | 496면

❸ **길따라 바람따라**
홍기영 지음 | 신국판 | 480면

❹ **세계 선교와 한국 여성선교사들**
이정순 지음 | 신국판 | 408면

❺ **끝나지 않은 이야기**
이계절 지음 | 신국판 | 255면

❻ **청년아 이 세대를 본받지 말라**
박길웅 지음 | 신국판 | 224면

❼ **안식: 광야는 변하지 않는다**
김선호 지음 | 신국판 | 256면

❽ **인도 선교의 이해 Ⅰ**
진기영 지음 | 신국판 | 376면

❿ **인도 선교의 이해 Ⅱ**
진기영 지음 | 신국판 | 360면

⓫ **아프리카의 작은 천국 레소토**
김억수 지음 | 신국판 | 192면

⓫ **두 갈래 길**
이계절 지음 | 신국판 | 200면

⓬ **과학자 계의돈 박사의 한국 선교 이야기**
이정순 지음 | 신국판 | 360면

⓭ **성령의 능력 받아 땅끝까지**
이창수 지음 | 신국판 | 352면

⓮ **도서관 전문인 선교사 이야기**
서은자 지음 | 신국판 | 252면

⓯ **선한 싸움 다 마치고**
황주영 지음 | 국판변형 | 172면

⓰ **선교는 기쁨이다**
이병성 지음 | 신국판 | 196면

⓱ **필리핀 선교 이야기**
문지훈 지음 | 신국판 | 220면

⓲ **공기원 선교사의 기도 편지**
황주영 지음 | 국판변형 | 148면

⓳ **배사라 선교사**
선상호, 정준기 지음 | 신국판 | 368면

⓴ **안의와 선교사 자료집**
채승희 자음 | 신국판 양장 | 848면